아인슈타인과 오펜하이머

아인슈타인과 오펜하이머

EINSTEIN & OPPENHEIMER: THE MEANING OF GENIUS

실번 S. 슈위버 지음 | 김영배 옮김

시대의창

원자폭탄의 창조자, 그러나 파괴자이고 싶었던 두 천재 이야기
아인슈타인과 오펜하이머

초판 1쇄 2013년 1월 2일 펴냄
초판 2쇄 2013년 2월 1일 펴냄
개정판 1쇄 2019년 6월 24일 펴냄
개정판 5쇄 2023년 11월 13일 펴냄

지은이 실번 S. 슈위버
옮긴이 김영배
펴낸이 김성실
표지디자인 이창욱
제작처 한영문화사

펴낸곳 시대의창   등록 제10-1756호(1999. 5. 11)
주소 03985 서울시 마포구 연희로 19-1
전화 02) 335-6125   팩스 02) 325-5607
전자우편 sidaebooks@daum.net
페이스북 www.facebook.com/sidaebooks
트위터 @sidaebooks

ISBN 978-89-5940-704-0 (03990)

스나이트를 위하여

아인슈타인과 관련해 수많은 출판물이 등장했고, 로버트 오펜하이머의 일생을 기록한 책도 많다. 그런데 굳이 아인슈타인과 오펜하이머에 관한 책을 또 쓰는 것이 무슨 의미인지에 대해 많은 분이 묻는다. 이 책은 이전에는 잘 다루지 않았던 아인슈타인과 오펜하이머의 생활과 인격에 대해 말한다는 점에서 다를 수 있겠다. 두 인물의 개인적인 면과 그들이 속했던 사회, 함께 일구어 낸 성과, 불교적 사상, 형이상학적 관심에 대해 살펴보았고, 구체적으로는 비교연구를 통해 대부분 사람은 오를 수 없는 정점에 섰을 때 그들이 어떻게 삶을 꾸려 갔는지를 살펴보고자 애썼다.

이 책을 쓴 이유는 여러 가지인데, 그중 가장 큰 이유는 이 위대했던 두 과학자가 자신이 속한 공동체에서 어떻게 다른 연구자나 친구들과 교감했고, '위대한 사람'이 된 후에 자신을 어떻게 가꾸었으며, 자신들의 '위대함'을 어떻게 활용했는지, 또 서로의 위대함을 어떻게 평가하고 교류하였는지를 면밀히 살펴봄으로써 '천재'라는 수식어가 적절하지 않다는 사실을 보여 주려는 데 있다. 그 둘을 도왔던 개인과 사회의 역할도 있기 때문이다. 아인슈타인을 '천재'라고 말하는 순간 아인슈타인은 부각될지 몰라도 그의 업적을 둘러싼 모든 배경은 사라져 버리고 말 것이다.

아인슈타인도 오펜하이머도 개인에 불과했다. 그들을 "위대"하게 만든 배경과 환경이 있었다는 사실에 주목해야 한다. 아인슈타인은 물리학을 발전, 확장시키는 데 크게 기여할 수 있는 적절한 시기에 태어났다. 아인슈타인이 특정한 업적을 세울 수 있었던 이유는 바로 그 업적이 필요한 역사적 장면에 그가 도착했기에 가능했다. 정확히 말하자면, 뉴턴의 만유인력법칙이라는 "고전적" 물리학이 수성 근일점의 운동을 설명하지 못하는 한계를 만난 시점이었다. 바로 이 사건을 통해 아인슈타인은 일반 상대성에 대해 고민하게 되었고, 자연과학의 신화를 창조할 계기를 얻게 되었다.

아인슈타인이 물리학 발전에 남긴 위대한 업적은 다른 어떤 개인이나 단체도 남길 수 있었다. 1905년 한 해에 그는 뛰어난 연구 논문을 다섯 편이나 발표했지만, 그 논문들은 아인리흐 헤르츠Heinrich Hertz · 헨드릭 로렌츠Hendrix Lorentz · 막스 플랑크Max Planck · 앙리 푸앵카레Henri Poincaré 등의 연구를 곰곰이 돌아보는 내용이었다. 일부 다른 점은 있었겠지만 논문의 전반적인 형식도 다른 이들이 이미 사용한 방법이었다. 자연에는 중요한 억제요인들이 있다. 아인슈타인은 "수학과 물리 사이에 이미 존재하는 특정의 조화"가 있다고 믿었지만, 이런 조화는 이미 밝혀진 사실이었다. 기하학과 중력 사이의 상관관계는 조금 늦더라도 결국에는 누군가가 밝혀낼 내용이었다. 아인슈타인이 마르셀 그로스만Marcel Grossman, 데이비드 힐버트David Hilbert와 친밀한 관계를 유지했고, 자신의 일반상대성이론의 최종 버전을 위한 공식을 확립하는 데 이들의 수학적 도움이 꼭 필요했다는 사실도 기억해야 한다.

나는 지금까지 폴 디랙Paul Dirac, 베르너 하이젠베르크Werner Heisenberg, 볼프강 파울리Wolfgang Pauli, 한스 베테Hans Bethe, 루돌프 파이얼스Rudolf Peierls, 레프 란다우Lev Landau, 유진 위그너Eugene Wigner, 에드워드 텔러Edward Teller, 로버트 오펜하이머, 프리먼 다이슨Freeman Dyson, 리처드 파인만Richard Feynman, 줄리언 슈윙거Julian Schwinger, 도모나가 신이치로朝永振一郎, 스티븐 와인버그Steven Weinberg, 제프리 골드스톤Jeffrey Goldstone, 데이비드 그로스David Gross 같은 저명한 이론물리학자들과 연구하거나 만나 볼 기회가 있었다. 이들은 자신이 속한 사회가 당면한 문제를 해결하기 위해 연구자들을 만나는 과정에서 혹은 경제·전문·정치적 자유를 좇는 과정에서 이루어 낸 업적이 많다. 나는 이들이, 상대성이론을 제외한다면 아인슈타인이 이룬 업적 대부분도 성취할 수 있었으리라고 생각한다.

20세기 초반 20년과 1930-70년 사이의 사회 규모와 축적된 경험적 데이터의 분량이 크게 차이 난다는 사실도 기억해야 한다. 오펜하이머는 1925-26년이라는 역사적 시기에 도착하였기에 자신의 재능을 발휘해 양자물리학 창시자가 될 수 있었다고 나는 생각한다. 그는 1921년에 미네랄 샘플을 만들기 위해 독일을 여행하다가 심하게 이질을 앓아 하버드 입학을 일 년간 미루었는데, 그로 인해 정확한 시간에 양자물리학을 시작할 기회를 얻은 것이다. 그가 아니었다면 에르빈 슈뢰딩거Erwin Schrödinger나 디랙, 볼프강 파울리가, 이들도 아니라면 막스 보른Max Born이나 파스쿠알 요르단Pascual Jordan이 그 역할을 했을 것이다. 일반상대성이론은 한 사람의 연구 결과이지만, 양자물리학은 공동 연구한 결과라는 사실을 잊지 말아야 한다.

아인슈타인 같은 사람은 항상 있다. 줄리언 슈윙거, 리처드 파인만, 머리 겔만Murray Gell-Mann, 프랭크 양Frank Yang, 스티븐 와인버그, 헤라르뒤스 엇 호프트Gerardus't Hooft, 케네스 윌슨Kenneth Wilson, 데이비드 그로스, 에드워드 위튼Edward Witten, 프랭크 윌첵Frank Wilczek이 바로 그런 사람이다. 중요한 사실은 이런 과학자들이 다루어야 할 현상의 범위나 자료 분량이 아인슈타인이 중력과 관련한 이론을 대할 때와는 비교할 수 없이 많아졌다는 것이다. 그뿐만 아니라 그들이 속한 커뮤니티 규모도 이전과 비교할 수 없을 만큼 커져 경쟁도 심해졌다. 다소 억지스럽지만 아인슈타인은 일반상대성이론을 정립하는 과정에서 물질의 중력 작용에서 불확실성이 동질하다는 사실과, 수성의 근일점이 100년에 43아크세컨드arcsecond만큼 이동한다는 사실을 동시에 처리해야 하는 난제를 만났다. 그리고 빛이 태양 주위를 지날 때 휘어질 것이라는 것과 무거운 별의 경우 적색편이를 방출할 것이라고 예측했다. 이제 뉴턴의 만유인력이론은 특정 조건에서만 적용되는 상대성이론의 제한적인 사례가 될 것이고, 따라서 이전 이론의 모든 성취가 상대성이론에 의해 재점검될 수 있다는 것은 참으로 중요한 사실이다. 그러나 이를 양자물리학이나 글라쇼Glashow, 살람Salam, 와인버그 등이 주도한 전기약작용이론electroweak theory의 현상 설명과 비교해 본다면 어떨까.

현재 수많은 재능 있는 젊은이가 자신이 속한 사회에서 각자의 문화적인 배경에 따라 관심 있는 과학 분야를 선택해 연구해 나가지만, 이제 더는 한 개인이 뉴턴이나 아인슈타인 같은 "전설적인" 위대함을 성취하기란 불가능해 보인다. 만약 끈 이론String theory이 증명된다면 위튼이 그 반열에 올라설지는 모르겠다.

슈윙거·파인만·겔만·와인버그·윌슨은 에디슨과 같은 시기에 태어났고, 그들은 자신이 속한 문화와 전통, 국가 그리고 정치적인 이유 덕에 아인슈타인과 경쟁할 수 있는 환경에 놓일 수 있었다. 중국에는 양젠닝楊振寧, 리정다오李政道 같은 유능한 이들도 있다. 양, 리와 같은 전철을 밟게 될지는 모르겠지만, 문화·정치·사회·경제적 이유로 인해 중국 정부는 젊은 인재들이 재능을 계발하도록 계속 지원할 것이다. 또한 이들이 자신의 길을 개척할 자유를 주기 위해 정부 정책을 수정해 갈 것이다. 소련 시절 핵물리학자인 레프 란다우Lev Landau는 1930-40년대에 다른 길이 없어 응축과 핵물리학 분야에 기여하게 되었지만, 만약 다른 곳에서 태어났다면 이 사람이 어떤 것을 이루어 냈을지 누가 알겠는가. 바로 이 점이 이 책을 통해 내가 말하려는 바다.

오펜하이머의 자자한 명성은 로스앨러모스Los Alamos 연구소 재직 당시 발휘한 지도력에서 나온 것이다. 그가 지휘한 실험실의 연구 결과가 전쟁을 승리로 이끌었고, 그는 세계를 변화시켰다. 그러나 이 성취는 그 혼자서 감당할 수 없는 것이었고, 집단으로서 인류도 아직 감당하기 힘든 성취였다. 오펜하이머는 핵무기가 개발되어 사용된 순간 이미 큰 변화가 시작되었다는 사실을 깨닫고 있었다. 그 후 시민, 과학자, 정부 최고위자의 자문관, 지식인 등의 역할을 수행하는 동안 결코 평안한 나날을 누릴 수 없었다. 그뿐만 아니라 핵무기로 인한 재앙을 피하기 위해 맡은 모든 역할을 효과적이고 안정적으로 통합하는 일도 불가능했다. 2차 대전 이후 세상은 그가 슈퍼맨이 되길 요구한 것이다.

아인슈타인과 오펜하이머를 함께 소개한 것은 이들의 삶이 우연히 마주치고 있기 때문이다. 앞서 말했듯이 아인슈타인에 대한 뛰어난 연구들이 지난 수십 년간 있었다. 데이비드 카시디David Cassidy, 제럴드 홀턴Gerald Holton, 알브레히트 푈징Albrecht Fölsing, 존 스타겔John Stachel, 팰레 유어그라우Palle Yourgrau 등이 쓴 전기와 진 아이젠스타츠 Jean Eisenstadt, 돈 하워드Don Howard, 존 놀턴John Norton, 쥐르젠 렌Jürgen Renn, 존 스타첼John Stachel 등이 상대성이론에 대해 연구한 글이 일단 떠오른다. 2005년이 되면서는 더 다양한 책에 아인슈타인이 소개되었다. 오펜하이머에 대해서도 제레미 번스타인Jeremy Bernstein, 카이 버드Kai Bird, 마틴 셔윈Martin Sherwin, 데이비드 카시디, 에이브러햄 파이스Abraham Pais, 로버트 크리스Robert Crease, 찰스 토르프Charles Thorpe 등이 그의 삶과 연구에 관해 많은 글을 남겼다. 오펜하이머의 '파괴성'에 대해 세심하고 면밀히 조사한 프리스실라 맥밀런Priscilla McMillan과 핵무기 개발을 둘러싼 복잡한 상황을 연구한 바튼 번스테인Barton Bernstein, 그레그 허켄Gregg Herken 등의 글도 있다.

이 책은 결코 오펜하이머와 아인슈타인을 비교하거나 그들을 비하 혹은 추앙하려는 것이 아니며 그들의 행위를 판단하기 위한 것도 아니라는 점을 강조하고 싶다. 단지 그들의 삶을 통해 개인으로서 그들과 그들이 속한 환경을 더 잘 이해하기 위한 것이다. 개인적, 사회적 수준에서 볼 때 도대체 위대함이란 무엇인지 묻는 책이다.

차례

일러두기

1. 책명과 신문, 잡지명은 겹낫표《》, 단편의 글이나 논문, 기사 제목은 홑낫표〈〉로 표기했다. 책명은 이 탤릭체로 구별했으며, 신문과 잡지명은 가능한 한 원어 발음을 살렸다.

2. 미주의 약어를 풀어 쓰면 다음과 같다.

EA 알베르트 아인슈타인 페이퍼, 알베르트 아인슈타인 아카이브, 유대인 국립대학 및 예루살렘 히브리 대학 도서관 문서보관부. http://www.albert-einstein.org/. 예루살렘에서 찾을 수 있는 다른 자료 는 AE로 표기하고, 아카이브 보관 번호를 덧붙였다.

EoP 《평화의 아인슈타인Einstein on Peace》(1968)에서 나단Nathan, 노든Norden의 글.

I&O 《생각과 견해Ideas and Opinions》(1954)에서 아인슈타인의 글.

JROLC J. 로버트 오펜하이머 보고서, 국회도서관 문서보관소, 워싱턴 D. C.

JROWJ J. 로버트 오펜하이머, 윌리엄 제임스 강연, 1957, Box 259 of JROLC.

RDFA 로버트 D. 파버 대학 아카이브, 브랜다이스 대학.

STWP 스티븐 와이즈Stephen S. Wise 보고서, 미국 유대인 역사회American Jewish Historian Society, 매사추세츠 윌섬 및 뉴욕

프롤로그

실체는 주어진 것이 아니라 우리가 밝혀내는 것이다.
(수수께끼를 푸는 것처럼)
− 아인슈타인(1949a, 681), 임마뉴엘 칸트 인용

1950년대 초반의 어느 날, 함께 산책하고 있던 오펜하이머에게 아인슈타인이 말했다. "자네가 일단 무언가 합리적인 업적을 이루게 된다면, 이후 삶에는 적지 않은 변화가 생길걸세." (Oppenheimer 1956b, 2) 젊은 시절의 아인슈타인은 그다지 겸손하지 못했지만, 70대에 접어든 아인슈타인은 자신이 이룩한 "위대한" 업적을 "무언가 합리적인" 일이라고 말하고 있었다. 아인슈타인도 오펜하이머도 인류가 해낼 수 있으리라고는 생각하지 못했던 "위대한" 업적을 이룬 "위대한" 사람들이었다. 하임 바이츠만Chaim Weizmann에 대해 쓴 글에서 이사야 벌린Isaiah Berlin은 "위대함"에 대해 다음과 같이 말했다.

> 위대함이란 특정한 도덕적 속성에 갇혀 있는 것이 아니다. 한 개인의 선행이나 고결함도 아니다. 인간관계에 속한 것도 아니다. 도덕적인 선함, 올바름, 친절, 민감함, 유쾌함, 예술적이거나 과학적인 재능에 관한 것도 아니다. 어떤 사람이 보통 사람으로서는 할 수 없는 일을 의도적으로 이룩하여 인류를 만족시키거나 인류 공동의 이익에 큰 영향을 끼쳤다면, 바로 그 사람을 우리는 위대한 사람이라고 부른다. (Berlin 1981, 32)

벌린의 기준으로 "위대한 사람"이라는 말을 들으려면, 이미 다른 이들이 이루려고 애써도 해낼 수 없었던 지적이거나 예술적인 목표를 향해 크나큰 진보를 이룬 학자나 예술가가 되어야만 한다. 혹은 사람들이 항상 마음속으로 당연시 여기던 생각이나 감정의 틀을 깨뜨릴 수 있어야 한다. 그렇다고 위대한 사상가나 예술가가 꼭 "천재"여야 할 필요는 없다는 것이 벌린의 설명이다.

마찬가지로 벌린은 '위대한' 행위란 "기존 삶의 틀을 바꾸거나, 인간의 가치관을 송두리째 바꾸는 결과"를 가져오는 것이라고 말한다. 위대함이 이런 것이라면, "그 이전에는 상상조차 할 수 없었던 결과"가 위대한 사람을 통해 이루어지게 되는 것이다. (Berlin 1981, 32-33)

아인슈타인의 과학적 업적은 실로 "위대한" 것이었다. 오펜하이머는 1930년대 버클리에서 교사로서 업적과 2차 대전 동안 로스앨러모스 연구소장으로서 업적을 통해 위대하다고 불릴 자격을 얻었다. 아인슈타인과 오펜하이머 둘 다 물리학이라는 과학 분야에서는 빼놓을 수 없는 인물이다. 둘 다 뛰어났으며, 뛰어난 물리학자가 필요한 바로 그 순간을 만났기에 벌린의 설명처럼 "위대한" 이들이 되었다.

아인슈타인과 오펜하이머는 자신의 시대를 대표하는 상징적인 존재다. 일반상대성이론의 예측 가운데 하나였던 태양광 굴절 현상을 성공적으로 증명한 1919년, 아인슈타인은 '천재' '세계에서 가장 훌륭한 과학자' '물리학 최고의 혁명가' '뉴턴 이후 최고의 우주과학자' 등으로 불렸다. (Berlin 1981, 144-145) 그에 대한 전설들이 꼬리를 물었다.[1] 1939년, 아인슈타인의 60세 생일에 오펜하이머는 많은 사람 앞에서 "아인슈타인의 이름은 그 어떤 과학자보다 널리 알려져 수백만의 사람들이 그의 이름을 과학자의 대명사로 여길 것이며, 우리는 모두 그의 삶의 방식과 생각을 존경할 것입니다"고 말했다. (Oppenheimer 1939, 335)[2]

시간이 지나면서 아인슈타인은 과학적인 업적에 겸손한 인품도 갖게 되었다. 정치적인 태도 또한 많은 이의 감탄을 자아냈다. 1930년대 독일 바이마르 시절에는 파시즘에 대항했고, 2차 대전 이후에는 인종차별과 매카시즘에 맞섰다. 평화운동, 반핵운동에도 앞장섰다. 용기 있는 민주주의의 수호자이자 군국주의에 반대하는 지성이며 윤리적 실천가였다. 도덕적이고 종교적이었던 그의 관심은 많은 이의 마음과 닿아 있었다. 존 휠러John Archibald Wheeler의 《회고 전기Biographical Memoir》에는 이런 아인슈타인의 삶과 성품, 성취가 잘 요약되어 있다. 휠러 자신도 뛰어난 물리학자였으며, 상대성이론 정립에 크게 공헌했다.

> 세계와 역사를 통틀어 어떤 위대한 사상가도 아인슈타인처럼 우주의 기원에 대해 고민하지 못했으며, 이 문제에 대해 설명을 하려고 애썼던 그 어떤 역사상의 인물도 아인슈타인처럼 강력하게 설명해내지는 못했다. (Wheeler 1980b, 97)

미국 물리학계에서 오펜하이머란 존재는 "놀라움 덩어리"였다. 1930년대 그는 캘리포니아 대학 버클리에 이론적인 물리학을 연구하는 학교를 열었다. 2차 대전을 종결시킨 무기 개발을 지휘했던 그는 1945년 이후 상당한 공적 지위와 명성을 얻는다. 전쟁 전에는 예견하기 힘든 일이었다. 1967년에 이시도어 라비Isidor Rabi는 오펜하이머를 위한 연설에서 다음과 같이 말했다.

> (2차 대전 이전에) 오펜하이머의 명성과 영향력은 물리학이라는 작은 범위를 벗어나지 않았다. 그러나 전시에 로스앨러모스 연구소 소장으로서 그는 많은 사람의 주목을 받게 되었다. 대단한 연구소와 지휘자, 다른 물리학자들이 없었던 것은 아니지만 그처럼 많은 관심을 받은 사람은 없었다. 수많은 과학자 중에서 오펜하이머는 아인슈타인 이후 단연 카리스마 넘치는 인물로 부상하게 되었다. (Rabi 1969, 4)

1946년 언론과 대중은 종전과 함께 옛 물리학 리더들의 그늘에서 점차 벗어나 새로운 곳으로 눈을 돌리게 된다.

> 자연스럽게도 오펜하이머 어깨에 이 모든 권위가 실리게 되었다. 예를 들어 (라비 자신을 포함하여) 어니스트 로렌스Ernest O. Lawrence, 해럴드 유리Harold Urey, 아서 콤프턴Arthur Compton, 리 두브리지Lee DuBridge, 제임스 코넌트James B. Conant 등이 여전히 강한 영향력을 끼치고는 있었지만 오펜하이머의 리더십이 미치는 범위만큼은 아니었다. 그가 누렸던 과학적 영예는 엄청난 것이었다. (Rabi 1969, 3-4)

대중의 마음에서 오펜하이머는 과학의 힘을 조율하는 위대한 인물로 자리를 잡았다. 특히 핵무기에 대한 그의 연설은 원자폭탄의 존재로 인해 인류가 얼마나 위기를 겪을지를 대중이 알게 하는 데 큰 역할을 했다. 그야말로 핵무기 확산 방지의 어려움을 이해하고 인류 공동의 번영을 위해 핵무기를 어떻게 사용해야 할지 깊이 성찰한 인물로 인정받는다. 그뿐만 아니라 과학자들이 새로 얻은 지식과 힘을 책임감 있게 활용하는 방법에 대해서 고민한 지식인이었다. 핵무기 창조로 인해 이제 전쟁은 "군사적인 문제일 뿐만 아니라 시민의 삶과도 떨어질 수 없는" 문제가 되었으며, 과학 또한 실제적인 정치와 떨어질 수 없는 영역이 되어 버렸다. 바로 이런 변화를 상징하는 존재가 오펜하이머였으며, 그는 명성에 걸맞은 용기 있는 양심의 소유자로 인정받았다. (Price 1967)

아인슈타인이 대중에게 외로운 '천재'로 통했다면, 오펜하이머는 전쟁을 거치면서 물리학자로서뿐만 아니라 혼돈과 희망이 교차하는 시기를 이끌어 갈 통합적인 카리스마를 지닌 리더로, 난세를 풀어 나갈 해결책을 가진 엘리트이자 선구자로 받아들여졌다.[3]

그러나 아인슈타인이나 오펜하이머가 과학계를 대변하는 아이콘으로 받아들여진 것은 일종의 모순이라고 볼 수 있다. 왜냐하면 명성과 달리 당시 그들은 명성의 핵심 내용과는 거리가 있었기 때문이다. 미시 세계에 대한 우리 인식의 혁명적인 변화가 1925년 이후 양자물리학에 의해 일어났다는 사실은 아인슈타인도 인정했지만, 정작 본인은 이를 받아들이지 않았다. 스스로를 물리학자라고 부르며 물리학계를 떠나지는 않았지만 오펜하이머 또한 46년 이후에는 전혀 새로운 연구를 진행하지 않았다. 56년에는 자신을 "전문적인 물리학자로서, 전혀 생동감 없이 늙어 빠진 사람"이라고 부르기까지 했다. (Oppenheimer 1956a, 127) 그는 뉴저지에서 활발하게 연구를 진행하던 프린스턴 고등연구소 수장을 맡는 등 정치적인 수완을 발휘했다. 양자물리학과 고에너지물리학 영역의 최신 연구 경향에 대한 관심을 잃지는 않았지만 새로운 영역을 개척하거나 더 넓은 이론물리학의 커뮤니티에 몸을 담그지도 않았다.[4] 이처럼 아인슈타인과 오펜하이머는 자신의 시대를 대표하는 물리학자인 동시에 물리학계의 아웃사이더였다.

물리학계가 아인슈타인을 상징적인 인물로 받아들인 이유는 분명하다. 1927년 이전에 아인슈타인이 이룬 물리학적 업적은 21세기 전반에까지 영향력을 행사할 정도로 비범한 것이었다.[5] 오펜하이머의 경우도 마찬가지다. 오펜하이머는 1930년대 최고의 이론가였을 뿐만 아니라 미국 내에서도 두드러진 버클리 연구소의 창립자로, 로스앨러모스를 이끈 과학자로, 물리학자로 세계를 변화시킨 장본인이었다.

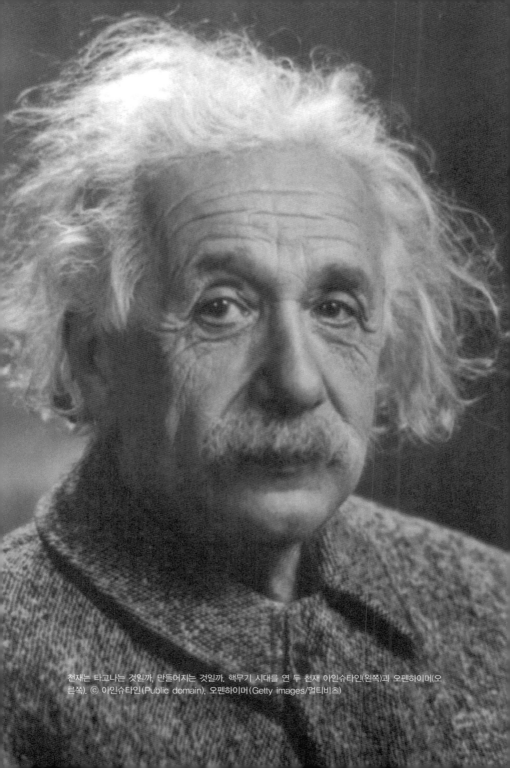

천재는 타고나는 것일까, 만들어지는 것일까. 핵무기 시대를 연 두 천재 아인슈타인(왼쪽)과 오펜하이머(오른쪽). ⓒ 아인슈타인(Public domain), 오펜하이머(Getty images/멀티비츠)

이를 통해 물리학자로서 그의 지위와 영향력은 이전과 비교할 수 없을 만큼 높아졌고, 새로 떠안은 책임만큼 권력 또한 얻게 된 것이다.[6]

감히 누가 아인슈타인이나 오펜하이머의 대중적인 상징성에 도전할 수 있을까? 그러나 본인들도 그렇게 여겼는지에 대해서는 한번 생각해 보아야 한다. 오펜하이머는 자신에 대해 한 번도 충분히 이해하지 못했을 뿐만 아니라 안정적으로 느껴 본 적도 없다. 반면 아인슈타인은 몇몇 사건을 통해 드러나는 것처럼 자신에 대한 확신을 가지고 있었다. 그는 결코 "안락함이나 행복감 자체"를 추구하지 않았다. "흉금을 터놓을 수 있는 사람들과의 혈족의식血族意識 없이는, 그리고 예술과 과학 분야에서 영원토록 다함이 없는, 즉 이 객관세계에 대한 애착이 없다면 인생이란 나에게 허무한 것 같다. 인간이 노력해서 얻으려는 진부한 대상, 즉 재산이나 겉보기만의 성공이나 사치는 나에게 언제나 경멸의 대상이었다." (Einstein 1954, 9) 막스 플랑크Max Planck의 60세 생일을 기념하는 찬사에서 아인슈타인은 쇼펜하우어가 말했던 것처럼 "인간이 예술과 과학에 몰두하는 강력한 동기 가운데 하나는 미숙함에 대한 두려움과 희망 없는 무료함이라는 족쇄에서 벗어나고자 하는 욕망"이라고 말했다. 공허한 하루하루의 삶 속에서 영원한 물리적 자연은 아인슈타인에게 탈출구가 되어 주었던 것이다. 1945년, 헤르만 브로흐가 자신의 책 《베르길리우스의 죽음》을 선물했을 때 아인슈타인은 이렇게 편지를 썼다. "이 책은 내가 나 자신, 나의 몸과 영혼을 과학에 팔았을 때, '나'와 '우리'를 벗어나 당도한 '그것'이 무엇이지를 명확히 보여 주었다네."[7]

오펜하이머에게도 과학이란 "결코 벗어날 수 없는 욕망의 족쇄로부터" 벗어날 수 있는 탈출구였다. 1932년 이전에 오펜하이머가 아인슈타인의 세계관이 담긴 글을 읽었는지는 모르겠지만, 그가 동생에게 보낸 1932년 3월의 편지에는 이런 내용이 담겨 있다.

> 훈련을 통해서 우리는 평온함을 얻을 수 있다. 세상은 포기해 버렸지만, 성육신이나 자비와 같이 초월적인 활동을 통해서만 소중한 자유를 누릴 수 있기 때문이다. 시간이 지날수록 간편함만 추구하는 환경 속에서 멀어져만 가고 있는 귀중한 행복들이지만, 훈련을 통해서 우리가 이를 보존해 낼 수 있다고 나는 믿는다. 훈련을 통해 우리는 개인적인 욕망이 만들어 내는 엄청난 왜곡 속에서 세상을 제대로 볼 수 있고, 지구가 처한 공포의 상황을 더 잘 받아들일 수도 있을 것이다. (…) 훈련이란 그 속성상 우리의 마음을 극복하는 것으로, 그 훈련이 진짜 훈련이라면 결국에는 더 아름다운 결과를 만들어 내고 말 것이다. 공부는 물론, 인간 복지를 위한 의무, 전쟁, 개인적인 고난, 생존을 위해 기본적으로 필요한 요구들까지도 감사함으로 받아들일 때 훈련의 대상이 될 수 있다. 이런 과정을 통해서만 우리는 최소한의 초월함을 경험하고 평화가 무엇인지도 알 수 있게 될 것이다. (Smith and Weiner 1980, 155-156)

초월에 대한 아인슈타인의 생각은 쇼펜하우어의 글 중 불교에 관한 통찰에서 영향을 받은 것이었다.[8] 오펜하이머 또한 하버드와 버클리에서 베다(veda, 인도 최고의 문헌으로 고대 인도의 종교, 신화는 물론 철학, 우주관, 사회상을 보여 준다-옮긴이)를 공부하던 중 동생에게 보낸 편지에서 드러나듯 초월성, 훈련, 성육신에 대한 사상을 얻게 되었다. 오펜하이머는 그 무렵에 아서 라이더Arthur Ryder와 함께 《바가바드기타》

제3권을 공부하고 있었다. 이 책에는 크리슈나가 아르주나에게 다음과 같이 선언하는 장면이 실려 있다. "희생으로 이루어진 것을 제외하면, 이 세상은 모두 일하는 이들의 결과로 이루어져 있다. 그러므로 너, 쿤티의 아들이여, 너의 묶인 곳에서 자유하여 네가 해야 할 바를 끝까지 행하라." (Johnston 1908, 58)[9] 이 책의 중요한 목적 중 하나는 동양철학적 관점에서 두 사람의 기질 차이를 지적해 내는 것이다. 그 기질에 관해서는 6부에서 설명할 것이다.

한편 아인슈타인은 쇼펜하우어의 행복론을 가슴 깊이 받아들였다.

> 누군가를 가장 자신답게 만드는 부분, 누군가가 외롭거나 고립되어 있을 때 드러나는 부분, 또한 그 누구도 빼앗을 수 없는 부분이 있다면, 분명 그것이 다른 사람들이 보기에는 어떠하든지 관계없이 그 사람의 가장 본질적인 부분일 것이다. (⋯) 행복은 바로 그 부분에 머무는 것이며, 인격이야말로 그중에서도 가장 본질적인 부분을 차지한다. (Schopenhauer 1851, vol. 1, 348–349; Howard 1997 재인용)

만약 아인슈타인이 자기 자신을 위한 방법의 일환으로 개인적인 행복을 얻고자 했다면 그는 오히려 불행한 인생을 산 것일 수도 있다. 아인슈타인은 생의 마지막 25년 동안 더는 고전적인 관점에서 자신이 주장했던 중력과 전자기장의 통합을 증명하려는 시도를 포기했고, 양자물리학의 발전이나 적용에 관해 지대한 관심을 가지고 있던 이론물리학계로부터도 고립되었기 때문이다. 당대 물리학의 주류와는 어느 정도 거리가 있었지만, 아인슈타인의 가장 중요한 업적인 상대성이론—중력파의 존재에 대한 증명과 중력장에 의해 결정되는 중력원에 대한 방정식 증명 — 은 조수 네이턴 로젠Nathan Rosen, 레오폴드 인펠트Leopold Infeld, 바네시 호프만Banesh Hoffmann의 도움을 받아 프린스턴에서 1930년대 말에 실제적인 진보를 이루게 된다. 또한 양자물리학에 의한 "물리적 실제"에 대한 연구는 아인슈타인과 포돌스키Podolsky, 로젠(EPR)의 공동 노력의 결과로 1935년에 결실을 맺는다. EPR 논문은 이후 수십 년간 가장 많이 인용되었다. (Einstein 같은 논문, 1935)

아인슈타인이 1936년에 쓴, 중력파에 대한 최종 논문을 쓰기까지 과정은 그가 미국에서 경험한 문화적 갈등이라든지 그의 성격적 특징들을 잘 보여 주고 있다.[10]

몇 차례 방문한 후 아인슈타인은 당시 미국 물리학계를 선도하던 《피지컬 리뷰Physical Review》에 논문을 게재하기 시작했다. 첫 번째 글은 캘리포니아 공과대학(칼텍)에서 근무하던 동료와 주고받은 편지로 1931년 2월 26일에 《피지컬 리뷰》에 실린다. 그리고 1935년에 포돌스키, 로젠과 함께 그 유명한 EPR 논문을 발표하는데, 양자물리학이 아직은 '완성된' 이론이 아니며 원거리 현상을 설명하는 데 이상한 결과치를 내놓았다고 기술하고 있다. 이해 아인슈타인은 로젠과 함께 《피지컬 리뷰》에 일반상대성이론에 입각한 입자운동을 설명하는 공식을 다시 싣는다. 36년에는 다시 로젠과 연구해 《피지컬 리뷰》에 상대성이론과 이체tow-body 문제를 논하는 글을 싣는다. 이해 5월에는 다시 한 번 로젠과 함께 〈중력파는 존재하는가?〉라는 제목으로 《피지컬 리뷰》에 기고한다. 36년에 이르러서는 비록 실증적인 연구 성과는 없었지만 해당 연구 분야 종사자 대부분이 전자기장과 마찬가지로 중력파에 대한 존재를 믿게 되었다.[11] 재미있는 사실은 막스 보른에게 보낸 편지에서 아인슈타인이 이런 의견을 쓴 적이 있다는 것이다. "중력파는 존재하지 않는다는 결론에 이르렀다. (…) 이를 통해서 우리는 비선형 일반상대성 장방정식이 우리가 지금까지 생각지 못한 것을 알려 줄 수도, 오히려 제한할 수도 있다는 사실을 깨닫게 되었다." (Einstein 2005, 122)

1936년 7월 23일, 《피지컬 리뷰》의 편집장 존 타트는 아인슈타인의 글에 대한 비판과 함께 다음과 같은 내용의 서한을 보낸다. "저는 (아인슈타인의) 해당 글에 대한 편집위원의 다양한 견해와 비판에 대한 대답을 들을 수 있기를 바랍니다."[12] 7월 27일, 아인슈타인은 답변을 보냈다.

> 편집장님께,
>
> 저희(아인슈타인과 로젠)는 저희의 글을 출판하기 위해서 보내 드린 것이지, 출판 이전에 다른 전문가의 견해를 듣고자 보낸 것이 아닙니다. 따라서 저는 누군지도 모르는 전문가의 평가 — 이번 경우는 틀린 평가이지요 — 에 대해 답변할 이유를 찾을 수 없습니다. 이번 일을 계기로 저는 다른 출판사를 찾는 것이 나을 것 같습니다.
>
> 존경을 담아서, 알베르트 아인슈타인
> 추신) 현재 소련으로 떠난 로젠 박사도 저와 같은 견해임을 알려 드립니다.[13]

타트는 아인슈타인의 결정을 아쉬워하면서도, 《피지컬 리뷰》의 출판 절차를 무시할 수 없다는 사실을 분명히 했다. 따라서 아인슈타인은 이후 논문을 《저널 오브 더 플랭클린 인스티튜트Journal of the Franklin Institute》에 기고하게 된다.

아인슈타인이 프러시안 아카데미에 제출한 모든 글은 자동적으로 《지충베리히테Sitzungberichte》에 실렸다. 《아나렌 더 피직Annalen der Physik》이나 《자이슈리프트 퓌르 피직Zeitschrift für Physik》의 편집자들은 아인슈타인의 글이라면 아무 말 없이 실어 줄 태세였다. 1930년까지 모든 유럽의 과학 학술지에서도 기꺼이 아인슈타인의 글을 대꾸 없이 실어 주었다.

《피지컬 리뷰》의 편집위원은 프린스턴의 저명한 우주학자 하워드 로버트슨Howard P. Robertson이었는데, 그의 지적은 옳았다. 1936년 가을, 칼텍에서 돌아온 로버트슨은 1936년에서 37년까지 아인슈타인을 도왔던 레오폴드 인펠트로부터 인정을 받아 냈고, 다시 인펠트로부터 이 모든 사실을 전해 들은 아인슈타인도 자신과 로젠이 실수를 저질렀다는 것을 인정하게 된다. 이후 아인슈타인은 《저널 오브 더 플랭클린 인스티튜트》 지면을 통해 자신의 공식을 대폭 수정하며 다음과 같은 설명을 더했다.

> 초기 해석에서 실수가 있었기에 로젠이 소련으로 떠난 이후 본 논문의 후반부는 상당히 많이 수정되었습니다. 저는 동료 교수인 로버트슨의 명확한 지적에 대해 감사의 마음을 전하고 싶습니다. 오프만 씨의 명확한 번역에도 감사를 드립니다.[14]

아인슈타인과 로젠의 초기 실수란 수평 중력파를 설명하는 정확한 해결책을 찾는 과정에서 빚어진 것이었다. 이들은 파동을 측정하는 기준에서 발견되는 특수성을 설명하지 않고서는 연구 진행이 불가능하다는 사실을 알게 되었다. 따라서 존재하지도 않는 증명을 통해 중력파를 설명하는 결과를 낳았다. 아인슈타인과 로젠이 중력파에 관한 논문을 쓰던 당시의 과정을 담은 다니엘 데네핑크Daniel Dennefink의 글에 의하면, 아인슈타인과 로젠이 겪게 되는 특이점은 북극에서 경도를 계산하려고 할 때 겪게 되는 특이점과 유사했다.[15] 실제 편집위원 보고서를 통해 로버트슨도 원형 좌표시스템을 설명하는 특이성에 관한 부분이 실수로 빠졌다는 사실을 지적했다.[16]

이와 같은 아인슈타인의 성격은 다른 사건들을 통해서도 드러난다.[17] 편집위원의 비평을 거만한 태도로 무시한 것은 지나친 자기 신뢰의 결과였지만, 한편으로는 중력과 전자기장의 결합에 대한 연구에 몰두했던 자신을 몰아치기 위한 용기이기도 했다. 그 어떤 것도 아인슈타인의 이런 탐구심을 멈추게 할 수는 없었다.[18]

자신의 원고를 거부했던 타트에 대한 아인슈타인의 반응 또한 지나쳤기에 다시는 《피지컬 리뷰》에 글을 싣지 못하게 된다. 그러나 모두가 예상하듯이 그는 다시 비슷한 행동을 하게 된다. 일단 "거절"을 당하면 이후 오랫동안 적개심을 가슴속에 담아 두고 있었다.[19]

여기서 언급하고 지나가야 할 중력파 논문에 관한 이야기가 있다. 인펠트는 훗날 자서전을 통해, 아인슈타인은 로버트슨의 일이 있은 직후 잘못된 증명에 대한 강연 일정을 잡았고, 이를 수정할 만한 대안을 아직 가지고 있지 않았는데도 전혀 당황해 하지 않았다고 밝혔다. 아인슈타인은 강연을 끝내면서 다음과 같이 말했다. "만약 여러분이 중력파의 존재가 실재하느냐고 물으신다면, 저는 아직 알 수 없다고 대답할 수밖에 없습니다. 그러나 이는 여전히 흥미로운 문제입니다."
(Infeld 1980, p. 269)

아인슈타인과 오펜하이머는 여성들에게 매력적이었다는 점에서 닮았다. 둘 다 "카리스마"가 넘쳤지만 그 유형은 서로 달랐다. 아인슈타인의 카리스마가 천성적이라면, 오펜하이머는 총체적인 것이었다. 1910년대부터 아인슈타인과 알게 돼 이후 가장 절친한 친구가 된 코르넬리우스 런츠조시Cornelius Lanczos는 〈마술 같은 아인슈타인의 인격〉(Lanczos 1974, 12)이라는 글에서 "'아인슈타인'이라는 이름 자체에서 다른 어떤 이름과도 비교하기 힘든 카리스마가 풍긴다"고 썼다. (Lanczos 1974, ix) 1920년대부터 아인슈타인을 알고 지낸 유진 위그너 Eugene Wigner는 "모두가 그를 존경하고, 좋아했다"는 말을 더했다. (Wigner 1980, 462) 오펜하이머의 경우, 그를 존경한 사람은 많았으나 그를 "좋아한" 사람은 찾기 어렵다. 많은 학생의 증언에 따르면, 오펜하이머는 카리스마적인 기질을 통해 버클리와 칼텍으로 거액의 연구 기금을 끌어올 수 있었다. 로스앨러모스 연구소가 성공적으로 업적을 이루어 내는 데에도 그의 카리스마가 중요한 역할을 했다. (Schweber 2000; Thorpe 2006) 그러나 그는 항상 멀리 있는 사람이었고, 그의 카리스마는 "일 대 일"의 관계에서보다 "일— 대 다多"의 관계에서 발산되었다.

아인슈타인과 오펜하이머 둘 다 자기 절제가 강하고 극단적으로 고집불통인, 강한 정신력의 소유자였다. 때때로 자기중심적이며 배려도 없는 편이었다. 남편, 아버지로서는 훌륭하지 못했지만, 젊은 시절 아이들에게 인기는 많았다. 또 자녀들에게 비극적인 요소가 있었다. 아인슈타인의 아들은 정신분열증으로 격리되었고, 오펜하이머의 딸은 자살했다. 아인슈타인과 오펜하이머는 이런 비극을 담담하게 받아들였으며 불굴의 의지로 이겨 냈다. 둘은 죽음의 문제조차 마치 물리학에 대해 대화를 나눌 때처럼 직설적으로 이야기할 수 있었다.

아인슈타인과 오펜하이머 둘 다 철학에 깊은 매력을 느끼고 관심을 이어 나갔다. 실제로 아인슈타인은 1930년대를 지나면서 인펠트에게 "나는 물리학자보다는 철학자일세"라고 말하곤 했다. (Infeld 1941, 258) 결정론적인 스피노자의 글과 대비되는 흄의 우연성에 대한 분석은 아인슈타인이 일반상대성이론을 확립하는 데 큰 역할을 하기도 했다. 뉴턴, 맥스웰, 헬름홀츠, 볼츠만, 헤르츠, 플랑크 등의 과거 뛰어난 과학자나 수학자들이 흄, 칸트, 쇼펜하우어, 헤겔, 마흐, 신칸트주의 등의 사상에 영향을 받았듯이, 아인슈타인도 그런 환경에 놓여 있었다. 특히 천문학적인 관찰 결과나 흑체 에너지의 속성, 원자 크기, 모세관 현상, 중력과 물체 내부운동의 복합성 등에 대한 연구를 진행할 때, 아인슈타인은 철학적인 문제들과 통합을 이루고자 애썼다.

오펜하이머의 경우 미국 실용주의와 그 한계에 대해 깊이 고민했다. 그는 보어Niels Bohr의 철학과 과학의 통합 이론을 완전히 받아들였다. 그러나 보어의 형이상학성과 전제에 대해서는 정밀하게 반응하지 않았다(아마도 할 수 없었을 것이다). 보어의 평가를 전적으로 받아들인 그는, EPR 논문을 통해 발표한 글에서 상호보충의 원리가 양자 혁명의 핵심적인 아이디어라 쓰고, "물리적 현실에 대한 우리의 태도가 급진적인 변화"를 겪게 되었으며 물리적 현상의 절대적 특성에 대한 모든 사고가 근본적으로 수정되었다고 했다. (Bohr 1935, 702)

아인슈타인과 오펜하이머는 공통점이 많았지만 한편으로는 완벽하게 다른 면도 있었다. 아인슈타인의 경우 자신을 불행한 사람이라고 보지 않았던 반면, 오펜하이머는 그런 경향이 있었다. 특히 1954년에 진행됐던 '재판'의 결과로 해임되던 당시, 동료 물리학자들과 자유주의 지식인들[20] 사이에서는 그를 마치 갈릴레오나 드레퓌스와 같이 추락한 영웅으로 묘사하기도 했다.[21] 성격도 달랐다. 아인슈타인은 자신이나 주위 사람들에 대한 농담을 자주 했는데, 오펜하이머에게는 이런 '가벼움'이나 '흥'을 찾아보기 힘들었다. 또한 아인슈타인은 아이들에게 깊은 유대감과 동정심을 가지고 있었지만, 오펜하이머에게서는 그런 면을 찾을 수 없었다. 아인슈타인은 거드름을 피우지 않았던 반면, 오펜하이머는 때때로 강압적인 모습을 보이거나 '깊은' 척할 때가 있었다.[22] 아인슈타인은 언제나 자신의 성품에 대한 칭찬 듣기를 "괴로워"했던 반면,[23] 오펜하이머는 자신에 대한 칭찬을 거부하지 않았다.

그중에서도 가장 충격적인 차이는 두 사람이 자신을 바라보았던 시각이다. 아인슈타인은 자신을 일관된 시선으로 바라보았고, 주위에서 일어나는 많은 일에 대해서도 일관성 있게 대응했다. 따라서 아인슈타인은 항상 개인성과 일관성, 굳건한 사람의 상징처럼 인식되었다. 이런 일관성은 나이가 들어가면서 단 하나의 원인에서 모든 세상이 이루어졌다는 궁극적 이론으로 귀결되어 갔다. 한 걸음 더 나아가 상대성이론이라는 위대한 업적 이후 그는 시공간적 기하학을 통해 궁극적인 이론이 실행될 수도 있다고 믿게 되었다. 이처럼 아인슈타인은 비전을 통해 스스로를 빚어 갔으며, 변화해 갔다.

이와는 대조적으로 오펜하이머는 자신에 대한 통일된 관점을 가지지 못해 일생 동안 다양한 변화를 보여 왔다. 일원론을 믿지 않았고 세상의 모든 현상을 아우르는 궁극적인 존재도 부인했다. 물리학과

물리학이 제공하는 세상에 대한 이해와 그 공동체에 심취했지만, 이로 인해 일관성이나 견고함을 얻지는 못했다.

두 사람이 생각을 표현하는 방법의 차이 또한 흥미롭다. 창의성과 언어의 상관관계에 대한 아인슈타인의 생각은 상당 부분 기록으로 남아 있다.[24] 과학적인 발견을 한 순간 머릿속에서 어떤 신호가 발생하는지를 묻는 자크 하다마르드Jacques Hadamard에게 아인슈타인은 이렇게 대답했다. "글이건 언어이건, 나의 사고방식과는 전혀 어울리지 못합니다." 반면, 오펜하이머는 말하면서 생각하는 사람이었다. 또 오펜하이머는 모호하고 복잡하지만 부드러운 문체를 구사한 반면, 아인슈타인은 간결하고 경제적이며 직설적인 문체를 사용했는데 이는 베른의 특허청에서 일할 때 항상 "어떤 도구가 어떤 이유로 특허를 받거나 받지 못할 것인지를 간결하게 설명"해야 했던 경험 때문이다. (Wheeler 1980b, 103)

아인슈타인은 과학적인 문제를 대할 때 수학적으로 표현하기 이전에 그림과 기하학적으로 표현하는 방법을 알고 있었다. (Miller 1984, 1996) 이 때문에 성공적으로 중력을 표현해 낼 수 있었다. 그는 전자기장을 기하학적 범주로 이해했다. 1934년에는 〈물리학에서 다루는 공간, 창공, 범위의 문제〉라는 글에서 다음과 같은 글을 남긴다. "상호의존관계에 있는 두 구조 사이에 존재하는 공간이나 중력장, 전자기장 등은 전혀 가상적인 개념이 아니다. 이와 같은 공간 개념이 결국에는 하나의 단일한 구조 가운데 있다는 사실을 우리는 믿게 되었다." 아인슈타인에게 전자기장의 존재는 중력과 마찬가지로 공간적인 구조물과 같은 것이었다. 즉, 서로 다른 현상을 일으키는 것처럼 보이는 것들도 하나의 구조 속에서 이해할 수 있다는 말이다.

오펜하이머는 더 분석적이며 공식 세우기를 선호했다. 실용주의적 성향의 소유자로서 그는 항상 모델을 제시하고 손에 잡히는 해결책을 얻고 싶어 했다.

1920년대와 30년대를 거치면서 아인슈타인은 상당한 변화를 맞는다. 우선, 양자물리학에 대해 코펜하겐에서 받아들여지고 있던 보어나 다른 물리학자들과는 다른 관점을 제시했다. 또한 1933년, 히틀러가 권력을 잡은 이후 베를린을 떠나 미국 프린스턴 고등연구소 교수로 오게 된다. 그러나 교수 사회의 관습을 받아들이지 않았고 영어도 완벽하게 구사하지 못해 물리학계에서나 이민사회에서나 "아웃사이더"로 맴돈다. 아인슈타인 아카이브를 접해 본 사람이라면 1933년 이후에 쓰인 그의 모든 문서가 일단 독일어로 쓰였다가 번역된 사실을 알 수 있을 것이다. 독일어로 쓴 부분에서 아인슈타인은 너무나도 쉽고 유창하게 자신의 생각과 의기, 슬픔 등의 감정을 깊이 표현하고 있다. 아인슈타인에게는 무엇보다 중요한 시기였다.

1부에서는 아인슈타인이 초기 미국 핵무기 개발 프로그램에 깊이 관여했던 사실, 히로시마·나가사키 원폭에 대한 반응, 전후 반핵 활동에 나섰던 이야기들이 소개된다. 아인슈타인이 자신의 염려를 어떤 식으로 표현하고자 했는지에 대해 살펴볼 수 있을 것이다. 나는 특히 아인슈타인의 물리학자로서 행보와 정치적인 활동을 함께 살펴보고자 했다. 과학이나 정치 그 어느 것이든 그는 수행 가능한 원칙들을 찾아내고자 했고, 이를 통해 경험할 수 있는 영역을 확대해 나가고자 했다. 특수상대성에서는 모든 물리학적 현상과 로렌츠의 이론이 설명하는 현상들을 연계하고자 했고, 일반상대성에서는 중력장의 지엽적인 등가뿐만 아니라 일반적인 상관계수를 밝히는 원칙까지 밝히고자 했으며, 세계정치에 관해서는 전쟁의 종결을 최우선의 가치로 두는 한편 초국가적인 정부를 수립하고 법정도 구성하고자 했다.

2부에서는 아인슈타인이 브랜다이스 대학의 설립 과정에 기여한 부분을 다룬다. 유대인으로서 역할뿐만 아니라, 자신이 꿈꾸던 것과는 다른 방향으로 진행되는 상황에 대한 그의 반응도 살피게 될 것이다. 아인슈타인이 상당히 고집스러웠다는 사실은 이미 잘 알려져 있다. 아무리 주위에서 아니라고 해도 아인슈타인은 자신의 믿음과 연구 결과에 대해서는 고집을 꺾을 줄 몰랐다. 미시 영역인 양자물리학적 연구 결과에 대해서도 수긍하지 않고 끝까지 중력과 일반상대성을 통합하려고 했던 자신의 프로그램을 고집했다. 2부에서는 아인슈타인의 지극히 개인적인 고집에 대해서도 살펴볼 것이다.

3부에서는 오펜하이머 인생에서 세 가지 사건과 그 사건에 대한 반응을 통해서 오펜하이머의 일면을 엿보게 될 것이다. 영국 케임브리지의 J. J. 톰슨 연구소Thompson's laboratory에서 대학원생으로 공부하던 1925-26년 좌절을 겪고 이론물리학자의 길로 들어선 것이 첫 번째 사건이고, 원자에너지를 국제적으로 통제하려는 애치슨-릴리엔솔 계획안Acheson-Lilienthal plan이 버나드 바루크Bernard Baruch, 제임스 번스James Byrnes, 해리 트루먼Harry Truman 등에 의해 거절된 된 후 물리학 연구를 포기한 것이 두 번째 사건이며, 공인의 지위를 박탈당한 것이 세 번째 사건이다. 이 사건들을 통해 오펜하이머라는 개인의 심정이 얼마나 복잡했을지 상상할 수 있다. 오펜하이머는 야망과 카리스마가 있는 사람이었고, 특히 젊은 시절에는 거만하고 자신만만한 사람이었다. 때로는 극단적으로 매력적이다가도 매몰차고 조급한 모습을 보이기도 했다.[25] 1930년대 물리학 연구와 2차 대전 당시 로스앨러모스 재직, 전후 정부의 고문 역할을 통해서는 고유한 목적을 가진 다양한 커뮤니티를 경험했다. 그러나 그는 자신이 생각하는 것과 정확하게 맞아떨어지지 않는 한 그 어떤 곳에서도 쉽사리 이상을 제시하거나 그 조직에서 동기를 찾지 못했다.

1929년에 오펜하이머가 볼프강 파울리를 위해서 일하고 있을 때 파울리는 이미 이런 오펜하이머의 성격을 간파하고 있었다. 28년 가을, 오펜하이머는 리든Leyden의 국립연구소에서 파울 에렌퍼스트Paul Ehrenfest를 도와 몇 개월간 연구 활동을 하고 있었는데 당시 에렌퍼스트는 오펜하이머를 취리히의 파울리에게 보내면서 이런 편지를 썼다. "오펜하이머의 대단한 재능을 발현시키기 위해서는 무엇보다 그의 성격을 고치는 게 급선무입니다." 에렌퍼스트는 파울리가 그 역할을 해 주기를 바랐던 것이다.[26] 몇 개월 후인 29년 2월, 파울리는 에렌퍼스트에게 보낸 편지에서 이렇게 쓰고 있다.

오펜하이머가 취리히에 잘 적응하고 있지만 아직 더 많은 과학적인 능력이 발현되지는 못하고 있습니다. 무궁한 상상력에서 나오는 다양한 아이디어는 그의 장점이지만, 반면 너무 쉽게 만족해 버리는 단점도 가지고 있습니다. 이는 스스로 문제를 제기하고 끈질기게 물고 늘어지는 것보다는 남들의 관점에서 해결책을 찾고자 하기 때문입니다.

불행히도 그는 제가 하는 말이면 그 어떤 말이라도 절대적인 진리로 생각하고 무조건적으로 받아들이는 너무 좋지 않은 버릇을 가지고 있습니다. 우리는 이런 그의 약점을 도와주고 싶지만 (그는 이 문제에 대해 의식적인 차원에서 잘 이해하지 못하고 무의식적으로만 느끼는 수준입니다) 지금과 같은 상황에서 제가 어떻게 오펜하이머를 도울 수 있을지 잘 모르겠습니다. (Pauli 1979-2005, vol. 1, 486-487)[27]

이처럼 권위를 필요로 하고 또한 권위에 복종하는 오펜하이머의 성향 때문에 레슬리 그로브스Leslie Groves 장군은 그를 로스앨러모스의 책임자로 세우고자 했다. 1954년 원자에너지에 관한 임무를 수행하던 오펜하이머의 행동을 분석했던 머레이 켐프턴Murray Kempton은 오펜하이머가 자신 위의 권위를 "간절히 필요로 하는" 사람이라고 평가했다. (Kempton 1994) 나는 오펜하이머의 권위에 대한 복종이 "학습, 사람에 대한 의무, 국가, 전쟁, 개인적인 고난 등을 통해 우리는 훈련된다"던 자신의 철학과 깊은 관계가 있다고 말하고 싶다. "우리는 이 모든 것을 깊이 감사하게 받아들여야 한다. 이를 통해서 고립과 무관심에서 벗어날 수 있고, 평화의 의미도 깨달을 수 있기 때문이다."[28] 미셸 푸코가 말한 것처럼 "훈련을 통해서 우리는 독립성과 숙련된 몸, '다루기 쉬운' 몸"을 얻게 된다. 물론 푸코가 말한 몸은 몸과 마음을 모두 아우른 것이며, 오펜하이머는 자신의 몸과 마음을 다 훈련하고자 했다. 한편 푸코의 관찰처럼 "훈련은 경제적인 의미에서 새로운 힘을 주지만, 정치적인 관점에서 볼 때 복종에 저항하는 힘은 저하시킨다." (Foucault 1979, 138) 위험한 사실은, 완벽하게 훈련된 사람은 완벽하게 복종하는 사람이라는 말이 되며, 더 나아가 모든 결정을 권위에 맡기는 사람이라는 뜻도 된다.

3부에서 나는 1930년대 물리학에 관한 사회적 요구, 로스앨러모스 창설, 전후에 맞은 원자시대 등 오펜하이머의 성공 이유에 관해 분석하고자 했다. 오펜하이머는 각각의 자리에 걸맞은 역할을 수행해 냈지만, 자신이 이루어 낸 세상 속에서 그 모든 성품을 조화롭게 융합시키는 데는 실패했다.

오펜하이머는 마치 위대한 지휘자와 같았다. 그러나 늘 새로운 능력으로 경이로운 연주를 이루어 내야만 하는 지휘자였고, 이를 위해 항상 뛰어난 연구자와 걸출한 곡들이 필요한 지휘자였다. 버클리 시절 오펜하이머에게는 멜바 필립스Melba Phillips, 아놀드 노드시크Arnold Nordsieck, 웬델 푸리Wendell Furry, 윌리스 램Willis Lamb, 로버트 서버Robert Serber, 필립 모리슨Philip Morrison, 레오나르드 시프Leonard Schiff, 조지 볼코프George Volkoff, 조셉 켈러Joseph Keller, 시치 쿠사카Shuichi Kusaka, 하틀랜드 신더Hartland Synder, 줄리언 슈윙거Julian Schwinger, 시드니 단코프Sidney Dancoff, 버나드 피터스Bernard Peters, 에드워드 제르조이Edward Gerjoy, 레슬리 폴디Leslie Foldy, 데이비드 봄David Bohm 등 수준급의 학생들과 박사급 연구자들이 있었고, 핵을 둘러싼 물리적 현상들과 고에너지물리학이라는 명확한 연구 주제가 있어 미국 물리학을 한 단계 진보시킬 수 있었다. 로스앨러모스 시절도 마찬가지였다. 미국과 영국의 수재들이 가득했고, 연구 주제는 우라늄 생산과 플루토늄 폭탄 제작으로 명확했다. 연구소 책임자로서 그는 노벨상 수상자에서부터 학생 연구자까지 모든 연구원을 지원함으로써 그들이 자신의 중요성을 인식할 수 있도록 분위기를 조성했다.

전후 정부를 위해 일하던 때도 마찬가지였다. 미국원자력위원회 AEC 상임이사회(제임스 코넌트, 엔리코 페르미Enrico Fermi, 이시도어 라비, 시릴 스미스Cyril Smith 등) 구성원들과, 그와 긴밀하게 협력하던 정부 측 고위인사들(조지 마셜, 딘 애치슨Dean Acheson, 바네바 부시Vannevar Bush, 데이비드 릴리엔솔David Lilienthal, 윌리엄 클레이턴William Clayton 등)은 모두 하나같이 능력이 뛰어났을 뿐만 아니라 서로를 존중하며 일하는 사람들이었다. 그의 임무 또한 소련과 미국 사이의 정치, 군사적 상황을 타개할 수 있는 일시적인 협정을 이루어 내는 것으로 분명한 편이었다. 음악에서의 메타포가 합주를 위한 것이라면, 오펜하이머는 각각의 뛰어난 연주자가 서로 어우러져 하나의 아름다운 교향악을 연주할 수 있도록 돕는 역할을 했다.

오펜하이머는 교향악단의 지휘자 — 그는 특정한 환경에서 아주 훌륭한 지휘자였다. 그러나 작곡가의 위대함에는 이르지 못했다 — 로 비유할 수 있지만, 아인슈타인은 쉽지 않다. 그런데도 음악적으로 비유하자면, 아인슈타인은 모차르트와 같은 20세기 과학 발전을 이끈 작곡가라 볼 수 있겠다.[29] 1916년, 아인슈타인의 친구 파울 에렌퍼스트는 아인슈타인의 방문을 위대한 콘서트에 비유했다. "공연이 끝난 후에도 오랫동안 반향이 남아 만족스러웠다." (Klein 1986, 329) 에렌퍼스트에게 아인슈타인의 지적 깊이는 "자연의 경이로움"이었다. 그뿐 아니라 아인슈타인에게서는 "단순함과 섬세함, 깊음과 부드러움, 정직함과 유머, 심오함과 평온함"이 고루 넘쳐 났다."[30]

아인슈타인은 시민해방운동에도 앞장섰다. 모든 종류의 권위와 떠들썩한 시오니즘에 대항했으며, 핵무기 통제를 위해 목소리를 높였다. 사회적 정의를 갈구하고 억눌린 사람들을 대변했으며 모든 전쟁에 반대했다.[31] 아인슈타인이 많은 사람의 가슴에 성인의 모습으로 남아 있는 이유다.

1923년, 일흔을 맞은 로렌츠에게 쓴 편지에서 아인슈타인은 자신의 소망을 다음과 같이 남기고 있다.

매일 우리는 부끄러움 때문에 존경하는 이들에게 사랑을 표현하지 않습니다. 그러나 선생님의 일흔 번째 생일은 이 금기를 무너뜨리도록 만들었습니다. 저를 둘러싼 수많은 인간사가 얼마나 덧없는지 하루에도 몇 번이나 느끼지만, 선생님의 고귀하고 남다른 인품에 위로를 받습니다. 선생님은 존재만으로도 큰 위로와 즐거움을 주십니다. 과학이라는 통로를 통해 저는 개인적으로 선생님께 배우면서 우러를 수 있는 관계를 누리게 되었습니다. 선생님을 따르던 시간이 제게는 무엇보다 소중했습니다. 그러나 과학뿐 아니라 사람에 대한 선생님의 태도와 사랑은 감히 저로서는 다다를 수 없는 이상향이었습니다.[32]

아인슈타인은 목표를 이루기 위해 분명히 노력하는 사람이었다. 그는 물리학계에서도 사회운동의 영역에서도 항상 열정적이며 사려 깊은 지도자이자 "존재만으로도 큰 위로와 즐거움을 주는" 본보기였다.

보어는 아마도 오펜하이머가 가장 존경했던 사람이었을 것이다. 오펜하이머에게 보어는 과학뿐 아니라 삶의 태도 전반에 걸쳐 "존재만으로도 큰 위로"가 된 사람이다. 그랬는데도 오펜하이머는 아인슈타인과 로렌츠 같은 깊은 관계를 보어와 누리지는 못했다. 1963년 8월에서 이듬해 5월까지 오펜하이머는 〈보어와 핵무기〉라는 제목의 강연을 브루크헤이븐Brookhaven 국립연구소, 칼텍, 버클리, 로스앨러모스에서 진행한다. 기술적인 부분을 제외한 강연 내용이 1964년 12월 17일, 《뉴욕 리뷰 오브 북스New York Review of Books》에 실렸다. 미국과 소련 간의 군비 경쟁을 최소화하려고 노력했던 보어의 다양한 활동이 소개되었다. 1945년 3월에 보어가 루스벨트 대통령에게 쓴 비망록에는 소련과 핵에 관한 노하우를 서로 교환하고, 당시 전쟁을 담당하고 있던 헨리 스팀슨을 임시 협력위원회의 고문으로 기용할 것과 트루먼 대통령의 원자폭탄 활용에 관한 새로운 기대 등이 담겨 있다. 이 비망록은 결국 루스벨트의 책상이 아닌 스팀슨의 책상에 놓인다. 임시 협력위원회에서 오펜하이머는 기술 분과를 책임져 언제, 어디서, 어떻게 폭탄을 사용할지를 결정하는 위치에 있게 된다. 물론 보어와 오펜하이머 사이에서 오간 많은 얘기는 위원회의 결정에도 큰 영향을 끼쳤다.

1945년 9월 스팀슨이 전쟁부장관에서 물러나던 당시에 관한 기록에도 보어가 언급된다. 스팀슨은 어느 날 각료 회의 자리에서 보어의 주장처럼 소련과 핵에 관해 협력할 가능성에 대해 "마지막 달변"을 토해 냈다. 그날 오후 그는 모든 각료의 송별을 받으며 워싱턴 D. C.의 활주로를 떠나가야 했다. 이 송별식을 위해 이발을 하는 자리에서 오펜하이머와 스팀슨은 나란히 앉게 되었는데, 헤어질 때 스팀슨은 오펜하이머에게 "이제 모든 것은 자네 손에 달렸네"라고 말했다. 이 사건에 관한 오펜하이머의 글은 "보어는 그런 말을 해 준 적이 없다"는 문장으로 끝난다. 그러나 스팀슨의 말이 전후 로스앨러모스를 이끌어 가던 오펜하이머에게 큰 영향을 끼쳤음은 분명하다.

아인슈타인과 오펜하이머는 서로 다른 세대를 살았고, 그런 만큼 양자물리학 발전의 정도도 다른 시대에 살았다. 아인슈타인은 이론 물리학이 아직 충분히 성숙하지 못한 시대를 살았는데 시간과 공간에 대해 규정한 뉴턴의 전제들이 한계를 드러내던 행운의 시기였다. 아인슈타인은 "뉴턴의 천재성도 중요하지만 인간의 지성을 한 단계 도약시켜야 할 시대에 타고났다는 것이 훨씬 중요한 사실"이라고 말했다. (Einstein 1954, 254) 오펜하이머가 막 대학원생이 된 1920년대 중반에 이르면 이론물리학은 이미 더 젊은 연구가들이 이끄는 새로운 분야로 자리를 잡는다. 이 무렵부터 실험물리학과 이론물리학은 분리되기 시작했고 양자를 아우르는 물리학자는 찾아보기 어렵게 되었다. 나는 오펜하이머도 이런 물리학계의 변화를 느껴 보른이나 하이젠베르크, 슈뢰딩거, 디랙, 파스쿠알 요르단, 파울리 같은 이들에게 뒤지지 않는 업적을 남길 수 있었다고 믿는다.

1920년 후반, 물리학의 중심은 영국에서 미국으로 넘어간다. 미국 물리학은 연구를 진행하는 기관의 차이로 인해 유럽의 물리학과는 다른 양상으로 전개되었다. 유럽 이론물리학계 교수들이 주로 자신의 연구소에서 개인적으로 연구했던 반면, 미국에서는 기관이 주도해 이론물리학과 실험물리학계가 같은 주제를 가지고 연구했다. 그뿐만 아니라 대부분 기관에서 실험물리학자들이 주도권을 쥐고 있었다.[33] 따라서 미국 물리학은 유럽에 비해 무척 실험성이 강했다. 특히 1930년대에 들어 핵과 우주선이 이슈가 되면서 더 기술적인 성향을 띠게 되었다. 사이클로트론, 안개상자cloud chamber, 방사선 기술 등이 그 예다. 오펜하이머는 이런 물리학계의 상호 의존성에 대한 감각을 일찍부터 가지고 있었다. 당대 최고의 사이클로트론이 있었던 로렌스 방사선연구소의 어니스트 로렌스가 절친한 친구였고, 칼텍에서는 핵과 우주선의 관계에 대해 켈로그 연구소와 함께 연구했다. 윌슨 산 천문대와도 공동 연구를 진행했다. 1930년대에 오펜하이머는 이미 테크놀로지를 과학의 수단이자 결과로 보고 있었다.

실험물리학과 이론물리학이 서로 의존하는 것이 오펜하이머에게 자연스럽게 보였던 것처럼 재료, 물리학, 자연과학 등에 대한 그의 폭넓은 지식도 비슷한 관점에서 설명할 수 있겠다. 1950년 《사이언티픽 아메리칸Scientific American》에 쓴, 20세기 전반부의 과학적 성취를 자축하는 글 〈1900-50년대 과학에 바치는 헌사〉에서 "과학 영역이 다양하고 특별하게 세분화, 구체화되었다"는 사실을 강조했다. 오펜하이머는 이런 세분화가 "실험 기술의 발달과 강조, 연구 결과의 균일성, 과정의 기록"에 의한 것이라고 말하면서 "(20세기 중반의) 과학은 각각의 세분화된 영역이 서로 협력해 나가는 과정이며, 이런 협력은 개발을 위한 노력과 다양성에 대한 격려라는 토대 위에서 이루어지고 있습니다"고 강조했다. 더 나아가 그는 "과학에서는 어느 한 분야가 다른 분야 위에 서 있는 위계질서가 존재하지 않습니다"고 했다. 비록 가능한 위계구조에 대해 설명하려는 시도는 있어 왔지만, 오펜하이머는 그런 음모가 과학계의 발전에 도움이 되지 못한다고 보았다.

> 과학의 발전을 위해서도 과학계 전반에 대한 이해를 위해서도, 그런 시도들은 과학계의 발전과 성장에 아무런 도움이 되지 못했습니다. 인내와 열린 마음, 굳건한 믿음으로 연구에 임할 때, 앞으로 닥칠 갈등을 극복할 수 있을 뿐만 아니라 과학 각 분야 간의 자유로운 협력을 다질 수 있을 것입니다. (Oppenheimer 1950, 22)

반면, 아인슈타인은 과학에도 위계질서가 존재한다고 믿었다. 1918년에 그가 플랑크에게 보낸 글을 보면, 아인슈타인은 "물리학자에게 가장 위대한 실험은 우주에 관한 보편적이고도 기본적인 법칙을 증명하는 것입니다." (Einstein 1954, 221) 아인슈타인은 모든 자연현상, 인생의 기원까지도 밝히는 것이 가능하다고 보았다. 또한 연역법으로 세상을 하나부터 열까지 모두 다시 건설할 수 있는 "최후의 이론"이 존재 가능하며, 이 이론으로 물리적 우주와 그 원칙, 생명까지도 설명할 수 있으리라고 믿었다.

이런 생각에 오펜하이머는 회의적이었다. 그는 세상에 관한 수많은 지식이 서로 끊임없이 연계되었다가 변화하기 때문에 시대를 넘어서는 이론은 진정 '근본적인' 수준에서만 존재 가능하다고 보았다.

오펜하이머와 아인슈타인의 차이는 양자물리학을 바라보는 시각에서 확연히 드러난다. "양자물리학을 통해 세계를 하나로 묶고 있는 가장 근원적인 원리를 밝힐 수 있는가?"[34] 하는 질문에 아인슈타인은 계속 부정적인 대답을 내어 놓았다. 그는 끝까지 보어의 양자물리학 이론에 반대한 반면, 오펜하이머는 보어의 이론을 지지하는 편에 섰다. 1950년 《사이언티픽 아메리칸》에 쓴 〈1900-50년대 과학에 바치는 헌사〉에서 오펜하이머는 다음과 같이 밝힌다.

> 원자로 구성된 세상이지만 단일한 물질만을 상대로 하는 한 가지 모델을 토대로 전체의 원자 시스템을 설명하기란 불가능하다. 다양한 모델과 실험을 통해 각각의 물리적 현상이 상호 소통하는 과정을 겪고 서로가 서로를 보완하는 과정을 통해 하나의 모델은 실제적인 현실성을 지니게 된다. 즉, 하나의 모델은 다른 모델에 배타적인 입장을 취하는 한편, 통합적인 원자 세상을 온전하게 이해하는 데 필수적인 요소인 것이다. (Oppenheimer 1950, 22)[35]

아인슈타인은 이런 입장에 전혀 동의하지 않았다. 목격할 수 있는 물리적 현상마다 독립된 하나의 현상으로 이해해야 한다는 것이 그의 입장이었다. 그는 일반상대성의 개념적 틀을 통해 이를 확신했으며 아인슈타인 이후에는 레오폴드 인펠트Leopold Infeld, 바네시 호프만Banesh Hoffman 등이 일반상대성의 방정식을 이용해 자기장 발생의 비선형적 특성에 대해 증명했다.[36] 아인슈타인이 양자물리학을 어떻게 바라봤는지는 보어를 향한 다음의 간결한 문장으로 알 수 있다. "덮어 두고 단순히 믿는 것은 전혀 어려운 일이 아닙니다. 그러나 더욱 완성된 과학을 추구하는 저의 과학적 본능이 이를 받아들이지 못하는군요." (Schilpp 1949, 235)[37]

반면 오펜하이머는 양자물리학이 더 미시적인 세계를 이해할 수 있는, 깊고 새로운 통찰력을 제공해 준다고 믿었다. 또한 미시 세계에 대한 어떠한 새로운 이론이 나온다고 해도 결국에는 양자물리학이 이미 제시한 명확한 결론을 더욱 확고하게 할 뿐이라고 보았다. 보어와 마찬가지로 오펜하이머 또한 인간사의 다양한 의문이 서로 다른 영역, 특히 생물학과 정신분석학, 각종 문화적 질문들을 이해하는 데 도움이 된다고 생각했다. 보어와 마찬가지로 '상보성'의 확장으로 인해 자연과 과학이 더욱 풍요로워지고 '다양하고 섬세한 논증의 요소들'이 새롭게 더해지게 되었다고 믿었다. 오펜하이머에게 이런 사고는 "뉴턴역학에서부터 자연스럽게 발전한 것으로, 융통성 없는 딱딱한 일원론적 철학보다 인간의 다양한 경험에 대한 통합적이면서도 적절한 시각"을 제공하는 발전의 과정이었다. 또한 오펜하이머는 상보성을 통해 "과학적 전통과 노자, 석가모니 같은 동양철학의 공통점을 강조"할 수 있다는 사실을 상당히 매력적으로 받아들이고 있었다.[38] 4부에서는 오펜하이머가 상보성의 개념을 통해 2차 대전 이후의 세계를 이해하고자 했음을 보여 줄 것이다. 그 토대는 1957년 하버드에서 한 윌리엄 제임스 강연이다.

따라서 보어는 이 책의 배경을 이해하는 데 무척 중요한 역할을 하고 있다. 2차 대전이 한창일 때 아인슈타인과 오펜하이머 모두 보어에게서 큰 영향을 받았다. 1부와 3부에서는 아인슈타인과 오펜하이머 각자가 보어를 어떻게 만났는지에 대해 일부 다루고 있으며, 보어와 관련된 가장 큰 주제는 원자폭탄과 그 활용, 전후의 미국과 소련의 관계에 미친 원자폭탄의 존재에 대한 것이었다.

아인슈타인과 오펜하이머는 세대가 다른 만큼 다른 사회적 분위기에서 살았다.[39] 그래서 사회 공동체에 대한 관점이나 행동, 물리학에 대한 접근법 등이 달랐다. 이에 대해서는 6부에서 살펴게 될 것이다. 잠깐 간단하게 비교해 보면, 아인슈타인은 지적인 문제나 예술적인 문제에 있어서는 개인주의적인 입장을 취했다. 물리학 이론은 경험적인 데이터를 근거로 추론할 수 없는 영역이라, 연구자마다 자신의 관점에 입각해 자유롭게 개념들을 고안할 수 있어야 한다고 믿었기 때문이다. 과거의 '위대한' 과학자들은 이런 개념화의 자유를 극단적으로 누렸던 사람들이다.[40] 더 나아가 아인슈타인은 '위대한 인물들'이 역사와 예술을 포함한 온 인류를 이끌어 왔으며, 과학계 또한 몇몇 뛰어난 학자의 고독한 연구에 의해 오늘에 이르렀다고 믿었다.[41] 뉴턴에 대해서도 "이 위대한 인물이 자신 이후 서구인들 생각의 틀을 결정하였다"고 평가했다. (Einstein, 1954, 253) 1941년 한 영국 과학 라디오 방송에서는 다음과 같이 주장하기도 했다.

국제적인 과학적 개념과 언어들은 전 세계에서 역사적으로 살아 왔던 최고의 두뇌들이 만들어 낸 것입니다. (그들은) 고독 가운데서,

그러나 한편으로 그 결과로서의 협력을 통해서, 지난 세기 우리 인류의 삶을 완전히 변화시켰던 기술적 혁명을 위한 정신적 도구들을 생산할 수 있었습니다. 이들이 일구어 낸 과학적 개념들을 사용할 때 비로소 우리는 파편화된 관찰 속에서도 진리를 캐낼 수 있는 능력을 얻게 됩니다.[42]

여기서 주목할 점은 아인슈타인이 개인의 '고독'이 낳은 우수한 결과를 기대하면서도 '협력'이라는 노력을 무시하지는 못하고 있다는 사실이다. 물론 여기서의 협력은 개인의 협력을 말하는 것이지 과학계의 협력을 이야기하는 것은 아니다. 하지만 그 협력이, 전 지구적인 혼란을 극복하는 장기적인 대안이 되었다는 사실을 아인슈타인도 인정한 것이다. 살아가면서 부딪히는 더 일반적인 문제들에 관해서도 아인슈타인은 "시대를 초월한 인류 노력의 결과를 바탕으로 우리는 새로운 삶을 영위할 수 있으며, 나 또한 내가 받은 것만큼 남기기 위해 최선을 다해야만 한다"(Einstein 1949b, 90)고 말하기도 했다. 유대주의에 대한 다음의 발언도 비슷한 맥락에서 이해할 수 있을 것이다.

인간은 자신이 속한 공동체에 녹아들 때라야 진정한 힘을 발휘할 수 있다. 따라서 오늘날 자신의 민족을 떠난 유대인들이 입양된 민족으로서 겪고 있는 도덕적 위기는 당연한 수순일 것이다. 유대인들은 지금 서로를 하나로 묶어 줄 공동체의 지원을 받지 못하고 있다. 그 결과 도덕적인 불안정이 극에 달했고, 결국은 각 개인의 굳건함만 기대하는 지경에 이르렀다.

오펜하이머는 "우리가 어떤 목표에 도달하려면 외로워질 필요가 있다. 고독이야말로 과학 발전의 핵심 요소 중 하나"라고 주장했던 아인슈타인의 생각에 동의하는 한편, 집단적 노력에 의한 창조적인 힘도 강조했다. (Oppenheimer 1956a, 135) '개인주의'가 수반하는 '외로움' 따위에 대해 이야기할 때 오펜하이머는 줄리언 슈윙거, 리처드 파인만, 머리 겔만, 스티븐 와인버그 등과 같은 걸출한 학자들이 고에너지이론을 이끌던 1950년대 중반을 떠올리고 있었던 것이 틀림없다. 물론 아인슈타인의 성취도 한몫했을 것이다.

그러나 오펜하이머는 고에너지물리학자들의 공동 노력이 보여 준 것처럼 집단적인 노력을 통해서도 과학은 발전한다는 사실을 분명히 인식하고 있었다. 과학자들이 자신이 속한 다양한 공동체의 "문화와 사고방식, 과학적 방법론 등"에 의존하고 있다는 사실을 지속적으로 강조했다. (Oppenheimer, 1956a, 135-136) 위대한 진보는 문학, 예술, 수학, 물리학, 화학, 생물학, 응용과학, 공학, 사회학 등 오랫동안 지속되어 온 문화, 지적인 흐름 속에서만 이루어질 수 있다.

오펜하이머가 집단주의에 대해 강조한 두 사례를 보자. 첫 번째는 데이비드 릴리엔솔과 일하던 1958년에 있었다. 오펜하이머가 하루는 임원회의를 진행하다가 자신이 오랫동안 군비 축소에 관해 고민해 온 것을 설명하고는 가능한 한 사람들이 모여서 함께 의논해 볼 것을 제안했다. 회의가 끝난 후 오펜하이머는 릴리엔솔에게 다음과 같이 말했다.

함께 연구하고 공부할 수 있는 기회를 얻었으니 이번 회의는 특별하고 결실도 있는 것이었습니다. 모두 함께 학생의 자세로 공부할 수 있는 기회를 얻게 되었지요. 바로 이런 기회를 통해 당신의 천재성이 그룹에 녹아들 수 있는 것입니다. (Lilienthal 1969, 260)

두 번째 사례는 10년 전인 1949년의 일로, 아치볼드 매클리시 Archibald MacLeish의 논문 〈미국의 정복The Conquest of America〉이 《애틀랜틱 먼슬리Atlantic Monthly》에 실렸을 때다. 오펜하이머는 매클리시 글이 당시 전후 미국의 도덕적 해이에 대한 침묵을 정당화하고 있다고 보았다. 매클리시는 제퍼슨식의 개인주의를 옹호하면서 '개인주의 혁명'으로 돌아갈 것을 강조했다. 오펜하이머는 제퍼슨에 대한 존경을 인정하면서도 매클리시를 향해 "인간은 개인이자 서로에 대한 중간자"이며 "문화와 사회야말로 위대한 가치, 즉 인간의 구원과 자유를 위해 심오한 역할을 감당"하고 있다는 내용의 글을 쓰게 된다. "사회의 구속으로부터 단순히 자유롭게 되는 것보다, 자유롭기 위해 우리가 지난 150여 년간 동료들에게 의존하여 왔다는 사실과 이를 통해 더 결정적인 진보를 이룩할 수 있었다는 사실을 깨달을 필요가 있다." 그러나 개인적인 야망이 걸렸을 때는 그도 개인주의자였다. 그는 전후 원자과학자동맹에 결코 동참하지 않았다.

흥미로운 것은 오펜하이머가 매클리시에게 보낸 편지에서 개인주의자라고 할지라도 중대한 진보에 기여할 수 있다는 점을 지적했다. 또한 보어와 산책을 하면서 이후 원자에너지에 대한 보어의 핵심적인 개념이 될 '개방성'(국가에 관계없이 삶에 관한 모든 정보는 자유롭게 공유되어야 한다는 개념)의 개념을 전해 들었다는 사실도 쓰고 있다. 이후 "전투력까지 포함하여 사회적 상황이나 기술 상태에 대한 열린 정보"[43]는 오펜하이머가 히로시마 이후 세상의 희망과 위기를 평가하는 척도로 자리를 잡는다. 보어의 이런 생각은 애치슨-릴리엔솔 보고서에 대한 반향이었으며 그 초안 작성을 오펜하이머가 도왔다. 매클리시에게 보낸 편지에서 오펜하이머는 보어의 상보성 원리가 물리학 이외의 분야에서 어떻게 적용될 수 있는지를 상세히 설명한 후, "보어를 통해 우리는 개인과 사회의 관계에 대한 새로운 통찰력을 얻었으며, 이런 설명 없이는 공산주의자들에게도, 과거지향주의자에게도 혹은 우리 자신에게도 적절한 설명을 할 수가 없다"고 말했다.[44]

보어의 오펜하이머에 대한 지대한 영향력은 로스앨러모스 시절 훨씬 이전인 1930년대부터 시작된다. 디랙, 하이젠베르크, 파울리, 페르미가 물러나고 맥스웰의 양자물리학 방법론이 대두되던 1920년대 무렵, 오펜하이머는 수소 원자의 층위 구조를 예측하던 초기 연구자 중 한 명이었다. 당시 전자의 움직임은 디랙의 방정식에 따른 단일 입자로 설명되고 있었다. 그러나 오펜하이머는 최초의 추정치를 넘어서서 무한대에 이르는 (따라서 무의미한) 결과를 얻어 낸다. 보어는 이런 이론주의적 경향이, 뉴턴역학과 형이상학이 양자물리학에 의해 획기적인 변화를 겪은 것과 같은 혁명적인 변화를 거치지 않고서는 해결되지 못할 것으로 보았다. 오펜하이머도 이 견해에 동의하였는데, 구체적으로는 제자 시드니 댄코프Sidney Dancoff의 계산 실수로 인해 자신만의 접근법이 어려움에 처하게 되었을 때였다. 3부에서 이 일화에 대해 구체적으로 소개할 것이다. 아울러 30년대 오펜하이머의 양자이론에 대한 통찰력을 살펴볼 것이다.[45]

오펜하이머는 양자 연구계가 혁명적인 변화를 겪어야 한다던 보어의 견해에 동의하는 한편, 원자와 분자 수준의 양자물리학이 지속적인 이론을 통해 성공적으로 확장되리라던 생각에는 추호의 의심도

품지 않았다. 오펜하이머 세대의 이론물리학자들은 대부분 아인슈타인 인식의 중력과 전자기장 이해에 문제가 있다고 생각하고 그의 단일 이론이 가지는 비선형적 특성을 비판적으로 바라보고 있었다. 그런데도 19세기 독일의 낭만주의에 기반을 둔 아인슈타인의 수고는 통합의 실마리를 마련하는 계기가 되었다. 5부에서는 20세기 초반에 일어났던 물리학의 통합에 대해 간략하게 살펴보고, 아인슈타인의 비전을 통해 MIT(매사추세츠 공과대학)를 중심으로 진행되었던 유명한 물리학 이론들을 살펴볼 것이다. 여기에는 중력, 전자기학, 소립자 상호작용, 중성자 혹은 양성자의 상호작용 네 분야에 걸친 컨퍼런스들이 포함된다. MIT에 일련의 세미나로 소개되었던 아인슈타인의 통합 이론 및 '마지막' 접근법에 관한 로널드 피얼스Ronald Peierls, 양젠닝, 리처드 파인만 등의 관점은 지금도 많은 관심을 얻고 있다. 5부에서는 오펜하이머의 입장도 소개한다.

1부에서는 상대성이론에 대해 간략히 소개할 것이다. 아인슈타인 10주기인 1965년에 오펜하이머가 아인슈타인과 그의 상대성이론에 대해 남긴 평가를 이해하기 위해서다. 아인슈타인과 오펜하이머가 처음 대면한 것은 아인슈타인이 캘리포니아 기술연구소에 머물던 1932년이었지만, 47년 오펜하이머가 소장으로 부임한 프린스턴 고등연구소에서 함께 일하게 될 때까지 둘은 그렇게 가깝게 지내던 사이가 아니었다. 아인슈타인은 오펜하이머를 높이 평가했고 공적으로도 치하했다. 오펜하이머의 지위 박탈이 54년 4월 13일자 《뉴욕타임스 The New York Times》에 보도되었을 때 아인슈타인은 이렇게 말했다. "나는 오펜하이머를 과학자로서뿐만 아니라 위대한 인간으로서도 존경한다." (Pais 1994, 241) 만약 오펜하이머의 좋지 않은 측면에 대해 알았더라도 아인슈타인은 스피노자 철학에 비춰 "그는 자신이 해야 할 일을 했을 뿐, 내가 그를 미워할 수는 없다"[46]고 말했거나 쇼펜하우어 말을 인용해 "우리 자신이 원하는 일을 할 자유는 있지만, 원하지 않는 것을 원할 방법은 없다"[47]고 말했을지도 모르겠다. 오펜하이머는 아인슈타인이 이룬 것을 깊이 존경했지만, 때에 따라서는 공공연한 비판도 아끼지 않았다. 6부에서는 유대인이었던 아인슈타인과 오펜하이머의 배경을 바탕으로 그들의 민족주의에 대한 생각을 비교하고, 아인슈타인에 대한 오펜하이머의 질투도 들여다볼 것이다.

1 아인슈타인을 둘러싼 신화에 대해서는 스타첼의 글 〈알베르트 아인슈타인: 신화를 넘어선 사나이〉(Stachel 2002, 3-12)를 참고하기 바란다.

2 JROLC Box 256, 폴더명 "아인슈타인의 60세 생일-3/16/39" 참고.

3 물론 상징에 대한 관점도 시대와 함께 변해 간다. 그러나 이 책은 아인슈타인과 오펜하이머에 대한 일반적인 생각의 변화를 다루고자 하는 것은 아니다.

4 2차 대전 이후, 과학 잡지에 실리게 될 다양한 이론들은 등사해 복제되었고 당시 주도적인 물리학자들에게 보내졌다. 오펜하이머를 포함한 연구소에서는 항상 이 문건들을 받았고 오펜하이머는 그중 상당한 분량을 읽었다. 매주 수요일마다 오펜하이머는 자신이 주재하는 회의에서 이 이론들에 대해 비판적으로 토론하곤 했다. 그뿐만 아니라 프린스턴 대학의 이론가들과 점심 식사를 하면서 자신의 이론물리학이 나아갈 방향을 잡기도 했다고 파이스는 전한다. (Pais 2006)

5 2005년에 아인슈타인을 기리기 위해 수많은 컨퍼런스와 전시회가 열렸다(베를린과 이스라엘에서도 포럼이 열렸다).

6 세상 누구라도 아인슈타인이 공공의 우상으로 우뚝 서 있다는 사실을 인정할 것이다. 이를 반영하여 《타임The Time》은 2000년 그를 "금세기의 인물"로 선정했다. 프레드릭 골든Frederic Golden은 아인슈타인을 다음과 같이 평했다. "아인슈타인은 과학이 지배적인 세기에서도 가장 뛰어난 인물이었다. 폭탄, 빅뱅, 양자물리학과 양자기학 등 모든 분야에서 그의 족적을 찾을 수 있다. 그는 순수 이성의 화신이었고, 독일식 억양을 가진 교수였으며, 수천 편의 영화에 등장하는 상징적인 인물이었다. 마치 찰리 채플린처럼 뻗친 그의 머리는 어디서나 알아볼 수 있었고, 베를린에서부터 할리우드에 이르기까지 그에 대한 이야기는 끝이 없었다. 그러나 그는 또한 상상할 수 없을 만큼 사고가 깊은 사람이었다. 그를 통해 우리는 마침내 다른 우주를 맞게 된 것이다." (Golden 1999, 62) 반면 오펜하이머는 이처럼 뚜렷한 특징을 가지고 있지는 못하다. 최근에야 오펜하이머의 인생을 알려 주는 비교적 상세한 글들이 소개되고 있다. 그러나 한 세대 이전의 물리학자들 가운데서 오펜하이머의 존재감은 결코 작지 않다. 젊은 과학자들 사이에서는 오히려 미국 밖에서 더 알려져 있다.

7 Hoffmann 1972, 254. 쇼펜하우어의 사상은 아인슈타인의 물리학에 영향을 끼쳤다. 세상을 객관적인 눈으로 규정하고자 했던 강렬한 소망은 쇼펜하우어의 영향이라고 볼 수 있다. 그러나 로만 야콥슨Roman Jakobson(1982)은 이런 설명이 지나칠 수 있다고 경고한다.

8 렌Renn과 슐만Schulmann이 아인슈타인과 마릭에 대해 쓴 글(1992) 서문 참고.

9 라이더의 다음 번역은 더욱 시적이지만, 덜 직설적이다.

희생의 역사를 잊지 마라,
모든 노동의 결과들이 여기에 녹아 있나니,
희생을 각오한 모든 노력은
자유로운 삶의 활동이라. (Ryder 1929, 25)

10 Dennefink 2005 참고.

11 프러시안 아카데미Prussian Academy에 일반상대성이론에 관한 글을 실은 직후 아인슈타인은 중력파의 가능성과 이를 측정하는 방법론을 쓰게 된다.

12 Dennefink 2005, 43.

13 Ibid., 44.

14 Einstein and Rosen 1937, 52.

15 Dennefink 2005, 45. 중력 현상을 자유롭게 선택할 경우 발생 가능한 변이를 설명하기 위한 특정의 시스템을 자유롭게 선택하는 과정은 흥미롭다. 이는 아인슈타인이 단일한 방정식을 세우는 데 걸림돌이 되었을 것이다.

16 프랭클린 연구소 보고서는 로버트슨의 말을 다음과 같이 인용하고 있다. "원통형 중력파에 대한 엄격한 해결책은 이미 주어졌다. (중략) 엄격한 해결책은 존재하며 이를 통해 유클리드 공간체계에서 발생하는 일반적인 원형파를 감쇄시킬 수 있다."

17 이 사건은 아인슈타인과 알렉산더 프리드먼 사이에서 있었던 사건과 유사한 면이 있다. 1922년 당시 프리드먼Friedmann은 페트로그라드(현재는 상트페테르부르크)에서 물리학 교수로 일하고 있었다. 그는 《피지컬 리뷰》에 〈휜 공간에서〉라는 제목의 논문을 발표하고, 몇 년 후 이를 토대로 책을 출간한다. 논문에서 프리드먼은 공간의 정지 상태에 대한 아인슈타인의 입장을 비판했다. 아인슈타인은 곧 자신의 입장을 《피지컬 리뷰》에 보냈다. 1922년 9월 18일, 아인슈타인의 반론은 받아들여졌고, 프리드먼의 공간 방정식이 불명확하다는 내용이 실리게 된다. 12월 6일, 프리드먼은 다음과 같은 내용의 편지를 아인슈타인에게 보낸다. "공정한 평가를 위해서 저의 방정식과 계산이 틀리지 않았다는 것을 증명해 보이겠습니다. [계산 내용] (…) 제 편지에서 고칠 부분이 있다면 다시 한번 《피지컬 리뷰》에 보내 주시기 바랍니다. 그 경우 제 편지 일부도 소개해 주시면 감사하겠습니다."

그러나 당시 아인슈타인은 이미 베를린을 떠나 일본을 여행 중이었고, 이듬해 3월까지 돌아오지 않았다. 물론 편지도 읽지 않은 것 같다. 1923년 5월, 프리드먼의 동료인 유리 크루트코프Yurii Krutkov가 아인슈타인을 만나게 되었을 때, 아인슈타인은 비로소 자신의 실수를 인정하게 된다. 그리고 당장《피지컬 리뷰》에 보낸 편지에서 "프리드먼의 글을 이전에 제가 비판했던 것은 계산 실수에서 비롯된 것임을 알 수 있었습니다. 유리 크루트코프를 거쳐 프리드먼이 전한 편지를 통해 그가 옳았고 물리학의 새로운 지평을 넓히게 되었다고 생각하게 되었습니다"고 밝힌다. http://www.gap-system.org/history/biographies/friedmann.html(2006년 7월).

18 호워드 가드너Howard Gardner의《Creating Minds》(1993)에서 아인슈타인 챕터 참고.

19 브랜다이스 대학 조직에 대한 제안과 초대총장으로 해럴드 라스키Harold Laski를 제안했다 거부당한 것도 아인슈타인에게는 큰 충격이었을 것이다. 이후 그는 이 기관과 어떤 거래도 하지 않으려고 했다. 그러나 히브리 대학의 경우는 달랐다. 운영진과 마찰이 적지 않았지만 다양한 보고서를 대학에 제출했다. 2부 참고.

20 다이애나 트릴링Diana Trilling은 오펜하이머를 "미국 지성, 특히 문학적 지성을 갖춘 문화적 영웅"이라고 일컬으며, 1930년대 내내 그의 정치적 위상 회복을 위해 노력했다.

21 Carson and Hollinger 2005 참고.

22 오펜하이머가 하버드 감독이사회 회장으로 재임하던 1940년대 그는 철학자 모튼 화이트Morton White와 가깝게 지낸다. 화이트는 자서전에서 오펜하이머가 꽤 거만했다고 밝힌다. 그러나 시간이 흘러 화이트가 하버드 정교수가 된 후에는 "이전과 달리 훨씬 친근한 태도를 보였다"고 기술하고 있다. (White 1999, 137-139) 오펜하이머의 성품에 대한 Pais(1997)의 평가도 참고하기 바란다.

23 막스 폰 라우에Max von Laue는 특수상대성이론 50주년을 기념하는 컨퍼런스에 아인슈타인을 초청했다. 그러나 아인슈타인은 "늙고 병들어 참가하기 힘들 것 같습니다. 또한 그 자리가 불편하다는 것이 제 솔직한 심정입니다. 인성에 대한 찬양은 항상 저로서는 감당하기 힘든 일입니다"며 거절했다. 1995년 2월 3일. Dukas and Hoffman 1979, 101.

24 예를 들어, Hadamard 1945, 96-97; Wertheimer 1959, 213-228; Jakobson 1982; Miller 1996 참고.

25 Pais 1997,《A Tale of Two Continents》참고.

26 에렌퍼스트가 파울리에게 보낸 편지, 1928년 11월 24일. Pauli 1979-2005, vol. 1, 477.

27 Heilbron 2005, 278-279.

28 오펜하이머가 동생 프랭크에게 보낸 편지, 1932년 3월 12일. Smith and Weiner 1980, 155-156.

29 재미있는 사실은 아인슈타인이 슈베르트와 슈만의 몇몇 소곡, 브람스의 실내악을 제외하고서는 모차르트 이후의 음악을 별로 달갑지 않게 여겼다는 것이다. Dukas and Hoffman 1979, 76-77. 그는 분명히 비발디와 바흐, 모차르트, 슈만을 가장 즐겼다. (Bargmann 1982, 488)

30 Klein 1986, 329.

31 Jerome and Taylor 2005.

32 아인슈타인이 로렌츠에게 보낸 편지. 1923년 7월 15일. Kox 1993 참고.

33 Schweber 1988.

34 아인슈타인이 인용하는 괴테의 《파우스트》 참고.

35 오펜하이머가 "경험"에 대해 말할 때, 보어는 특정한 조건에서 통제된 결론에 대해 "현상"이라는 이름을 붙인다.

36 Einstein 1949a, 79 and 81; Infeld 1956; Infeld and Plebański 1960 참고. 또한 Infeld 1941, 277-284; Bergmann 1942, 223-244 참고.

37 보어와 아인슈타인이 함께 쓰고 파울리가 편집한 글을 참고하기 바란다. Dialectica (1948), 307-422. 이 글에 그들의 입장이 명확하게 정리되어 있다.

38 Oppenheimer 1950. 훗날 출판된 오펜하이머 글에는 상보성에 관한 내용이 더욱 자세히 기술되어 있다. 1954년에 쓴 글이 그 예가 될 수 있겠다.

39 특히 참고할 글은 Feuer 1974.

40 물론 완벽한 자유를 누렸다고 말하기는 힘들다. 아인슈타인도 "그러나 선택의 자유란 아주 특별하다. 소설을 쓸 때 누리는 자유하고는 다른 것이다. 이는 마치 아주 정교하게 만들어진 퍼즐을 풀어 가는 것과 같다. 그래서 어떤 단어든 정답으로 제시할 수는 있지만, 진짜 정답은 단 하나인 것이다"(Einstein 1954, 287)고 설명한다.

41 1800년대 초반, 독일대학German University의 청사진을 그리던 당시 빌헬름 폰 홈볼트Wilhelm von Humboldt 교수는 과학의 특징을 "근본에 관한 것"이라고 말했다. 그는 또한 "고독과 자유야말로 과학이라는 영역을 지배하는 원칙"이라고 믿었다. (Paulsen 1906, 53)

42 Einstein 1941. 1939년, 자신의 60세 생일을 기념하는 자리에서 아인슈타인은 "마지막 결과로서의 협력"을 인정했다. 그날 오펜하이머는 다음과 같이 말했다. "수없이 많은 과학자와 기술자가 서로서로의 노력에 의해 더욱 깊은 확신을 얻고 새로운 것을 발견해 나갈 수 있다." (Oppenheimer 1939)

43 1950년, 보어가 UN에 보낸 편지. (Pais 1991)

44 Bird and Sherwin 2005, 355.

45 Schweber 1994.

46 《History of the Theory of the Ether》(1953)에서 휘태커Whittaker는 아인슈타인의 업적, 특히 상대성이론과 관련한 그의 역할을 폄하했다. 휘태커는 보른Born의 절친한 친구이자 동료였다. 보른이 친구의 책 때문에 괴로워하자 아인슈타인은 보른에게 편지를 보낸다. "그렇다고 잠을 설치지는 말게. 누구라도 자신이 옳다고 믿는 일을 하지 않는가. 결정론적인 관점으로 보자면, 자신이 해야 할 일을 할 뿐이라네." 아인슈타인이 보른에게 보낸 편지. 1953년 10월 12일(Einstein 2005, 194)

47 이 격언은 살아생전 아인슈타인에게 "마르지 않는 인내의 샘"과 같은 역할을 했다. (Einstein 1931, 8-9). Jammer 1999 또한 참고.

1부. 아인슈타인과 핵무기

원자력을 발견함으로써 인류는 불을 발견한 이래
가장 혁명적인 힘을 얻게 되었다. 우주적인 힘이란
국수주의라는 좁은 개념 안에 가둘 수 있는 성질의 것이 아니다.
비밀로 할 수도, 막을 수도 없다.
이를 통제할 수 있는 유일한 방법은 전 세계인들의 이해를 얻는 것뿐이다.
과학자는 동료 시민들이 원자력과 그 힘이 사회에 끼칠 수 있는 파장에 대해
이해할 수 있도록 도울 책임이 있다는 사실을 알고 있다. 시민이,
죽음이 아니라 생명을 위해 행동하리라는 사실에
우리는 희망을 걸어야만 한다.
__아인슈타인[1]

양자물리학은 과학계에 일대 혁명을 일으킬 기술로 물리학계의 질서를 송두리째 뒤흔들고 재편했다. 뉴턴역학이 서구 문화를 뒤집었듯이 말이다. 얼마 지나지 않아서는 양자물리학을 활용한 파괴적인 행위가 20세기를 특징지었다. 히로시마에 떨어뜨린 원자폭탄은 사실 실험적으로 설계된 것으로 이전까지 한 번도 검증된 적이 없는 폭탄이었다. 한편, 양자물리학 이론을 기반으로 금속과 반도체를 활용해 만든 트랜지스터는 세상을 바꾸어 놓았다. 이는 컴퓨터 활용이라는 혁명을 몰고 왔고, 생물학적 세계에 대한 우리의 이해 또한 혁명적으로 변화시켰다.

그러나 아인슈타인은 특별함을 인정하면서도 한편으로는 양자물리학이 물리적 세계에 대한 근본적인 이해를 얻는 수단이 될 수 없다고 믿었다. 1926년 12월에 이미 막스 보른에 의해 양자물리학에 대한 집대성과 통계적인 해석이 이루어지고 있었다. 이에 대해 아인슈타인은 다음과 같이 쓴다.

> 양자물리학이 눈에 띄기는 합니다. 그러나 제 내면에서는 아직 이는 완성된 이론이 아니라고 말하고 있습니다. 현재의 이론이 많은 것을 밝히기는 하지만, '모든' 비밀에 대한 충분한 설명을 해 주지는 못합니다. 아무리 생각해 봐도 신이 주사위 놀이를 할 리는 없습니다. (Einstein 1971, 91)

아인슈타인의 이 생각은 한 번도 흔들린 적이 없다.[2] 한정적인 숫자를 활용해서 전혀 상대적이지 않은 조각들로 양자물리학을 규정하려고 하는 공식들에 대해 아인슈타인은 비판하고자 했던 것이다. 그

1945년 8월 9일 나가사키에 떨어진 원자폭탄. U. S. federal government(Public domain)

의 반대는 양자이론의 발전과 함께 계속 이어졌다. 마침내 1934년에는 보른에게 편지를 보낸다. "선생께서 바라보는 새로운 비판적 관점을 저도 흥미롭게 지켜보고 있습니다만, 납득이 가지 않는 부분이 있습니다. 저는 아직도 통계적 해석이 상대적 보편화의 실질적 가능성을 대신하는 데는 무리가 있다고 믿습니다." (Einstein 1971, 122) 1945년 인터뷰에서도 비슷한 견해를 밝혔다. "양자이론이 유용한 이론이라는 사실에는 의심의 여지가 없습니다. 그러나 이 이론은 아직 자연의 근본적인 성질에 대해서는 이해하지 못하고 있습니다." (Stern 1945, 240)[3] 아인슈타인은 양자물리학의 개연성에 관한 요소들이 자연의 깊이를 충분히 이해하지 못한다고 믿었다. 아인슈타인은 더 '현실적' 으로 생각하기를 좋아했다. 아무리 미시 세계라고 할지라도 세밀하게 정의된 상태에서는 '객관적'이듯이 전자의 경우도 마찬가지라고 생각했다. 따라서 "시스템의 상태는 실험실의 구체적인 배합에 따라 변화된다"고 믿었던 코펜하겐식의 양자물리학 견해를 아인슈타인은 받아들이지 않았다. 파울리는 이런 아인슈타인 입장을 '객관적(혹은 이상적) 관찰자'라고 불렀다. (Pauli in Einstein 2005, 214~215)[4]

양자물리학이 핵폭탄, 원자폭탄으로 발전해 가던 1927년부터 33년까지의 기간은 아인슈타인에게도 큰 기회가 되었다. 당시 그는 양자물리학에 대한 비판적 태도와 고전적인 차원에서 중력과 전자기장을 통일하고자 했던 탓에 물리학계의 중심부에서 벗어나 있었다. 반면 미국 물리학계의 관심은 온통 핵, 원자, 분자 같은 미시 시스템에 쏠려 있었다. 이런 상황에서 1933년 나치가 득세하던 독일을 떠나 미국으로 갓 이민 온 아인슈타인은 모국어인 독일어를 사용하지도 못하는 처지에 있었다. 영어를 잘하지 못해 더더욱 미국 물리학계에서 아웃사이더가 될 수밖에 없었다. 그러나 뉴턴 이후 최고의 과학자라는 명성과 겸손, 용기, 솔직함 등의 성정으로 인해 여전히 그의 일거수일투족은 유명세를 탔다. 아인슈타인은 이런 자신의 독특한 위치를 잘 알고 있었고, 위험에 처한 인류를 위해 언제든지 이를 활용할 준비가 되어 있었다. 1차 대전을 통해 나치즘과 파시즘의 악영향이 만천하에 드러난 직후 그는 자신이 평화주의자임을 다시 한번 천명했다. 2차 대전 이후 미국의 군국주의와 스탈린의 전체주의가 강화돼 전쟁의 위기가 고조되자 시민의 자유와 세계정부의 기치를 더욱 드높이기도 했다. 그러나 아인슈타인은 무척 신중한 편이어서 아인슈타인과 생각이 비슷한 사람들도 그의 도움을 기대하기는 쉽지 않았다.[5] 2차 대전 이후부터 아인슈타인은 '나의 목소리가 무슨 변화를 가져오겠느냐'며 두려움에 사로잡혀 "짖기"를 멈추지는 않으리라 작정한다. (Fülsing 1997, 492)

아인슈타인은 정치적인 활동을 통해 과학자들이 자신의 목소리를 내야 한다는 자신의 신념을 재확인한다. 1939년 2월, "어떻게 하면 과학자들이 연구의 자유를 확보하면서 사회적으로도 결실을 맺을 수 있는 연구를 진행할 수 있습니까?"라는 민주주의와 지적 자유를 위한 링컨 위원회Lincoln's Birthday Committee for Democracy and Intellectual Freedom[6]의 질문에 그는 이렇게 대답했다.

연구의 자유와 그 사회적 적용은 서로 아주 직접적인 관계가 있습니다. 바로 이 때문에 과학자들은 전문가가 아닌 시민으로서 자신을 결코 잊어서는 안 되는 것입니다. 과학자들은 자유로운 연구를 위해 정치적으로도 활발히 활동해야 할 의무가 있습니다. 과학자들은 용기를 가지고 교사로서, 필자로서 명확하게 자신의 정치적, 경제적 소신을 밝혀야만 합니다. 기관을 만들고 조직적인 활동을 통해서 연설의 자유, 교수의 자유뿐 아니라 우리의 사회 또한 지켜 내야만 합니다. (Nathan and Norden 1968, 283-284)[7]

아인슈타인의 정치관은 보통 사람이 기대할 수 있는 수준 이상일 때가 많았다. 그의 연설은 단순히 현실적인 정치적 구호라기보다는 지혜와 통찰이 넘치고 인습을 타파하는 선견자적 주장에 가까웠다. 따라서 각종 사건에 대한 그의 영향력도 변화무쌍하게 변해 갔다.

일반상대성이론을 발표했던 1915년 이후 아인슈타인의 연구는, 자연이 단순히 확률에 의해서가 아닌 무언가 결정적인 요인에 의해 움직이고 있다는 본인의 신념에 기반을 두고 진행되었다. 비선형성에 대한 그의 관심은 중력과 전자기장을 하나로 묶으려는 노력으로 발전했고, 이를 통해 양자물리학이 소개하는 미시 현상까지도 설명해 내고자 했다. 아인슈타인은 이러한 자신의 연구 방향이 옳다고 확신했다.[8]

아인슈타인은 또한 전쟁과 전쟁의 원인, 전쟁으로 인한 인류의 고통에 대한 입장도 고수했다. 1차 대전 발발 직후였던 1914년 1월, 독일 지식인 93명이 서명한 〈문명세계에 고함Manifesto to the Civilized World〉이라는 성명서에 프리드리히 니콜라이Friedrich Nicolai가 반대 성명서를 발표했는데, 아인슈타인도 반대 서명자 중 한 사람이었다. (Wolff 2000) 〈문명세계에 고함〉은 독일 군국주의와 벨기에 침략을 정당화하며 "몽골인, 흑인, 러시아 유목민 등이 손을 잡고 백인 사회를 억누르는 상황"에 대한 호통으로 가득 차 있었다. (Nathan and Norden 1968, 3) 반면 니콜라이 성명은 유럽 국가들이 손을 잡아 전쟁에 반대하는 목소리를 내고 행동을 펼쳐야 한다는 주장이었다. 독일이 전쟁의 열기로 들끓던 시기였기에 이는 무척 용기 있는 행동이었다. 평화 지향적 행동과 상대성이론 덕분에 영국 과학계로부터 아인슈타인은 큰 관심과 존경을 얻었고, 이로 인해 1919년 태양 주위 빛의 굴절 현상을 목도하던 순간 그 반응 또한 더욱 뜨겁게 달아올랐다.

아인슈타인에게 2차 대전은 1차 대전과 비교할 때 양적 차이가 있었을지언정 질적인 차이는 없는 전쟁이었다. 양적 차이라고 한다면 독일의 집단적 광기가 자국민 600만 명과 유대인 600만 명을 학살한 것이었다.[9] 그에게 원자폭탄이나 수소폭탄은 전쟁을 통해 쏟아 내는 파괴적인 수단에 지나지 않았다. 바로 이 점에서 아인슈타인은 맨해튼 프로젝트에 참가했던 여느 과학자와 달랐다.

오펜하이머 입장은 당연히 아인슈타인과 달랐다. 오펜하이머야말로 핵폭탄 제작에 관해서는 물론이고 그 정치적 활용에 대해서도 당대 최고의 지식을 가진 사람이었다. 히로시마와 나가사키에 원폭이 떨어진 지 3개월 후인 1945년 11월 2일, 그는 로스앨러모스 과학자 연대를 대표하는 연설에서 새로운 원자시대의 혁명적 성격을 역설하게 된다.

상대성의 발견과 원자이론, 또 상보성의 해석 등 지난 20세기를 통틀어 우리에게 일어난 이 일들은 정말이지 엄청난 사건이었습니다. 이로 인해 우리는 과학과 상식의 관계를 돌아보게 되었습니다. 우리가 아무 생각 없이 사용해 오던 특정한 언어와 생각의 틀이 사실은 실제 세계와 상관이 없었다는 사실을 깨닫게 된 것입니다. 이제 우리는 실제를 설명하기 위한 인류의 지난 방식이 얼마나 부정확한 것

이었는지를 받아들일 준비를 해야만 합니다.[10]

오펜하이머의 이러한 감정은 보어와 정확하게 일치했다. 보어 또한 원자 세계를 설명하는 과정에서 미시 세계의 현상을 설명하려면 기존 물리학의 언어와 인식의 틀이 더는 유효하지 않기 때문에 불확정성의 원칙으로 요약되는 새로운 개념이 요구된다고 주장했다. 오펜하이머는 더 나아가 원자폭탄의 발명이 르네상스 시기 기독교 세계에 파장을 일으켰던 과학의 발전과 진화론과 그 격을 같이한다고 역설했다. 원자폭탄의 충격이 대단한 이유는 다음과 같다.

1. 과학계의 개척지에 불과했던 영역이 수많은 사람, 잠재적으로 세계 모든 인류에게 영향을 끼치는 분야로 급속히 변모하게 되었다.
2. 과학자들은 단순히 원자폭탄의 토대만 제공하는 것이 아니라 실제로 제작 과정에도 광범위하게 참여하게 되었다.
3. 이 무기의 출현이 워낙 급격히 현실을 바꾸어 버렸기 때문에 이에 천천히 대비할 시간적 여유를 가질 수 없었다.

계속해서 오펜하이머는 원자폭탄을 제작하는 데 드는 비용에 비해 그 파괴력이 엄청나, 공격과 방어의 균형이 뒤흔들려 버렸으며 이로 인해 양적 측면도 변했다는 사실을 지적했다.

세상의 성질을 변화시키는 데 양적 변화 또한 질적 변화의 모든 측면을 가지고 있습니다. 이제 원자폭탄으로 인해 세상은 새로운 국면을 맞고 있습니다. 너무나 새롭기 때문에 위험하기도 하며, 배치의 문제를 둘러싼 논쟁을 두고 위험하다는 믿음도 커져 가고 있습니다. 한편에서는 수년 동안 세계연방이나 UN과 같은 기구들을 통해 새로운 논의가 진행되고 있습니다. 좋은 논의도 많았습니다. 그러나 제가 볼 때, 원자폭탄은 완전히 새로운 논의의 장을 위한 전제 조건을 충족시키고 있으며, 이런 이유로 현재의 논의들은 문제의 핵심을 놓치고 있습니다. 현재는 대단한 위기의 순간이지만, 희망의 순간이기도 하기 때문입니다. (…) 왜냐하면 이는 위험과 위기인 동시에 특별한 성질을 지니고 있기 때문입니다. (…) 지금이야말로 평화를 위한 변화의 시작을 알리는 가능성이 펼쳐지는 순간입니다.

이어 오펜하이머는 원자력 통제에 관한 초국가적 합의의 가능성에 대해 언급한다. 그러나 그 어떤 합의라도 "지속적으로 의문이 제기될 수 있다"는 사실을 공감하기 전에는 한 걸음도 나아갈 수 없다고 말한다.

일방적인 일처리에 익숙한 과학자들 혹은 사람들에게는 불편할 수도 있겠지만, 여기서 저는 분명한 한 가지 문제를 먼저 언급하고자 합니다. 만약 원자력이 국제사회가 공동으로 책임지고 함께 관심을 가져야만 할 문제가 맞다면, (…) 제가 제안하고 싶은 첫 번째 건의는 그 어떤 건의라도 일시적인 협정으로 남아야 한다는 것입니다. 또한 이는 1년이건 2년이건 상식적인 수준의 짧은 시간 안에 모든 이의 이해를 얻어야 하고, 곧 불거질 문제들이 새로이 반영되어야만 합니다.

오펜하이머는 많은 국가가 참여한 가운데 원자력을 제어하고, 핵폭탄 생산을 억제할 수 있는 협의체를 만들 것을 제안했다. 이는 이후에 애치슨-릴리엔솔 보고서를 통해 더 구체화된다.

1946년에는 원자폭탄에 대한 대중의 이해를 돕기 위해 정부에서 《오직 하나의 세계One World or None》라는 홍보 책자를 발간했는데, 이 책에 실린 기고문 〈새로운 무기: 새로운 세상The New Weapon: The Turn of the Screw〉에서 오펜하이머는 "인간의 손에 새로 쥐어진 이 핵무기는 이전과는 전혀 다른 차원의 파괴력을 가지고 있다"는 사실을 강조했다. (Masters and Way 1946, 59)

오펜하이머와 달리 아인슈타인은 더 급진적인 비전을 제시하고 있었다. 아인슈타인에게 핵무기나 여타 대량 살상 무기 등의 제어 여부는 전쟁 종결을 위한 해결책과는 거리가 먼 문제였다. 그는 군사력을 갖춘 세계정부를 구성해야만 평화가 가능하다고 믿는 한편, 국제 사법기관을 세워 회원국 간의 분쟁을 해결해야 한다고 보았다. 이런 아인슈타인의 믿음은 1차 대전 이후 변함이 없었다. 1932년에는 자신의 평화주의적 신념을 다음과 같이 밝힌다.

가장 거대한 장애물은 문제에 대한 사람들의 무관심이다. 대부분 문제는 느린 진보의 걸음 끝에 해결된다. 예를 들어 독재국가가 민주주의화된 과정을 생각해 봐라! 그러나 지금 우리는 그런 식의 작은 한 걸음 한 걸음만으로는 도달할 수 없는 문제와 마주하고 있다.

전쟁의 가능성이 존재하는 한, 국가들은 언제 닥칠지 모를 전쟁에서 승리하기 위해 할 수 있는 한 최선을 다해 전쟁을 준비할 것이다. 또한 자국의 자라나는 젊은이들에게도 협소한 국수주의와 호전적인 전통을 가르치지 않을 수 없을 것이다. 전쟁이 일어날 수 있다는 의

파울 에렌퍼스트가 1930년 솔베이 회의에 온 보어(오른쪽)와 아인슈타인을 찍은 사진.(Public domain)

심과 조건이 남아 있는 한 전쟁의 기운은 사라질 수 없다. 무장은 전쟁을 위한 것이지 결코 평화를 위한 것일 수 없다. 따라서 군비 축소란 단번에 이루어져야 할 일이지 결코 작은 걸음으로 이루어질 문제가 아니다.

국가들의 운명을 바꿀 이 심오한 변화를 이루어 내기 위해서는 강력한 도덕적 노력과 함께 협의에 기초한 위대한 출발이 요구된다. 국가를 넘어선 갈등이 발생할 경우, 국제사법기구에 중재를 부탁하고 아무런 제한 없이 국제적 협정을 준수할 준비가 되어 있지 않은 사람은 아직 진정으로 전쟁을 피하고자 하는 결정에 동참할 준비가 되지 않은 것이다. 이야말로 모 아니면 도의 문제인 것이다. (Nathan and Norden 1968, 163-164)[11]

2차 대전이 끝난 이후에도 아인슈타인의 생각은 바뀌지 않았다.

아인슈타인과 핵무기에 관한 이야기는 많은 사람이 다루고 있다. 그중에서도 아인슈타인이 핵무기에 대해 언급한 다양한 연설을 다룬 오토 나단Otto Nathan과 헤인즈 노든Heinz Norden의 작품 《평화의 아인슈타인Einstein on Peace》[12]을 추천하고 싶다. 1979년 예루살렘 100주년 심포지엄 내용을 비롯한 더 많은 정보는 웹사이트에서도 살펴볼 수 있다.[13]

내가 말하고 싶은 것은 핵무기가 정치적 쟁점이 되어 가던 시기에 아인슈타인이 얼마나 정치에 참여했는가 하는 점이다. 예루살렘의 아인슈타인 아카이브에 보관된 사크Sach 보고서에 따르면, 당시 그의 정치 참여는 이후 아인슈타인 본인이 회고하는 것보다 훨씬 적극적이었다. 나는 1951년 트루먼 대통령의 지시로 수소폭탄이 개발되던 당시 그의 활동에도 초점을 맞출 것이다. 이런 활동은 일반 사람에게 는 잘 알려지지 않았던 아인슈타인의 엘리트주의를 잘 드러내고 있다. 원칙을 정하고는 흔들리지 않는 그의 한결같은 성품 또한 알 수 있다.

이 장에서 나는 핵무기가 개발되던 당시 아인슈타인이 어떻게 참여했고, 히로시마와 나가사키에 그 폭탄이 떨어진 후 어떻게 반응했으며, 이후 핵 무장을 금지하기 위해 어떻게 노력했는지를 다시 한번 살펴보고자 한다. 또한 오펜하이머, 보어와 아인슈타인의 입장을 비교할 것이다. 보어와 아인슈타인은 1920년대부터 친분을 유지해 왔고, 서로 깊은 애정과 존경심을 품고 있었다.[14] 2차 대전 당시 두 사람은 피할 수 없는 몇 차례 만남을 가졌다. 이 장에서는 아인슈타인의 초국적 정부에 대한 집요한 관심과 수소폭탄 제작에 대한 반응을 살펴보는 한편, 그가 개인적으로 활동할 때와 집단의 일원으로 활동할 때의 차이점에 대해서도 살펴볼 것이다. 사망하기 얼마 전이었던 1954년, 아인슈타인은 "아인슈타인-러셀 선언"에 참여시키기 위해 보어에게 연락을 하게 된다.

원자폭탄의 출현

양자물리학을 개발한 젊은 물리학자들 — 베르너 하이젠베르크, 폴 디랙, 볼프강 파울리, 파스쿠알 요르단 — 의 능력은 단연 뛰어났다. 당시는 경제적, 학문적인 여건 때문에 두각을 드러내야 보어, 막스 보른, 아인슈타인, 데이비드 힐버트, 막스 플랑크, 좀머펠트Arnold

Sommerfeld 같은 이들의 휘하에서 전문직을 얻을 수 있었다. 그런 젊은 연구자 중 한 명이 바로 헝가리 출신의 레오 지라드Leo Szilard였다.[15] 그는 뛰어난 헝가리 출신의 친구들과 함께 엔지니어링을 공부하기 위해 1920년대에 베를린으로 넘어갔고 곧 과학과 수학의 세계에 푹 빠진다. 지라드는 동료였던 폰 노이만von Neumann이나 위그너Wigner 등에 비해 수학적인 재능은 부족한 편이었지만, 엔트로피와 정보의 상관관계를 논한 그의 박사 학위 논문은 독창적이었다. 이 논문은 폰 라우에와 함께 썼는데, 한참 시간이 지난 후에야 중요성이 알려져 주목을 받는다.

1930년대 지라드의 연구는 핵물리학의 시발점이 되었다. 1932년에 중성자가 발견된 지 얼마 지나지 않아, 지라드는 H. G. 웰스의 소설 《자유의 세계The World Set Free》[16] — 1914년에 출판된 책으로 지라드는 청소년 시기에 읽었다. 원자폭탄으로 파괴된 세상의 사람들이 더는 전쟁을 하지 않게 된다는 내용이 담겨 있다 — 에서 영감을 받아 핵의 연계반응에 대한 가능성을 탐구하기 시작했다. 영국선진과학협회에서 만난 어니스트 러더퍼드Ernest Rutherford는 핵에너지의 실제적인 활용이 불가능하다고 주장함으로써 지라드를 자극했다. 지라드는 물론 러더퍼드의 주장에 설득당하지 않았고, 핵융합 반응 이론에 대한 특허권을 얻는다. 1938년 겨울, 오토 한Otto Hahn과 프리츠 슈트라스만Fritz Strassmann이 핵분열을 발견하고 곧 오토 프리시Otto Frisch와 리제 마이트너Lise Meitner의 해석이 연이어 발표되자 지라드는 자신이 상상만 하던 핵융합 반응이 실제로 가능하다는 사실을 깨닫는다.[17] 1939년 봄, 그는 컬럼비아 대학에서 함께 일하고 있던 허버트 앤더슨Herbert Anderson, 엔리코 페르미와 처음으로 핵분열 시 발생되는

중성자의 평균값을 측정해 낸다. 그리고 얼마 지나지 않아 페르미와 첫 핵반응을 디자인한다.[18]

지라드는 페르미와 우라늄235의 핵분열 과정에서 평균 2.5개의 중성자가 방출된다는 사실을 검증하고 나서,[19] 핵폭탄 — 이제는 현실화되는 데 한 발짝 더 가까워진 상태 — 의 파괴력과 나치 독일이 이를 개발할 수도 있다는 사실에 두려움을 느낀다. 전쟁이 곧 발발할 수 있고, 독일도 우라늄 원석을 구할 수 있다는 사실을 잘 알아 미국에서 생산되는 우라늄 원석에 대한 통제가 절실하다는 것을 깨달았다. 이후 그는 잘 알려진 것처럼 유진 위그너, 에드워드 텔러Edward Teller와 협의한 끝에 아인슈타인을 자신의 연구에 끌어들인다.

처음 그들이 아인슈타인에게 접촉한 이유는 벨기에 여왕의 친구였던 아인슈타인의 도움을 받아 벨기에령 콩고에서 독일로 흘러들어가는 우라늄 원석을 차단하기 위해서였다. 그러나 수학자이자 위그너의 프린스턴 동료인 오즈월드 베블런Oswald Veblen은 미국 정부가 함정과 잠수정의 추진체를 만들 수 있도록 연구 결과를 알려 주는 게 어떻겠느냐며 지라드를 설득했다. (Pais 1997) 당시 페르미와 지라드는 이미 미 해군과의 협상에서 퇴짜를 맞은 상태여서, 그 의견에 회의적이었다. 그러나 정부를 통해 여왕에게 서신을 보내자는 의견에는 찬성했다.

1939년 7월 12일, 지라드는 킹스크라운 호텔(뉴욕 컬럼비아 대학 바로 옆에 위치)에 머물던 위그너와 만났다. 롱아일랜드 피코닉에 있는 친구 집에서 여름휴가를 보내던 아인슈타인을 만나기 위해서였다. 지라드와 위그너 둘 다 1920년대 대학생 시절부터 아인슈타인을 알고 있었다. 1922년에는 아인슈타인의 통계역학 수업을 함께 들었고,[20] 히틀러가 힘을 길러 가던 독일을 떠나 함께 미국으로 이민도 왔다. 39년에 이르러서는 둘 다 존경받는 물리학자가 되었다. 위그너는 프린스턴 대학 수리물리학 교수였고, 지라드는 컬럼비아 대학 연구교수로 페르미와 함께 우라늄238과 우라늄235의 핵반응을 연구하고 있었다.

우라늄 핵분열의 발견은 핵물리학계를 발칵 뒤집어 놓았다. 미국 핵물리학자들은 1939년 1월 보어에게서 처음으로 그 소식을 전해 들었고, 아인슈타인도 이해 봄에 핵분열의 존재를 깨닫는다. 아마도 보어에게서 전해 들었을 것이다. 이후 다양한 언론을 통해 이 소식은 급격히 전파되었다.[21] 1939년 4월에 60세 생일을 맞은 아인슈타인에게 윌리엄 로렌스가 질문했을 때 ── 우라늄 원자 속에 갇혀 있는 엄청난 양의 에너지를 인류가 활용할 수 있다고 그가 믿었는지 그렇지 않았는지는 모르지만[22] ── 그는 다음과 같이 대답했다. (그의 대답은《뉴욕타임스》표지를 장식했다)

> 원자를 쪼갰다는 결과만으로는 그 과정에서 발생하는 에너지를 활용할 수 있다고 단언할 수 없습니다. 그러나 물리학자라면 이렇게 중요한 연구 주제를 실험하는 과정에서 원하는 결과가 쉽게 얻어지지 않는다고 낙담해 버리지는 않을 것입니다. (Nathan and Norden, 1968, 291)

이후 지라드와 위그너는 아인슈타인을 만났고, 지라드는 자신의 실험을 통해 얻은 계산 결과치를 그래프와 함께 설명했다. 제2차 중성자 반응과 우라늄 더미에서 진행될 수 있는 핵융합 반응의 가능성을 전해 들은 아인슈타인은 감탄했다. "이런 건 처음 본다네!" (Daran habe ich gar nicht gedacht!) 물론 아인슈타인은 벨기에 대사에게 보낼 편지에 서명하겠다고 약속했을 뿐만 아니라 편지 초안도 직접 제안했다. 초안을 토대로 지라드와 위그너가 편지를 작성하면 아인슈타인이 서명하기로 동의한 후 헤어졌다. 위그너는 편지 초안을 작성해 지라드에게 보냈다.[23]

같은 시간 지라드는 이 문제를 두고 오랫동안 상의해 온 친구 구스타프 스토플러Gustav Stopler에게서도 편지를 받는다. 내용인즉, 스토플러가 르만 투자회사Lehman Corporation 부회장인 알렉산더 작스Alexander Sachs 박사에게 이 문제를 의논했더니 그가 지라드를 만나고자 한다는 것이었다.[24] 작스는 1932년 당시 대통령 후보였던 프랭클린 루스벨트의 경제 관련 연설문을 작성했던 인물로 33년부터 36년 사이에는 국가재건행정부NRA에서 중요한 역할을 맡고 있었다. 더욱 중요한 사실은 그가 루스벨트와 직접적인 커뮤니케이션을 할 수 있었다는 것이다. 작스와 지라드의 만남은 당장 이루어졌다. 그들은 아인슈타인이 루스벨트에게 편지를 써서 핵분열이 얼마나 가공할 위력을 지녔는지, 국가적인 이익 — 군사, 정치 — 을 줄 수 있는지 그리고 나치 독일이 먼저 핵무기를 만들 위험도 있다는 사실을 알려야 한다는 데 동의한다.

위그너가 서부로 휴가를 떠난 사이 지라드는 루스벨트에게 보낼 편지를 대신 수정했다. 그런 뒤 아인슈타인에게 편지를 보냈고,[25] 아인슈타인은 다시 지라드를 불러 함께 편지를 수정하자고 했다. 당시 컬럼비아 대학에서 여름 계절학기 수업을 하던 텔러가 8월 2일, 지라드를 아인슈타인에게 데려다 주었다. 이번에도 아인슈타인은 편지의 기본 구성 요소는 자신이 제안하고, 지라드에게 긴 편지와 짧은 요약본 두 편지를 써 줄 것을 부탁했다. 두 편지가 다 완성되면 아인슈타인이 보낼 편지를 결정하기로 했다. 그러나 루스벨트에게 편지를 전달할 통로에 대해서는 셋 다 경험이 없었기 때문에 지라드가 작스에게 전화를 걸어 이 문제를 상의했다. 작스는 당시 재무관이자 원로 정치인이었던 버나드 바루크, MIT 총장 칼 콤프턴, 비행사 찰스 린드버그 세 사람을 제안했으며 그중 린드버그를 가장 유력하게 지목했다.[26] 나치에 호의적인 린드버그를 추천한 것은 의외였다.[27] 지라드는 편지를 써 아인슈타인에게 전달했다. 아인슈타인은 상세한 설명이 담긴 긴 편지를 선호했지만 작스는 '직접적인' 편지가 더 낫다고 제안했다. 결국 지라드는 작스의 제안에 따라 다시 편지를 수정했고, 8월 2일자 서명이 있는 편지가 작스의 손을 거쳐 10월 12일에 루스벨트에게 전달되었다.

지라드는 편지에 기술적인 부분을 설명한 부록을 덧붙였다. 지난 5년간 핵물리학 연구 과정을 간단히 설명한 후 다음과 같이 결론 맺는다. "잘 디자인된 조건에서는 대규모의 우라늄을 통한 핵융합 반응을 유지할 수 있습니다. (…) 그러나 이를 명확하게 결론지으려면 대규모의 실험을 거쳐야만 합니다." 지라드는 고정적인 발전소에서 대량의 에너지를 생산할 수 있다는 사실도 덧붙였다. 핵발전 프로젝트를 위해서는 대량의 우라늄 원석이 필요하기 때문에 벨기에령 콩고를 통해 원석이 독일로 흘러드는 것을 막는 일이 시급하다는 언급도 잊지 않았다. 이 편지가 쓰일 때는 아직 핵반응을 위해 느린중성자만 사용되던 시점이었다. 그러나 만약 빠른중성자를 사용할 수 있다면 "더 극단적으로 위험한 폭탄이 개발"될 수도 있었다. "그 폭탄의 파괴력을 정확하게 계산하기는 힘들지만 (…) 그 어떤 군사 무기도 능가

할 파괴력을 지닐 것임에는 의심의 여지가 없었다." 또한 지라드는
핵융합 반응이 일단 가능해진 이상 그 군사적인 영향력을 감안할 때,
향후 관련 분야 과학자들의 연구 결과를 공개하지 못하도록 해야 한
다고 제안했다. 지라드와 진Walter Zinn이 1939년에 《피지컬 리뷰》에 공
동 발표한 논문 〈느린중성자와 우라늄 반응 시 즉각적으로 방출되는
빠른중성자〉도 편지에 동봉되어 있었다.

아인슈타인의 편지가 루스벨트에게 전달되는 데는 시간이 걸렸
다. 9월 1일에 있었던 히틀러의 폴란드 침공과 뒤이은 프랑스·영국
의 참전 선언, 이에 따른 미국 정국의 급박한 분위기 때문이었다.[28] 아
인슈타인의 편지 내용은 이미 잘 알려져 있으므로 여기서는 핵심만
살펴보고자 한다.

1. 페르미와 지라드의 연구를 통해 '가까운 미래에 우라늄을 통한 대
   량의 에너지 공급원'이라는 가능성을 얻게 되었다. 대량의 우라늄
   을 활용한 핵융합 반응은 거의 확실히 가능하다. 또한 극단적으로
   강력한 폭탄을 만들 수도 있게 되었다. 이 모든 상황을 고려할 때
   '정부의 민첩한 대응'이 필요한 시점이라고 생각한다.
2. 지금의 상황을 고려할 때, 행정부와 핵융합 반응을 연구하는 미국
   물리학자들 사이에 영구적인 접촉 수단을 확보해 둘 필요가 있다.
   이를 위해 루스벨트 대통령은 신뢰할 만한 이를 지목해 (1) 정부
   및 민간 차원에서 자금을 확보해 실험 계획에 박차를 가하게 하는
   한편, (2) 향후 연구 진행 방향에 따라 정부 부처가 대응할 수 있도
   록 지속적으로 정보를 전달하게 해야 한다.

편지의 세 번째 핵심은 독일이 관련 분야에 관심을 기울이고 있음을 보여 주는 것이었다. 독일은 "체코슬로바키아 광산에서 공급받던 우라늄 판매를 중지했습니다."

작스에게서 보고를 받은 루스벨트는 군사 참모 에드윈 왓슨 장군, 비서실장 그리고 게이트 키퍼들에게 자신의 뜻을 전했다. 즉, 국립표준국NBS 국장 리만 브릭스Lyman Briggs를 위원장으로 하는 특별위원회를 조직해 작스가 제출한 보고서의 가능성을 검토하도록 지시한 것이다.[29] 루스벨트는 작스에게 하루 더 머물렀다가 브릭스를 직접 만날 것도 제안했다. 그러나 아쉽게도 브릭스는 그리 똑 부러지는 사람은 아니었다.

10월 12일 작스와 브릭스는 회의를 거쳐 작스를 대표로 하는 비정부기구를 조직하고, 브릭스와 왓슨이 지목하는 군 대표를 위원회에 포함시키는 것에 동의했다. 10월 21일에 소집된 위원회에는 케이스 아담슨 대령과 길버트 후버 대장이 각각 육군과 해군을 대표하여 참석했고, 위그너·텔러·페르미·지라드가 비정부 대표 자격으로 참석했다. 회의 분위기는 그렇게 우호적이지 않았다. 군 대표들의 공통적인 견해는 "이 프로젝트가 군 서비스와 정부를 위해 사용"되려면 적어도 몇 년은 걸릴 것이라며, "단순히 가능성만을 가지고 정치, 군사적 활용을 논하기에는 아직 실제적인 연구 결과가 부족하다(즉, 시기상조)"는 것이었다. 따라서 그들은 이 프로젝트를 "관심을 보이는 대학 기관으로 넘기고" 정부는 손을 떼야 한다고 주장했다.[30] 브릭스는 당시 국제 정세와 미국의 국익에 대해 생각할 때 "가능한 손익계산"을 분명히 해야 한다고 주장했다. 이 "순전히 과학적인 가능성"이 국가 방위에 끼칠 영향력은 지금까지 정부가 생각해 왔던 "가능성"과는

차원이 다르다는 설명이었다.[31]

위원회 대표로 브릭스는 11월 1일 루스벨트에게 보고서 한 편을 제출한다. 육군, 해군의 활용에 관한 것이었지만, 현재로서는 가능성 외에 아무것도 없다는 사실을 지적한다. "우라늄 반응을 군에서 활용할 충분한 값어치는 있지만 그러자면 적절한 투자와 지원이 뒷받침되어야만 합니다."[32] 곧 컬럼비아 대학 연구원에게 6000달러가 지급되었다. 보고서는 또 "연구를 지원하고 대학 간 협력을 위해" 위원회의 확장을 요구했고, MIT 총장 칼 콤프턴·작스·아인슈타인·컬럼비아 자연과학대 학장 조지 페그램George Pegram 등이 위원회로 초대되었다.

예루살렘의 아인슈타인 아카이브에 보관되어 있는 작스의 편지들을 살펴보면 1940년 6월 중순까지 아인슈타인이 브릭스 위원회에서 중요한 역할을 하고 있었다는 사실을 확인할 수 있다. 당시 위원회는 바네바 부시Vannevar Bush가 이끄는 신설기관 국가방위연구위원회(NDRC, National Defence Research Committee) 산하에 편입되었는데, 이 기관은 대통령에게 직접 보고하고 있었다. 작스와 아인슈타인이 고민했던, 자신들과 정부의 연결고리 문제는 이로써 완전히 해결되었다.

1940년 6월까지는 작스뿐만 아니라 지라드와 위그너도 정부에서 이루어지는 모든 활동과 연구 진행 상황을 아인슈타인에게 알렸다.[33] 그러나 작스와 지라드 보고서가 보여 주는 연구의 속도와 방향은 루스벨트에게 제출되었던 다른 보고서와 비교해 볼 때 아인슈타인의 기대에 미치지 못했다. 아인슈타인은 지라드를 통해 이런 내용의 편지를 써서 작스에게 보낸다. 편지에서 아인슈타인은 "엄청난 보안 속에서" 독일이 얼마나 우라늄 연구에 박차를 가하고 있는지를 설명하고,[34] 독일 정부가 물리학자와 화학자로 이루어진 팀을 꾸렸다는 점을 강조했다. 이 팀은 하이젠베르크의 제자였던 카를 폰 바이츠제커 Carl F. von Weizsäcker가 이끌었는데, 우라늄을 전문적으로 연구하기 위해 조직되었다. 그는 또 "이 문제를 대통령께서 아셔야 한다고 생각되신다면, 직접 전달해 주시기 바랍니다"고 덧붙였다.

작스는 이 편지를 루스벨트에게 전달했고, 루스벨트는 다시 한번 왓슨에게 "당신이 편한 시간에 아인슈타인 박사를 포함하여" 회의를 소집하라고 지시했다.[35] 이에 왓슨은 작스에게 이 문제를 논의할 과학자들이 더 필요하다는 내용의 편지를 보낸다. "아마도 아인슈타인 박사가 적절한 교수들을 제안할 수 있지 않을까요?"[36] 아인슈타인과 지라드에게 문의한 후 작스는 왓슨에게 "아인슈타인과 페르미를 컨퍼런스에 초대했고, 회의 날짜는 4월 29일이 어떻겠느냐"고 물었다.[37] 그러나 프린스턴에서 아인슈타인을 만나 후 작스는 다시 편지를 보낸다. "많은 사람이 참석하는 컨퍼런스라면 냉랭한 분위기와 수줍음 때문에 아인슈타인 박사는 참석하지 않을 것이 확실해 보입니다."[38]

아인슈타인은 브릭스에게 편지를 보내 페르미를 컨퍼런스에 초대할 것을 제안했다. 다음과 같은 작스의 제안에도 관심이 있다고 말했다. "정부가 승인하고 자문기관이 추천하는 사람들로 이루어진 비영리 운영위원회를 조직하면 정부와 민간에서 지원되는 연구 후원금을 안전하게 활용할 수 있을 것입니다."[39] 컨퍼런스는 4월 27일에 개최되었다.

2차 대전이 끝난 뒤 공적인 발표를 통해 아인슈타인은 자신과 원자폭탄 프로젝트의 관계는 1939년 루스벨트에게 보낸 편지가 전부라고 밝혔다. 그러나 사실은 그렇지 않다. 1940년 6월까지 브릭스 위원회에 깊이 관여한 것은 물론이고, 폭탄과 직접적인 관계가 없는 일부 연구를 직접 지휘하기도 했다.[40] 더욱이 한창 전쟁 중이던 1943년 겨울과 1944년에 벌어진 일과도 관련 있었다. 두 에피소드에는 보어도 등장한다. 또 한 가지 분명한 사실은 비록 아인슈타인이 진행되고 있던 프로젝트의 자세한 기술적 부분까지는 몰랐더라도 실제로 어떤 일이 진행되었는지는 알고 있었다는 것이다. 적어도 프린스턴 대학의 핵물리학자가 모두 사라졌다는 사실을 몰랐을 리는 없다. 당시 맨해튼 프로젝트에 대해 구체적인 기술적 지식을 가진 사람이라면 누구든 아인슈타인과 대화를 나눌 때 신중하려고 애썼을 것이다. 그런데도 방대한 프로젝트를 완전히 숨길 수는 없었다. 덴마크에서 탈출한 보어가 1943년 12월 22일 갑자기 프린스턴에 나타났을 때도 마찬가지였다. 보어는 영국 팀의 일원으로 로스앨러모스로 향하던 길이었다.

1943년에 아인슈타인과 보어가 나눴던 구체적인 대화 내용은 알려진 바가 없다. 구체적인 날짜가 없는 어떤 기록에 따르면 보어와 아인슈타인, 헤르만 바일Herman Weyl, 카를 루드비크 지겔Carl Ludwig Siegel, 제임스 알렉산더James Alexander, 볼프강 파울리 등은 1943년 12월 23일 프린스턴 고등연구소에서 단순히 함께 차를 마셨다고 한다.[41] 그러나 원자폭탄 프로젝트를 돕기 위해 미국으로 건너온 보어는 "우라늄 프로젝트로 인해 미군이 큰 혼란을 겪고 있지만, 이를 바로잡을" 수 있는 사람이었고, 지라드는 그를 환영했을 것이며, 아인슈타인도 그 낌새를 알아차렸을 것이다. 월리스 애커스Wallace Akers가 M. W. 페린M. W. Perrin에게 1944년 1월 27일에 보낸 편지에 다음과 같은 내용이 있다.

처음에 그(보어)가 미국으로 건너왔을 때는 자신의 경험을 모두 썩히는 것이 아닌가 걱정도 했었기 때문에, 이제 프린스턴 고등연구소

에는 머물지 않아도 된 이 상황이 무척 반가울 겁니다. 우라늄 프로
젝트로 인해 미군이 큰 혼란을 겪고 있어 곤경에 빠진 지라드를 도
울 수 있을 거라고 모두가 있는 그 방에서 그의 오랜 친구 아인슈타
인이 반색을 했으니까요.[42]

1943년 9월, 보어가 처음 덴마크를 탈출해 스웨덴을 거쳐 영국에
도착했을 때, 제임스 채드윅James Chadwick은 보어에게 맨해튼 프로젝
트에 대해 전했다. 채드윅은 보어가 로스앨러모스로 그 "무거운 존재
감"을 옮겨 원자폭탄 프로젝트에 영국이 큰 기여를 할 수 있기를 바
랐다.[43] 보어 또한 원자폭탄의 존재가 전 세계에 근본적인 변화를 가
져올 것이라는 사실을 깨달았다. 그리고 미국과 소련 사이에서 벌어
질 수도 있는 군비 경쟁을 막아야 한다고 생각하게 된다.
1944년 봄 처음으로 로스앨러모스를 방문한 보어는 영국으로 보
낸 편지에서, 앞으로 원자에너지에 관해서는 단지 기술력이나 행정
적인 문제보다 각 국가가 원자에너지를 산업, 군사적으로 어떻게 사
용하고 있는지를 투명하게 공개하는 합의의 문제가 더욱 중요한 과
제로 떠오를 것이라고 내다봤다. 물론 준전쟁 상태에 놓인 세계정세
를 생각할 때 이는 분명히 어려운 과제였다. 그러나 보어는 희망을 품
고 있었다. 원자폭탄이야말로 이전에는 생각할 수 없던 새로운 국제
관계의 틀을 만들 수 있는 가능성이라고 믿었다. 무엇보다 보어가 염
려한 것은 미국이 원자폭탄을 가지고 있다는 사실을 소련이 모르는
상태에서 이 폭탄이 사용되는 경우였다. 따라서 보어는 영국과 미국
정치인들에게 원자폭탄으로 인해 발생할 수 있는 문제들을 알리고,
소련에도 이를 알려 핵 군비 경쟁을 피할 수 있는 방법을 찾고자 결심

한다. (Gowing 1964, 1986; Aaserud 1999) 소련 물리학자들의 수준을 알고 있었기 때문에 일단 핵폭탄이 터지면 더는 비밀이 없는 것과 마찬가지라고 생각했던 것이다. 1945년 봄 보어는 전쟁 상황을 넘어서는 내용이 담긴 글을 발표한다. 그는 다음과 같은 일들이 아주 빠른 시일 내에 이루어질 것이라고 주장했다.

> 무기로 활용 가능한 정도의 물질 구성 방법과 농도를 조절하는 기술은 날로 간단히 정리되고 있기 때문에 어떤 국가라도 마음만 먹으면 이전에는 상상조차 할 수 없었던 파괴적인 무기를 만들 수 있는 산업적 기반을 마련하게 될 것이다. 따라서 인류가 이전과 비교할 수 없는 위험과 맞닥뜨리기 전에 이 무기 생산을 제어할 수 있는 초국가적인 장치가 마련되어야만 한다.[44]

보어는 원자폭탄을 지나치게 생산하는 군비 경쟁을 막을 수 있는 구체적인 기구는 물론, 원자폭탄과 관련된 산업과 군사 시설에 대한 검열제도에 대해서도 대략적인 방향을 제시했다. 로스앨러모스에 머무는 동안 보어는 오펜하이머와 토론을 많이 했고, 원자폭탄에 관한 정치적 이슈에 대한 오펜하이머 생각에 깊은 영향을 끼친다.[45] 보어의 핵심적인 생각들은 이후 오펜하이머가 주장하는 원자력의 국제적 통제에 관한 주장에서 다시 볼 수 있게 된다.

두 번째 에피소드는 1944년 가을에 일어났다. 프라하, 취리히 시절부터 아인슈타인과 친구이자 시카고 대학 야금연구소의 자문역을 맡고 있던 오토 슈테른Otto Stern이 아인슈타인에게 폭탄 제작 프로젝트가 거의 성공 단계에 접어들었다는 사실을 알린다.[46] 그 자리에서 아마도 둘은 원자폭탄이 존재하는 전후 세계에 대해서도 이야기를 주고받았을 것이다. 대화 내용이 아인슈타인을 상당히 불편하게 했다. 1944년 핸포드Hanford의 연구실에서 핵반응에 대한 연구가 성공적으로 진행되면서 이 폭탄을 어떻게 사용할 것인지 혹은 폭탄의 존재가 어떤 결과를 가져올지에 대해 관심이 모아지기 시작했다.[47] 지라드는 이와 같은 논의를 상당 부분 이끌었다. 슈테른-게를라흐 실험으로 노벨상을 받은 슈테른이 이 논의를 외부로 유출시켰음이 틀림없다.[48]

슈테른은 1944년 12월 초에도 아인슈타인과 대화를 나눈다. 12월 11일 슈테른이 아인슈타인을 방문한 다음 날, 아인슈타인은 보어에게 워싱턴 D. C.에 있는 덴마크 대사 헨뤼 카우프만의 안부를 묻는 편지를 쓴다.[49] 그러나 한편으로는 기술적 의미의 원자폭탄에 관한 내용을 완곡하게 언급한다. 슈테른과 나누었던 대화를 무척 의식하면서 그는 다음과 같이 전쟁 이후 국제관계를 전망했다.

> 비밀리에 군비 경쟁이 시작되면 결국에는 누군가의 선제공격(이전과 비교할 수 없는 끔찍한 파괴를 부를 것입니다)을 피할 수 없는 상황을 맞게 될 것입니다. 정치인들은 이런 엄청난 위협의 가능성을 충분히 인식하지 못하고 있습니다. 이를 막기 위한 모든 노력이 강구되어야만 합니다.[50]

아인슈타인은 또 슈테른이 당시의 상황을 바라보던 관점에 대해 언급하면서, 이전에는 어떤 노력을 함께할 수 있을지 생각할 수 없었다고 말한다. "그러나 어제 슈테른이 다시 방문했을 때, 사소한 것일지라도 성공적일 수 있는 방법을 그려 볼 수 있었습니다." 아인슈타인의 제안은, 원자폭탄과 관련 있는 주요 국가의 과학자들이 당면한 위험의 심각성에 대해 목소리를 높여 정치인들에게 영향을 끼쳐야 한다는 것이었다.

> 여기에는 당신(보어)과 콤프턴이 있고, 영국에는 린더만Lindermann, 소련에는 표트르 카피차Pyotr Kapitsa, 아브람 요폐Abram Joffe 등 국제적인 관계망을 갖춘 저명한 과학자들 (…) 바로 이들을 설득하면 각국의 정치인들이 군사력을 활용해 지나친 모험을 감행하기 전에 정치적 압박을 줄 수 있을 것입니다. 그러나 궁극적으로는 초국가적인 정부라는 급진적인 단계를 거치지 않고서 기술적 군비 경쟁을 완전히 막을 수는 없을 것입니다.[51]

슈테른과 아인슈타인은 보어에게 이런 계획을 알리고 보어도 동참할 것을 요청하기로 했다. 따라서 아인슈타인은 보어에게 쉽게 "불가능"한 일이라고 말하기 전에 며칠이라도 이 이상한 아이디어에 적응하는 시간을 갖도록 요청했다. 그래서 "만약 0.001퍼센트의 가능성"이라도 보인다면 (피츠버그의) 슈테른, (시카고의) 제임스 프랑크 James Franck[52]와 힘을 합치기를 바랐다.

효과적인 초국가적 정부 수립과 국제적인 군사력의 확보는 1930년 이후부터 아인슈타인이 줄곧 주장해 온 기본 해결책이었다. 이전에는 비행기 수천 대가 각각 엄청난 분량의 TNT 폭탄을 떨어뜨렸지만 이제는 비행기 한 대만으로도 더 많은 인명을 살상할 수 있게 되었다. 만약 잘못된다면 지구상의 모든 생명체를 전멸시킬 수도 있는 일이었다. 따라서 아인슈타인에게는 모든 종류의 전쟁을 전멸시키는 것이 궁극적인 목표가 되었다.

보어라고 원자폭탄이 가져올 수 있는 결과에 대해 깊이 생각하지 않았던 것은 아니지만, 전쟁이라는 상황 속에서 그의 목표는 제한적이었다. 우선 어떤 식이든 원폭 실험이 이루어지기 전에 미국과 영국, 소련 내에서 원자력에 관해 다양하게 논의하기를 바랐고, 무엇보다 소련에 원자폭탄 개발 상황을 알려야 한다고 주장했다. 물론 보어가 미국에 온 이유는 원자폭탄 프로젝트 때문이지만, 이런 자신의 생각을 루스벨트에게 전달하기 위해서이기도 했다. 1944년 8월 그는 루스벨트를 만나기 전에 자신의 생각을 문서화했다.

> 위협적인 무기에 대한 운명적인 경쟁을 미연에 방지하려면 세계 강국들 사이의 불신을 뿌리 뽑고 평화로운 협력이 가능하도록 해야 합니다. 물론 책임감 있는 정치가만이 진정한 혜안을 가지고 가능성을 볼 수 있을 것입니다.[53]

보어와 친분이 깊었던 연방법원 판사 펠릭스 프랭크퍼터가 보어의 생각을 루스벨트에게 전달했다. 루스벨트는 이들의 의견에 동의했고, 프랭크퍼터에게 "런던의 친구들에게 미국 대통령이 X(원자폭탄)와 관련하여 안전을 확보할 수 있는 방법을 논의하길 바란다"고 전해 줄 것을 요청했다. 곧 보어는 처칠을 만날 방법을 찾기 시작했다.

디-데이를 불과 몇 주 앞두고 보어는 처칠을 만나게 되었지만, 무뚝뚝한 처칠의 태도 앞에서 그는 아무런 성과도 얻지 못했다.[54] 이후 루스벨트와 회의한 후 보어는 좋은 결과를 얻었다고 생각했지만, 루스벨트는 오히려 펠릭스 프랭크퍼터 판사가 알아서는 안 되는, 원자폭탄에 관한 정보를 알고 있다는 사실을 불편하게 여겼다.[55] 1944년 9월 하이드파크 회동에서 처칠은 루스벨트에게 원자폭탄 프로젝트를 철저히 비밀에 부칠 것을 요청한다. 그리고 둘은 "보어 교수의 활동 정보 유출 경로에 대해 조사하고 특히 소련으로 정보가 새어 나가지 않도록 주의할 것"에 대해 합의하기에 이른다.[56]

이후 존 앤더슨John Anderson[57]과 부시, 프랭크퍼터, 그로브스, 리차드 톨먼Richard Tolman[58] 등은 만난 자리에서 보어가 처칠, 루스벨트와 논의하면서 아무것도 얻지 못했으며, "미국의 정치를 곤경에 빠뜨렸고, 프랭크퍼터 판사에 대한 오해만 불러일으켰다"고 입을 모았다.[59]

상황이 이렇게 전개되고 있던 12월 12일 보어는 슈테른과 나눈 대화가 담긴, 아인슈타인이 보낸 편지를 받는다. 편지를 읽은 보어는 아인슈타인의 친구이기도 한 프랭크퍼터[60]에게 자문을 구했다. 루스벨트는 물론 처칠과 선이 닿은 것도 모두 프랭크퍼터를 통해 이루어진 것이었다. 루스벨트가 보어에게 처칠을 만나길 요청한 일도,[61] 보어가 존 앤더슨·헨리 데일Henry Dale·프레드릭 린더만Frederick Lindermann·얀 스뫼츠Jan Christiaan Smuts 등과 처칠을 만날 수 있도록 궁극적인 도움을 준 것도 그였다.[62] 처칠과 보어의 2차 회의도 자연스럽게 프랭크퍼터의 주선으로 이루어졌다.

보어는 합리적이고 사려 깊은 제안들을 준비했지만, 미국과 영국에서 상당한 권한을 행사하던 사람들 — 존 앤더슨, 프레드릭 린더만, 프랭크퍼터, 부시 — 을 만날 때마다 번번이 퇴짜를 맞았다. 이런 보어에게 아인슈타인의 제안이 현실적으로 보였을 리가 없다. 게다가 아인슈타인이 표트르 카피차 혹은 아브람 요페[63] 등에게 직접 편지를 쓸 경우 맨해튼 프로젝트가 위험에 처할 수 있고, 그 행동이 국가적인 반역 행위로도 보일 수 있다는 사실을 보어는 고려하지 않을 수 없었을 것이다. 구체적인 예를 들자면, 아인슈타인이 보어에게 만나 보라고 권유했던 카피차의 경우만 하더라도 그랬다. 이미 카피차는 연초에 보어에게 소련으로 건너와 정착하기를 요청했지만, 보어는 정중히 거절한 상태였던 것이다! 소련과 공산주의에 대한 처칠의 입장을 고려할 때, 보어와 카피차의 이런 관계는 처칠을 불안하게 만들기에 충분했다.

12월 22일 보어는 프린스턴으로 급히 가서 오랜 시간에 걸쳐 아인슈타인에게 조용히 있어 줄 것을 당부했다. 그리고 그 결과를 보고서로 작성해 워싱턴의 비서실로 발송했다. 보고서는 보어 자신이 아인슈타인을 방문해 다음과 같이 말했다는 사실로 시작된다. "만약 누군가가 이 문제에 관한 기밀 사항을 누설할 경우 이는 적법한 행위가 아닌 것은 물론 무서운 결과를 초래할 수도 있습니다."

> B(즉, 보어)는 비밀리에 X(즉, 아인슈타인)에게 미국과 영국의 책임감 있는 정치인들이 기술적인 발전의 범위에 대해 충분히 이해하고 있다는 사실을 알렸다. 그리고 그들은 세계가 처할 수 있는 위험에 대해서는 물론 국가 간의 가능한 조화(기술적인 부분을 포함하여)에 대해서도 관심을 나눴다고 전했다. X는 B에게 현재 상황이 어떻게 전개되고 있는지 충분히 깨달았으며, B와 비밀리에 나눈 회담 내용을 함부로 발설하여 정치적인 문제를 만들지 않을 것은 물론 독단적인 행동도 하지 않을 것을 약속했다.[64]

12월 26일, 아인슈타인은 자신이 보어에게 쓴 편지 때문에 자신에게 "납덩이같은 비밀의 그림자"가 드리워져, 원폭 문제에 관해서는 마음 놓고 이야기할 수 없다는 내용의 외교적 편지를 슈테른에게 보낸다. "핵과 관련한 이슈들이 너무 지나친 공적 관심의 대상이기 때문에 이 일에 대해 너무 많이 이야기하지 않는 것이 지금으로서는 최선인 것 같습니다. 이렇게 에둘러 이야기하는 것이 저도 힘들지만 현재로서는 어쩔 도리가 없군요."[65]

이로써 우리는 아인슈타인이 1944년 12월에 기술적인 부분은 물론 핵무기를 둘러싼 미국과 영국의 정치적 방향에 대해서도 상당 부분 이해하고 있었다는 사실을 분명히 알 수 있다. 그러나 45년 3월 아인슈타인이 지라드와 만난 후 루스벨트에게 보낸 3월 25일 편지를 보면 그 내용이 사뭇 다르다. "비록 저는 지라드 박사가 대통령께 제출한 자료나 그의 염려에 대해서는 잘 모르지만…." 지라드가 쓴 편지 내용을 잘 모르고 있는 것처럼 쓰였는데, 지라드를 보호하려는 의도가 엿보인다. 또한 "지라드 박사가 자신이 진행하는 연구 정보를 제게 제공하지 않도록 해 주십시오"라며 지금까지 아무런 불법적인 정보 누출이 없었다는 것을 확실히 했다. "그러나,"라고 아인슈타인은 덧붙였다. "저는 지라드 박사가 연구진, 정치적 책임을 지닌 내각 인사들과 잘 공조가 되지 않는 상황에 대해 적이 불안해 하고 있다는 사실은 알고 있습니다."[66]

아인슈타인이 꽤 많은 정보를 알고 있다는 사실은 고등연구소를 은퇴하기 얼마 전인 1945년 4월에 이루어진 한 인터뷰에서 밝혀진다. 《컨템퍼레리 주이시 레코드Contemporary Jewish Record》라는 잡지에 실을 기사를 위해 알프레드 스턴은 아인슈타인에게 "이론적인 결함으로 인해 폭탄의 폭발력이 그렇게 크지 않을 가능성도 있는지"를 묻는다.

아인슈타인은 다음과 같이 대답했다. "불행히도 그런 기대감이 도처에 퍼져 있는 것 같습니다. 그러나 만약 원자폭탄을 실제로 터뜨린다면, 집 몇 채 혹은 몇 블록 수준이 아니라 온 도시가 한 순간에 날아가고 말 것입니다." (Stern 1945, 246) 히로시마와 나가사키에 원자폭탄이 투하되기 단 4개월 전의 일이었고, 기사는 1945년 6월에 발표되었다!

국가방위연구위원회NDRC가 원자폭탄 프로젝트를 꾸리던 1940년 6월까지 지라드·아인슈타인·위그너·텔러·작스는 외교, 정치적으로 활발히 활동했고, 영국으로부터 MAUD 보고서를 받은 1941년 9월 이후 미국은 효과적인 폭탄 제작을 시작하게 된다.[67] 보고서는 우라늄 폭탄 제작에 필수적인 프리시-파이얼스 방정식[68]에 대한 상세한 설명과 우라늄 원석에서 U235 동위원소를 분리하는 방법을 담고 있었다. NDRC에서 원자력 분야를 담당하고 있던 제임스 코넌트는 이 보고서를 읽고 나서야 비로소 전쟁의 방향을 바꿀 수 있는 원자폭탄에 대해 확신하게 되었다. 따라서 41년 10월 중순 이후 부시는 루스벨트에게 폭탄 제작 프로젝트를 밀고 나갈 것을 권했다. 몇 주 후 진주만 폭격이 일어나고, 이후 원자폭탄 프로젝트는 미국의 최우선 과제로 자리를 잡는다.

히로시마, 나가사키 원폭 투하라는 결과에 아인슈타인이 큰 역할을 한 것이 아닌데도 전쟁 이후 그는 많은 비난을 받았다. 그때마다 아인슈타인의 대답에는 일종의 후회와 함께 독일로부터 느꼈던 위협이 꼭 들어가게 된다.[69]

저는 원자폭탄의 생산과 관련된 연구에는 전혀 참여한 적이 없습니다. 이 분야에 제가 공헌한 바가 있다면 1905년 자연의 일반적인 물

1940년 3월, 캘리포니아 대학 버클리에 모인 물리학자들. (왼쪽부터) 어니스트 로렌스, 아서 콤프턴, 바네바 부시, 제임스 코넌트, 칼 콤프턴, 알프레드 루미스. U. S. government(Public domain)

리학적 성질과 대량 에너지의 상관관계에 대해 정립한 것이 전부입니다. 군사적인 잠재성에 대한 생각은 저와는 전혀 상관없는 일이었습니다. 폭탄에 관해서는 1939년 루스벨트 대통령에게 편지를 보내 그런 폭탄이 가능할 수 있다는 사실과 독일도 만들 위험이 있다는 것을 알린 것뿐이었습니다. 독일이 관련 프로젝트를 수행하고 있다는 분명한 징후가 있었기에 저로서는 해야 할 의무를 다한 것이었습니다. (1950년 1월 23일. Nathan and Norden 1968, 519)

《카이조Kaizo》와 인터뷰할 때는 다음 말도 덧붙인다.

독일이 모든 힘을 다해 이 프로젝트를 수행하고 있다고 믿었기에 저는 더욱 촉박하게 느껴졌습니다. 저는 항상 평화주의를 지향하지만,

당시 다른 대안은 생각할 수 없었습니다. (Nathan and Norden 1968, 584)

그의 행동이 평화주의적 노선과 걸맞지 않을 뿐 아니라 원자폭탄 개발 계획에 대한 "간접적인 참여"가 아니었느냐는 비판에 대해서는 다음과 같이 대답했다.

절대적인, 즉 무조건적 평화주의자적 입장에서 바라본다면 그럴 수도 있겠지요. 그러나 《카이조》와 한 인터뷰에서 저는 스스로를 절대적 평화주의자로 밝힌 적이 없습니다. 오히려 양심적 평화주의자에 가깝겠지요. 적이 나와 국민을 다 파괴할 때조차 무조건적으로 무릎을 꿇자는 건 아닙니다. 상황에 따라서는 무력을 사용해야 할 때도 있다고 믿습니다. 그런 경우가 아닌, 국가 간의 갈등을 잠재우기 위해 폭력을 사용하는 것은 틀렸으며 파괴적인 행위라고 믿습니다. (Nathan and Norden 1968, 585, 587)

1954년 11월 16일, 라이너스 폴링Linus Pauling이 프린스턴을 방문했을 때 아인슈타인은 말했다. "루스벨트 대통령에게 원자폭탄을 만들도록 추천한 일은 내 평생을 두고 후회할 실수라네. 그렇지만 독일이 원자폭탄을 만들 수도 있었기 때문에 나는 그렇게 했다네."[70]

아인슈타인은 죽기 몇 주 전에도 이에 대해 말한다. 전쟁 후에도 아인슈타인의 친구로 남을 수 있었던 몇 안 되는 독일 물리학자 중 한 명인 막스 폰 라우에가 루스벨트에게 보낸 편지에 대해 묻자 이렇게 대답했다.

내가 서명한 지라드가 쓴 편지, 그러니까 원자폭탄에 대한 걱정을 담아 루스벨트에게 보낸 편지는 순전히 히틀러가 먼저 폭탄을 만들 수도 있다는 걱정 때문이었소. 그런 두려움조차 정당화의 조건이 못 될 줄 미리 알았더라면 지라드도 나도 판도라의 상자를 건드리지는 않았을 테지요. 정부에 대한 나의 불신은 단지 독일에 대한 것만은 아니었소. 불행히도 일본에 그 폭탄을 사용하지 못하도록 하는 노력에 나는 참여하지 못했소. 제임스 프랑크는 그 일을 했지요. 그들은 프랑크의 말을 들었어야 했어![71]

아인슈타인은 살아생전 루스벨트에게 보낸 편지로 인해 끊임없는 비판을 받았다. 그러나 대부분의 비판은 사건의 내막에 대해 잘 알지 못하는 사람들로부터 온 것이었다. 이 때문에 아인슈타인과 가깝게 지내면서 루스벨트에게 편지를 보낸 경위를 잘 알고 있던 하이젠베르크가 1955년, 아인슈타인 사망 직후에 발표한 글은 일반적인 비판과는 성격이 조금 다르다.[72] 하이젠베르크(1955b)는 〈아인슈타인의 과학적 업적The Scientific Work of Einstein〉이라는 유명한 글에서 아인슈타인을 이해하기 어려웠다고 밝힌다. "그는 전쟁을 경멸했지만, 나치즘 휘하에서 이루어지고 있던 움직임에 대해 1939년 루스벨트에게 알렸고 미국이 원자폭탄 개발에 박차를 가해야 한다고 주장했다. (…) 결국 수많은 여성과 아이들이 목숨을 잃게 되었다." (Heisenberg 1974, 6)

그러나 우리는 아인슈타인이 편지를 쓴 목적이 "조심할 필요"가 있고, "필요하다면 신속히 대응해야 하기 때문"이라고 밝힌 점을 기억해야 한다.[73] 1974년 하이젠베르크는 독일 울름Ulm의 '아인슈타인 하우스'를 방문한 자리에서 조금 더 강경하게 아인슈타인을 비판했다. 아인슈타인은 물리학자로서 사려 깊고 존경받을 만하지만, "너무나도 불완전한 모습을 가졌음을 부정할 수는 없었다"면서, "아인슈타인이 루스벨트에게 보낸 세 통의 편지야말로 미국이 원자폭탄 프로젝트를 시작하게 만든 결정적 요인이었다. 그는 또한 이 프로젝트에 적극 협조하였다!"는 말도 덧붙였다. (Heisenberg 1989, 120) 이미 살펴보았듯이 아인슈타인이 루스벨트에게 쓴 편지는 두 통이었다. 하이젠베르크는 아인슈타인이 작스에게 쓴 편지(작스가 이를 루스벨트에게 전달했다)를 두 번째로 계산한 것이고, 세 번째 편지에서 아인슈타인은 왜 루스벨트를 만나려고 하는지를 명확하게 밝히지도 않았다. 또한 의아한 것은 1974년의 하이젠베르크는 아인슈타인이 원자폭탄 프로젝트에 과학, 기술적으로 참여하지 않았다는 사실을 잘 알고 있었다는 것이다.

"비통하다!"

1945년 8월 6일, 폭격기 한 대가 우라늄 원자폭탄을 히로시마에 떨어뜨린다. 그날 오후, 아인슈타인의 비서 헬렌 듀카스가 그 소식을 아인슈타인에게 전했다. 아인슈타인은 자신이 번역한 《열렬한 항의*cri-de-coeur*》를 부여잡고 "비통하다!"고 외쳤다.

　히로시마에 떨어진 폭탄은 TNT 10킬로톤에 맞먹는 파괴력으로 온 도시를 잿더미로 만들었다. 그해 연말까지 히로시마 주민 약 14만 명이 죽고, 5년 내에 죽은 사람만도 20만 명에 달했다. 원폭이 떨어진 사흘 후, 나가사키에서 또 다른 플루토늄 폭탄이 터졌다. 도시는 초토

화되고, 1945년 말까지 약 7만 명이 사망했다.[74]

1955년 아인슈타인이 사망한 후, 한 TV 방송에 출연한 지라드는 히로시마와 나가사키 폭격 직후 아인슈타인을 찾아갔던 일을 회상했다. 아인슈타인은 이렇게 말했다고 한다. "고대 중국의 격언이 맞습니다. 우리는 아무도 우리가 하는 일의 결과를 알 수 없습니다. 그러니 유일한 지혜는 아무 일도 벌이지 않는 것입니다. 절대 아무 일도 벌이지 않는 것이 진짜 지혜지요."[75] 아인슈타인은 도가 사상에 대해 말한 것이다. "무위無爲, 아무 일도 벌이지 마라, 그러면 해를 입지 않을 것이다."

로스앨러모스 과학자들도 히로시마에 떨어진 원자폭탄의 실제적인 결과와 그 파괴의 정도를 자세히 전해 듣고 나서 "예상하지 못했던 강력한 폭발"이라며 놀랐다고 한다. 이후의 삶이 송두리째 바뀌어 버린 과학자들도 있었다. (Wilson 1996) 로스앨러모스로 모여든 과학자 중 많은 이가 나치 독일이 먼저 미국이나 영국에 핵 공격을 할 경우에나 보복을 위해 원자폭탄이 사용되리라고 믿었다. 즉, 사용되지 않기를 바랐던 것이다. 그러나 그들은 폭탄을 사용할지 말지에 대한 결정 권한이 자신들에게 없고, 한편으로는 폭탄을 사용할 경우 전쟁이 끝나 미국과 일본의 희생도 끝나리라는 믿음을 가지고 있었다.

그러나 나가사키에 폭탄이 떨어지고 난 이후에 로스앨러모스와 시카고, 오크리지Oak Ridge와 관련된 모든 과학자가 더는 핵전쟁이 없어야 한다는 결론에 이른다. 그들의 합의는 다음과 같다.

1. 비밀이란 없다.
2. 기술 독점도 불가능하다.

3. 방어도 불가능하다.

4. 더욱 강력한 폭탄이 개발될 것이다.

5. 국제적인 통제가 꼭 필요하다.[76]

그들은 시민들에게 위와 같은 메시지를 전달하기 위해 스스로 조직을 만들었다.[77]

폭격 이후 아인슈타인이 처음으로 보인 반응은 1945년 9월 10일 시카고 대학 총장이었던 로버트 허친스에게 보낸 편지였다. 나가사키 폭격이 있은 지 며칠 뒤인 8월 12일, 허친슨은 다음과 같이 발표했다.

> 지난 월요일까지만 해도 저는 세계정부의 도덕적 존재 의미를 찾을 수 없었고, 국제적 커뮤니티를 지탱시킬 만한 세계적 양심이나 확신을 인정할 수 없었기에 그 개념에 반대했습니다. 이제 핵폭탄으로 인해 우리는 더는 떨어질 수 없는 나락으로 떨어졌습니다. 대안은 분명합니다. 세계적 정부가 핵 군사력을 독점적으로 규제하는 방법만이 전쟁을 끝낼 수 있는 유일한 희망입니다. (…) 모든 증거가 원자폭탄을 사용할 필요는 없었다는 사실을 말해 주고 있습니다. 미국은 이제 도덕적 신망을 잃었습니다. (…) 아마도 미래는 과거보다 더욱 중요하게 될 것입니다.[78]

아인슈타인도 생각이 같았다. 허친슨에게 보낸 편지에서 아인슈타인의 오랜 생각이 배어 나온다.

> 모든 나라가 자기만의 주권을 주장하는 한 우리는 분명 더욱 거대하

고, 기술적으로 더욱 발전된 전쟁과 무기를 목격하게 될 것입니다. 지금 지식인들이 수행해야 할 가장 중대한 임무는 이런 사실을 일반 국민에게 알리고, 질서 잡힌 세계정부의 수립이 얼마나 중요한지를 강조하고 또 강조하는 것입니다. 그들은 반드시 국가들의 군사적 무장과 음모를 철폐하는 데 앞장서야만 합니다.[79]

문제는 어떤 종류의 세계정부가 가능한가였다. 연합국들은 1945년 4월과 5월, 샌프란시스코에서 국제연합UN의 창설을 두고 논의하기 시작했고, 6월 초에 인가를 받았다. 미국과 소련, 중국, 영국, 프랑스를 영구적인 상임이사국으로 선정하고 이사회의 결정을 저지할 수 있는 거부권도 두었다.

1945년 여름, 아인슈타인과 친분이 두터웠던 경제학자이자 정치평론가, 성공한 출판업자이기도 한 에머리 리브스[80]는 《평화의 해부학 *The Anatomy of Peace*》이라는 책을 낸다.[81] 리브스(1904-81)는 명석한 사람이었다. 남부 헝가리의 작은 마을 출신으로 유대인이었던 그의 아버지는 목재와 곡물을 취급하는 작은 사업을 벌여 가족의 생계를 꾸렸다. 아버지의 원래 이름은 로젠바움이었지만, 정부의 일을 얻기 위해 리브스로 성을 바꾸었다. 에머리는 음악적인 재능도 뛰어났으며, 수준급의 피아니스트이기도 했다. 1922년에 헝가리를 떠나 베를린과 파리에서 대학을 다녔으며, 발터 라테나우Walter Rathenau에 대한 논문으로 취리히 대학에서 정치경제학 박사 학위를 받았다. 취리히에서는 동료 헝가리인인 존 본 노이만John von Neumann, 윌리엄 펠너William Fellner와 가까이 지냈다. 펠너는 이후 경제학에서 두각을 나타낸다.

리브스는 9개 언어를 자유롭게 구사했고, 베를린에서는 언론인으로서 취리히를 거치는 모든 주요 인물에 대한 인터뷰를 담당했다. 이 때 "영국인·독일인이 쓴 글이 프랑스 신문에 실리고, 프랑스인·독일인이 쓴 글이 영국 신문에 실릴 수 있도록 국제적인 이슈들을 다루는 국제기구가 필요하다"는 생각을 품는다. 그래서 1930년에 국제 문제를 다룰 수 있는 협력출판서비스Co-Operation Press Service를 출범시켰다. 이는 세계 최초의 다국적 미디어기업으로 마침내 60개국 400여 신문을 연결하는 기관으로 발돋움한다. 33년 4월, 리브스는 나치가 자신을 체포하고 출판서비스도 폐쇄하려는 사실을 알아 파리로 피신한다. 47년에는 처칠을 만나 출판서비스 기고자로 등록시켰으며, 오스틴 체임벌린·클레멘트 애틀리·로버트 이든·레옹 블룸·폴 레노·에두아르드 베네스·아인슈타인 등의 도움도 받았다. 히틀러가 허황된 연설을 한 바로 다음 날에 처칠의 대응을 전 세계에 퍼뜨려 처칠이 정치적 무대로 복귀했음을 알리고 그의 존재를 대중에게 다시 알리는 데 큰 역할을 하기도 했다. 처칠은 리브스에게 영국정보부에서 일하도록 했고, 1940년 2월 마침내 영국 시민권을 허락했다.

1940년 6월 독일이 프랑스를 점령하기 직전, 처칠은 리브스를 런던으로 불러들여 미국을 포함한 여러 중립국에 대한 선전 작업을 책임지도록 했다. 리브스는 이해 9월에 발생한 런던 폭격 때 부상을 입기도 했다. 41년 1월 리브스는 자진해 뉴욕으로 갔다. 미국이 참전해 영국을 도울 수 있게 하는 섭외 업무 때문이었다. 뉴욕에서 지내는 동안 이름을 에머리 리브스로 바꾸고 훗날 아내가 될 패션모델 웬디 러셀도 만난다. 전쟁 이후 리브스는 미국에서 출간된 처칠의 책《2차 대전The Second World War》의 저작권 수입(다른 언어권에 대한 출판권도 얻어 낸다)으로 처칠과 엄청난 부를 얻었다. 샤넬 향수회사 설립자인 코코 샤

넬의 몬테카를로 저택을 구입하고, 처칠은 그 집에서 몇 주씩 머물곤
했다.

《평화의 해부학》이 끼친 영향력을 이해하려면 출판 당시의 상황을
설명할 필요가 있다. 1945년 초 하버드 대학 역사교수 크레인 브린턴
Crane Brinton은 《미국과 영국The United States and Britain》이라는 책에서 세
계정부의 무용성을 주장했다. 리브스는 자신의 책을 통해 반대 입장
을 훌륭히 밝혔다. 45년 8월에는 아인슈타인에게 자신의 책을 보내
"그(아인슈타인)의 철학적 관점이 없었다면 이 책을 쓰지 못했을 것"이
라고 전했다.[82] 또한 앞으로 "상당한 반응"이 일어나리라고 예견하
며, "한줄 한줄을 모두 미국 출판계에 헌납한다"고 밝혔다.[83] 연방법
원의 오웬 로버츠 판사는 "이틀 만에 두 번"이나 이 책을 읽고 난 후
리브스에게 자신도 "완벽하게 같은 신념"을 가지고 있다고 전했다.
이후 로버츠는 미국 국민에게 보내는 공개편지를 통해 UN의 설립이
평화를 가져오리라 기대하지 말라고 경고하면서, "지금의 국가보다
더 높은 법적 기관과 법질서를 통해서만 전쟁을 멈출 수 있다"는 《평
화의 해부학》 이론은 분명 인정받아야 한다고 밝혔다.[84] 윌리엄 풀브
라이트를 포함한 상원의원 세 명이 그를 지지했고, 리브스는 아인슈
타인에게도 서명을 요청했다.

책을 받은 아인슈타인은 이틀 후 리브스에게 편지를 보냈다. "저
는 하루 만에 그 책을 정독했습니다. 우리 시대가 안고 있는 문제를
정확하게 짚어 낸 당신의 노력에 진심으로 존경을 보내며, 모든 핵심
적인 주장에 대해 저는 전적으로 동의했습니다. (…) 로버츠 판사의
행동이야말로 이 나라에서 얻을 수 있는 가장 큰 공적 지지라고 저는
믿습니다. 그의 훌륭한 공개편지를 통해 확신을 얻었기에, 저 또한 기

꺼이 서명하고자 합니다."[85] 1945년 10월 10일 《뉴욕타임스》《워싱턴 포스트》를 포함한 50여 개 신문은 아인슈타인을 포함한 공인 19명이 서명한 〈미국 국민에게 보내는 공개편지Open Letter to the American People〉를 발표한다. 이 편지는 "명확하고 간결한" 《평화의 해부학》에 대한 솔직한 지지와 함께 지지자들의 생각도 포함하고 있었다. 또 "모든 미국인이 이 책을 읽고 이웃 혹은 친구들과 공적, 사적인 자리에서 토론해 볼 것을 강력히 제안"했다.[86]

1945년 말, 리브스는 처칠에게 흥분된 어조로 편지를 보낸다.

> 제 책을 둘러싸고 아주 많은 일이 벌어져 (런던으로) 돌아가려던 계획에 자꾸 차질이 생기고 있습니다. 제 책이 미국을 온통 뒤집어 놓았습니다. 몇몇 대학에서 교과서로 선정했고, 수많은 교회의 설교 내용이 되었으며, 하버드와 예일·컬럼비아에서는 이 책을 알리기 위한 모임도 생겨났습니다. 새로 찍은 1만 권이 이틀 만에 동이 나기도 했습니다. (…) 《리더스 다이제스트》는 오는 1월과 2월 전국적으로 이루어지고 있는 1만 5000개의 《평화의 해부학》 토론 모임을 세 부분으로 나누어 소개한다고 합니다. 이는 미국 출판 역사상 유례를 찾아보기 힘든 일입니다.[87]

1945년 여름이 끝나갈 무렵 리브스는 편지와 함께 오크리지 과학자그룹의 성명서를 아인슈타인에게 보냈다. 성명서에는 세계 안보를 담당할 국제적 기관, 특히 원자력에 관한 모든 과학과 기술을 관리할 단일한 기관이 꼭 필요하다는 주장이 담겨 있었다. 이 기관은 전 세계에서 정기적으로 이루어지는 모든 과학, 기술, 산업, 군사적 사항에 대한 면밀한 조사권도 가져야 한다고 주장했다. 리브스는 오크리지 과학자들의 생각이 "완전히 불합리하며 사람들이 만약 오크리지의 제안을 통해 평화가 가능하다고 생각한다면 이는 오산에 불과하다"고 주장했다.

그들은 아직도 하나의 강력한 국가가 그 영향권에 있는 국가들을 마음대로 간섭할 수 있다는 낡은 정치적 관념에 사로잡혀 있습니다. 만약 연방제와 같은 국제질서가 가능하다면, 지방정부가 기꺼이 연방정부의 권한을 인정하고 합의된 사안을 충실히 이행한다면, "당연히" 각 지방정부의 주권을 인정하는 범위에서 지방정부는 조사, 통제를 할 것이며, 그 결과 평화는 아주 쉽게 정착될 것입니다. 전쟁의 위험이 사라지고, 핵무기가 사용되리라는 염려도 더는 할 필요가 없겠지요.

그러나 불행히도, 주권 국가들 사이의 평화라는 것은 몽상에 불과합니다. (…) 만약 핵에너지에 대한 통제권이 UN 안전보장이사회로 넘어간다면 핵무기의 남용으로 인한 파괴적인 전쟁은 불가피합니다. (…) 핵폭탄과 같이 혁명적인 무기의 사용을 막을 수 있는가의 문제는 오래전부터 있어 왔습니다. 화약, 다이너마이트, 기관총, 탱크, 가스, 잠수함, 폭격기 등이 개발될 때마다 사람들은 이것이 인류를 멸종시킬 수 있는 마지막 무기라며 두려워했고, 때마다 이를 '법적'인 장치를 통해 '통제'하려고 노력했습니다. 그러나 전쟁의 본질이 기술적 차원의 문제가 아니라 정치, 사회적인 것이기에 이 모든 시도는 허사가 되고 말았습니다.

전쟁 자체를 막는 것 외에는 핵전쟁을 막을 다른 방법이란 없습니다. 일단 전쟁이 터지면, 모든 국가는 자국을 방어하고 승리하기 위해 모든 수단을 동원할 것이기 때문입니다. (…) 전쟁의 역사를 돌아보면, (…) 전쟁 바이러스, 즉 전쟁을 야기하는 인간 사회의 가장 핵심적인 조건은 바로 하나로 통일되지 않은 국가권력의 접촉입니다. (…) 평화가 법제화되어야 합니다. 서로 부딪치고 갈등하는 국가들을 더 높은 권위 아래서 통합시킬 때 비로소 평화는 가능해질 것입니다. 21세기 국가들 사이의 평화는 오직 국민의 주권 일부를 더 높은 차원의 정부 — 입법, 사법, 행정 — 에 귀속시킴으로써 모든 개인이 직접적으로 세계정부의 영향을 받을 때에만 가능합니다.

각 국가들이 여전히 주권을 유지하는 샌프란시스코연합 같은 연맹을 통해서 평화를 얻고자 하는 시도는 (…) 불쌍하리만큼 시대착오적인 생각이며 실패할 것이 뻔합니다. (…) 오직 단 하나의 방법만이 미국을 핵폭탄 공격으로부터 지켜 줄 것입니다. 그 방법은 뉴욕과 캘리포니아(핵폭탄을 만들지 않은 주)가 테네시·뉴멕시코(핵폭탄을 만드는 주)의 위협을 받지 않는 것과 마찬가지의 조건에서 이루어질 수 있을 것입니다.[88]

현재 핵물리학자들은 그 어떤 단체보다 강력한 공적 영향력을 가지고 있습니다. 그들이 제시하는 정치적 제안들은 그만큼 중요합니다.[89] (Nathan and Norden 1968, 337-338)

리브스의 편지를 길게 인용한 이유는 이것이 바로 리브스가 책을 통해 전달하려는 핵심 내용인 동시에 전후 아인슈타인의 생각 또한 잘 정리해서 보여 주고 있기 때문이다.

아인슈타인은 오펜하이머도 오크리지 문건에 서명했다고 잘못 넘겨짚었다. 그래서 1945년 9월 29일 리브스의 편지에 자신의 편지를 더해 오펜하이머에게 보낸다. 편지에서 그는 "오크리지 성명서의 솔직한 표현과 진실성은 기쁘게 여기"지만, 당면한 현실의 새로운 과제를 해결하기에는 그 제안이 "분명히 부적절"하다고 지적했다.

성명서가 제시하고 있는 국제적 안보의 획득 방법은 주권을 가진 국가들 간에 존재하는 경쟁과 실제적인 갈등의 원인에 대해 전혀 이해하지 못한 졸렬한 시도이며, (…) 오늘날 각 개별 국가가 마주하고 있는 현실은 자국의 안보에 대한 두려움 때문에 피할 수 없는 전쟁의 가능성을 안고 있다는 것입니다.

현재 산업화의 정도, 세계를 하나로 묶고 있는 경제적 통합의 상황을 두고 볼 때, 국제관계에서 각 개인에게 영향을 끼칠 수 있는 법을 만들어 집행하는 권한을 가지는, 진정한 의미의 초국적 기관을 통하지 않고서 평화란 상상할 수조차 없는 일이 되었습니다. 모든 인류의 민주적 주권을 담아낼 수 있는 이런 포괄적 해결책 없이 이루어지는 평화의 노력은 모두 허상에 불과합니다.

아인슈타인은 《평화의 해부학》을 추천하며 필요하다면 몇 권을 보내 줄 테니 주위 사람들과 나누어 볼 것도 제안했다. 아인슈타인은 이 책이 "지금껏 그 누구도 설명하지 못한 명쾌한 해석"을 해내고 있다고 평가하면서, 비록 책이 쓰인 시기는 히로시마와 나가사키 원폭 이전이지만 "새로운 무기가 만들어 낸 문제의 해결책도 제시하고 있다"고 했다.[90]

오펜하이머는 곧 답장을 보내 자신은 이전에도 본 일이 없는, 서명하지 않은 성명서라고 해명했다. 그러나 그런 견해가 있다는 사실은 알고 있으며, 오히려 "그 부적절함을 지적할 방법을 찾는 중"이라고 했다. 또한 아인슈타인 생각에 "전적으로 동의"할 뿐 아니라 "리브스의 표현에도 대체적으로 동의"한다고 말했다.

저는 서로 다른 구조와 사회적 가치를 넘어서는 통합된 연방정부의 권위를 확립한다는 것이 얼마나 힘든 일인지 이 나라 역사의 시민전쟁을 통해 살펴볼 수 있다는 리브스의 말에 "대체적으로 동의"합니다. 제가 리브스보다 이 문제를 더 크게 보면 보았지, 결코 더 작게 여기지는 않을 것입니다.

그는 또 자신이 미국 정부에 다음과 같이 조언했다는 사실도 아인슈타인에게 알려 주었다.

이와 관련한 협상을 통해 실제적인 통합을 위한 신뢰를 얻을 수 있을 것입니다. 처음부터 정치적인 성격이 이 문제의 핵심이었으며 핵폭탄의 개발도 이에 따라 진행된 것이라 믿습니다. 그러나 핵폭탄은 다음의 두 이유 때문에 결정적인 성격을 갖게 되었지요.

(1) 현재의 국제질서(특히 두 초강대국의 경쟁적인 군비 확장)에 대한 일반의 관심이 더욱 날카로워졌습니다.
(2) 실현 가능성이 있는 새롭고 구체적인 협상점이 마련되었습니다.
(Smith and Weiner 1980, 309-310)

아인슈타인과 오펜하이머 사이에 오간 편지는 전쟁을 피하고 핵에너지를 통제하는 데 대한 두 사람의 근본적인 생각 차이를 잘 보여준다.

아인슈타인의 입장은 막스 베버의 "주의의 윤리ethic of ultimate ends"라는 표현으로 정리해 볼 수 있다.

> 예를 들면 사회적 부정의에 대한 저항정신과 같이 주의의 윤리를 가진 사람은 문제를 바라보는 순수한 의식의 불꽃이 꺼지지 않는 한 "책임을 다하고 있다"고 느낀다. 다소 비이성적인 행위의 목적은 이 불꽃을 새롭게 북돋우기 위한 것이며, 성공의 가능성을 염두에 두고 평가한다. 그들의 행위는 오직 본보기적 가치에 그 중점을 둔다.[91]

반면 오펜하이머의 자세는 베버의 용어로 설명할 때, "책임 윤리ethic of responsibility" 즉 "결과가 예측 가능한 행위에 중점을 두는" 쪽에 가깝다.[92] 《오직 하나의 세계》에서 오펜하이머는 다음과 같이 주장했다. "분명한 결과는 (…) (원자폭탄 창조에) 과학자들이 참여함으로써 이전까지와는 다른 개념의 책임을 지게 되었다." (Masters and Way 1946, 56)

오펜하이머는 실용주의적인 관점에서 국가들, 특히 미국과 소련이 단계적으로 신뢰를 쌓아 갈 수 있는 방법을 고민했다. 그는 당시로서는 유일하게 강력한 국가들을 초월하여 현실적인 영향력을 끼칠 수 있었던 UN이 세계정부로 발돋움하기 위한 첫 발판이 되리라 희망했다. 반면 아인슈타인은 급격한 상황의 변화가 필요하다고 보았다. "인류와 시민사회를 구원할 수 있는 유일한 방법은 각 국가의 안보를 법적으로 규정하는 세계정부의 수립"이라고 보고 이를 한 번에 이루어 내야 한다고 믿었다.

UN과 그 조직은 유엔헌장의 조항이 규정하고 있는 것처럼 세계정부를 향한 첫걸음이라는 희망을 안고 출발했다. 그러나 1945년 6월 6일, 헌장 초안에 서명했던 대부분 참여자는 오크리지와 핸포드, 로스앨러모스에서 어떤 일이 벌어지고 있는지는 알지 못하고 있었다. 물론 히로시마와 나가사키 원폭은 모든 상황을 바꾸어 놓았다. 워싱턴의 1945년 11월 회의에 참석한 영국 수상 클레멘트 애틀리, 캐나다 총리 윌리엄 매켄지 킹, 미국 대통령 해리 트루먼은 원자력에 관한 문제의 심각성에 동의하고 '원자력 선언Declaration on Atomic Energy'을 발표한다. "원자력의 파괴적인 활용을 막고 평화적인 활용을 위해 기꺼이 기본적인 과학적 자료들을 교환하고자 한다. (…) 그러나 모든 국가가 받아들일 수 있는 효과적이고도 강제적인 장치가 우선 고안되어야만 이는 가능하다." 이들은 새로 설립된 UN이 이 문제를 다룰 것을 제안했다.

1945년 12월 모스크바에서 열린 외무장관회의 참석자들은 유엔원자력위원회(UNAEC, United Nations Atomic Energy Commission)의 설립과 이 기관이 향후 원자력 관련 문제를 다룰 것에 합의했다. 합의 조건으로 소련은 원자력위원회를 거부권의 영향을 받는 UN 상임이사회 직속기관으로 둘 것을 제안했고, 미국과 영국은 수용했다. 이렇게 해서 원자력위원회가 설립되었다. 1946년에서 48년까지 짧은 기간 존재했던 원자력위원회의 기본 방침은 핵무기 확산 방지가 아니라 그 소멸에 있었다. 원자력을 어떻게 효과적이면서도 안전하게 활용할 수 있는지와 동시에 핵폭탄의 확산을 방지하기 위한 방안을 찾아 안전보장이사회에 보고하는 것이 목적이었다.

1946년 초, 트루먼 행정부 국무장관 제임스 번스는 국무차관 딘 애치슨을 수장으로 하는 위원회를 조직하고, 미국이 생각하는 핵무기 철폐 방안과 평화적 활용을 원자력위원회에 제안하도록 지시했다. 그로브스, 부시, 코넌트, 존 맥클로이 등이 위원회에서 활동했다. 고문단장은 당시 테네시 공공사업단장을 맡고 있던 릴리엔솔이, 과학자문단장은 오펜하이머가 맡았다. 오펜하이머는 1946년 3월에 발표된 애치슨-릴리엔솔 보고서의 핵심적인 부분을 기획했다. 오펜하이머가 제안한 골자는 "개별 국가의 정부가 무분별하게 핵에너지를 개발하지 못하도록 하는 핵 사찰 시스템을 고안하여 적절한 안전망을 구축"한다는 것이다. 그렇게 될 경우 핵과 관련된 모든 활동은 국제기구 — 핵개발위원회(ADA, Atomic Development Authority) — 가 감독함으로써 "위험한" 요소를 철저히 차단할 수 있게 된다.

그러나 트루먼과 번스가 75세 고령의 버나드 바루크를 원자력위원회의 미국 사절로 임명한 이후 문제는 새로운 양상을 띤다. 바루크가 새로운 구상을 제안해 트루먼의 승인까지 얻어 낸 것이다. 바루크의 제안은 애치슨-릴리엔솔 보고서와 비슷해 보였지만 내용은 사뭇 달랐다. 즉, 핵 사찰 결과 협의에 어긋나는 점이 발견될 경우 어떤 거부권도 인정하지 않고 즉각 처벌한다는 내용이 포함된 것이다.

아인슈타인은 바루크 제안을 지지했다. 또한 I. F. 스톤의 글 〈그림의 원자 파이Atomic Pie in the Sky〉에 동의함으로써 자신의 입장을 분명히 했다. 스톤은 애치슨-릴리엔솔이 핵 소유를 "정당화하는 구조주의적 성격"을 지녔다고 비판했다.[93] 여기에 아인슈타인은 다음의 말을 더했다.

심지어 군인들까지 포함한 공직자들이 세계정부의 토대 위에서만 안보가 이루어질 수 있다는 사실을 공개적으로 인정한 것은 감사한 일이다. 그러나 한시적 해결책들만 계속 만들어져서는 세계정부라는 우리의 목표 달성을 위한, 세계 각국의 진지한 대외 정책을 기대하기는 힘들다. (Nathan and Norden 1968, 375)

아인슈타인과 보어의 관점 차이도 흥미롭다. 1946년 봄, 아서 콤프턴과 나눈 대화에서 보어는 "진심을 담아서" 다음과 같이 말한다.

지금 세계가 가장 필요로 하는 것은 미국의 결정력 있는 도덕적 리더십입니다. 수세대를 거쳐 세계 각국은 미국이야말로 희망과 자유, 선한 의지의 땅이라고 믿어 왔습니다. 그 믿음은 아직 꺾이지 않았습니다. 그러나 흔들리고 있지요.

당신의 나라는 모두가 놀랄 만한 힘으로 전쟁에서 승리했지만 너무나 잔인해서 사람들은 어안이 벙벙해졌습니다. 당신 나라의 비행편대는 꼭 그럴 필요가 없는 도시까지도 폭격했습니다. 우리는 공포 가운데서 핵폭탄의 사용을 지켜보았지요. 그런 행동의 이유를 알고는 있지만 여전히 그 진심이 궁금합니다. 정말 미국이라는 거인의 속내가 무엇인지요? 좋은 의도인가요 아니면 나쁜 의도인가요? 아니면 어떤 이들이 지적하는 것처럼 단지 자기중심에서 나오는 행동인가요?

이제 미국은 도덕적이면서도 결단력 있는 행동으로 이러한 질문들에 대답할 수 있어야만 합니다. 새로운 희망이 필요합니다. 세계 각국의 국민은 미국의 리더십과 함께 다시 한번 자신들이 꿈꾸는 삶을 꾸릴 용기를 얻을 것입니다.[94]

오펜하이머와 마찬가지로 보어 또한 바루크의 계획을 중대한 후퇴로 간주했다. 원자력을 통제하려면 어떻게든 소련의 참여를 이끌어 내야 한다는 것이 보어의 관점이었고, 또 그렇게 행동했다. 물론 미국과 소련의 관계라는 정치적인 한계에 대해서는 그도 인정하고 있었다. 아인슈타인은 세계정부만이 평화를 위한 유일한 길이라고 믿었고, 핵 문제에도 마찬가지라고 보았다. 냉전이 깊어지면서 세계정부의 구체적인 형태에 대한 생각만 변화를 거듭할 뿐이었다.

핵을 통제할 세계정부 주장

전후 세계정부의 수립과 군비 축소에 관한 아인슈타인의 구상에 대해서는 1945년 11월호 《애틀랜틱 먼슬리》에서 자세히 볼 수 있다. 기사는 ABCAmerican Broadcasting Company의 시사평론가이자 효율적인 세계정부 주창자였던 레이몬드 그람 스윙Raymond Gram Swing이 아인슈타인을 인터뷰한 내용을 바탕으로 쓴 것이다. 아인슈타인은 1945년 8월 스윙의 주장을 지지하는 편지를 쓴 일이 있고, 이후 스윙은 원자력에 대한 아인슈타인의 견해를 듣고자 프린스턴을 방문했다. 기사에서 아인슈타인은 핵무기가 새로운 문제를 만든 것은 아니라면서, 핵무기가 어차피 풀어야 할 '전쟁'이라는 문제와 만나면서 더 급히, 또 필연적으로 해결해야 할 문제로 변한 것뿐이라고 밝혔다. 그는 핵폭탄에 관한 비밀은 UN이 아닌 세계정부에 귀속되어야 한다고 믿었다.

미국은 당장 세계정부를 출범시킬 준비가 되었다고 공포해야만 합니다. 세계정부는 군사력이 강력한 미국, 소련, 영국 이 세 국가에 의해 설립되어야 합니다. 이 국가들은 모든 군사력을 세계정부에 귀속시켜야만 합니다.

아인슈타인에 의하면 세계정부의 헌법 초안은 미국, 영국, 소련 각국에서 선출된 대표자 한 명이 모여 공동으로 만들어야 하지만, 소련만 핵폭탄을 가지고 있지 않기 때문에 최초의 초안은 소련이 만들어야 한다. "국가의 구조가 서로 다른데도 협력을 이루어 낼 방법을 찾는 것"은 이 세 명의 대표에게 달린 일이다. 그러나 아인슈타인은 각 국가의 구조가 굳이 바뀌어야 한다고 생각하지는 않았다. 세계정부는 모든 군사적 문제에 개입할 수 있는 사법권을 쥐고, 전쟁으로 치달을 수도 있는 국가 간 마찰을 중재할 권한을 갖는다.

한편 아인슈타인은 세계정부라는 궁극적인 목표를 향해 점진적인 변화를 추구하는 것이 타당하다고 믿는 사람들이 있다는 사실을 지적했다. 그러나 이 경우, 미국의 의도를 정확하고 충분히 알지 못하는 국가들이 있는 상태에서 미국은 핵무기를 계속 보유하는 상황이 발생한다. 이는 결국 공포와 의심, 불신을 심어 주고 경쟁국 간에 위기감을 조성해 전쟁의 가능성을 높인다. 아인슈타인은 더 나아가 다음과 같이 주장했다.

대단원의 핵 과학시대는 대기업 방식으로 관리할 수 있는 수준을 넘어선다. 새로운 발견의 적용은 계획할 수 있을지 모르지만, 발견 그 자체는 계획이 불가능하다. 그러나 우리는 특정한 종류의 기관을 만들어서 과학자들이 자유롭게 작업할 수 있는 환경을 만들어 줄 수는 있다.

나는 미국의 거대 민간 기업들이 시대의 요구를 수용할 능력을 갖추었다고는 믿지 않는다. 이상하게도 이 나라의 민간 기업들은 명확한 책임도 없이 엄청난 권한을 가지고 있다. 나는 원자력에 대한 정부의 통제권이 유지되어야만 한다고 확신한다. 이는 사회주의적인 관점이 바람직하기 때문이라기보다 원자력이 정부 주도로 이루어졌기 때문이다. 어떤 개인이나 민간단체를 막론하고 원자력 소유권이 이전되는 상황은 상상할 수 없는 일이다. 사회주의의 경우 세계정부에 의해 군사적 힘이 통제되지 않는 이상 권력 집중도가 높아 자본주의보다 전쟁 가능성도 더욱 높다.

결론 부분에서 아인슈타인은, 세계정부의 필요성을 지적이고 분명하고 간결하게 소개하고 있다며 리브스의《평화의 해부학》을 추천했다.

《뉴욕타임스》편집장에게 보낸 편지에서는 국제기구와 뜻을 같이하는 고등사법기관의 필요성을 역설했던 트루먼의 글을 지지한 데 반해,《애틀랜틱 먼슬리》에서는 이런 사법기관에 대해 언급하지 않은 점이 흥미롭다. 그러나 핵폭탄으로 인해 세계가 맞닥뜨린 생존의 위협에 대한 책자《오직 하나의 세계》에서는 고등사법기관이 필요하다는 아이슈타인의 생각이 소개되고 있다. 이 책에는 합 아놀드Hap Arnold(장군), 한스 베테Hanss Bethe, 보어, 아서 콤프턴, 에드워드 컨던 Edward Condon, 어빙 랭뮤어Irving Langmuir, 월터 리프먼Walter Lippmann, 필립 모리슨Phillip Morrison, 루이스 리데노어Louis Ridenour, 프레드릭 세이츠 Frederic Seitz, 할로 섀플리Harlow Shapley, 지라드, 위그너, 헤럴드 유리 등의 글도 실려 있다. 이 책은 1946년 3월 17일,《뉴욕타임스》와《헤럴드 트리뷴》책 소개 1면에 소개되었다. 《타임》의 리뷰에서는 뉴욕 3번가와 20번가가 만나는 지점의 상공 800미터에서 핵폭탄이 터지면서 맨해튼의 마천루와 허드슨 강의 배들이 휩쓸려 사라지는 험악한 상황이 소개되었다. 필립 모리슨의 글은 히로시마와 나가사키 원폭 이후 황폐해진 현장의 모습을 전하기도 했다. 모리슨에 의하면, 폭탄이 터지던 순간 약 30만 명이 즉사했고 비슷한 숫자의 사람들이 심각한 부상을 입었다고 한다. 모든 참여자가 한결같이 핵 공격은 방어 자체가 불가능하다는 사실에 동의했고, 베테·세이츠·유리의 경우 "어떤 국가라도 마음만 먹으면" 5년 이내에 핵무기를 생산할 수 있을 뿐만 아니라 미국을 앞서갈 수도 있다고 말했다. 합 아놀드, 오펜하이머 등과 같은 이들은 핵무기 개발에 사실상 큰돈이 들지 않는다는 사실을 지적했다.[95] 아놀드 장군을 포함한 모든 참여자는 또 다른 전쟁이 있어서는 안 된다는 도덕적 견해에서도 같은 입장을 표명했다. 그러나 어떻게 전쟁을 피할 것인지가 문제였다. 지라드는 미국과 소련을 포함한 모든 국가가 동의할 경우 UN 직원이 할 효과적인 핵 사찰 시스템의 윤곽을 소개했다.

아인슈타인은 다시 "군사력의 비국가화"와 초국적 정부의 수립을 역설했다. 아인슈타인에게 있어 현재의 위험한 상황을 타개할 유일한 방법은 다음과 같았다.

> 초국적 기관은 각 국가 간의 갈등이 국제법과 국제사법기관의 중재에 의해 해결된다는 것을 전제로 설립되어야만 한다. 또한 그 어떤 국가라도 단독적인 군사 활동을 통해 전쟁을 일으키지 못하도록 통제해야 한다. (Nathan and Norden 1968, 362)

그러나 국가를 초월하는 군사적 안보가 확립되지 않는다면 전쟁은 불가피하기 때문에,[96] 이와 같은 기관은 천천히 단계를 밟아 가는 방법으로는 이루어질 수 없다고 아인슈타인은 주장했다.

> 권력에 대한 인류의 허영심보다 무서운 것은 바로 갑작스런 공격에 대한 공포일 것이다. 이를 극복하려면 우리 모두 자국의 군사력을 포기하고 초국적 권위를 수용해야만 한다. (Nathan and Norden 1968, 362)

이미 언급한 것처럼 아인슈타인은 세 초강대국이 초국적 정부라는 울타리 속으로 다 함께 뛰어들어야만 한다고 확신했다. 그렇게 된다면 이후 다른 "모든 국가도 점차 자발적으로 초국적 정부에 참여"하게 된다는 것이다. 그러나 냉전이 깊어지면서 구체적인 정부의 상은 변화를 겪는다.

1947년 6월 9일, 윌리엄 고든[97]과의 인터뷰에서 아인슈타인은 자신이 믿는 바에 대해 다음과 같이 말했다.

1. 지금 세계는 핵전쟁을 향해 가고 있습니다. 미국의 독점적인 지위는 오래가지 못할 것입니다. 소련도 곧 핵무기를 개발할 것입니다. 양자가 핵폭탄을 보유하면 갑작스런 선제공격의 강도는 이전과는 비교할 수 없을 만큼 커질 것입니다. 전쟁이 일단 터지면 "정책에 의해서건 긴장과 두려움에 의해서건" 일부 혹은 양자는 핵무기를 분명히 사용할 것입니다. 핵전쟁의 결과는 모두 상상하는 것만큼 황폐해질 것입니다.

2. UN은 그와 같은 상황을 제대로 통제하지 못할 것입니다.

3. 몇 년 내에 벌어질 수 있는 핵전쟁을 피할 수 있는 유일한 방법은 초국적 세계정부가 효과적으로 군사권을 통제하는 것밖에 없습니다. 모든 국가가 초대받아야 합니다. 만약 소련이 참여하지 않더라도 이것은 진행되어야 합니다. 세계정부의 힘이 충분히 강하다면 소련도 결국에는 참여하게 될 것입니다. 세계정부에 참여하지 않은 국가라도 자문회의에 옵서버를 보낼 수 있게 하면 세계정부가 자신들과 적대관계에 있지 않다는 것을 알 수 있을 것입니다.

4. 세계정부에 파견되는 대사들은 정부가 아닌, 각 국가의 국민에 의해 직접 선출되어야 합니다.

아인슈타인이 직접 주장하지는 않았지만, 대사 선출은 각 국가의 인구에 비례하기보다는 각 국가의 전문가(혹은 대학 졸업자나 특정 수준 이상의 지적 능력이 있는 자) 수에 비례해 선출하는 것이 적절하다고 아인슈타인이 주장했다고 고든은 덧붙였다. 아인슈타인의 엘리트주의와 민주주의에 대한 관점은 다시 살펴볼 것이다.

고든은 다음과 같이 글을 이어 갔다.

아인슈타인은 자신의 해결책에 대한 구체적인 설명도 없이 마치 아이와 같은 태도로 사뭇 진지하게 자신의 희망을 쏟아 놓았다. 자신도 세계정부가 이루어질 가능성이 매우 희박하다는 사실을 잘 알고 있었지만, 아무리 그 가능성이 낮다고 할지라도 모든 것을 잃지 않기 위해서는 최선을 다해 이를 이루고자 노력해야 한다고 말했다.

지난 전쟁을 겪은 후 군사주의에 사로잡힌 미국을 보는 것이 그는 고

통스러웠다. 아인슈타인의 눈에 비친 미국은 나치 독일까지는 아닐지라도 카이저의 독일과 같은 모습으로 변하고 있었다. 아인슈타인은 미국인들이 팍스 아메리카나를 통해서만, 그리고 미국이 이끄는 국제질서를 통해서만 전쟁을 피할 수 있다고 믿는다고 말했다. 그러나 아인슈타인은 역사적 사건들에 비추어 볼 때 이런 (미국인들의) 생각이 틀렸다고 강조했다. 미국이라는 전체국가는 언젠가 폭군이 되거나 나약해질 것이며 어떤 경우든 국제질서는 부서지고 말 것이다.

독일인들도 비스마르크에서 비롯된 군사적 정신에 의해 결국 황폐해지고 말았다.[98]

아인슈타인은 1947년 여름, 〈군사정신The Military Mentality〉이라는 글에서 자신의 생각을 공론화했다. 그는 냉전의 골이 깊어지면서 아울러 깊어지는 미국의 "성향"을 비난했다.

두 번의 세계대전을 거치면서 미국은 군사력을 확보하기 위해 온 힘을 다했고, 군국주의적 관점과 함께 전쟁에서의 승리를 그 어느 때보다 강조하고 있다. 버트런드 러셀이 날카롭게 지적하고 있는 것처럼 사람들은 다른 무엇보다 "벌거벗은 권력naked power"에 의존하고 있다. 이처럼 인간이 군사력에 의존하면 정신적인 부분이 더는 중요하지 않거나 부차적인 요소로 추락해 버리고, 개인의 존재 가치도 비인간적인 요소(핵폭탄, 온갖 종류의 무기, 자원 등)를 위한 도구로 전략한다. 인간은 이제 "인적자원"에 불과하다. 인간이 가질 수 있는 원대한 꿈도 이런 시각 앞에서는 사그라지고 만다. 반면 군사적 힘 즉, "벌거벗은 권력"은 인류의 목표가 되는 기이한 현상이 벌어진다.

오늘날 군사정신이 더욱 무서운 이유는 방어무기보다 공격무기가 너무나 강력해졌기 때문이다. 따라서 예방전preventive war이 더욱 강조되고 있으며, 시민의 복지와 안녕보다는 불안 요소만 연이어 가중되고 있다. 정치적 마녀사냥과 모든 분야(교육, 연구, 언론)에 대한 통제가 심화된다. 따라서 군사정신의 폐해를 막아 줄 저항의 목소리는 묻혀 버리고 말았다. 지금까지 일어나고 있는 모든 가치의 변화는 점차 비관적인 결론으로만 치닫고 있다.

나는 초국적인 안보 체계를 목표로 한 장기적이고 정직하며 용기 있는 정책 이외에는 현재의 상태에서 벗어날 방법이 없다고 생각한다. 인간이 발견되고 도덕은 살아날 수 있는 환경을 함께 희망해 보자. (Nathan and Norden 1968, 422-445; Einstein 1954, 32-134)

이후 또 다른 자리에서 아인슈타인은 다음과 같이 말했다.

저도 세계정부가 좋은 면과 나쁜 면을 보이게 되리라는 사실을 잘 알고 있습니다. 그런데도 이 길만이 전쟁을 막을 수 있다고 생각합니다. 모든 것을 파괴하는 전쟁을 막는 것이 우리의 가장 첫 번째 목표인 이상 아무리 부족한 면이 많은 세계정부더라도 옳은 결정을 해내리라 저는 믿습니다.

또한 이렇게 말했다.

평화와 안정이야말로 사회주의냐 자본주의냐를 가르는 것보다 훨씬 중요한 문제입니다. 사람은 일단 생명을 보존할 수 있어야 합니다.

그래야 그 다음으로 어떤 인생을 살 것인지를 결정할 수 있지요.[99]

'웬델 윌키 하나의 세계상One World Award' 수상 연설에서 아인슈타인은 자신의 시각을 다음과 같이 간결하면서도 날카롭게 전했다.

> 한 국가가 정치적인 주도권을 잡을 때마다 물리적인 힘은 이를 도구로 활용하려던 이들이 기대했던 것보다 훨씬 강력하게 성장할 것이다. 그 국가의 군국화는 곧장 전쟁이라는 위험을 불러온다. 또한 느리지만 천천히 민주주의 정신과 그 땅에 사는 개인의 존엄성을 무너뜨릴 것이다.[100]

1949년 말엽 Joe 1[101]의 폭발이 있은 후, 아인슈타인은 다시 한번 자신의 생각을 집약적으로 표현했다.

> 군비 축소 없이 평화는 없다. 신뢰 없이 군비 축소는 없다. 상호 효과적인 경제 교류 없이 신뢰는 없다.[102] (Nathan and Norden 1968, 517; 1949년 10월 31일)

또 다른 재앙 수소폭탄

Joe 1 폭발 이후 미국 정부 내에서는 소련의 잠재적인 위협에 어떻게 대응해야 할 것인지를 두고 중요한 논의가 이어졌다. 수소융합 기술을 활용한 무기의 가능성은 1942년 초반부터 제기되어 왔으나 효과적이고 계획적으로 무기로 활용하는 단계에는 이르지 못했다.

1949년 10월 오펜하이머가 의장으로 있던 미국원자력위원회AEC 고문단은 정부가 수소폭탄 제작 프로그램을 진행하지 말 것을 한 목소리로 제안하고 있었다. 수소폭탄은 히로시마와 나가사키에 떨어진 폭탄보다 천 배나 강력했다.[103] 그런데도 헨리 트루먼 대통령은 수소폭탄을 만들라고 원자력위원회에 명령했다.[104] 수많은 대중은 물론 과학계도 순간 술렁였다. 일부 과학자들은 수소폭탄 제작을 자살 행위로 여기며 제작을 거부했다. 한스 베테와 같은 이들은 거부는 물론 글과 강연을 통해 그런 무기가 가져올 위험에 대해 강경한 어조로 경고했다.

트루먼의 결정이 있기 얼마 전, 아인슈타인은 청원서 한 장을 받는다. 한때 아인슈타인이 도왔던 반전 기독교인 조직인 '화해 친우회 Fellowship of Reconciliation'의 사무총장 에이브러햄 J. 뮤스트[105]가 보낸 것으로, 1950년 1월에 쓰인 이 청원서의 내용은 다음과 같다.

> 선생과 다른 과학자들 — 특히 당신 — 이 그 결정을 옳다고 여기지 않는다면, 당신의 평판이나 목숨이 걸린 문제는 아니라 할지라도 온 힘을 다해 맞서야만 합니다. 적어도 최선을 다해 소련과 협상해야 하며, 만약 그 결과가 불만족스럽더라도 최소한 수소폭탄을 포함한 대량 살상 무기를 미국이 개발하게 해서는 결단코 안 됩니다. 이를 위해 동료 과학자, 기술자들에게도 도움을 요청하십시오.

뮤스트는 다음의 말도 덧붙였다.

> 지금과 같은 상황에서 소련과 협상을 한다든지 국제 감독기관을 창

설한다든지 하는 주장은 빈말에 불과합니다. 지금 정치인들과 군의 리더들을 움직일 수 있는 유일한 방법은 선생을 포함한 과학자, 기술자들이 공식적인 자리를 통해 대량 살상 무기 개발에 참여하지 않겠다는 뜻을 분명히 밝히는 것이며, 필요하다면 자신의 직책도 포기할 필요가 있습니다.

뮤스트는 다음의 글로 편지를 끝맺는다.

저는 결코 선생께 무언가를 해 달라고 매달려 본 적이 없습니다. 그러나 어떤 사람의 영혼이 절박하게 누군가를 향해 부르짖어야만 하는 순간이 있다면, 바로 지금이 그때입니다![106]

아인슈타인은 며칠 후 뮤스트에게 편지를 보내 그의 진실함과 의도를 잘 이해했다고 말한 후, 그러나 그의 요구가 잘못된 전제를 두고 있다고 말한다. 일단, 아인슈타인 본인은 루스벨트에게 편지 한 통을 보낸 것 외에 결코 군사, 기술적 차원의 일에 개입한 적이 없음을 지적했다.

(루스벨트에게 보낸) 편지는 (핵)폭탄을 만들 수 있는 가능성에 관한 것이었으며, 루스벨트 대통령도 독일이 관련 프로젝트를 진행하고 있다는 사실을 확실히 알아 핵폭탄을 만드는 것이 (자신의) 의무라고 믿고 있었습니다. 따라서 제가 만약 무기 개발과 관련한 일을 거부하고자 선언한다면 이는 꽤 웃긴 모양새가 되고 말 것입니다.

아인슈타인은 또한 수소폭탄을 만들고 말고가 문제의 핵심이 아니라고 믿었다. 미국과 소련의 실권자들은 "냉전"을 피할 의도가 없었다. "보어 측"의 경우 오히려 "냉전을 자신들의 국내 정치 기반을 마련하기 위한 발판으로 여길 뿐 그 결과에 대해서는 관심도 없습니다." 루스벨트 사망 직후부터 미국의 권력자들은 국민을 속이고 겁먹이며 "열광"시키는 작업을 계속해 왔다. 소위 중립국들조차 초국적인 관점에서 서로 협력해 문제를 해결하려는 의지가 없는 상태에서 "저는 소수의 의식 있는 이들만으로 어떻게 이 재앙에 가까운 상황을 헤쳐 나가야 할지 전혀 모르겠습니다." "그러나 개인의 힘없는 목소리보다 군중의 외침은 항상 강력한 힘을 발휘해 왔습니다."[107]

뮤스트는 1월 26일에 보낸 편지에서 다시 아인슈타인의 행동을 촉구한다. 그는 아인슈타인이 원자폭탄의 개발에 어떤 의미로든 참여하지 않았고, 수소폭탄의 개발도 요구받지 않았다는 사실을 잘 이해하고 있다고 말했다. 자신이 그렇게 편지를 썼던 이유는 아인슈타인이 "과학적 양심과 과학의 발전을 위해 충성을 다하는 사람"이므로, "잘못된 양심으로 인해 공적 판단력이 흐려지는 바람에" 그와 같은 무기가 만들어지는 상황을 묵과하지 않으리라 믿었기 때문이라고 했다.

또한 뮤스트는 1939년 아인슈타인이 루스벨트 대통령에게 원자폭탄의 가능성에 대해 조언했던 것처럼, "지금과 같은 상황에서 슈퍼원자폭탄을 만드는 것은 지혜롭지 못할 뿐 아니라 죄악"이라는 사실을 최고 정치인과 군사 지도자들에게 알리고 설득하길 바랐다. 그것이 아인슈타인의 책임이자 특권이라는 것이다. 이 말도 덧붙였다.

지금 당장 정치적 변화가 있든 없든 간에, 자신뿐 아니라 미래 세대를 위해서도, 무엇이 옳고 진리인지를 증언하는 것은 하나님 앞에

선 개인으로서의 의무입니다. 비록 혼자인 것 같고 광야에서 외치는 것처럼 느껴질지라도 말입니다.

이 편지에 대해 아인슈타인은 답장을 하지 않았다. 뮤스트는 성직 자들과 함께 몇 차례 더 아인슈타인에게 전보를 쳐 간청했다. 그들은 아인슈타인이 자신의 지대한 영향력으로 대중의 마음을 움직여 수소 폭탄 개발을 지연시킬 것을 요구했다. "국민 토론이 필요합니다. 미 국이 민주국가가 맞다면 적어도 국민은 자신의 생사가 걸린 문제에 대해 깊이 생각해 볼 권리를 가지고 있습니다."[108] 아인슈타인은 답신 을 보냈다.

전보는 잘 받았습니다. 그러나 여러분의 제안이 제게는 그리 효과적 으로 보이지 않습니다. 경쟁적인 군비 확장이 진행되는 한 일방적으 로 한쪽에서만 이를 멈출 수 있는 방법은 없습니다. 유일한 가능성 은 정직한 대화를 통해 소련과 합리적인 합의를 이끌어 내는 것입니 다. 그러나 소련과의 합의를 넘어서는 초국적 안보가 전제되어야만 합니다.[109]

결국 아인슈타인은 자신의 생각이 공식적으로 공개되는 것을 꺼 려서라기보다 뮤스트의 방법이 효과적이지 않다고 여겨 청원서에 서 명하지 않았던 것이다. 이 일로 볼 때 아인슈타인은 자신의 신념과 일 치하지 않는 경우 공적 의사 표명에 쉽게 참여하지 않는다는 사실을 알 수 있다.

트루먼 대통령의 지시가 떨어진 지 얼마 되지 않은 1950년 2월 13

일 엘리너 루스벨트의 라디오 프로그램에 출연한 아인슈타인은 자신의 입장을 분명히 밝혔다. 이 프로그램에는 오펜하이머와 릴리엔솔도 출연했는데, 둘 다 공무원 신분이었다.

현재의 군사적 기술 수준을 감안한다면 국가적 차원에서 군비를 강화해 안보를 획득하리라는 믿음은 재앙과도 같은 환상에 불과합니다. 미국에서 이 환상이 더욱 강고해지는 까닭은 이 나라에서 처음으로 원자폭탄을 성공적으로 만들었기 때문입니다. 바로 그 점 때문에 사람들은 이 나라가 앞으로도 계속 군사적 우위를 지킬 것이며, 전 세계 잠재적 적들의 의지를 꺾고 안보를 유지하리라는 희망을 품고 있습니다. 결국 우리가 믿는 바는 (…) 어떤 대가를 치르더라도 우월한 군사력으로 평화를 지키리라는 것입니다.
이렇게 기술적이며 동시에 심리적인 정책은 피할 수 없는 결론을 안고 있습니다. 대외 정책과 관련된 모든 행동에는 단 하나의 고려만 있을 뿐입니다. 전쟁이 날 경우 우리는 어떻게 압도적인 군사력으로 적을 이길 수 있을까? 하는 것이죠. 가능한 한 많은 해외 각 지역에 우리의 군사 주둔지를 확보하여 군사는 물론 경제적으로도 동맹을 늘리는 전략이 바로 그 대답이었습니다. 미국만 보면 엄청난 권력이 군사력에 집중되었고, 젊은이들도 군사화되었습니다. 시민들의 충성심, 특히 공무원들은 날마다 점점 더 강력해지는 경찰력의 삼엄한 통제를 받고 있습니다. 정치적으로 생각이 다른 국민은 억압당합니다. 라디오, 신문, 학교를 통해 국민은 세뇌당합니다. 군사 기밀이라는 명목으로 공적인 정보들은 자취를 감춥니다.
(…) 이제 국민은 수소폭탄을 만드는 것이 새로운 목표라는 지침을

받았습니다. (…) 만약 그 노력이 성공적이라면 (…) 지구상에 존재하는 모든 생명체는 전멸하게 될 것입니다. 수소폭탄은 분명 이처럼 냉혹한 측면을 안고 있습니다. 지금 우리는 분명 한 번 지나온 적이 있는 절차를 반복하고 있습니다. 그 결과는, 인류의 전멸입니다.

아인슈타인은 막다른 골목을 벗어나 국가 간 평화로운 공존을 모색할 수 있는 길은 대량 살상 무기뿐만 아니라 모든 종류의 군비 강화를 거부하는 방법밖에 없노라며 자신의 변함없는 믿음을 다시 한번 공식적으로 밝혔다. 차후의 초국적 사법, 행정기관의 효과적인 설립을 위해서는 각 국가가 당면한 안보 문제가 강력히 제기되어야 한다는 점도 지적했다. 그러나 가장 근원적인 해결법은 '신뢰'임을 다시 강조한다.

인류가 평화롭게 공존할 수 있는 최후의 요소는 본질적으로 서로 신뢰하는 것이며, 사법·경찰과 같은 제도적 장치들은 부차적인 문제에 불과합니다. 이는 국가는 물론 개인 간에도 적용되는 진리지요. 이러한 신뢰는 주고받는give-and-take 관계에 바탕을 두고 있습니다. (Nathan and Norden 1968, 521-522)

아인슈타인은 자신의 이름을 갖가지 청원서에 올리는 것만으로는 충분한 힘을 발휘하지 못하리라는 생각을 굽히지 않았다. 따라서 1950년 9월 뮤스트가 보낸 미국과 일본[110] 사이의 협정 제안서 내용에 완전히 동의하면서도 끝내 서명하지 않았다. 뮤스트의 노력이 아인슈타인의 참여를 이끌어 내기에는 그다지 희망적이지 못했던 것이다. 그는 뮤스트의 노력을 "오랫동안 알코올 의존증 환자를 치료하기 위해 설탕물 한 병을 보내는 것"에 비유했다.[111]

그러나 1954년 3월, 태평양에서 막 시작되려던 수소폭탄 폭발 실험을 저지하기 위해 아이젠하워 대통령에게 보내는 청원서에도 서명을 거부한 사건은 뮤스트를 더욱 당황하게 만들었을 것이다. 3월 1일, 비키니 섬에 떨어진 수소폭탄은 군인들뿐만 아니라 주위 섬 거주민들, 럭키드래곤호 선원들에게도 심각한 방사능 화상을 입혔고, 약 80마일 거리에서 조업 중이던 일본 어선을 방사능 먼지로 덮어 버렸다.[112] 아인슈타인은 동기는 동의하지만 동참할 수는 없는 이유를 이렇게 밝혔다.

> 단지 몇 명의 힘만으로는, 이미 특정 행동을 하기로 결정하고 이를 번복할 실제적인 힘도 없는 이들에게 아무런 영향을 끼칠 수 없습니다. 오직 강력한 힘을 가진 정치적 기관만이 사건의 방향을 바꿀 수 있습니다. 저는 개인의 주장을 만족시키기 위한 행동이 합리적이라고 전혀 생각하지 않습니다. 아무리 천사의 목소리를 가지고 설득력 있게 말한다고 할지라도 그것만으로는 아무런 변화를 이끌어 내지 못합니다.[113]

《포탄은 그만, 미국 국민의 합리성에 대한 도전STOP THE BOMB: An attempt to the Reason of the American People》이라는 소책자에 쓰인 아인슈타인의 등식을 보면, 그가 비키니 실험이 가져올 엄청난 파장에 대해 충분히 인지하고 있었다는 사실을 잘 알 수 있다.

A.E.C = 원자폭탄 박멸을 위한 모의(Atomic Extermination Conspiracy)[114]

뮤스트는 이 소책자를 아인슈타인에게 보냄으로써 아이젠하워에게 보내는 편지에 서명하게 하고자 했다. 이 책에는 방사능 먼지를 뒤집어쓴 럭키드래곤 승무원들과 그들이 잡은 물고기에 어떤 일이 벌어졌는지 묘사되어 있었다.

마셜제도의 주민은 물론 군인이나 일본 어부, 그 누구도 해가 될 만큼의 방사능에 노출된 적이 없다면서 실험을 옹호한 해군 제독 루이스 스트로스Lewis Strauss의 성명을 대한 아인슈타인은 이 유명한 말을 남겼다. "애국주의적 거짓말-변함없는 정치 불한당의 무기."[115]

신념을 실천한 평화주의자

아인슈타인은 특정 이슈에 충분히 동의해 집단적인 정치 활동에 참여할 때에도 신중한 태도를 잃지 않았다. 뮤스트 건 외에 비슷한 다른 요청도 거절했는데, 그 청원서들이 효과적이지 못하거나 실현 가능성이 낮다고 보았기 때문이다. 과학자들이 핵무기를 개발하지 않도록 하는 운동에 동참할 것을 요구했던 과학자 두 명에게도 아인슈타인은 부정적인 질문 둘("여러분이 생각하는 그 정도 그룹의 행동만으로 결정적인 영향을 미칠 수 있으리라고 생각하십니까?" "물리학자들과 기술자들이 지금 그 제안을 꼭 따를 이유가 있나요?")을 남기고 참여를 거부했다. (Nathan and Norden 1968, 455-456) 그러나 이런 그도 "평화를 위한 준비 단계로 여기지 않는다면, UN은 재앙에 가까운 환상"에 불과하며 전 세계를 하나의 법적 테두리로 묶을 수 있는 초국적 정부와 헌법이 필요하다는 내용의 경고문에는 기꺼이 서명했다. 아마도 이 경고문은 2차 대전 직후에 발표돼, 히로시마와 나가사키 사진들이 아직 사람들 뇌리에서 지워지지 않아 현실적인 역할을 하리라고 믿었기 때문일 것이다. 그러나 나는 함께 서명했던 이들 — 오웬 로버츠Owen Roberts 판사, 윌리엄 풀브라이트William Fulbright 상원의원, 앨버트 래스커Albert Lasker, 토마스 만Thomas mann, 마크 반 도렌Mark van Doren, 가르너 카우리스Garner Cowles, 모티머 애들러Mortimer J. Adler, 루이스 핀켈슈타인Louis Finkelstein — 이 저명한 사람이었던 점도 한 이유였다고 믿는다.

아이슈타인은 함께 서명하는 이들이 뛰어난 과학자들일 경우 기꺼이 서명하고자 한 것은 물론, 과학자들과 함께라면 공동의 행동을 하는 데도 더 적극적이었다. 그런 환경에서는 언제든 지라드 혹은 다른 과학자들과 자유롭게 의견을 나눌 수 있기 때문이다. 따라서 지라드의 설득으로 1946년 5월 아인슈타인은 원자력과학자비상위원회 Emergency Committee of Atomic Scientists 의장직을 수락하게 된다. 이 위원회의 당면 과제는 "인류에 도움이 되는 원자력의 발전 방향"을 찾는 것으로, 원자력에 관한 일반적인 지식과 그 활용 범위에 관한 정보의 보급이 목적이었다. 이를 통해 과학자연맹 회원들이 핵에 관해 통일된 견해를 가지고 있다는 사실을 일반에 널리 알리고자 했다. 그 견해는 다음과 같다.

1. 이제 원자폭탄은 큰 비용을 들이지 않고도 대량 생산이 가능하다. 따라서 더욱 파괴적인 무기가 될 것이다.
2. 원자폭탄에 대한 군사적 방어는 무의미하며, 그런 기대를 하는 이

도 없다.

3. 미국뿐만 아니라 다른 나라들도 원자폭탄을 만드는 기술을 스스로 찾아낼 수 있다.

4. 핵전쟁을 막기 위한 준비는 헛된 것이고, 핵전쟁을 막기 위한 시도는 미국의 사회제도를 무너뜨리는 결과를 초래할 것이다.

5. 일단 전쟁이 터지면 핵폭탄은 사용될 것이며 이로 인해 우리의 문명사회는 분명히 파괴될 것이다.

6. 국제적인 통제, 궁극적으로는 전쟁의 완전한 근절 이외에 이 문제를 해결할 수 있는 다른 방법은 없다.

초기 회원은 아인슈타인과 지라드를 포함하여 한스 베테, 토르핀 호그네스Thorfin Hogness, 헤럴드 유리, 빅토르 바이스코프Victor Weisskopf, 셀리그 헤츠Selig Hecht, 필립 모스Philip Morse 등이고, 이후 라이너스 폴링Linus Pauling도 동참했다. 회원들은 결국 미국의 정책이 국민의 폭넓은 지지를 바탕으로 민주주의적으로 결정될 수밖에 없다는 생각에 동의했기 때문에 자신들의 신념을 알리는 데 필요한 모금 활동에도 앞장섰다. 아인슈타인이 의장직을 수락함과 동시에 위원회는 기금 8만 5000달러를 확보했고, 모금 활동을 벌여 총 100만 달러를 확보하게 된다. 아인슈타인은 모금을 위해 자신의 이름을 얼마든지 활용하도록 하는 등 적극적으로 활동했다.

이후에 살펴보겠지만, 아인슈타인이 러셀과 함께 발표한 선언문은 두 사람의 생각을 잘 표현하고 있다. 고든과의 인터뷰에서 다시 소개되겠지만, 아인슈타인은 비록 드러내 놓고 주장하지는 않았지만, 초국적 정부의 각국 대표에는 일정 수준 이상의 "교육을 받은" 인물들이 포함되어 있어야 한다고 생각했다. 셰이들러는 이를 두고 아인슈타인이 "사람"을 바라보는 시각의 일부가 드러난다고 평가하기도 했다. (Scheideler 2003) 대중에 대한 아인슈타인의 이런 불신은 독일 엘리트주의적 관점이 드러난 것이기도 하지만, 그가 열광적으로 읽었던 쇼펜하우어의 영향도 복합적으로 작용한 탓일 것이다. 여기서 나는 아인슈타인의 입장을 엿볼 수 있는 두 글을 인용하려고 한다. 첫 번째는 1926년에 그가 로맹 롤랑Romain Rolland에게 쓴 편지다.

> 무례한 군중은 자신과 자신을 대표하는 정부를 둘러싸고 있는 어두운 열정에 휘둘리고 있습니다. (…) 그러나 이렇게 난폭한 감정에 사로잡히지 않고 이상적인 형제애를 품은 이들은 더욱 어려운 상황에 처하고 말았습니다. 만약 자신들이 실제로 생각하고 믿는 그대로 행동한다면, 그들은 마치 나병 환자들처럼 동료들에게 거절당하고 박해를 받을 것입니다. (…) 그러나 그들은 증오라는 전염병에 대항하고 전쟁을 종결시키는 도덕적 재건이, 특정한 국가만의 이익보다 비할 수 없을 만큼 중요하다는 사실을 인정하는 공동체를 만들어 낼 것입니다. (Nathan and Norden 1968, 79-82)

두 번째 글은 1934년에 암스테르담에서 발표한 〈사회와 개인 Society and Personality〉에서 인용했다.

> 우리가 소중하게 생각하는 모든 성취, 물질, 정신, 도덕 등은 셀 수 없을 만큼 많은 세대를 거치는 동안 창의적 개인들에 의해 이루어진 것들입니다. (…) 새로운 사회 가치를 만드는 것이 개인임은 두말할

나위도 없거니와 한 공동체가 발 딛고 서 있는 도덕적 토대마저도 결국 개인들의 창조물입니다. 사회라는 토양의 공급 없이 개인이 자랄 수 없듯, 생각하고 독립적으로 판단하는 개인들이 없다면 사회 또한 성장할 수 없습니다. (…) 건강한 사회란 끈끈한 사회적 응집력을 구성하는 독립적인 개인을 통해서 이루어지는 것입니다. (Einstein 1954, 13-14)

다른 이들과 함께 서명하는 것에 무척 민감했던 것과는 대조적으로 2차 대전이 끝난 후 "군사정신"에 시민의 자유가 침해되는 것에 대해서는 자신의 생각을 분명히 드러냈다. 이미 살펴본 것처럼, 아인슈타인과 오펜하이머는 "군사정신"이 미국에 만연하다는 데 동의했다. 그러나 정부 자문이었던 오펜하이머가 침묵을 지킨 반면, 아인슈타인은 시민의 자유를 보호하는 데 기탄이 없었다. 프레드 제롬Fred Jerome의 책 《아인슈타인 파일The Einstein File》(2002)에는 백악관과 의회의 위원회를 상대로 의연히 맞섰던 아인슈타인의 면모가 잘 기록되어 있다. 상원의원 조셉 매카시Joseph McCarthy, 윌리엄 제너William Jenner 등으로 구성된 상원 국가안보소위원회의 "조사"에 대해 그가 항의한 내용은 유명하다.

예를 들어 1953년 12월, 정부의 계약직 전기엔지니어였던 알 섀도위츠Al Shadowitz는 매카시의 소위원회로부터 소환장을 받은 후 아인슈타인과 장시간에 걸쳐 대응 전략을 논의하기도 했다. 섀도위츠는 IT&T 연구소에서 일하는 설계자, 기술자, 화학자 등으로 구성된 노동자연맹 조직을 도운 적이 있었다. 애초에 그는 자신이 받게 될 질문에 대한 대답을 회피하기 위해 수정헌법 제5조(형사사건에 관한 권리를 다룬 조항으로, "(…) 누구든지 법률이 정한 정당한 절차에 의하지 아니하고는 생명, 자유 또는 재산을 박탈당하지 아니한다"가 있다-옮긴이)를 주장하려 했으나, 아인슈타인과 대화를 나눈 후 수정헌법 제1조(종교, 언론 및 출판의 자유와 집회 및 청원의 권리를 규정한 조항-옮긴이)의 권리를 주장하는 것으로 생각을 바꿨다. 1953년 12월 16일, 《뉴욕타임스》는 섀도위츠의 사진과 기사를 1면에 실었다. 헤드라인은 "아인슈타인의 조언에 힘입은 증인, 자신이 적색분자라는 사실 부인." 몇 개월 전인 6월 12일에도 《뉴욕타임스》는 아인슈타인 기사로 1면을 장식했다. 상원 국가안보 소위원회 증인으로 출석할 것을 요구받았지만 이를 거절해 직장을 잃을 위기에 처한 고등학교 영어교사 윌리엄 프라우언글라스William Frauenglass에게 조언한 일 때문이었다. 프라우언글라스가 아인슈타인에게 도움을 요청하는 편지를 보냈고, 이를 수락한 아인슈타인이 편지를 써 《뉴욕타임스》에 보냈던 것이다. 편지에서 아인슈타인은 시민 불복종을 조언하고 있다.

> 이처럼 악한 사회에 대항하여 이성적인 소수가 무엇을 할 수 있습니까? 솔직히 말씀드리자면, 간디가 했던 것과 같은 혁명적인 비협력 외에는 다른 방법을 못 찾겠습니다. 위원회가 증언을 요구할 때, 이성적인 사람이라면 증언을 거부할 준비가 되어 있어야만 합니다. 즉, 감옥에 가거나 경제적 고난을 당하는 등 개인적인 것을 희생하면서라도 자신이 속한 나라의 문화 발전을 꾀할 수 있는 준비가 되어 있어야만 하는 것입니다.[116]

다음 날, 《뉴욕타임스》 사설은 "상원 위원회는 교사나 과학자들이 무슨 일을 하는지 물을 자격이 없다는 것인가"라며 아인슈타인을 책망했다. 그러면서 "그들이 사용하는 방법에는 분명 문제가 있습니다. (…) 아인슈타인 교수의 조언이 지지하는 시민 불복종은 불합리하고 불법적이며, 마치 악을 치기 위해 다른 악을 사용하자는 말과 같습니다"며 의원들에게 물을 권리가 있다고 주장했다. 물론 아인슈타인은 의회가 권력을 남용할 때 시민 불복종을 하자고 제안했던 것이지, 일정한 환경과 규칙에 따른 의원들의 조사권 자체에 의문을 표한 것은 아니었다. 더욱이 자신은 '감옥에 가거나 경제적 고난을 당하는 등 개인적인 것을 희생하면서라도' 조국의 문화 발전을 꾀할 준비가 되어 있었다.

아인슈타인-러셀 선언

비키니 섬에서 벌어졌던 수소폭탄 실험에 대한 국제사회의 반응은 쉽게 사그라지지 않았다. 1954년 말 러셀이 모든 핵 원료를 통제하기 위한 국제적 권위체의 필요성에 대해 주장하고 나섰다. 아인슈타인은 말년에 그와 함께 대기와 해양, 우주공간에서 핵실험 하는 것을 반대하는 전 지구적 캠페인에 동참했다. 이 운동은 1963년 핵실험금지조약을 통해 강력한 영향력을 행사하게 된다.

핵무기에 관한 러셀의 염려는 2차 대전 기간에 핵분열을 통한 폭탄이 만들어지고 있다는 사실을 알면서부터 시작되었다. 히로시마와 나가사키 원폭 투하 직후 그는 영국 상원에서 연설을 했다. 핵융합 기술을 응용한 폭탄이 만들어질 경우 핵분열 폭탄보다 훨씬 파괴적일 것이며, 시간이 지날수록 더 값싸게 만들 수 있으리라는 우려를 표명했다. 또한 머지않아 소련도 독자적으로 핵폭탄을 생산하게 되리라 확신하며 핵의 국제적인 통제가 필요하다고 주장했다.

러셀은 핵 사찰 결과 협의에 어긋나는 점이 발견될 경우 어떤 거부권도 인정하지 않고 즉각 처벌한다는 바루크의 계획을 지지했다. 사실 그는 미국만이 핵무기를 보유하고 있던 1948년 말 소련을 비롯한 다른 국가들이 추가로 핵을 보유하게 되는 상황을 무척 위험하게 보고, 필요하다면 전쟁이라는 위험을 감수하더라도 비핵화를 추진해야 한다고 생각했다.[117] 1차 대전 때만 하더라도 평화주의자였던 러셀은 시간이 지나면서 이런 입장을 가지게 되었고, 세계정부를 수립하기 위한 전쟁은 정당하다고까지 생각하게 된다. 또 다른 대안이 있다면, 소련이 핵무기를 보유할 때까지 마냥 기다렸다가 전쟁을 치르거나 일방적인 항복을 하는 것뿐이라고 생각했다. 러셀의 반공사상은 스탈린의 죽음 이후 온건한 방향으로 바뀐다. 그러나 미국의 핵 정책과 1954년 비키니 실험을 거치면서 그는 오히려 미국이야말로 세계 평화를 위협하고 있으며, 핵무기를 사용하는 전쟁을 일으킬 가능성을 소련보다 더 가지고 있다고 믿게 되었다.[118]

전쟁 이후 러셀은 핵무기의 위험성, 세계정부의 필요성, 적극적인 평화협상, 전쟁에 대항한 시민 불복종 운동 등에 대해 헌신적으로 글을 쓰고 강연했다. 아인슈타인처럼 그도 세계정부만이 핵전쟁으로 인한 파괴를 막는 유일한 방법이라고 믿었다. 그는 세계정부를 수립하는 데 가장 큰 걸림돌이 국가들이 세계정부를 구성하는 데 필요한 권력을 양도하기 꺼리는 것이라고 보았다. 주권을 가진 국가들이 군비를 확장하며 제 입장만 고수하는 한 전쟁은 피할 수 없는 것이다.

1954년 12월 23일, BBC 라디오와의 인터뷰에서 러셀은 〈인류를 위협하는 수소폭탄〉이라는 주제로 영국에게 유리한 내용의 주장을 펼쳤다. 그러나 그는 자신이 영국인이나 유럽인이 아니라, 인류의 구성원이라는 점을 강조하며 다음과 같이 말했다.

> 우리 앞에는 지속적인 행복과 지식, 지혜를 추구할 수 있는 진보의 길이 열려 있습니다. 하찮은 논쟁 때문에 이 모든 길을 버리고 사망의 길을 선택하시겠습니까? 저는 인간으로서 인간에게 말합니다. 여러분 각자의 인간성을 기억하시고 그 외의 다른 것들은 잊으십시오. 그렇게 한다면 새로운 낙원이 우리에게 열릴 것입니다. 그러나 반대의 경우, 인류의 종말만이 우리를 기다리고 있을 것입니다. (Russell 1969, 72)

이후 러셀은 많은 저명한 과학자가 서명하게 될 선언문의 초안을 작성한다. 1955년 2월 11일, 선언문을 발표하기 전에 그는 다음의 편지를 아인슈타인에게 보낸다.

> 누구나 그렇겠지만, 저 또한 핵무기를 앞세운 군비 경쟁을 바라보며 가슴이 답답합니다. 선생님은 다양한 사건에 대해 여러모로 생각과 견해를 표명해 왔고, 저도 많은 부분 공감하고 있었습니다. 저는 과학계의 저명인사가 나서서 뭔가 극적인 방법으로 대중과 정부에게 앞으로 닥칠 큰 재앙에 대해 경고해야 한다고 생각합니다. 선생님을 필두로 하여 최고의 과학적 명성을 지닌 여섯 분이 나서서 전쟁을 피해야만 할 필요성을 엄숙하게 선언한다면, 효과가 있으리라고 생

각지 않으십니까? 이들의 정치적 입장은 다양해야만 하며, 따라서 친공산주의자나 반공산주의자적 편견이 작용하지 않았다는 사실이 분명히 드러나야만 할 것입니다.

러셀이 무엇보다 중요하게 생각한 것은 다음과 같다.

1. 수소폭탄을 금지하는 협약은 무의미하다. 전쟁이 발발할 경우 수소폭탄을 막을 방법이 없다.
2. 원자력의 평화적인 활용은 막지 않아야 한다.
3. 선언문에서 다뤄질 내용은 엄격히 중립적이어야 한다. 양자 중 어느 하나의 이득을 위한 제안이나 편을 드는 것이 되어선 안 된다.
4. 새로운 전쟁은 지구상의 생명체를 멸종시킬 가능성이 높다.
5. 수소폭탄이 당장 우리의 염려인 것은 사실이지만, 과학이 만들 수 있는 파괴의 가능성은 아직도 남아 있다. 생화학전쟁 또한 무서운 위협이다. 전쟁과 과학은 이제 더는 공존할 수 없다.

아인슈타인은 곧 러셀에게 모든 말에 동의한다는 답장을 보낸다. "(모든 의미에서) 과학적인 업적이 있는 소수의 인물들이 서명한 공적 선언이 정치적인 효력을 잃지 않을 것이라는 말씀에 지지를 보내는 바입니다. (…) 중립적인 국가의 주장이 잘 반영되어야만 합니다. 보어를 포함시키는 것도 아주 중요합니다." 또 자신의 절친한 동료들에게 편지를 써 '철의 장막'을 넘어 함께 서명할 사람을 찾아보겠노라고 했다. (Nathan and Norden 1968, 625-626) 러셀은 동의했다. 아인슈타인은 보어에게 편지를 보내 러셀과 연락해 볼 것을 권했다. 그러나 보어

핵무기의 위험성을 경고한 러셀.(Public domain)

는 끝내 선언문에 서명하지 않았다. 1955년 4월 5일, 러셀이 아인슈타인에게 보낸 마지막 편지에는 선언문 초안이 담겨 있었다. 숨을 거두기 불과 며칠 전, 아인슈타인은 "당신의 훌륭한 선언문에 기꺼이 동참합니다"는 회신을 보냈다. (Nathan and Norden 1968, 631)

아인슈타인-러셀 선언문[119]은 1955년 7월 9일 런던에서 발표되었다. 1954년 12월에 BBC와 인터뷰한 내용이 골자다. 러셀과 아인슈타인 외에도 막스 보른(독일), 퍼시 브리지먼Percy W. Bridgman(미국), 레오폴드 인펠트(폴란드), 프레데릭 졸리오 퀴리Frédéric Joliot-Curie(프랑스), 허만 뮬러Hermann J. Muller(미국), 라이너스 폴링(미국), 세실 파웰Cecil F. Powell(영국), 조셉 로트블랫Joseph Rotblat(영국), 유카와 히데키湯川秀樹(일본) 총 9명의 과학자가 서명했다. 선언문은 서명자들이 결코 "자신의 국가나 대륙, 종교를 대표해서가 아니라 생존의 위험에 처한 인간으로서, 인류 구성원으로서 참여"하였다는 점을 강조했다. 선언문은 기본적으로 군비를 축소해 전쟁을 억제해야 하며, 그 첫걸음으로 핵무기를 버릴 것을 촉구했다. 과학자들에게는 기술적인 위협, 즉 핵무기가 얼마나 인류를 위협하고 있는지를 대중에게 알려야 할 사회적 책임이 있고, 인류는 다양한 차이점에도 공동으로 처한 문제를 해결하기 위해 함께 노력해야 한다고 강조했다. 그러나 선언문은 전쟁이 없어져야 한다면서도 핵 관련 기술 자체를 단념할 것을 요구하지는 않았다. 다음과 같은 호소로 결론을 맺을 뿐이다.

> 여기 우리가 소개한 이 문제는 단순히 끔찍하기만 하고 피할 수는 없는 것일까요? 우리는 인류를 멸망시킬까요 아니면 전쟁을 포기할 수 있을까요? 전쟁을 피하는 것은 너무나 어렵기 때문에 사람들은 대안을 찾지 못할 것입니다. (…) 우리는 인간 대 인간으로서 여러분께 호소합니다. 여러분의 인간성 이외의 모든 것을 잊으십시오. 만약 그렇게 할 수 있다면 우리 앞에 놓인 길이 새로운 낙원으로 여러분을 인도할 것입니다. 만약 그렇지 못하다면, 우리 앞에 놓인 길은 전 지구적인 종말로 치달을 것입니다. (Rotblat 1967, 78-79)

이 마지막 문장에서 읽을 수 있듯, 아인슈타인은 전쟁을 피하는 첫걸음으로 핵무기를 버릴 것을 요구하는 데 자신의 목소리를 빌려 주었다. 아인슈타인 생전의 생각이 집약되어 있다.

> 미래의 세계전쟁에서는 반드시 핵무기가 사용될 것이고 이로 인해 인류는 전멸할 것입니다. 그러므로 우리는 세계 각국의 정부가 이를 깨닫고 이러한 사실을 대중에게 알려, 더는 전쟁을 하지 않고 불화를 평화롭게 해결할 수 있는 방법을 서로 모색하게 되기를 바라는 바입니다.

아인슈타인은 그 평화적인 방법이 세계정부 수립이라고 보았다.

아인슈타인-러셀 선언의 결과는 퍼그워시 회의Pugwash Conference
로 이어졌다. (Rotblat 1967) 첫 회의[120]가 열렸던 1957년부터 2004년까
지, 이 회의는 국제적인 수준에서 가장 지속적으로 반핵전쟁 운동을
펼쳐 온 과학자 커뮤니티에 의해 이루어지고 있다. "전 세계에 걸쳐
가장 영향력 있는 학자들과 공적 인사들이 참여하여 군사 분쟁을 억
제하고 지구적 문제에 대한 상생의 협력점을 찾는" 퍼그워시 회의는
다양한 결실을 맺고 있다. 그들 활동의 중요성은 1995년 노벨평화상
수상으로 증명되었다.[121] 노벨 위원회의 평을 살펴보자.

> 퍼그워시 회의는 핵무기를 근절하고, 전쟁 이외의 방법으로 국제분
> 쟁을 해결하려는 비전을 실현하고자 설립되었습니다. (…) 본 위원회
> 는 1995년 노벨평화상을 로트블랫[122]에게 수여하며, 퍼그워시의 지
> 속적인 활동으로 핵무기를 없애는 데 세계의 리더들이 협력하기를
> 희망합니다.

세상을 설명할 단 하나의 원리

아인슈타인의 물리학 이론, 특히 중력과 전자기장, 기하학을 통일하
기 위한 그의 노력은 세계정부를 향한 그의 시각과 밀접한 관계가 있
다고 나는 생각한다. 그것을 이해하기 위해 우리는 "수학과 물리학
사이의 선재적 조화pre-established harmony"에 대한 그의 믿음을 상기해
야 한다. 그는 1933년 옥스퍼드 대학에서 허버트 스펜서Herbert Spencer
에 관해 강연할 때 "선재적 조화"를 명확하게 설명한 바 있다. 20세기

초부터 공공물리학을 주장했던 데이비드 힐버트David Hilbert를 넌지시 언급하면서 아인슈타인은 이렇게 말했다.

만약 공리를 위한 이론물리학이 경험으로부터 추출될 수 없다면, 우리가 과연 옳고 그름을 가릴 수 있을까요? 아니요. 옳고 그름은 모두 환상에 근거한 것이겠지요. 경험과 직접적으로 연결된 이론(예를 들어 공학)의 존재를 통해서, 우리가 문제의 뿌리를 굳이 건드리지 않고서도 경험의 지도를 받을 수 있다는 희망은 허망한 것일까요? 저는 조금의 주저도 없이 그렇지 않다고 대답하며, 우리에게 그와 같은 능력이 있다고 생각합니다. 지금까지도 우리는 최소한의 수학적 개념만을 활용하여 우리가 경험할 수 있는 자연을 깨달아 왔습니다. 저는 순수한 수학적 개념과 법칙들이 서로 연계되어 있다고 확신하며 이를 통해 자연현상을 이해할 수 있는 키를 발견할 수 있다고 믿습니다. 경험을 통해 우리는 적절한 수학적 개념들을 생각할 수 있지만, 귀납적으로 추론해 올라오는 것은 불가능합니다. 물론 경험이야말로 수학적 구성물의 물리적 단위를 평가하는 유일한 기준으로 남을 것입니다. 그러나 창조적인 원칙은 수학을 벗어날 수 없습니다. 그러므로 같은 맥락에서, 고대인들이 꿈꿨던 것처럼, 저는 순수한 사고가 현실을 붙잡을 수 있다는 사실을 믿고 있습니다. (Einstein 1954, 274)

펠릭스 클라인Felix Klein, 데이비드 힐버트, 헤르만 민코프스키 Hermann Minkowski — 19세기 초 약 20년간 괴팅겐의 수학계를 주름잡 았던 학자 — 등도 수학과 물리학 사이에 존재하는 조화에 대해 종종 언급해 왔다. 클라인 — 그의 라이프니츠[123] 연구는 일생에 걸쳐 계속되었다 — 은 괴팅겐에서 수학과 물리학 사이에 존재하는 선재적 조화에 대한 핵심적인 개념을 발전시킨 사람이었다. 수학의 일관성과 총체성은 라이프니츠의 모나드monad 개념의 일관성과 총체성을 반영한다. 모나드는 비록 독립적이며 소통이 없지만 우주의 영원성과 간섭, 시각 — 영원한 거울 이미지 — 을 주시하는 불가분의 단위체를 말한다. 라이프니츠에게 모나드와 모나드 사이에 존재하는 선재적 조화는 신으로부터 유래한 것으로 "증명"하는 것이지 강제적인 것은 아니었다. 이는 마치 4분의 2가 8분의 4와 같은 것, 음악에서 서로 다른 음정들이 화성을 이루는 것과 마찬가지 원리다.

힐버트와 민코프스키에게 선재적 조화란 클라인이 생각했던 것보다는 조금 더 구체적이었다. 레오 코리Leo Corry(1998, 2004)의 연구를 살펴보면, 레오 코리는 힐버트와 민코프스키가 수학을 활용해 물리학 이론을 만들 때 항상 우주적 원칙을 염두에 두었다고 확신하고 있다. 상대성이론이 그 예로, 운동함수와 로렌츠변환의 공변성이 요구된다. 공간과 시간의 변형이라는 공변성 또한 비슷한 원칙들 가운데 하나로, 어떤 물질이 "절대적"인 좌표를 특정 현상을 설명하는 상대적 변수로는 활용할 수 없다. 마찬가지로 실험의 시작을 알리는 "절대적" 시간 또한 상대적인 변수일 수 없으며, 오직 시간 간격만 서술될 수 있다. 만약 닫힌 시스템 내에서의 운동 방정식이 최소 활동의 법칙으로부터 얻어질 수 있고, 그 시스템이 스칼라(즉, 적절한 공변성을 가진 경우) 라그랑지안인 경우, 시간 불변성은 에너지 보존의 법칙을 수반하며 공간 불변성은 운동량 보존의 법칙을 이끌어 낸다.

힐버트와 민코프스키에게 — 로렌츠의 공변률과 같은 — "일반적

법칙"이란 현상을 재구성하는 특정 이론의 경험적 관찰치를 바탕으로 밝혀지지만, 일반적 법칙 그 자체는 변화하지 않은 채로 엄격하게 보존된다. 그들이 믿었던 수학과 물리학의 선재적 조화란 이처럼 변함없는 우주적 법칙이다. 푸앵카레Poincaré 같은 이들도 시각이 비슷했다. 푸앵카레는 "원칙의 물리학"에 심취한 사람으로 일반적 원칙과 부딪치지 않는 구체적 이론(모델) — 이후 아인슈타인은 이를 "구성적 이론"이라고 불렀다 — 수립에 골몰했다. 그는 "물리학 법칙은 관찰자의 시점이 어디든 관계없이 동일해야 한다"고 믿었다. (Darrigol 1995, 4)[124]

아인슈타인은 선재적 조화에 대한 자신의 신념을 1918년에 밝혔다. 그가 형이상학에 깊은 관심을 가진 것은 1915년, 힐버트의 이론을 자신의 상대성이론에 접목한 이후부터였다.[125] 아인슈타인에게 작용의 원리, 특수상대성이론의 로렌츠 공변률, 등가의 원리,[126] 상대성이론의 일반 공변성 등은 "선재적 조화"의 예들이었다.

이후 아인슈타인은 "원칙"의 법칙에 대해 더욱 공을 들였고, 자신이 원칙적 이론이라고 부른 것과 구성적 이론이라고 부른 것 사이의 차이를 명확히 구분했다.[127]

> 물리학에서 구성적 이론이란 더 복잡한 현상을 상대적으로 단순한 그림으로 표현해 보려는 시도다. (…) 원칙적 이론은 가설을 통해서는 구성할 수 없고 경험을 통해서만 발견할 수 있는 요소로서, 일반적인 자연현상의 과정이며 수학적 구성이 가능하도록 만드는 토대를 제공한다. (Einstein 1954, 228)

원칙적 이론의 예는 열역학 제1법칙과 제2법칙이다. 이 둘은 모두 경험적으로 충분히 입증되었다. 구성적 이론은 우리의 이해를 돕는다. 그러나 원칙적 이론에 대한 충분한 이해 없이 구성적 이론을 성급히 만들려고 할 경우 문제가 발생한다고 아인슈타인은 지적했다. 원칙적 이론으로부터의 추론 가능성과 한계에 대한 아인슈타인의 발견은 그의 위대한 업적 중 하나로 손꼽힌다.

세계정부와 사법기관을 포함한 국제기구에 대한 아인슈타인 입장은 그가 주창했던 "구성적" 이론과 "원칙적" 이론의 관계를 잘 반영하고 있다. 아인슈타인에게 세계정부를 만들고 국제사법기관을 세우는 것은 전쟁을 억제하기 위한 제안의 출발점이었다. 즉 전쟁 종결이라는 명백한 목적을 향해 구체적인 조직이나 메커니즘을 구상했던 것이다. 기존에는 이들 기관이 없었다는 것, 한편으로는 계속된 전쟁이 이들 기관의 필요성을 경험적으로 증명해 준다. 아인슈타인이 제안하는 기관들의 — 힘의 범위와 특권에 관한 — 성격을 통해 우리는 원칙적 이론과 유사성을 발견할 수 있다. 한편 구체적인 편재와 구성, 정부 형태, 상호관계 등은 구성적 이론과 유사하다. 또한 "궁극적인 윤리"를 향한 그의 태도는 원칙적 이론과 닿아 있다.

아인슈타인은 궁극적인 이론을 찾고자 노력했고, 흔들림 없이 초국가적인 정부의 필요성을 믿은 위대한 비전의 소유자였다. 경험할 수 있는 우주적 현상들을 이해할 수 있는 모양으로 정리하고자 했던 선지자이기도 했다. 선지자 이사야가 그랬던 것처럼, 아인슈타인도 "이 나라와 저 나라가 다시는 칼을 들고 서로 치지 아니하며, 다시는 전쟁을 연습하지 않는" 시대를 간절히 갈망했다. (《이사야서》 2:4)

주

1   Einstein, 1947년 1월 22일, EA 40-10. 원자 과학자들의 비상위원회 지지를 호소하는
    편지. 비상위원회에 대해서는 Smith 1965 참고.

2   Einstein's post-1926년. 베소Michele Besso와 주고받은 편지(Einstein 1972)와 피에르
    스페지알리Pierre Speziali와 토론한 내용 등을 종합해 볼 때. (Einstein and Besso 1972,
    1iii-1vi)

3   개인적인 자리에서는 더 직설적으로 표현했다. 1952년 7월 5일, 해리 립킨Harry
    Lipkin에게 보낸 편지에서 아인슈타인은 당시의 양자물리학을 "통일성 없는 생각의
    덩어리들로 지적인 편집증이 과도하게 뭉쳐진 신념의 시스템"(EA 15-154.00)이라고
    평하고 있다.

4   이외에도 아인슈타인은 양자물리학에서 두 양자 시스템이 거리에 관계없이 끊임없이
    서로 연계되는 "얽힘entanglement"에 관해서도 비판적인 입장을 유지했다.

5   1920년대를 통틀어 아인슈타인과 교류했던 앙리 바르뷔스Henri Barbusse와의 관계가
    그 예다. (EA 34-36) 바르뷔스는 아인슈타인을 다양한 좌익단체에 가입시키고 싶어
    했지만, 아인슈타인은 일부는 옹하고, 일부는 아주 직설적으로 거절하기도 했다.

6   민주주의와 지적 자유를 위한 링컨 위원회 의장은 인류학자 프란츠 보아스Franz Boas
    였다.

7   라투르Latour의 관점에서 볼 때 아인슈타인은 "모더니스트"다. 아인슈타인은 "자연은
    비록 인위적으로 조직하였다고 할지라도 인위적이지 않은 것처럼 보이며, 사회는 비록
    인위적으로 조직하지 않았더라도 인위적으로 보인다"고 믿었다. 더 중요한 사실은
    "자연과 사회는 완전히 분리되어야 한다"고 믿었다는 것이다. (Latour 1993, 32)

8   《상대성의 의미Meaning of Relativity》 제5개정판, 부록 II에서 아인슈타인은 "최근 장
    이론은 가능성과 확률에 의한 이론으로 대체되어야 한다는 견해가 만연해 있다. 그러나
    이는 본질상 비선형적인 현상을 선형적 방법론으로 해결하려는 시도로밖에 보이지
    않는다"고 밝혔다. (Einstein 1955, 165)

9   에든버러 대학이 제공한 저택이 자신의 경제적 필요에 비해 부족하다고 생각한 막스
    보른이 1953년 독일로 돌아가려고 할 때, 아인슈타인은 그에게 이런 편지를 쓴다.
    "당신을 받아 준 새 조국(영국)을 떠나 동족을 대량 학살했던 살인마들의 땅으로 당신을
    돌려보낸 책임을 누군가가 져야만 한다면 그건 검소함이 될 것입니다." 1953년 10월
    12일 아인슈타인이 보른에게 보낸 편지. (Einstein 2005, 195)

10 Smith and Weiner 1980, 315-325에서 전체 연설 내용을 살펴볼 수 있다.

11 1932년, 프로이트도 아인슈타인의 국제재판소 견해에 찬성하면서 다음과 같이 말했다. "전쟁을 종결할 수 있는 확실하면서 유일한 방법은 모든 이해 갈등을 최종적으로 통제할 수 있도록 하는 것이다. 그러자면 첫째 법적 효력이 있는 최고기관의 창설, 둘째 이를 수행할 공권력 확보가 필요하다. 둘째 조건이 충족되지 않으면 첫째는 무의미하다. 국제연맹의 경우 국제사법기관으로서 첫째 기능은 수행하지만, 둘째 기능은 수행하지 못한다. 그렇다면 국제연맹을 통한 희망은 이미 버림받은 희망이다." (EoP, 195-196)

12 주의 사항. 나단과 노든은 아인슈타인의 독일어 부분을 부드러운 영어로 번역하기 위해 노력했다. 그 과정에서 일부 원문의 의미가 퇴색된 면이 있다. 그들도 스스로 각주를 통해 "재해석"의 여지가 있음을 밝힌다.

13 예를 들어, http://www.dannen.com/szilard.html(2006년 6월 검색)

14 Klein 1986 참고.

15 Lanouette 1992, Telegdi 2000을 통해 지라드의 전기를 볼 수 있다.

16 http://www.online-literature.com/wellshg/worldsetfree/ 참고.

17 연쇄적인 핵융합 반응은 자연 상태에서 일어나는 것이든 통제에 의한 것이든 관계없이 기존의 화학반응에 의한 에너지 방출과는 비교되지 않을 정도로 엄청난 에너지를 만들어 낸다.

18 붕소가 전혀 첨가되지 않은 순수 흑연의 사용은 지라드의 아이디어였다. 이후 이것이 핵반응을 위해 무척 중요한 요소였음이 증명된다. 독일의 경우 1941년부터 핵반응을 일으키기 위해 혼신을 다했으나 순수한 흑연을 사용하지 않아 끝내 성공하지 못했다. 중성자를 너무 많이 잃어버렸기 때문이다. 독일은 결국 중수를 사용하는 방법을 채택했다. 그러나 연합군은 독일로 중수를 공급하던 노르웨이 수력발전소를 폭격해 공급을 차단했다. Rhodes 1988 참고.

19 한 개의 우라늄 핵은 양성자 92개와 141-146개의 중성자를 가지고 있다. U235(양성자 92개, 중성자 143개)와 U238(양성자 92개, 중성자 146개)이 가장 일반적인 동위원소다. 천연 우라늄에서는 U238이 99.28퍼센트, U235가 0.72퍼센트 발견되며 U234도 극미량이 발견된다. U238의 경우 빠른중성자의 충돌에 의해서 핵분열이 가능하지만, 그 가능성이 낮다. 그러나 U235의 경우 빠른중성자 충돌이 생기면 급격히 중성자를 방출해 핵무기 제작에 필수적인 요소다.

20 아인슈타인과 지라드는 친구 관계로 발전했다. 둘은 움직임이 전혀 없는 냉장고 펌프를 만들어 1930년에 특허권을 얻는다. 이들의 아이디어는 훗날 액체금속을 냉각제로 쓰는 데 활용된다. Dannen, Telegdi의 글 참고. http://www.dannen.com/budatalk.html, http://www.aip.org/pt/vol-53/iss-10/p25.html

21 예를 들어 1939년 4월 29일자 《뉴욕타임스》는 다음과 같은 헤드라인의 기사를 실었다. "동위원소 폭풍에 의한 지구의 붕괴 가능성. 과학자들은 소량의 우라늄만으로도 뉴욕이 파멸될 수 있다고 말한다." 물론 핵융합 반응을 일으키는 U238과 U235만을 우라늄 원석에서 분리해 내기란 불가능하다"고 말한 과학자들의 주장도 함께 실려 있다.

22 《뉴욕타임스》 1939년 3월 14일, 1면.

23 벨기에 대사와 루스벨트에게 보내기 위해 손으로 쓴 초안들은 아인슈타인 아카이브에 소장되어 있다.

24 지라드의 편지, 1939년 7월 19일, EA 39-461, 1.

25 지라드의 편지, 1939년 7월 24일, EA 39-474.

26 지라드의 편지, 1939년 8월 2일, EA 39-464. 편지에서 그는 쿠퍼 유니온Cooper Union 회장 가노 딘Gano Dunn도 만나 견해를 들었다고 밝힌다.

27 지라드의 편지, 1939년 9월 27일, EA 39-471.

28 작스는 10월 11일에 루스벨트를 직접 만나 관련 사항을 설명하고, 1939년 8월 2일에 쓴 아인슈타인의 편지를 전달한다. 지라드가 1939년 8월 15일 과학 잡지에 발표했던 우라늄 관련 연구 논문도 함께 소개됐다.

29 10월 19일, 루스벨트는 아인슈타인에게 "최근에 보내 주신 중요한 내용의 편지에 감사하다"며 다음과 같이 답한다. "저는 이 문제가 얼마나 중요한지를 내각의 각 수뇌들에게 알렸습니다. 그리고 육군, 해군 대표를 지명해 우라늄에 관한 제안의 수용 가능성을 면밀히 조사하도록 지시했습니다." (EoP, 297)

30 작스 EA 39-488, 7.

31 EA 39-488, 7.

32 위원회 보고서에 따르면, "융합반응이 통제될 수만 있다면, (…) 잠수정의 지속적인 에너지 공급원"이 될 수도 있고, "융합반응의 폭발적인 성격을 활용한다면 지금까지 알려진 어떤 무기보다 강력한 폭탄을 만들 수도 있습니다"고 기록돼 있다. (EA 39-488, 8)

33 1940년 2월 작스가 아인슈타인을 방문한 자리에서 아인슈타인은 졸리어 퀴리가 이끄는 프랑스 연구팀의 성과를 평가해 준다. 그러나 아인슈타인은 "컬럼비아에서 진행되는 연구가 더 중요하다"며 연구를 확장할 수 있는 조건이 요구된다고 했다. 따라서 작스는 왓슨에게 "컬럼비아 대학의 성과를 아인슈타인 박사가 더 선호했을 것"이라고 전했다. 작스가 왓슨에게 보낸 편지, 1940년 2월 15일, EA 29-488, 11.

34 아인슈타인이 작스에게 보낸 편지, 1940년 3월 7일, EA 39-488, 12.

35 루스벨트가 작스에게 보낸 편지, 1940년 4월 5일, EA 39-488, 16, 전시목록 8a.

36 왓슨이 작스에게 보낸 편지, 1939년 4월 8일, EA 29-488, 17.

37 작스가 왓슨에게 보낸 편지, 1939년 4월 19일, EA 29-488, 18.

38 작스, EA 39-488, 15.

39 아인슈타인이 브릭스에게 보낸 편지, 1939년 4월 25일, EA 29-488, 24.

40 Feld 1979.

41 Bohr Political Papers.

42 윌리스 애커스는 영국 원자폭탄 프로젝트를 맡았던 튜브 알로이즈Tube Alloys 소장이었고, M. W. 페린은 튜브 알로이즈와 연계 사업을 벌이던 ICI(Imperial Chemical Industries)사 책임자였다. 훗날 그는 애커스의 대변인이 된다. Gowing 1964.

43 Oppenheimer(1946b), "Neils Bohr and Nuclear Weapons", Gowing 1964.

44 Felix Frankfurter, 워 스팀슨War Stimson에게 보낸 편지, 1945년 4월 26일, Box 34, JROLC.

45 핀 애서루드Finn Aaserud(1999)의 글을 통해 2차 대전 당시 원자폭탄과 관련한 보어의 활동에 대해 자세히 알 수 있다.

46 슈테른은 비록 피츠버그에 살고 있었지만 6주에 한 번씩 시카고로 건너가 정보회의에 참석했다. 이로 미루어 짐작해 보면 그는 원자폭탄 개발 진행 상황을 꽤 자세히 알고 있었을 것이다.

47 Smith 1965 참고.

48 슈테른과 발터 게를라흐Walther Gerlach는 1921-22년 불균일자기장을 이용한 원자빔 실험을 이끈 주역들이었다. 이 실험 결과로 전자와 원자가 실질적인 양자를 가지고 있다는 사실을 확인할 수 있었다.

49 클라크의 아인슈타인 전기에는 12월 11, 12일의 만남과 편지에 관한 기록이 남아 있다. 아인슈타인 아카이브에 있는 편지에는 보어에게 보낸 날짜 기록이 남아 있지 않다. 클라크는 이 두 날짜를 "외교 정보원"을 통해 얻었다고 한다. (Clark 1973, 645)

50 아인슈타인이 보어에게. 1945년 12월 중순, EA 08-094, 1.

51 Ibid.

52 제임스 프랑크는 1925년 보어의 원자 모델을 증명하는 실험에 성공해 노벨상을 받는다. 1933년 독일을 떠나기 전까지 그는 괴팅겐 게오르크 아우구스트 대학 학장으로 있으면서 실험물리학을 가르쳤다. 그는 괴팅겐 이론물리연구소 소장이었던 막스 보른과 고등 원자물리학 연구소를 설립했다. 38년에 시카고 대학으로 자리를 옮겼고, 42년 초에 맨해튼 프로젝트에 투입되었다. 45년 6월에는 레오 지라드, 도널드 휴즈Donald J. Hughes, 제임스 닉슨James J. Nickson, 유진 라비노비치Eugene Rabinowitch, 글렌 시보그Glenn T. Seaborg, 조이스 스턴스Joyce C. Stearns 등이 참여하여 원자폭탄으로

인해 발생될 수 있는 정치, 사회적 문제를 지적하는 위원회의 의장이 되었다. 유명한 프랑크 보고서에는 위원회의 고민에 대한 요약과 구체적인 제안이 실려 있다. Smith 1964 참고.

53 http://www.atomicarchive.com/Docs/ManhattanProject/Bohrmemo.shtml을 통해 보어가 1944년 7월 루스벨트에게 보낸 편지를 볼 수 있다.

54 보어의 생각과 노력, 루스벨트·처칠과의 만남에 대해서는 Aaserud 1999와 Gowing 1964, 346-366을 참고하기 바란다.

55 프랭크퍼터는 스팀슨을 통해 루스벨트를 달래려고 시도한다. Baker 1984, 387 참고.

56 Clark 1973, 645-650.

57 존 앤더슨은 당시 처칠의 1등 서기관이었다. 그는 보어와 친분을 쌓는다. Oppenheimer 1964b and Gowing 1964.

58 톨먼은 뛰어난 이론물리학자이자 칼텍 대학원 학장이었다. 2차 대전 중 제임스 코넌트의 과학 자문관으로서 맨해튼 프로젝트에 관한 문제를 담당했다.

59 Gowing 1964, 359.

60 핀 애서루드를 통해 얻은 정보다.

61 Gowing 1964, 346-366을 통해 보어와 처칠의 인터뷰 내용을 자세히 살필 수 있다. 재미있는 사실은 하버드 법학대학원 아카이브에 보관되어 있는 프랭크퍼터 보고서에는 2차 대전 중에 프랭크퍼터와 보어, 아인슈타인 사이의 교류에 대해선 어떤 기록도 없다는 것이다.

62 Gowing 1964, chap. 13.

63 표트르 카피차는 러시아 출신의 훌륭한 실험물리학자로, 보어와는 친한 친구 사이였으며 케임브리지에서 연구 활동을 했다. 1934년 소련 방문 이후 영국으로의 재입국은 허용되지 않았다. 그는 스탈린을 존중하고 친분을 쌓았다. 아브람 요페 역시 뛰어난 러시아 출신 물리학자로, 소련의 고체물리학 발전에 크게 기여했다.

64 Clark 1973, 577.

65 아인슈타인이 오토 슈테른에게, 1945년 12월 26일, EA 22-240.

66 아인슈타인이 루스벨트에게, 1945년 3월 25일, EA 39-485. Lanouette 1992, 261-262에서 지라드의 편지를 확인할 수 있다.

67 미 에너지국 아카이브는 "MAUD"에 다음의 기록을 남길 것을 제안했다. 사람들은 MAUD가 이니셜이라고 생각하는데, 이는 단순한 오해에서 비롯된 것이다. 전쟁 초기에 보어는 독일에 점령된 덴마크에 붙잡혀 있었다. 그는 자신의 오랜 동료 프리시에게 전보를 친다. 마지막 부분에 "Cockroft와 Maud Ray Kent"에게 어떤 말을 전달해 줄

것을 요청했다. 이때 "Maud"가 원자이론과 관련된 용어의 머리글자로 이해된 것이다. 그러나 사실 Maud Ray Kent는 보어의 자녀들을 가르치던 가정교사 이름이었다. http://www.mbe.doe.gov/me70/manhattan/maud.htm 참고.

68 오토 프리시와 루돌프 파이얼스Rudolf Peierls는 히틀러가 독일을 장악하자 독일을 떠났다. 프리시는 이모인 리제 마이트너Lise Meitner와, 1938년 오토 한과 프리츠 슈트라스만이 목격했던 중성자의 폭발적인 융합반응을 설명해 냈다. 39년 9월, 2차 대전이 터질 당시 프리시와 파이얼스는 영국의 버밍엄 대학에 있었다. 40년 3월에 발표한 프리시-파이얼스 보고서는 우라늄의 핵융합 반응을 활용한 "슈퍼 폭탄"의 제작 가능성에 대한 계산식을 포함하고 있었다. Gowing 1964, Rhodes 1988 참고. 보고서는 http://www.stanford.edu/class/history5n/FPmemo.pdf(2007년 9월 검색)에서 열람이 가능하다.

69 예를 들어 EoP 350, 519 참고. 1952년 9월《카이조Kaizo》의 편집자가 그에게 물었다. "파괴력이 엄청난 폭탄이 만들어지리라는 것을 알면서도 왜 그 과정에 참여하셨나요?" 그는 "제가 참여한 일은 딱 한 가지밖에 없습니다. 바로 루스벨트 대통령에게 편지를 쓴 것이지요. 그 편지에서 저는 핵폭탄 생산을 위한 대규모 실험을 지휘할 필요가 있다고 강조했습니다. 저는 핵폭탄이 인류를 위협할 가공할 무기라는 사실을 알고 있었고, 그 실험의 성공을 통해 증명될 것이라고 믿었습니다"고 대답했다.

70 Linus and Ava Helen Pauling 보고서, 오레곤 주립대학 도서관 box 104, E: individual correspondence. http://osulibrary.oregonstate.edu/specialcollections/coll/pauling/calendar/1954/11/16.html에서 확인 가능하다.

71 아인슈타인이 폰 라우에에게, 1955년 3월 19일, EoP, 620-621.

72 Holton 2005.

73 아인슈타인이 폰 라우에에게 편지 쓴 사실을 하이젠베르크는 죽기 몇 주 전에 알게 되었을 가능성이 있다. 아인슈타인이 폰 라우에에게, 1955년 3월 19일, EoP, 620-621.

74 Rhodes 1988, chap. 19.

75 EA 39-488, 2.

76 Ibid., 352-353. Masters and Way의 1946년 작품《One World or None》또한 참고 바람. 이 책은 핵무기가 어떻게 전쟁의 양상을 바꾸었는지에 대해 정확하고도 강력하게 묘사하고 있다. 핵전쟁을 피하기 위한 단계도 제시한다. 맨해튼 프로젝트를 주도한 과학자들도 소개되었다.

77 Smith 1965 참고.

78 《Chicago Round Table》1945년 8월 12일. 글의 제목은 〈원자시대의 첫 100일〉이라고

전해진다. 이 소책자는 우드로 윌슨 재단을 위해 사이드너 워커Sydnor Walker가 1945년 가을에 제작한 것이다(p.14).

79 아인슈타인이 허친슨에게, 1945년 9월 10일. EoP 337.

80 1931년 10월에 아인슈타인이 러셀에게 쓴 편지를 보면, 리브스 박사가 영국으로 곧 여행을 떠나는데 자신에게 인터뷰를 요청했다는 내용이 담겨 있다. (EA 33-157)

81 예를 들어, 오빌레 프리스캇Orville Prescott의 리뷰를 살펴봐라.《뉴욕타임스》1945년 6월 13일자 21면.

82 리브스가 아인슈타인에게, 1945년 8월 24일. EA 57-290.

83 Ibid. 사실상 반응은 1946년까지 계속되었다.《리더스 다이제스트》12월호는 10만 부가 발간되었는데, 잡지의 3분의 1 정도가 리브스 책에 관한 것이었다. 리브스의 책은 영어, 에스파냐어, 포르투갈어, 스웨덴어, 아랍어 등으로 번역되었다. 1946년 전반기까지 1만 5000개에 달하는 클럽이《평화의 해부학》에 대한 토론을 벌였다. 리브스가 아인슈타인 에게 보낸 편지, 1945년 10월 17일, EA 57-299/1945년 11월 27일, EA 57-300.

84 리브스가 아인슈타인에게 보낸 편지, 1945년 8월 24일. EA 57-290.

85 아인슈타인이 리브스에게 보낸 편지. 1945년 8월 28일. EA 57-292. 1945년 가을, 레이몬드 스윙Raymond Swing과 인터뷰하던 아인슈타인은《평화의 해부학》을 언급한다. 저자 리브스가 지적이고 분명할 뿐만 아니라 전쟁이란 주제와 세계정부의 필요성을 극적으로 잘 지적하고 있다고 밝혔다. 아인슈타인이 추천하기 전에는 8000부 정도 팔렸지만, 핵폭탄에 대한 적절한 반응을 다룬 아인슈타인의 글이 추가된 후에는 미국에서만 6개월 동안에 18만 권이 팔렸다. 이후 25개 언어로 번역되어, 전 세계적으로 80만 권이 팔렸다.

86 EoP, 340-341.

87 1945년 12월 19일, 뉴욕에서 리브스가 처칠에게 보낸 편지. Gilbert 1997, 257.

88 루스벨트 서거 직후, 유엔 헌장에 관한 회의를 마치고 돌아가는 길에 캔자스시티에서 트루먼은 다음과 같이 말했다. "세계라는 공화제에서 모든 국가가 만나는 일은 여러분이 미국이라는 공화제 속에서 어울리는 것만큼이나 쉬운 일입니다. 캔자스와 콜로라도는 아칸소 강을 사이에 두고 논쟁할지언정 전쟁을 벌이지는 않을 것입니다. 문제가 있으면 연방법원으로 가져가고, 그 결정을 따릅니다. 이와 같은 방법을 전 세계적으로 하지 못할 이유가 무엇입니까?" 트루먼의 연설은 로버트슨 판사의 권유로 미 국민에게 보내는 공개편지가 되었고, 여기에 아인슈타인이 서명했다. 공개편지 전문은 리브스 《평화의 해부학》에 실려 있다.

89 리브스가 아인슈타인에게, 1945년 9월 27일, EA 57-293.00.

90 아인슈타인이 오펜하이머에게, 1945년 9월 29일, EA 57-213. 아인슈타인이 리브스의 책에 얼마나 깊은 인상을 받았는지를 보여 주는 사건이 있다. 1945년 10월 10일, 토마스 만을 비롯한 저명인사 18인과 서명한 글을 《뉴욕타임스》 편집국장에게 보낸 편지에서 《평화의 해부학》을 사람들이 읽고 친구, 이웃들과 사적·공적으로 토론해 볼 것을 권유하도록 해 달라고 한 것이다.

91 Weber, "Politics of Vocation," in weber 1946, 77-128.

92 책임주의를 믿는 사람은, 자신이 예측할 수 있는 한 자신의 행위의 결과를 다른 이들에게 짐 지울 수 있는 자격이 없다고 생각한다. Weber, "Politics as Vocation."

93 Stone 1946 또한 Bernstein 1974를 참고.

94 A. H. Compton, "Swords into Plowshares," in Dibner 1959, 87-88.

95 그러나 가격의 문제를 떠나서 핵무기를 개발하려면 당시에도 그랬고 지금도 여전히 핵무기를 생산하기 전에 소위 '핵산업'이라고 부르는 대단위 설비가 필요하다. 그래서 스탈린과 베리아Beria는 소련의 첫 핵무기 개발을 위해 우라늄을 농축하는 대신 앨라모고도Alamogordo의 플루토늄 장비를 완벽하게 복제하자고 주장했다. Holloway 1994.

96 이런 아인슈타인의 견해는 섬너 웰스Sumner Wells의 견해와 날카롭게 부딪쳤다. 웰스에 대한 아인슈타인의 반박은 1946년 1월호 《애틀랜틱 먼슬리》에 게재되었다. EoP, 352-353.

97 당시 윌리엄 고든은 미국원자력위원회의 루이스 스트로스와 밀접한 관계에 있었다.

98 《Foreign Relations of the United States》, 1947, vol. 1 (Washington, D.C.: Government Printing Office, 1947), 487-489.

99 아인슈타인이 폰 쇠나이흐von Schönaich에게, 1949년 2월 18일.

100 1948년 4월 27일 연설 내용이다. 《뉴욕타임스》에는 4월 29일에 실렸다. Nathan and Norden 1968.

101 Joe 1은 소련의 첫 원자폭탄에 미국이 붙인 이름. 실험 몇 주 후 트루먼 대통령이 이를 발표했다.

102 아인슈타인이 뮤스트에게, 1949년 10월 31일, EA 60-630, 1.

103 페르미와 라비Rabi는 이 무기에 자살, 부도덕이라는 이름을 붙였다. York 1989.

104 고든, 애치슨, 브래들리Bradley 등의 조언에 힘입어 미국원자력위원회의 주장에 대한 트루먼의 거부는 번개같이 이루어졌다. 1950년 1월에는 클라우스 푹스Klaus Fuchs가 수감되었다.

105 이 거물의 이력을 간단히 살펴보고자 한다면, http://www.ajmuste.org/ajmbio.htm을 참고.

106 뮤스트가 아인슈타인에게, 1950년 1월 19일, EA 60-630, 1, 2.

107 아인슈타인이 뮤스트에게, 1950년 1월 23일, EA 60-631, 1; EoP, 519-520.

108 뮤스트가 아인슈타인에게 보낸 전보, 1950년 1월 30일, EA 60-635, 1, 2.

109 아인슈타인이 뮤스트에게, 1950년 1월 30일. 또한 EA 60-636, EoP 520 참고.

110 뮤스트가 아인슈타인에게, 1950년 9월 29일, EA 60-637. 1950년 10월 9일, EA 60-638. 또한 EA 60-639, EA 60-640, 1-4 참고.

111 아인슈타인이 뮤스트에게, 1950년 10월 11일, EA 60-641.

112 1954년 3월 1일의 테스트는 기존에 생각했던 5메가톤급 폭발보다 3배나 강한 15메가톤급 폭발을 일으켰다. Rhodes 1995 참고.

113 아인슈타인이 뮤스트에게, 1954년 4월 6일, EA 60-651. 여기서 '천사의 목소리'는 어느 정도 조소 띤 표현이다.

114 EA 28-925, 1.

115 EA 28-920, 1.

116 《뉴욕타임스》, 1953년 6월 12일. Jerome 2002, 241, 237-248도 참고.

117 Russell 1969, 18.

118 Russell 1969. 러셀에 관한 Google의 방대한 자료를 찾아보기 바란다. 러셀의 전기에 관해서는 http://www.san.beck.org/GPJ24-Russell,Muste.html#3 참고(2005년 6월 검색).

119 선언문 복사본은 http://www.pugwash.org/about/manifesto.htm(2006월 5월 검색)에서 가져온 것이다.

120 퍼그워시는 캐나다 노바스코티아에 있는 한 마을이다. Rotblat 2001.

121 회의, 워크숍, 출판에 관한 자세한 내용은 퍼그워시 웹사이트 참고. http://www.pugwash. org/site_index.htm(2006년 5월 검색).

122 조셉 로트블랫은 독일 패전이 거의 확실해진 1944년 12월에 로스앨러모스를 떠난 몇 안 되는 과학자 중 한 명이다. 그는 폴란드 출신 유대인으로, 전쟁 발발 전 영국으로 옮겼다가 43년, 로스앨러모스에 합류했다. 44년 3월, 개인적인 자리에서 로트블랫은 그로브스에게서 "우리 프로젝트의 목적은 오직 소련 정복이라는 것을 알아야 하오"라는 말을 듣고 충격에 빠진다. 그는 로스앨러모스가 독일을 위협하기 위한 것이라고 믿었는데, 그 목적이 분명히 변질되고 말았던 것이다. 44년 말엽, 독일이 핵폭탄 연구를 포기했다는 소식을 들은 이후 더는 남아 있을 이유가 없어 떠난 것이다. 로트블랫은 "영국과 미국이 모두 핵폭탄을 가지고 있으면 비록 독일이 핵을 보유했더라도 감히 사용할 엄두를 못 낼 것이라는 핵 억지력"을 믿고 있었다. (Rotblat 1995) 54년 오펜하이머에 대한 공청회가 열렸을 때 그로브스는 로스앨러모스 프로젝트의 목적에 대해,

"원자폭탄 프로젝트를 맡은 2주 후부터 저는 한 번도 소련이 우리의 적이라는 분명한 목적을 잊은 적이 없습니다"고 대답했다. 54년 4월 12일부터 5월 6일까지 워싱턴 D. C.에서 열린 안보위원회 "In the Matter of J. Robert Oppenheimer" 의사록(Washington, D. C., 1954), 173 참고. Davis 1968, 151도 함께 참고하기 바란다.

123 라이프니츠는 자신의 책《모나드론Monadology》과 에세이〈이성에 근거한 자연과 은총의 원리〉를 통해 "선재적 조화"라는 개념을 소개하고 있다. Leibniz 1934; Buchdahl 1969, 388-469 참고.

124 푸앵카레는 열역학 법칙, 작용과 반작용(뉴턴 제3법칙), 상대성 원칙, 질량보존의 법칙 등을 유용한 원리로 꼽았다. 카르노의 법칙을 제외하면 이 모든 법칙은 역학을 통해 추론 가능하다. Darrigol 1995, 10-11 참고.

125 1938년 1월 24일에 친구 초르넬리우스 런츠조시Cornelius Lanczos에게 보낸 편지에서 아인슈타인은 마흐와 비슷한 느낌으로 경험주의에 대해 회의하기 시작했다고 알린다. "그러나 관성의 문제는 나를, 여전히 진실로 믿을 만한 것은 수학적 단순함밖에 없다는 이성주의자로 만들어 놓았다." (EA 15.269.00)

126 상대성이론에 이르기까지 아인슈타인은 큰 끈기를 발휘해야 했다. 더 자세한 내용은 Einstein 1920, Eisennstaedt 2006 참고. 상대성이론의 발전 과정과 컨퍼런스 내용은 Schwinger 1986; Cao 1997; Stachel 2002; Renn and Schemmel 2007을 참고.

127 이에 대한 아인슈타인의 첫 글은《런던타임스The London Times》(지금의《타임스》) 1919년 11월 28일자에 실렸다.

2부. 유대인 아인슈타인

개인의 힘만으로 인류 문화를 발전시키기는 어렵습니다.
국가 차원에서 가능한 일들도 우리는 시도해 봐야 합니다.
그렇게 함으로써만 유대인 사회의 건강은 회복될 것입니다.
_ 아인슈타인(1954, 182)

비록 늦었지만 지금이라도 유대인으로서 저의 정체성을
깨달을 수 있도록 도와주셔서 감사드립니다.
_ 아인슈타인이 쿠르트 블루멘펠트에게, 1955년 3월 죽음을 한 달도 채 남기지 않은 때에

존 스타첼John Stachel은 학술적이면서도 섬세한 에세이(Stachel 2002, 57-84)를 통해 유대주의에 대한 아인슈타인의 태도와 아인슈타인이 유대인으로서 자기 정체성을 인식하는 데 영향을 끼친 사건들을 연대기적으로 잘 보여 주고 있다. 아인슈타인이 유대인과 유대주의, 시오니즘 등에 대해 어떻게 생각했고, 하임 바이츠만 서거 이후 국무총리였던 벤구리온David Ben-Gurion에 의해 1952년에 대통령직을 제안받았다가 거절하기까지 과정 등이 잘 묘사되어 있다. 당시 벤구리온에게 보낸 편지에서 아인슈타인은 수락할 수 없어 안타까운 마음을 전하고 있다. "(유대인인) 우리가 세계 여러 국가 사이에서 어려운 상황에 처했다는 사실을 통감하여, 저와 유대인들의 관계가 그 어느 때보다 깊어지고 있는 현실이 너무나 가슴 아픕니다."[1] 그러나 스타첼은 아인슈타인이 유대인을 대표했던 개인적, 집단적인 활동들을 상술하기 위해 노력하지는 않았다. (Stachel 2002, 57)

여기에서는 아인슈타인이 유대인을 대표해 활동한 것 중 하나인 브랜다이스 대학 설립 과정을 다룬다.[2] 이 일화야말로 아인슈타인과 유대인들의 깊은 유대를 잘 보여 주기 때문이다. 1부에서 보았던 고집 세고 융통성 없는 아인슈타인 성격은 이 일화에서도 드러난다.

뮌헨에서 유년 시절을 보내면서 아인슈타인은 자연스럽게 반유대주의 정서가 얼마나 독일 전역에 퍼져 있는지를 깨닫는다. 스위스취리히연방공과대학을 졸업한 후에도 연구직을 구할 수 없었던 그는 밀레바 마릭Mileva Marić ── 아인슈타인이 적절한 직장을 찾으면 둘은 결혼하기로 약속한 사이였다 ── 에게 보낸 편지에서 "독일어를 사용하는 나라들 (…) 반유대주의 정서 때문에"(Einstein and Marić 1992, 39) 직장을 구하기가 힘들다며 심경을 털어놓았다. 이후 1914년에 베를린으로 옮기는 과정에서 유대인으로서 자신의 정체성을 발견하게 되었다고 밝힌다.

> 나는 생애 처음으로 내가 유대인이라는 사실을 발견하게 되었다. 그러나 이 깨달음은 유대인들보다 이방인들을 통해 얻었다. (⋯) 고귀한 유대인들이 우스갯거리로 전락하는 모습을 보면서 가슴이 아팠다. 학교에서도, 잡지에서도, 어디를 가든 대다수 이방인은 내 유대인 동료들의 자신감을 무너뜨렸고, 이런 모습을 더는 지켜볼 수가 없었다. (Einstein 1954, 171)

1918년 독일이 패전한 후 반유대주의는 더 심하고 공공연해졌다. 아인슈타인의 상대성이론 또한 언론과 학계의 독일 국수주의자들과 초기 나치주의자들의 공격 대상이었다.

물론 아인슈타인이 이전에라고 반유대주의를 느끼지 않은 것은 아니지만, 1차 대전이 끝나고 베를린으로 이주해 온 "유대인의 신념을 가진 독일인," 동부 유대인Ostjuden[3]에 대한 대접을 몸소 겪고 나서야 유대인으로서 자신을 발견하고 시오니즘에 몸담는다. 한때는 국수주의를 공공연히 비난했지만 이제는 팔레스타인 땅에 이스라엘 정부가 세워질 수 있도록 온 힘을 다해 도왔다. 그는 시오니즘이야말로 "유대인들에게 안정"을 줄 수 있고, "독립과 내적 자유"를 줄 수 있다고 믿었다. (Fölsing 1997, 491)

1921년에는 미국으로 가는 비행기에서 하임 바이츠만(Chaim Azriel Weizmann, 시오니즘 운동 지도자. 훗날 이스라엘 1대 대통령이 된다ㅡ편집자)과 동석하게 되는데, 하임 바이츠만은 시오니즘 운동가인 쿠르트 블루

1925년 4월 1일 히브리 대학 개교 기념식. 아서 밸푸어 등을 비롯한 국제적인 정치인들이 초청되었다.
The United States Library of Congress(Public domain)

멘펠트Kurt Blumenfeld를 통해 유대인 대학 설립이 필요하다고 확신하고
있었다. 1922-23년 동안 일본에서 머물다가 베를린의 집으로 돌아가
는 길에 아인슈타인은 예루살렘에 들러 스코푸스Scopus산 기슭에 자
리한 히브리 대학 개교 기념식에 참석한다. 아인슈타인은 전통적인
유대 교육이 현대에 되살아나는 데 히브리 대학이 핵심적인 역할을
하리라고 기대했다.

1922년 일반 및 특수상대성이론에 관한 특강을 부탁받아 일본으로
가는 길에는 싱가포르에 잠깐 들러 히브리 대학 설립을 위한 모금 활
동을 벌이기도 했다. 싱가포르의 유대인 커뮤니티를 대상으로 아인슈
타인은 다음과 같이 말한다.

히브리 대학이 무슨 의미가 있냐고 물으실 수도 있습니다. 과학에는

국적이 없지만 과학적 성공을 이루어 내는 연구기관은 국적이 있습니다. 지금까지 우리는 우리 문화를 지키기 위해 할 수 있는 한 개인적인 힘을 보태어 왔습니다. 그러나 이제는 교육기관을 통해서 민족의 힘을 문화에 더하게 될 것입니다.

독일로 돌아가는 길에 대학이 들어설 스코푸스산에 들렀을 때는 "2000년을 기다려 온 강의대"에 올라 대중연설을 하기도 했다. 1925년 4월 1일, 마침내 히브리 대학이 개교한다. 아인슈타인은 "인간의 정신이 살아 있는 바로 그곳"에서 이 대학이 설립되었다며, "우리 대학은 전 세계에 걸쳐 위대한 정신적 지주로 성장해 나갈 것"이라고 역설했다.[4] 또한 파울 에렌퍼스트에게 보낸 26년 편지에서는 "저는 히브리 대학이 곧 위대한 대학으로 성장할 것이라고 믿습니다. 제 마음은 벅차오릅니다"며 기대를 감추지 않았다.[5]

1914년 베를린으로 옮긴 후, 아인슈타인은 이제 유대인이 더는 학문적인 영역에서 일자리를 찾아 헤맬 것이 아니라, 직접 일자리를 만들고 스스로 필요한 명망을 쌓아 나가야 한다는 사실을 깨닫는다. 그래서 히브리 대학 설립에 열정을 쏟았을 뿐만 아니라 미국 매사추세츠 주 월섬의 브랜다이스 대학이 유대인들 손에 설립될 수 있도록 강력히 후원했다.

아인슈타인은 히브리 대학이 지적인 면에서 두각을 나타내기를 바라는 한편으로 유대인들이 부딪히는 실질적인 문제 해결에도 큰 도움이 되리라 기대했다. 그러나 설립 기금의 상당 부분을 마련한 미국 유대인들은 이 대학이 미국식 "대학"이기를 원했다. 결국 히브리 대학의 초대총장은 미국의 이익을 극단적으로 대변하는 랍비 유다

매그니스Judah Magnes가 맡게 된다.

1928년, 원래는 대학의 경영권과 일반행정권에 국한되어 있던 매그니스의 권한이 교수 임용권을 포함한 학문적인 영역으로까지 확대되었다. 이 시점에 이르자 아인슈타인은 학문의 독립성이라는 중대 원칙이 무너진 것으로 여기고 이사직에서 사임한다. 하임 바이츠만의 간곡한 요청에 따라 사임은 조용히 이루어졌다. 이후 바이츠만에게 보낸 1928년 1월의 편지에서 아인슈타인은 이 사건을 역사적인 관점에서 다음과 같이 평가했다.

> 실패한 미국인 랍비, 부적격자인 매그니스는 실력 없는 경영자입니다. 미국의 가족들은 그를 불편하게 여겨서 먼 타국으로 보냈는데, 그런 그를 대학의 책임자로 앉혔으니 펠릭스 바르부르크Felix Warburg도 참 딱하십니다. 이 야망적이지만 실력 없는 매그니스를 둘러싸고 있는 사람들 또한 남의 성공을 받아들이지 못하는 도덕적 부적합자들밖에 없습니다. (…) 이런 사람들이 대학의 공기를 다 흐리고 있으며 학교의 질을 떨어뜨리고 있습니다. (Fölsing 1997, 494-495)

이처럼 아인슈타인은 히브리 대학 문제를 "가슴속 깊이" 염려하고 있었다. (Fölsing 1997, 495)

이제 곧 살펴보겠지만, 얄궂게도 브랜다이스 대학 설립 과정에서도 이와 비슷한 일이 벌어진다. 그로 인해 그의 지나친 완고함과 원칙, 결정에 동료들이 반발하게 된다.

1930년대 초 아인슈타인은 독일로부터 더욱 심각한 모욕을 당하고, 히틀러가 집권하기까지 하자 독일을 떠난다. 1933년 베를린의 직책을 버리고 프린스턴에 새로 생긴 고등연구기관의[6] 교수직을 수락했지만, 이 기관도 유대인에게 그렇게 우호적이지 않다는 사실을 깨닫는다.[7] 당시 연구소 소장이었던 에이브러햄 플렉스너Abraham Flexner는 자신도 유대인이었지만, 유대인이라는 정체성을 그리 달갑게 여기지 않는 인물이었다. 그의 반유대주의적 성향은 결국 교수 임용 과정에서도 드러나 1939년에는 교수들의 노력으로 소장 자리에서 물러나게 된다.[8] 이 사건을 통해 아인슈타인은 다시 한 번 유대인들에 의한 대학이 필요하다는 생각을 굳힌다. 1946년 7월 브랜다이스 대학 설립 과정에 참여할 것을 요청하기 위해 데이비드 릴리엔솔에게 보낸 편지에 이런 마음이 잘 표현되어 있다.

> 저는 이 문제가 모든 미국 내 유대인들의 관심사라고 생각합니다. 그러므로 신뢰할 만한 유대인이 새로 생기는 대학을 통솔해야 한다고 생각합니다. (…) 우리에게 열려 있는 문은 너무나 협소해서 스스로 발 벗고 나서는 것만이 우리에게 닥친 어려움을 성공적으로 극복하는 길이라고 생각하며 기쁘게 제 이름을 등재했습니다. 현재의 환경에서 우리의 젊은 과학자들은 제대로 재능을 펼치기가 힘들고, 교수직에도 임용되지 못하고 있습니다. 지금까지 그래 왔던 것처럼 가만히 앉아 있기만 한다면 우리의 빛나는 전통과 생산적인 연구들은 서서히 사라지고 말 것입니다.[9]

2차 대전을 거치면서 1945년까지 유럽에서 600만 명에 이르는 유대인이 죽음을 당했다. 아인슈타인은 유대인이 이끄는 교육기관이 필요하다는 생각을 더욱 굳히게 되었다. 비록 유대인이 후원하는 비종교적인 대학을 꿈꿨지만, 고용될 임직원에 대해서는 "유대인"이기만 하다면 종교나 인종, 성별, 정치 성향 등과 무관하게 채용할 것을 주장했다. 이런 요구 사항을 공중에 알려 이해시키고, 이를 기본 지침으로 삼고자 했다. 따라서 기금 마련을 위한 만찬 행사에서 "이방인"인 카디날 스펠만Cardinal Spellman이 축사를 맡게 되었을 때, 그는 강력하게 반대하고 나섰다.[10] 이 사건은 초교파적인 입장이 강했던 랍비 이스라엘 골드스타인Israel Goldstein과의 관계를 망치는 결과를 낳았다. 골드스타인은 바로 유대인 대학 설립이라는 프로젝트를 시작한 장본인이었다.

유대인을 위한 대학

보스턴 서부 매사추세츠 월섬에 위치한 미들섹스 대학은 수의대, 의대로 이루어진 작은 대학이었는데, 2차 대전이 끝날 무렵에는 더는 운영이 힘든 상황이었다. 미국에서 유대인을 포함한 소수 민족에 대한 입학정원제가 없었던 유일한 곳이었지만, 1943년 의대를 닫았고 수의대도 곧 같은 형편에 처할 듯 보였다. 45년 가을 대학 창립자의 아들인 러글스 스미스Ruggles Smith와 파벌성이 없는 대학을 설립하려는 포부를 가지고 있던 미국 유대인 커뮤니티 회장은 대학 인문학장 조셉 체스키스Joseph Cheskis로부터 대학이 존속하기 어려울 것 같다는 메시지를 받는다. 체스키스는 스미스에게 자신이 뉴욕 고등교육위원회의 슐로스베르크Schlossberg와 친분이 있으니 만나 보는 것이 어떻겠느냐고 제안한다. 슐로스베르크는 보수적이면서도 방대한 교파 브나

브랜다이스 대학의 한 건물. Mike Lovett(Public domain)

이 예수룬B'nai Yeshurun의 랍비 이스라엘 골드스타인에게 편지를 보내 보라고 답장을 보냈다. 골드스타인은 1930년대 초부터 비종교적인 미국 유대인 커뮤니티가 지원하는 대학이 설립되어야 한다고 생각하고 그 가능성을 모색하는 중이었다. 1923년 랍비 루이스 뉴만Louis Newman도 비슷한 생각을 했다.[11] 이들이 생각한 대학 모델은 기독교식으로 따지자면 존 스홉킨스나 하버드 같은 것이었다. 이 대학들은 모두 일반교양과정으로 시작했다가 이후 대학원과 전문학교를 통합하게 되었다.

일주일 만에 스미스와 체스키스의 편지를 받은 골드스타인은 1946년 1월, 월섬 캠퍼스를 방문한 후 비로소 이 캠퍼스가 바로 유대인에 의한 자유주의적 대학을 시작할 장소라고 확신한다. 100에이커에 달하는 캠퍼스 공간은 의대와 수의대를 다시 시작할 충분한 공간을 확보하고 있었고, 무엇보다 미들섹스 대학 헌장 자체가 의학과 수의학은 물론 인문학과 과학 일반의 학위를 모두 포용할 수 있는 여지를 갖고 있었다. 따라서 대학은 어려운 상황을 타개하고, 차별 대우에 지친 의대·수의대 유대인 학생들은 기회를 얻게 되었다.

월섬을 방문한 후 골드스타인이 처음 찾은 사람은 뉴욕의 유명한 변호사이자 폴라로이드사의 자문역을 맡고 있던 줄리어스 실버Julius

Silver였다.[12] 골드스타인의 두 번째 캠퍼스 방문은 실버와 함께 이루어졌고 회의를 거쳐 골드스타인을 필두로 하는 공동 경영자들이 미들섹스 대학의 임원석 대다수를 대신하게 된다. 골드스타인은 이 프로젝트가 성공적으로 마무리되려면 전국적으로 알려지는 한편 유대인 사회에서 폭넓게 지지받아야 한다는 사실을 잘 알아, 프린스턴 대학의 아인슈타인에게 도움을 요청했다. 골드스타인과 아인슈타인 둘다 열정적인 시오니스트였을 뿐 아니라 수차례 같은 연단에 서서 팔레스타인 땅에 유대인 국가가 세워져야 한다고 역설해 온 터였다.[13]

아인슈타인은 곧 골드스타인에게 지지를 보냈다. 당시 아인슈타인은 인종차별 때문에 대학 교수나 연구소에 진출하지 못하는 유대인 과학자들로 인해 깊이 고민하고 있었다. 골드스타인이 구상하는 대학에 대한 아인슈타인의 가장 우선적인 관심은 그 대학이 "최고 수준이어야 하고, 학문적인 자유를 추구할 수 있어야 한다"는 것이었다. 1946년 1월 21일, 아인슈타인은 골드스타인에게 편지를 보낸다.

저는 유대인 대학이나 종합대학 설립에 찬성하는 바이며, 학교 임원진들이 믿을 만한 유대인들로 끝까지 유지될 수 있으리라고 생각합니다. 또한 이 기관이 과학 및 기타 모든 분야에서 가장 우수한 유대인 젊은이들에게 매력적일 것이라고 확신합니다. 이런 기관일수록 수준이 높아야 하고, 이를 통해 유대인들이 진짜 원하는 것을 만족시킬 수 있을 것입니다. 이미 잘 알려진 것처럼 현실은 많은 능력 있는 유대인 젊은이가 자신의 문화적 정체성을 부인하거나 자신이 속한 교육 환경을 숨기게 만들고 있습니다.

저는 이 학교를 위해 제가 할 수 있는 모든 역량을 동원하고자 합니다. 이 문제는 항상 제 가슴속에 있을 것입니다.

존경을 담아서, 아인슈타인[14]

이후 골드스타인은 아인슈타인에게 그의 이름을 딴 학교를 지으려 한다는 의사를 밝혔다. 아인슈타인은 "위대한 유대인이자 위대한 미국인"[15]의 이름으로 짓는 것이 좋겠다며 정중히 거절했다. 그러나 기금 조성을 위한 프로젝트 — "고등교육을 위한 알베르트 아인슈타인 재단" — 에 자신의 이름을 사용하는 데에는 동의했다.[16]

그렇다고 본인이 기금 마련에 직접 나설 것은 아니었기에 아인슈타인은 1946년 3월 초 골드스타인에게 편지를 써서 자신의 "가장 절친한 친구" 오토 나단 박사와 긴밀히 협조할 것을 요청했다. 아인슈타인은 나단 박사야말로 "대학 설립을 위해 모든 방면에서 힘이 될 수 있는 인물"이라고 말했다.[17] 나단은 평화주의자이자 사회주의적 경제학자로서 오랫동안 아인슈타인의 절친한 친구였다. 1930년대 초반에 미국으로 건너와 39년에 시민권을 얻었다. 프린스턴 대학에서 가르치고 있었지만, 영구교수직을 받지는 못한 상태였다.[18]

골드스타인은 대학 이름을 판사였던 루이스 브랜다이스 이름으로 할 것을 제안하고, 브랜다이스의 딸에게 허락을 구한다. 캠퍼스가 보스턴 지역에 있다는 사실에 주목해 그레이터보스턴Greater Boston 지역의 유대인 커뮤니티와 교류하는 일에도 노력을 기울였다. 실버의 추천으로 조지 앨퍼트George Alpert가 이사로 초대되었고, 앨버트는 이를 기꺼이 수락했다. 그는 당시 뛰어난 변호사이자 유대인 자선단체에서 활동하며 보스턴·메인 지역 철도협회장도 맡고 있었다.

기증자들에게 보내는 편지 초안에 골드스타인은 다음과 같은 문구를 삽입한다. "우리 목표는 실력 있는 사람이라면 누구나 인종과 종교를 넘어 학생이든 교수든 될 기회를 주는 대학을 만들어, 유대 사회가 미국 교육에 기여하도록 하는 것입니다." 편지 초안에는 대략적인 학교 운영 계획도 들어 있었다. 일단은 1947년부터 일반학부 학생들을 받고, 작지만 아직 운영되고 있는 수의대를 확대하려는 것이 골드스타인의 생각이었다. 의대는 오직 "인류 의대"가 충분히 가능한 시점이 될 때까지 기다리고자 했다.

1946년 4월 초,《보스턴 트래블러Boston Traveler》사설에서 골드스타인은 미들섹스 대학을 최고 수준의 교육기관으로 성장시킴으로써 지역 교육의 고질적인 결함을 해결할 수 있다는 인상을 심어 준다.

> 미들섹스는 오랜 속박에서 벗어나 단번에 높이 뛰어올랐습니다. 이제 세계 학자들은 물론 일반인도 미들섹스 대학이 지금부터 세계의 뛰어난 지적 흐름에서 주류에 동참하게 되었다는 사실을 알아야 합니다. 졸업생들은 힘차게 날개를 펴고 영화롭게 전통적인 학자들의 반열에 올라설 것입니다.[19]

아인슈타인은 자신에게 "책임이 있다고 믿었던" 영역에서 최선을 다했다. 그러나 골드스타인이 내세우는 "새로운 대학 프로젝트"에서 왠지 모르게 "답답함"을 느끼면서 당황하기 시작했다. 결국 4월 중순까지도 오토 나단을 기용하지 않은 골드스타인에게 불평을 쏟아 놓았다.[20] 나단 입장에서는 벌써 이 학교야말로 자신의 평생직장이라도 된 듯 여기고 있었던 것이다.

갈등의 시작

1946년 4월 골드스타인은 얼마 전 뉴욕에서 열린 유대인 성직자회의에서 만난 랍비 스티븐 와이즈Stephen Wise[21]에게 편지를 보냈다. "그 프로젝트는 인가를 얻었고 저의 발표도 진심 어린 환대를 받았습니다. 많은 랍비께서 어떤 식으로 도움을 줄 수 있을지 물어 오셨습니다. 그중 한 분은 상당한 모금액을 마련하셨습니다."[22] 와이즈는 루스벨트 대통령과 펠릭스 프랭크퍼터Felix Frankfurter와 친분이 있는, 즉 워싱턴 D. C.의 실세들과 줄이 닿아 있는 사람이었다. 그는 아인슈타인[23]과 오토 나단의 친구이기도 했다.

와이즈는 모든 유대인은 이스라엘 공동체인 크랄 이스라엘(Klal Yisrael, 유대인 모두가 한곳에서 태어난 한 가족이란 뜻의 히브리어―편집자)의 구성원이어야 한다는 시각에 깊이 동조했다. 크랄에 속한 사람들은 서로의 안녕을 위해 힘써야 한다고 믿었다. 1898년 바젤에서 있었던 두 번째 시온주의자 회의에서 헤르츨Theodor Herzl을 만난 이후 와이즈는 시오니즘에 몸담고, 팔레스타인에서 유대인 국가 건국을 위한 미국 내 활동에 열성적으로 참여했다. 아인슈타인보다 훨씬 더 종교적인 성향이 강했던 것은 분명하나, 유대주의와 시오니즘에 대한 와이즈의 시각은 상당 부분 아인슈타인에게서 온 것이었다. (Stachel 2002) 와이즈의 자유주의적 견해는 더 나은 노동환경을 위해 노동조합 조직을 지원하는 것으로 발산되고 있었다. 이렇게 용감한 와이즈의 정치적 행동은 아인슈타인과 나단, 특히 정치적으로 활발한 사회주의자였던 나단의 존경을 받기에 충분했다. 나단은 1930-40년대의 수많은 자유주의자가 소련에 동정심을 보이는 한편 나치 독일에 대항하는 데에 큰 감명을 받고 있었다. 전쟁 직후에는 공산주의 소련과 자본주의 미국 사이에 평화로운 화해가 가능하리라고 믿기도 했다.

신설 대학 프로젝트에 관한 골드스타인과 와이즈의 대화도 원만하고 유익하게 진행되었다. 따라서 이후 골드스타인의 편지에는, 추가적인 재정 지원 방안 마련을 위한 편지의 후원자 명단에 와이즈 이름을 넣어도 되겠냐는 질문이 담겨 있었다. 당시 이미 후원자로 등록된 이로는 조셉 볼 상원의원, 킬고어H. M. Kilgore, 맥마혼Brien McMahon, 웨인 모스Wayne Morse, 앨버트 토마스Albert T. Thomas, 로버트 와그너Robert F. Wagner, 존 맥코맥John W. McCormack, 토빈Maurice Tobin 매사추세츠 주지사, 피오렐로 라구아디아Fiorello LaGuardia, 윌리엄 오드와이어William O' Dwyer 뉴욕시장, 칼 콤프턴Karl Compton MIT 총장, 더글라스Paul F. Douglass 아메리카 대학 총장, 호브드Bryn J. Hovde, 다니엘 마르시Daniel Marsh 보스턴 대학 총장, 뉴콤J. E. Newcomb 버지니아 대학 총장, 에듀어드 린드만Eduard C. Lindeman 뉴욕 대학 사회복지대 총장, 알베르트 아인슈타인, 앨빈 존슨Alvin Johnson 등이 있었다.[24]

골드스타인은 와이즈를 프로젝트로 끌어들이기 위해 열심이었지만 와이즈는 쉽게 수락하지 못했다. 5월 중순 와이즈가 오토 나단에게 보낸 편지 내용이다.

제가 이 편지를 보내는 이유는 당신이 이스라엘 골드스타인과 연락을 하고 있는지를 여쭙기 위해서입니다. 저는 당신의 판단을 듣기 전까지는 이 프로젝트에 참여하지 않을 생각입니다. 골드스타인은 사교성이 엄청난 사람임에 틀림없습니다. 그는 도덕적으로 분명히 문제가 있는 신문 기사를 싣기도 했습니다. 저는 그가 이 일에 진지하다고 생각합니다. 그러나 "이것"이 모두 무엇을 위해서일까요? 그가 당신도 초대했나요? (…) 저를 도와주셨으면 합니다. 또 프린스턴의 위대한 인물도 당신의 보호가 필요한 것 같습니다.[25]

골드스타인과 와이즈는 비교적 좋은 관계를 유지하고 있었지만[26], 시오니즘 정치 활동은 와이즈가 골드스타인을 바라보는 관점에 변화를 가져 왔다. 1946년, 오랜 협상 끝에 마침내 유대인 국가가 팔레스타인에 세워졌고, 그 과정에서 골드스타인은 호전적인 아바 힐렐 실버Abba Hillel Silver와 벤구리온의 편에 서서 온건파인 하임 바이츠만과 다른 길을 걷는다. 46년 12월에 열린 제22회 시오니스트 의회에서 바이츠만은 결국 패배했다. 그 여파로 와이즈도 유대인 기구 집행위원회Jewish Agency Executive Committee 미국 지부와 재미 시온단Zionist Organization of America 대표직에서 물러난다. 그러나 같은 기관 소속이던 골드스타인은 "증오의 더미에서 원한과 야망"으로 얼룩진 활동을 여전히 이어 갔다.[27]

와이즈와 오토 나단 사이의 대화는 문제를 악화시켰다. 나단과의 대화 끝에 와이즈는 "확실한 약속을 받지 않는 한, 그 위대한 인물(아인슈타인)의 이름이 남용되어서는 안 된다"는 결론에 이르렀다. 그 약속이 무엇인지는 와이즈가 1946년 6월에 나단에게 보낸 편지에서 언급된다.

가장 의미 있는 약속은 이스라엘 골드스타인의 권한 일부를 당신에게 양도하는 것과 제게는 학문과 관련한 위원회를 책임지도록 하는 것입니다. 골드스타인이 그럴 생각이 없다면, 아마도 그럴 것 같지

만, 저는 당신도, 아인슈타인도 더는 그와 함께 일하지 말아야 한다고 생각합니다.[28]

골드스타인은 와이즈의 역할에 대해서는 동의했지만, 나단은 끝까지 배척했다. 1946년 7월 1일 골드스타인에게 보낸 편지에서 아인슈타인은 "대학 학술기관 설립 과정이 저로서는 이해가 안 됩니다"고 항의하게 된다. 실제로 나단은 아인슈타인과 논의해 학술기관 설립 과정에 대해 상당히 세세한 부분까지 청사진을 만들었으며 이사회에 제출한 상태였다. 보고서를 받은 랄프 라즈루스Ralph Lazrus는 부유한 사업가로, 정치적으로는 자유주의적인 시각을 견지하고 있었다. 라즈루스는 나단의 보고서를 다음 임원회의에서 논의하리라 약속했다.

그러나 골드스타인은 이미 "교수 임용과 관련한 자신의 생각"을 다른 임원들에게 알리기 시작하고 있었다.[29] 이 사실을 안 아인슈타인은 골드스타인에게 편지를 보낸다. "운영상의 중대한 결정에 대해 제가 알지 못한다면, 제 이름을 사용할 수는 없습니다." 아울러 이사회에 "진짜 뛰어나고 독립적이며 객관적인 인물들로 대학 운영 조직을 만들어야 할 것"이라고 요청한다. 또한 모든 운영 조직의 구성 상황에 대해 "당연히" 자신이 알게 되기를 기대했다. 더 나아가 아인슈타인은 골드스타인에게 다음을 부탁했다. "이후로 이루어지는 운영 회의 등에 참석하기 어려워 친구인 나단 박사에게 대신 참석해 줄 것을 부탁했습니다. 이사회도 이를 이해해 주기 바랍니다."[30] 편지를 받은 골드스타인은 즉시 나단에게 편지를 써서 7월 8일에 열릴 회의에 참석해 줄 것을 요청했다. 한편 와이즈에게는 "교원과 관련한 부분도 이제 생각을 시작"하는 내용이 담긴 미심쩍은 내용의 편지를 보냈다. "지금까지 저희 설립자 이사회는 교수 임용에 관해서는 전혀 의견을 나눈 적이 없으며, 다만 재정적인 부분이 확정되기를 기다리고 있었습니다."

아인슈타인이 골드스타인에게 보낸 7월 1일자 편지와, 이전에 아인슈타인과 와이즈 사이에 오간 편지는 사뭇 배경이 다르다. 6월 26일에 와이즈에게 쓴 편지에서 아인슈타인은 나단이 프랑스에서 돌아온 이후 지금까지 적절한 자리를 찾지 못한 것을 염려하고 있었다. 특히 그가 "부모님까지 모시고 있어 너무 염려스럽다"고 했다. 아인슈타인은 와이즈에게 나단의 현재 어려움을 극복할 수 있는 아이디어가 혹시 없는지를 물었다. "아마도 제가 이런 편지를 보냈다는 사실을 알면 나단은 별로 좋아하지 않을 것입니다. 그러나 선생께서는 경험과 좋은 인품을 가지셨기에 여쭙니다."[31]

와이즈는 아인슈타인의 간청이 나단에게 브랜다이스 설립과 관련한 직책을 갖게 해 달라는 뜻으로 이해했다. 6월 28일에 그는 답장을 썼다.

> 저를 믿고 편지를 쓰셨군요. 저도 같은 마음으로 대답을 드립니다. 친구로서 말씀드리는 것입니다. 이스라엘 골드스타인 바로 곁에 오토 나단과 같이 완전히 믿을 만한 친구가 없다면 유대인 대학 설립과 관련한 일에 당신의 이름을 맡기지는 마시기 바랍니다. 만약 나단이 학교 설립 과정에 긴밀히 관계하기를 바라 그러시는 거라면 제가 도와 드릴 수 있습니다. 할 수 있는 대로 빨리 제게 답장을 주시기 바랍니다.[32]

편지를 받은 다음 날 아인슈타인은 와이즈에게 답장을 써서 와이즈가 자신을 "완전히" 오해했다고 지적했다. "저는 지금 오토 나단과 미래의 유대인 대학의 관계에 대해 이야기하는 것이 아닙니다. 다만 가까운 미래를 걱정하고 있습니다." 같은 편지에서 아인슈타인은 학교의 조직과 교원 임용에 관한 구상도 전했다. 또한 현재의 어려움을 극복하려면 나단이 제시한 것처럼 "온 힘을 다해" 일할 사람을 찾아야 한다고 전했다. 그 사람은 다음의 조건을 충족해야 한다.

1. 믿을 만한 유대인이어야 한다.
2. 미국대학협회의 사정에 정통하고 교육 및 장학금 관련 문제를 이해하고 있어야 한다.
3. 기관 운영 경험이 있고, "인성을 평가"할 줄 아는 사람이어야 한다.
4. 우리와 항상 협의할 마음을 가지고 있어야 한다.

아인슈타인은 나단과 상의 끝에 자신들은 적임자가 아니라는 결론에 이르렀다. 비록 아인슈타인은 나단을 그 자리에 앉히고 싶었지만, "다른 사람들이 볼 때 그가 충분한 덕망을 갖추지는 못했다"는 사실을 인정했다. 그렇다고 골드스타인 본인이 그 자리를 탐낸다고 생각하지도 않았다. "만약 그가 그렇게 행동한다면 저는 동의할 수도 협력할 수도 없습니다. 라즈루스도 분명히 동의하지 않을 것입니다."[33]

골드스타인은 자신과 나단을 둘러싼 긴장을 충분히 이해하고 있었고, 시간이 지나면서 자연스럽게 해결되기를 기대했던 것으로 보인다. 1946년 7월 말, 골드스타인은 아인슈타인에게 뉴욕에서 최근에 열린 "저녁 만찬"에 대해 보고하면서 50여 명이 참석한 가운데 기금

25만 달러가 추가로 들어왔다고 알렸다. "당신과 우리의 꿈이 실현되기 위한 좋은 출발"이며, 이제는 "학교의 조직과 교수진에 대해 논의할 때"인 것 같다고 전했다.[34] 바야흐로 학교 운영을 전반적으로 책임질 고문단과 "대학의 조직 및 제반 규정을 만들며, 정규 교수진을 꾸릴 수 있는 뛰어난 인물"을 선정할 때가 온 것이었다. 이사회는 라즈루스, 나단과 아인슈타인은 퀸즈 대학 총장 폴 클래퍼Paul Klapper와 데이비드 릴리엔솔 등을 각각 고문으로 추천했다. 아인슈타인은 릴리엔솔에게 고문단으로 초대하는 편지를 보냈다. 두 사람은 이전까지 개인적으로 만난 적이 없었다.

> 이제 이 신생 학교가 해야 할 가장 중요한 일은 가장 뛰어나고 도덕적인 인사들을 찾는 일입니다. 그래서 저희는 교육 분야에서 남다른 경험을 가진 약 5명으로 구성된 위원회를 조직하기로 했습니다. (⋯) 이분들이야말로 학교의 학문적 업적을 책임지게 될 것입니다. 학교 운영에 최선을 다할 뛰어난 인사가 꼭 필요합니다.[35]

뉴욕에서 이룬 "작은" 성공을 바탕으로, 이사회는 "프로젝트의 성패를 결정지을" 기금 마련 만찬 행사를 열기로 결정했다. 날짜는 1946년 10월 27일, 장소는 뉴욕의 피에르 호텔이었다. 학교 이름에 걸맞게 이사회는 브랜다이스와 친분이 있는 사람들 중 저명한 인사에게 기조연설을 부탁했다. 연방법원의 프랭크퍼터와 로버트 H. 잭슨 판사였다. 그러나 아인슈타인은 잭슨을 거부했다.

> 이방인에게 우리의 프로젝트에 관한 연설을 맡길 수는 없습니다. 이

프로젝트는 유대인의 것이고 우리 스스로 이를 웅변해야만 합니다. 따라서 우리 대다수가 동의한다면 제가 대표로 잭슨 판사에게 편지를 쓰겠습니다.[36]

그러나 잭슨 판사에게 편지를 쓸 무렵에는 아인슈타인 마음도 많이 누그러져 있었다. "존경하는 판사님께서 작고하신 브랜다이스 판사님에 대한 찬사를 연설하여 주신다면 저희에게는 더할 나위 없는 도움이 될 것입니다. 또한 브랜다이스 대학의 시작과 위대한 미국을 위한 일에 비할 수 없는 후원이 될 것입니다."[37] 프랭크퍼터 판사에게 보낸 편지도 내용이 같았는데, 두 번째 문장만 다음과 같이 달랐다. "위대한 미국과 뛰어난 유대인들을 위한 비할 수 없는 후원이 될 것입니다."[38]

겉으로는 아인슈타인이 이 프로젝트에 큰 관심을 보이고 있는 것 같지만, 와이즈와 골드스타인 사이의 적개심과, 나단에 대한 골드스타인의 태도와 그런데도 신설 학교에 몸담고 싶어 하는 나단 사이에서 아인슈타인은 지쳐 가고 있었다. 10월 27일 후원 행사에서 카디날 스펠만[39]에게 골드스타인이 축사를 부탁했을 때 드디어 문제가 터지고 말았다. 골드스타인은 고문단과 한마디 협의도 없이 아브람 사카르Abram L. Sachar[40]에게 학교 행정위원직을 약속했던 것이다. 1946년 9월, 아인슈타인은 매우 화가 나서 골드스타인에게 편지를 보냈다.

이 두 사건은 당신에 대한 저의 신뢰를 무너뜨렸습니다. 따라서 저는 지금 이 시간 이후부터 새로운 학교와 관련한 어떠한 책임도 지지 않을 것이며, 당신과 협력할 수 없음도 알려 드립니다. 또한 당신이 지원하는 모든 후원금 마련을 위한 활동에 제 이름이 사용되는 것도 허용할 수 없습니다. 마지막으로 당신의 재단에서 제 이름을 완전히 삭제하여 줄 것을 요청합니다. 조속히 처리한 후 그 결과를 알려 주시기 바랍니다.

아인슈타인은 이 편지 사본을 이사회 임원들과 운영위원들에게도 보냈다.[41] 아인슈타인의 마음을 되돌릴 수 없다는 사실을 깨달은 골드스타인은 알베르트 아인슈타인 재단 이사장직은 물론 브랜다이스 대학 이사장직에서도 물러났다. 그는 아인슈타인이란 존재로 인해 프로젝트가 성공적으로 진행되었다는 사실에 대한 감사를 잊지 않았다. 그리고 장문의 편지를 보내 자신의 행동에 대해 해명하고자 했다. 사실 사카르 박사와 접촉할 때나 후원금 마련을 위한 만찬에서 그가 특별히 문제되는 행동을 한 것은 아니었다.[42] 1946년 9월 16일 회의에서 알베르트 아인슈타인 재단은 골드스타인의 사임을 받아들이고 라즈루스, 앨퍼트Alpert, 에이브러햄 웩슬러Abraham Wexler를 보내 "이사회의 다음 행동"을 상의했다.[43]

골드스타인에 관한 문제가 처리되는 동안, 나단은 유력한 차기 이사장 후보였던 앨퍼트와 접촉을 시도했다. 그를 만나 본 나단은 아인슈타인에게 "상당히 동의할 수 있는 인물"이라는 내용의 편지를 보냈다.[44] 아인슈타인은 앨퍼트를 다음 이사장으로 추천했지만, 와이즈는 아인슈타인과 나단의 평가에 동의하지 않았다. 1946년 11월 이사회를 끝내고 난 후 와이즈는 나단에게 편지를 보냈다.

지난 일을 이야기하기에는 이미 늦었습니다만, 저는 왜 당신과 아인슈타인 교수가 앨퍼트를 핵심 인물로 추천했는지 모르겠습니다. 그는 이사회장이 되기에는 그릇이 작은 인물입니다. 저는 라즈루스가 여러 면에서 낫다고 생각합니다. 제 말씀을 새겨들으시기 바랍니다. 당신은 앨퍼트와 좋은 관계를 오랫동안 유지하기 힘들 것입니다. 아인슈타인 교수와의 관계 때문에라도 당신과 그의 관계는 곧 어려움을 겪게 될 것입니다.[45]

학교운영위원회와, 알베르트 아인슈타인 재단의 빈자리는 1946년 9월 30일에야 채워지게 된다. 신임 이사장은 라즈루스였다.

총장 추천

골드스타인과 아인슈타인의 갈등은 아인슈타인의 승리로 일단락된 것 같았다.[46] 아인슈타인은 여러 사람에게 편지를 써서 자신이 여전히 브랜다이스 이사회에서 일하고 있다는 사실을 알렸다. "대학 설립 프로젝트는 상당한 진전을 보이고 있습니다. 앞으로 닥칠 많은 문제에 대해서도 이겨 나갈 확신을 얻었습니다." 1946년 10월에 힐렐 장학금과 관련하여 사카르에게 보낸 편지에서 아인슈타인은 다음과 같이 말하고 있다. "골드스타인은 이제 대학 프로젝트에서 손을 뗐습니다. 그의 사임은 제가 주도한 것입니다. (…) 저는 앞으로도 프로젝트를 위해 제가 할 일이 있다면 무슨 일이든지 할 것입니다."[47]

아인슈타인이 "한 일" 가운데 하나는 오토 나단을 알베르트 아인슈타인 재단 이사가 되게 한 것이었다.[48] 골드스타인 사임 이후 나단의 활동 영역은 더욱 넓어졌다. 라즈루스와 함께 프로젝트의 학술적인 부분을 도맡아 진행했다. 이후 라즈루스는 기금 마련보다 지나치게 학술적인 부분에 많은 시간을 쏟았다는 비난을 받는다. 사실상 재정적인 부분도 순조롭게 이루어지고 있었다. 1946년 10월 말, 알베르트 아인슈타인 재단 총책임자 보리스 영Boris Young은 9월 1일부로 기금 35만 달러가 마련되었고, 10월 27일의 후원회도 성공적으로 이루어졌다고 보고했다. 따라서 대학의 학문적인 계획을 수립하는 것이 자연스러운 순서였다. 1946년 11월 9일 오토 나단은 이사회에 "브랜다이스 대학 정책 아웃라인"을 보고했다. 보고서에서 나단이 그렸던 학교는 자유주의적 학문을 추구하는 1천 명 규모의 대학이었다. 그는 다음과 같은 커리큘럼 계획을 품고 있었다.

> 인위적인 교육의 벽을 허물려면 학과를 넘나드는 수업들이 꼭 필요합니다. 가능한 한 다양한 방법으로 학생들의 자유로운 연구를 지원해야 하며, (…) 가능한 한 세미나 형식의 수업이 장려되어야 할 것입니다. 스워스모어 대학에서 이루어지는 방식의 명예제도에 대한 연구도 지속되어야만 합니다. (…) 교수 임용에 관해서는 (저서의 숫자보다는) 교수법과 응용능력에 무엇보다 초점을 두어야 할 것입니다.

나단은 새로운 대학이 "살아 있는 민주주의"의 산실이 되어야 한다고 믿었다. "그렇게 하려면 학생과 교수·교직원들 간의 관계가 대부분의 기존 대학과는 많이 다르게 될 것입니다." 그는 학생들도 "자유로운 성인으로서" 학사 운영 과정에 참여해야 한다고 생각했다. "강제로 수업에 참석하도록 하지 말고, 시험의 수도 줄여야 합니다.

(⋯) 사생활에 대한 통제도 없애고, (⋯) 주말, 야간 점호 등도 없애야 합니다."[49]

스워스모어, 안티오크, 사라 로렌스, 블랙 마운틴, 시카고의 신생 칼리지 루스벨트뿐만 아니라 하버드, 컬럼비아 대학까지 최근 커리큘럼의 변화와 실험에 대해 나단은 잘 알고 있었다. 그중에서도 나단이 가장 유심히 살펴본 것은 시카고 허친스 대학의 분리형 교원제 separate teaching faculty였다. 나단은 미국 대학들뿐 아니라 영국의 학교 운영과 정책도 자세히 연구하기 위해 1946년 12월 여행길에 올랐다. 라스키 교수를 비롯해 다양한 교육가를 만나고 브랜다이스 대학의 미래를 위해 여러 조언을 들을 수 있었다.[50]

나단의 친구이자 런던경제대학 교수인 해럴드 라스키Harold Laski는 명석하고 뛰어난 사회주의자이자 정치학자였다.[51] 1945년 7월 라스키는 영국 노동당 국가전략위원회장으로 당선된다. 그해 여름 영국 총선에서 노동당이 압도적인 승리를 거둔 후 그의 역할은 더욱 두드러지게 되었다. 선거운동이 한창이던 1945년 6월 중순 라스키는 노팅엄서의 한 시장 거리에서 노동당원을 지지하는 연설을 했다. 연설이 끝날 무렵 꽤 유명한 보수 진영의 기자 한 명이 자극적인 질문들을 던졌다. 다음 날,《노팅엄 저널Nottingham Journal》에 편지 한 통이 도착했다. 편지를 보낸 이는 H. C. C. 칼튼으로 지역 시의회의 보수적인 의원이었는데, 그는 "우리가 바라는 개혁이 이루어지지 않는다면, 폭력도 불사하고 혁명을 완수해야 합니다"고 했던 발언이 무슨 의미인지를 물었다. (Eastwood 1977, 140) 편지를 읽은 라스키는 곧바로 다음의 내용을 발표했다.

저는 이 편지를 쓴 사람과 그 내용을 재사용하는 이들에게 명예훼손 혐의로 공식적인 소장을 제출할 것입니다. 당시 저의 대답은 완전히 달랐습니다. 제 대답은 이러했습니다. "위대한 변화를 받아들일 준비가 되어 있는 전쟁의 시기에 변화를 마무리 지어야 합니다. 일단 전쟁에서 승리하고 난 이후에는 그 긴박감도 사라지게 되며, 노동자들이 지고 있는 감당할 수 없는 짐을 변화시키고자 하는 사회적 합의도 얻기 힘들 것입니다. 그렇게 되면 결국 사회는 폭력으로 치닫게 됩니다. 다른 나라들은 폭력을 통해 이룬 것을 우리는 합의를 통해 이룬 경험이 있습니다." (Eastwood 1977, 141)

이 사건은 곧 보수신문인 《데일리 익스프레스Daily Express》를 통해 "라스키, 비공개 석상에서 분노를 폭발하다: 폭력이 수반될지라도 사회주의"라는 헤드라인으로 발표되면서 더욱 알려진다. 6월 20일《뉴어크 애드버타이저Newark Advertiser》는 라스키의 연설을 속기로 기록하는 과정에서 벌어진 이야기를 다루었다. 이 신문에 따르면 누군가 라스키에게 왜 "폭력을 통한 혁명"을 공개적으로 주장하는지를 물었다고 한다. 라스키의 대답은 다음과 같았다.

노동자들에게 필요한 여건에 대한 일반적 합의가 이루어지지 않는다면, "우리는 그것이 혁명의 수단이라고 할지라도 폭력을 사용해야만 합니다." (…) 지금 이 나라에는 위대한 변화가 절실하며, 변화에 대한 합의가 이루어지지 않는다면 폭력을 통해서라도 이루어져야 합니다. (…) 어떤 사회에서든 견딜 수 없는 상황에 다다르면 (…) 질서 잡힌 관용만으로는 감당할 수 없는 일이 터지게 되어 있습니다.

6월 20일 라스키는 칼튼의 편지를 계속 사용한 것에 대해《노팅엄 가디언Nottingham Gardian》《데일리 익스프레스》《이브닝 스탠다드 Evening Standard》세 신문을 고소했다. 6월 22일에는《뉴어크 애드버타이저》와 편집장인 팔비C. E. Palby를 고소했다.

법정 심리는 보수주의자인 고다드Goddard 판사에 의해 5일간 계속되었다. 1946년 11월 말에 열린 공판에서 라스키는 "우리가 바라는 개혁이 이루어지지 않는다면, 폭력도 불사하고 혁명을 완수해야 합니다"고 말했다는 혐의를 벗었다. 이 문장은 칼튼의 편지를 읽은 후《뉴어크 애드버타이저》기자가 처음 쓴 것으로 판명되었다. 변호사와의 대화에서 라스키는 당 정관에 따라 모든 노동당원은 헌정 민주주의를 준수하기로 약속했기 때문에, 자신이 폭력을 통한 혁명을 주장하는 사람이라면 노동당원일 수도 없다는 사실을 분명히 밝혔다. 더 나아가 자신은 1920년 이후 공산주의에 대해 비판적이고, 다양한 매체를 통해 공산주의 철학과 전력에 비판적인 시각을 피력해 왔으며, 최근 공산주의자의 노동당 가입을 거부한 사실도 있다고 했다.[52] 그러나 피고 측은 라스키가 "혁명의 때가 무르익었다"는 표현을 반복적으로 하고 있으며 "지금은 혁명을 위해 일어날 때"라는 문장을 많은 글에서 발표했다는 점을 지적했다. 이에 대해 라스키는 "지금은 위대한 변화를 위해 일어날 때"라고 말했노라며 정정을 요구했다. 고다드 판사는 다음과 같이 판결 소견을 밝혔다.

정치적 신념을 사람들이 받아들이도록 하기 위해 혁명과 폭력을 연설하였다면, 그 과정에서 청중이 충분히 자극될 수 있다는 사실을 기억해야만 한다. 또한 언론은 자신이 상당히 혐오하는 일에 대해 선동이나 주장을 위해서가 아니라 논쟁을 위해 자유롭게 표현할 수 있는 권리를 가지고 있다. (Eastwood 1977)

40분의 논의 끝에 《뉴어크 애드버타이저》의 기사는 정당하다는 판결이 내려졌고, 라스키는 패소했다. 총 4만 달러의 비용까지 떠안게 된 라스키는 큰 스트레스를 받았다. 그러나 노동당 친구의 도움으로 비용의 4분의 3 정도를 충당할 수 있었다. 맥스 러너Max Lerner, 오토 나단 등의 동료들이 나머지 비용을 미국으로부터 조달했다.[53]

나단은 라스키에게서 깊은 인상을 받았다. 나단은 골드스타인이 사임한 후 브랜다이스의 학문적 미래에 대해 깊이 생각하고 있던 터였다.[54] 미국 내 유대인 커뮤니티로부터 재정적인 유입이 확실한 당시로서는 학문적인 리더십이 새로운 화두로 떠오르고 있었다. 이런 상황에서 나단은 라스키야말로 총장 적임자라고 확신하게 되었다. 아인슈타인과 나단은 그를 총장으로 적극 추천하기로 했다. 그러나 1947년 봄, 아인슈타인과 나단은 임원 추천은 나단과 라즈루스가 위원으로 있는 운영위원회의 핵심적인 역할이라는 데 동의하고, 운영위원회가 이를 건의하기로 했다.

돌아선 아인슈타인

1947년 3월 30일 앨퍼트가 프린스턴에 있는 아인슈타인을 방문했다. 이후 아인슈타인은 라즈루스에게 보낸 편지에서 이날의 만남을 이렇게 회고했다.

우리는 브랜다이스 대학의 새로운 총장 문제를 두고 많은 시간을 논의했습니다. 당신과 나단이 이사회에, 총장 선출에 관한 이사회의 권한을 저에게 위임할 것을 제안했다는 사실을 저는 앨퍼트에게 말했습니다. 그럴 경우 저는 라스키 교수에게 와서 우리 대학을 도와줄 것을 부탁할 예정이라는 것도 언급했습니다. 앨퍼트는 반대하지 않고 찬성해 주었습니다.[55]

앨퍼트는 또한 이 문제를 다음 이사회에 상정해 승인 절차를 밟겠노라고 했다. 이후에 일이 어떻게 진행되었는지에 대해서는 잘 알려지지 않았다. 보수적인 성향의 앨퍼트가 라스키 후보자에 대해 조사를 했는지, 아니면 아인슈타인에게 브랜다이스의 초대총장 선출을 위한 권한을 위임했는지는 불분명하다. 어떤 결정을 내렸든지, 아마도 쉬운 결정은 아니었을 것이다. 어쨌든 4월 14일에 열린 이사회에 "아인슈타인에게 총장 선출을 위임하는 안"은 상정되지 못했다.[56] 의사 결정을 위한 정족수 미달[57]로 인한 것이었다. 나단이 남긴 이날 기록을 살펴보면, "결과적으로 총장의 자격 요건은 우리 목표를 이행할 수 있는 능력을 가진 사람이어야 하며, 이를 위해서 아인슈타인 교수가 총장을 선출하도록 하자는 제안이 있었지만 회의 진행 과정에서 몇 가지 문제점에 봉착했다." 임원진 중 한 명인 블루스타인Bluestein은 아인슈타인의 선택 특권이 이사회의 결의와 동일한 효력을 가지고 있다는 사실을 지적했다. "아인슈타인 교수는 자신의 권한을 당연하다고 생각하지 않았다. 그러나 결국은 동의하고 적절한 총장을 찾는 작업을 시작했다."[58]

3월 30일에 앨퍼트와 나눈 긍정적인 대화를 토대로 아인슈타인은 라스키에게 영국을 완전히 떠나기 싫다면 2~3년 만이라도 브랜다이스 대학의 초대총장이 되어 줄 것을 요청하는 편지를 보냈다.

이 대학은 유대인들의 손을 떠나지는 않을 것입니다. 그러나 성별, 인종, 종교, 국적, 정치적 견해와 관계없이 누구라도 자유와 현대적인 정신, 무엇보다 독립적인 연구를 누릴 수 있는 역동적인 대학이 될 것입니다. 교육정책, 교육 및 연구 조직에 관한 모든 결정은 학교 가족들의 손에 의해 이루어질 것입니다.

이사회는 대학의 초대총장을 선임할 권한을 제게 위임했습니다. 초대총장은 대학의 기본적인 토대를 세우고 최초의 교원을 임용하는 중책을 안게 될 것입니다. 우리는 모두 이런 중책을 가장 성공적으로 수행할 유대인으로 당신을 지목했습니다. (⋯) 따라서 저는 당신이 저희의 초대에 응하실 수 있는지를 여쭙기 위해 이 편지를 보냅니다. (⋯) 이 문제를 비밀리에 다루어 주셨으면 합니다.[59]

라스키는 바로 답장했다. 4월 25일 그는 빽빽하게 다음의 내용을 써서 보냈다.

제안해 주신 것은 무척 영광스럽고 기쁘게 받아들였습니다. 그러나 유감스럽게도 저는 그 제안을 거절해야 할 것 같습니다. 첫째, 저는 충분한 버팀목의 역할을 할 인물이 못됩니다. 저는 재정을 운영할 만한 능력이 없습니다. 가르치는 것은 자신 있지만, 학교 운영은 잘 모릅니다. 런던 대학에서 27년을 가르치면서 제 뿌리도 굳어졌습니다. 같은 이유로 제 아내도 미국에서 살고 싶어 하지 않습니다. 또한 저의 사회주의적 비전에 따라 여기서 싸워야 할 도덕적 의무가 있고, 학생 때부터 꿈꿔 오던 책도 완성하고 싶습니다. 제안을 거절하게 된 것에 대해 진심으로 죄송하게 생각합니다. 그러나 이것이 옳은 결정이라고 저는 확신합니다. 총장이라는 막중한 직책에 저는 결코 어울리는 사람이 아닙니다.

그런데도 저는 이 일에 계속 연결되어 있기를 원하며, 저의 가르치는 역량을 활용할 수 있기를 희망합니다. 그 분야라면 전력을 다해 쏟아 부을 준비가 되어 있습니다.[60]

5월 초, 아인슈타인과 나단은 라스키가 총장직을 수락하지 않을 것이라는 사실을 알게 되었다. 이 사실이 언제 이사회로 전달되었는지는 정확하지 않다.[61] 그러나 이로써 아인슈타인, 나단, 라스키를 둘러싼 문제가 일단락되었다는 것은 확실하다.

아인슈타인에게 충분한 권한이 없다고 생각했던 몇몇 이사회 임원은 그가 라스키에게 보낸 편지로 인해 불편해 했다. 5월 11일, 앨퍼트와 실버가 아인슈타인을 만나기 위해 프린스턴으로 향했다. 나중에 라즈루스에게 보낸 실버의 편지에 따르면, 아인슈타인은 정족수 미달로 인해 총장 선출 위임안이 상정되지 않았다는 사실을 전해 듣고는 무척 놀랐다고 한다. 앨퍼트를 위시한 임원 몇이 라스키를 총장 후보자로 적합하지 않다고 여겼던 사실도 알게 되었다. 아인슈타인은 그러한 과정을 자신에게 설명하지 않은 것이 "불공정한" 처사라고 했다. 실버의 편지는 다음 말로 이어졌다.

총장 후보는 대학교육위원회나 이사회가 인정하는 사람이어야 한다는 사실을 아인슈타인 교수는 충분히 이해할 준비가 되어 있었습니다. (…) 이제 가장 큰 장애는 사라졌습니다.[62]

그러나 더 진전된 것은 없었다. 라스키에게 보낸 편지로 인해 앨퍼트는 라즈루스와 나단을 배척하기로 결심했고, 아인슈타인의 입김도 최소화하기로 결심한 것이다. 공식적인 기록으로 남아 있듯이 이후 학교정책과 관련해서 나단의 역할도 축소되었다. 이후 총장이 선임될 때까지는 보스턴 대학의 저널리즘 교수인 막스 그로스맨Max Grossman을 비상근 총장으로 임용하자는 안이 제기되었다. 나단이 그를 인터뷰하고 난 후 그로스맨은 나단에게 편지를 보내 "당신은 학교의 '변화'를 위해 다른 모든 일을 그만두어야 합니다. 그렇게 해야 모든 일을 정확하게 처리할 수 있을 것입니다"고 전했다. 조금 더 구체적으로 그는 나단에게 "교수진들을 진두지휘해 줄 것"과 "경제학부장"을 맡아 줄 것을 요구했다. 총장직에 비할 수는 없겠지만 경제학부 교수직만으로도 그는 행복할 터였다.[63]
앨퍼트와 나단의 긴장 관계는 1947년 3월 앨퍼트가 우수한 교육자들로 구성된 교육위원회를 조직해 책임 있는 총장 후보를 제안하도록 하자고 계속 나단을 압박한 데서도 드러난다.[64] 앨퍼트와 나단, 라즈루스는 5월 초에 결국 깊은 상처를 입는다. 5월 16일 아인슈타인은 라즈루스에게 편지를 보내 19일에 있을 이사회에 나단이 자기 대신 참석하도록 허락해 줄 것을 요청했다.[65] 회의 내용에 대한 구체적인 기록은 없다.

의장(라즈루스)이 (…) 아인슈타인 교수로부터 나단 박사를 자기 대신 회의에 참석하게 해 줄 것을 요청하는 편지를 받았다고 보고했다. 의장은 곧 나단 박사를 불러 자신과 아인슈타인 교수를 대신해 발표할 것을 요청했고, 이는 총장의 지위를 대신하는 것이라는 말도 덧붙였다.

나단 박사는 총장 선임 및 정책에 관한 기존의 의견 불화에 대해 발언했다. 따라서 아인슈타인 교수는 재단에서 물러나고 싶으며, 재단을 해체해 재단에 속한 기금 전액을 학교로 양도하고자 한다고 밝혔다. 자신과 아인슈타인, 라즈루스는 학교를 돕기 위한 모든 노력을 계속하리라는 말도 남겼다.[66]

이후 나단과 라즈루스는 재단 이름이 바뀌는 대로 자신들의 이름도 제명할 것과 이를 공식적으로는 알리지 말아 줄 것을 요청했다.[67] 6월 22일, 라즈루스는 아인슈타인 교수가 자신의 이름을 내리고 싶었던 이유가 앨퍼트를 비롯한 이사회의 시도가 "대학의 교육 수준을 떨어뜨렸기 때문"이라는 내용을 발표했다. 이 일로 앨퍼트와 라즈루스의 관계는 심각한 위기를 맞는다. 앨퍼트와 라즈루스 사이에 오가는 논쟁에 대해 알게 된 아인슈타인은 6월 20일 마침내 펜을 들어 수잔 브랜다이스Susan Brandeis에게 교육정책 및 조직을 두고 자신과 동료들 사이에서 있었던 일을 전했다. 논쟁을 풀 실마리가 보이지 않았기 때문에 아인슈타인은 "이 프로젝트에 관한 저의 역할을 모두 철회하기로 하였고, 따라서 제 이름을 딴 재단을 해체했습니다"고 밝혔다.[68]

물론 앨퍼트는 라즈루스의 공식 발표를 부인하고, 수잔 브랜다이스가 라즈루스와 나단이 "대학의 교육정책 및 총장 선임과 관련해 부당하게 월권을 행사함으로써 이사회의 고유 권한을 침해했다"는 성명을 발표하도록 했다.[69] 또한 라즈루스와 나단이 총장 선임과 관련해 "전적으로 불합리한" 교섭을 "몰래" 진행하는 등 학교가 "근본적으로 정치적인 싸움"을 겪게 만들었다고 비난했다.

전적으로 미국의 민주주의적 전통에 부합하는 인물을 수장으로 삼고, 유대인의 지원을 받는 대학을 설립하려는 우리의 노력은 공산주의적 방해에 부딪혀 그 시작부터 어려움을 겪고 있습니다. 저는 미국에 기반을 둔 이상 양보할 수 없는 부분이 있다는 사실을 라즈루스에게 분명히 전했습니다.[70]

앨퍼트는 철의 장막을 비유로 자신의 역할을 정당화했다. 윌리엄 주커만William Zukerman은 1947년 7월 4일 유대인 잡지 《아메리칸 히브루The American Hebrew》에서 이 사건을 다음과 같이 강하게 비판한다.

앨퍼트의 발표는 전혀 앞뒤가 맞지 않으며 철저히 진실을 왜곡하고 있다. 그의 발표는 편협한 분파주의자의 정치적 소견일 뿐, 브랜다이스 판사의 이름을 딴 대학 대표자의 발표로 볼 수 없다.

주커만은 앨퍼트가 이야기하는 "미국의 민주주의적 전통에 부합하는 인물"이야말로 라스키며, 그는 "이 시대의 위대한 교사요, 민주주의와 사회 정의를 위해 헌신해 온 선구자"라고 했다. 또한 라스키가 영국과 미국 보수주의자들의 타깃이 된 까닭이 "정치에 국한되던 민주주의를 경제 영역으로 확산시킨 그의 새롭고 폭넓은 민주주의 해석 때문"이라고 덧붙였다. 주커만은 더 나아가 존 듀이, 루스벨트,

웬델 윌키Wendell Wilkie, 브랜다이스 등이 "라스키의 민주주의 원칙을 따르는 사람들이며 (…) 라스키야말로 미국 뉴딜 운동의 정신을 현현하고 있는 영국인"이라고 표현했다. 또 "라스키 교수를 총장으로 선임한다면 미국 민주주의에 대한 루스벨트의 해석을 유대인 기관이 존중한다는 것을 아름답게 증명할 수 있는 길"이라고 했다.

주커만은 이사회가 라스키 교수를 거론하기 힘든 "충분한" 이유가 있다는 생각을 기꺼이 받아들였다. 대학 설립 기금 마련이라는 측면에서 보자면, 트루먼 행정부 체제에서 뉴딜 철학을 내세우는 것이 이상적인 선택은 아니며, 이사회 입장에서는 여러 상황을 고려하여 총장 지명을 거부할 분명한 권리를 갖고 있었다. 그러나 주커만은 묻는다.

> 왜 이사회는 라스키를 "미국적 삶과 민주주의를 모르는 외국인"이라고 몰아세우는 우를 범했는가? 누가 미국 민주주의의 안과 밖을 구분하는 기준을 세웠는가? (…) 또 어설픈 애국심이라는 깃발로 그를 몰아칠 생각은 어떻게 하게 되었을까? 그들은 아인슈타인 박사의 선택 또한 "미국적이지 못하고, 공산주의에 물든" 것으로 간주하면서 (…) 구체적으로는 아인슈타인 교수와 그의 동료들을 비미국적인 인사로 고소하고 있는 것인가?

주커만의 결론은 이사회가 "브랜다이스 판사의 이름을 걸고" 시작하는 유대인 대학을 위한 것이라는 명분을 내세우고 있지만, 사실 이 행태는 "말도 안 되고 반동적일 뿐"이라는 것이었다.[71]

앨퍼트의 주장을 접한 아인슈타인은 다음의 글을 작성해 와이즈에게 보냈다.

미스터 조지 앨퍼트와 이사회 임원들이 저와 제 친구들의 사임과 관련해 언론을 통해 발표한 내용은 오토 나단 교수, 라즈루스, 저를 경악케 했습니다. 런던 대학의 저명한 교육자이자 학자인 해럴드 J. 라스키 교수를 브랜다이스 대학 총장으로 추대하고자 한 것은 다름 아닌 저였습니다. 바로 저의 집에서 있었던 일을 누구보다 잘 알고 있는 미스터 앨퍼트는 지금 저의 두 동료에게 불합리한 인종차별적 혐의를 씌우고 있습니다.

언론의 보도를 통해 저희는 다시 한 번 그들과 관계를 끊은 것이 현명한 결정이었다는 사실을 깨닫고 있습니다. 제 동료였던 나단 교수와 미스터 라즈루스는 지금까지 완벽한 화합을 보여 주었습니다. 특히 우리 세 사람이 동일하게 생각했던 중요하고 시급한 문제들을 위해 이타적으로 행동해 온 오랜 저의 친구 오토 나단 교수의 위대한 헌신에 깊은 감사의 마음을 전하고 싶습니다.[72]

6월 24일에 아인슈타인이 서명해 발표한 글은 원본에 비해 감정이 절제되었다.

미스터 조지 앨퍼트와 이사회 임원들이 저와 제 친구들의 사임과 관련하여 언론을 통해 발표한 내용을 보며 오토 나단 교수, 랄프 라즈루스, 저 세 사람은 다시 한 번 사임이 빠르지 않았다는 사실을 깨달았습니다. 동료들과 저는 오랫동안 관심을 가져오던 학문기관이 현재의 환경과 리더십 아래서는 실현되기 어렵다는 사실을 힘들지만 수긍하게 되었습니다.[73]

이후 내용은 와이즈에게 보낸 원본과 크게 다르지 않다. 다만, "중요하고 시급한 문제"가 "위대하고 가장 시급한 문제"로 대체돼 있을 뿐이다.[74]

물론 다음 내용은 앨퍼트가 주장한 "진실"이지만, 공식적인 기록이 되었다.[75] 대부분 신문도 이렇게 기록하고 있다.[76] "나단은 총장 선임을 위해 아인슈타인 재단 이사회 관계자로 구성된 고문단을 조직하기로 되어 있었다. 그런데 나단과 라즈루스가 앨퍼트에게 교육위원회를 소집하는 대신 아인슈타인 교수에게 총장 선임권을 위임하는 것이 어떻겠냐는 제안을 해 왔다. 앨퍼트는 그 제안이 교육위원회의 본래 목적 및 약속과 배치되는 면이 있지만 일단은 따르기로 했다. 아인슈타인과 나단, 라즈루스는 라스키를 총장으로 추천했다. 앨퍼트 또한 라스키의 명석함과 교육자로서 뛰어난 자질에 대해서는 인정하는 바였다. 그러나 라스키는 자신을 공산주의자로 지칭한 신문들과 소송을 벌여 패소한 경험이 있는 "국제적인 사회주의자"였으며 그를 둘러싼 정치적 공방이 진행 중이었다. 앨퍼트는 브랜다이스 수장이 미국인이어야 한다는 신념을 굽히지 않았다. 이 문제는 이사회에 상정되었고 앨퍼트의 견해에 반대한 아인슈타인, 나단, 라즈루스는 "좋은 의도"를 가지고 사임을 결정하였지만, 이 일로 프로젝트 전체가 위험에 빠질 만한 행동은 하지 않을 것을 약속했다. 그러나 라즈루스는 앨퍼트와 이사회가 "대학교육의 질 저하"를 초래할 행위를 하고 있기 때문에 아인슈타인이 사임하게 되었다는 식의 성명을 발표했고, 앨퍼트는 곧 반대 성명을 낸 것이다."

위 버전에는 문제점이 많다. 그중에서도 특히 라스키 교수 문제는 한 번도 이사회에서 거론된 적이 없다! 5월 19일 이사회에서 라스키는 총장 후보자도 아니었다! 문제의 본질이 결국은 대학 운영권을 둘러싼 것이었음을 알 만한 사람들은 다 알게 되었다.[77]

사건 이후 상황은 계속해서 아이러니하게 흘러갔다. 1948년에는 아브람 사카르가 초대총장으로 임명되었다.[78] 사카르는 골드스타인이 총장으로 생각했던 인물로, 비밀리에 골드스타인이 수락 의사를 묻는 바람에 이사회와 아인슈타인 간의 불화를 촉발시키기도 했다. 역사는 반복되기 마련이다. 시간이 지나면서 대학 운영권을 두고 사카르와 앨퍼트 사이에 분쟁이 생겼고, 결국 앨퍼트는 이사장직을 잃고 만다.

아인슈타인과 대학의 관계는 1947년 사건 이후로 좀처럼 회복되기 힘들었다. 아인슈타인의 완고함이 다시 한 번 드러나는 계기가 있었다. 48년에 사카라는 아인슈타인에게 다시 손을 내밀었지만, 아인슈타인은 단호히 거절했다.[79] 2년 후인 1950년 가을, 《새터데이 이브닝 포스트The Saturday Evening Post》의 시드니 샬렛 기자는 아인슈타인의 사위 루돌프 카이저Rudolf Kayser의 교수 임용을 둘러싼 기사를 쓰면서 아인슈타인과 설립 초 브랜다이스 대학의 관계에 대해 묻는 편지를 보냈다. 답신에서 아인슈타인은 브랜다이스의 초창기와 자신을 연결하지 말아 줄 것을 요청해 왔다.

저는 루돌프 카이저 박사와 브랜다이스 대학 사이의 협상에 대해 할 말이 아무것도 없습니다. 카이저 박사가 브랜다이스의 교수가 되더라도 브랜다이스에 대한 저의 태도에는 아무런 영향을 끼치지 않을 것입니다.[80]

1952년 3월 사카르는 다시 아인슈타인에게 편지를 쓴다. "학교 발전과 관련한 의무와는 아무런 상관없이" 그를 방문해도 되겠느냐고 묻기 위해서였다.[81] 사카르는 "한때 대학과 관련이 있었던 몇몇 사람과 대학 그 자체를 아인슈타인이 구분"하리라는 희망을 품고 있었다. 그러나 아인슈타인의 대답은 변함이 없었다.

지난 3월 25일에 박사님이 보내 주신 편지를 받고 조금 놀랐습니다. 제 대답은 이미 100년 전에 쇼펜하우어가 한 말과 같습니다. "고통의 상처를 잊는 것은 힘들게 번 돈을 창밖으로 던져 버리는 것과 마찬가지다."[82]

진심을 담아서,
친애하는 알베르트 아인슈타인[83]

이해 말에 한 젊은 인도 출신의 학자가 브랜다이스에서 가르치기 위해 아인슈타인에게 도움을 요청했을 때, 아인슈타인은 자신과 브랜다이스 대학 간의 "직간접적인" 관계에 대해 다음과 같이 설명했다.

저는 브랜다이스 대학이 처음 설립되던 당시에 관여하기는 했습니다. 그러나 초기 이사회 임원 가운데에서 저와 제 절친한 친구들에게 적대적으로 부정직한 일을 꾸민 사람들이 생겼습니다. 이후 저는 브랜다이스와는 모든 관계를 끊었습니다. 이 일은 사카르 박사가 총장으로 취임하기 이전의 일이며 그는 이 일과 전혀 무관합니다. 그러나 저와 그 사이에는 소위 말하는 "터부"가 있습니다.[84]

1953년에 다시 사카르가 아인슈타인에게 브랜다이스의 명예학위를 주려고 했지만, 아인슈타인은 거절하면서 이런 편지를 보냈다.

> 사카르 박사님께,
> 박사님의 호의에 대해 감사한 마음을 전하지 않을 수 없습니다. 그러나 수락할 수는 없습니다. 대학 준비 단계에서 벌어졌던 일들은 결코 오해에서 비롯된 것이 아니기 때문에 되돌릴 수 없습니다. 따라서 저는 박사님께서 제안하신 명예학위를 받을 수 없습니다.
> 저는 대학에 해가 되지 않도록 하기 위해 꼭 알아야만 하는 가까운 친구 외에는 이번 일에 대해 알리지 않을 생각입니다.
>
> 친애하는, A. 아인슈타인[85]

사카르가 아인슈타인과 마지막으로 접촉한 것은 1954년 1월이다. 사카르는 아인슈타인을 만나고자 했다. 그러나 대답은 같았다.

> 만약 박사께서 재미있는 책을 쓰신 개인이셨다면, 저는 아주 반갑게 당신의 방문 요청을 수락했을 것입니다. 그러나 우리를 둘러싼 이 상황 가운데서는 수락할 수가 없습니다. 지난 과거에 있었던 일들에 대해 보고를 들으셨다면 충분히 이해하시리라 믿습니다.[86]

중요한 사실은 1947년 이후 브랜다이스와 사카르, 아인슈타인 사이의 좋지 않은 관계는 점차 누그러든 반면, 앨퍼트에 대한 아인슈타인의 적개심은 사그라지지 않았다는 것이다. 아인슈타인 의과대학

Albert Einstein College of Medicine 설립을 위한 모금운동의 명예회장으로 앨퍼트가 지목됐다는 사실을 접한 아인슈타인은 나타니엘 골드스타인 Nathaniel Goldstein에게 편지를 보내 앨퍼트에 대한 자신의 신뢰는 브랜다이스 대학 초창기 시절 완전히 무너졌다고 전했다. 편지는 결론적으로 "메디슨 대학의 발전을 위해 조지 앨퍼트가 중책을 맡는다는 사실을 알게 된 이상 저는 어떤 식으로든 제 이름이 거명되는 것을 허락할 수 없음을 알려 드립니다"로 끝을 맺는다.[87]

브랜다이스의 성과

브랜다이스 대학 설립 과정을 살피면서, 아브람 사카르의 성과에 이스라엘 골드스타인의 역할이 상당 부분 묻혀 버렸다는 사실에 나는 적이 놀랐다. 그러나 사카르는 1948년 골드스타인에게 보낸 편지에서 골드스타인을 초대총장으로 여기고 있었다. "당신이야말로 브랜다이스 대학의 진정한 '아버지' 입니다. 당신은 대학의 첫 울을 치고 건물을 세우는 데 지치지 않는 열정을 바쳤습니다."[88]

아인슈타인이 골드스타인의 대학 설립 프로젝트를 적극 후원하고, 유대인 교수들을 초청해 1948년에 처음으로 학생 100명을 받았을 때 느낌이 각별했다는 점도 꼭 짚고 가야 할 사실이다. 이는 마치 팔레스타인에 조국을 세우고자 헌신할 때와 같은 마음이었을 것이다. 유대인이 운영하는 고등교육기관 설립을 위해 많은 교수가 브랜다이스에 관심을 보였다.

세계주의자cosmopolitan로 국수주의 특히 독일의 국수주의를 혐오했던 유대인이었고, 누구보다 개인의 창의성을 중요시했던 아인슈타인은 독일 학술계의 인종차별과 유대인이 살아갈 기반이 취약한 독일 사회를 경험한 후 다음과 같은 주장을 하게 된다.

> 사람은 자신이 속한 공동체에 완전히 속할 때에만 꽃을 피울 수 있습니다. 다른 유대인과 관계를 단절하거나 주위 사람들로부터 외국인 취급을 받는 유대인은 도덕적으로 위험해지게 됩니다. 유대인이 맞고 있는 비극은 (…) 그들을 한곳으로 모을 수 있는 공동체를 잃었다는 사실입니다. 그 결과 개인은 자신을 지탱해 줄 수 있는 견고한 기반을 잃고 극단적인 도덕적 불안에 사로잡히게 되었습니다.

1933년 마침내 독일을 떠난 후, 아인슈타인은 선언했다.

> 개인의 힘만으로 인류 문화를 발전시키기는 어렵습니다. 국가 차원에서 가능한 일들도 우리는 시도해 봐야 합니다. 그렇게 함으로써만 유대인 사회의 건강은 회복될 것입니다. (…) 따라서 팔레스타인은 동유럽 유대인들을 위한 수용소가 아니라 전체 유대인을 한 영혼으로 모을 수 있도록 일깨우는 땅입니다.

아인슈타인은 또한 이 "유대인"의 고향이, "유대인을 위한 지식의 추구, 정의에 대한 열광적인 사랑, 개인의 독립을 위한 열망"이라는 유대인의 세 가지 이상을 실현할 땅이라고 강조했다.[89]

아인슈타인은 유대인들 손으로 세울 대학 설립 계획이 깊은 파장을 일으키고, 수많은 비종교적 유대인이 대학의 초기 교수진 대열에 합류하려고 한 사실을 들어, 유대인 국가에 대한 자신의 생각을 정당화했다. 그의 선언문은 다음과 같이 이어진다.

> 개인의 힘만으로 미국 문화를 발전시키기는 어렵습니다. 전체 유대인 공동체 차원에서 가능한 일들도 우리는 시도해 봐야 합니다. 그렇게 함으로써만 유대인 사회의 건강은 회복될 것입니다. (⋯) 따라서 브랜다이스 대학은 미국 대학이라는 엘리트 사회에서 차별받는 유대인 학자들을 위한 수용 시설이 아니라 — 아우슈비츠 이후 — 미국 내 전체 유대인 커뮤니티를 한 영혼으로 모을 수 있도록 일깨워 주는 상징입니다.[90]

유대인 국가를 통해 이루어질 세 가지 희망 사항이, 구체적으로는 비유대인 학자들도 선망하는, 유대인이 후원하는 대학을 만드는 자양분이 되리라고 아인슈타인은 희망했던 것이다. 이런 바람은 브랜다이스를 통해 상당 부분 성과를 거두었다. 그뿐만 아니라 처음부터 "최고 수준"의 대학을 지향했던 아인슈타인의 요구 사항에 맞춰 이 대학은 처음부터 학문적인 기준을 높게 잡고 출발했다. 1952년 첫 졸업생을 배출한 최초의 교수진들도 하나같이 뛰어난 인물들이었다.[91] 예술 분야에서는 번스타인Leonard Bernstein · 어윈 보드키Erwin Bodky · 아서 파인Arthur Fine · 해럴드 샤페로Harold Shapero · 미츠 시포린Mitch Siporin · 루이스 크로넨버거Louis Kronenberger · 리 스트라스버그Lee Strasberg, 인문학에서는 루드윅 르윈손Ludwig Lewinsohn · 앨버트 구어라드Albert Guerard · 밀턴 힌두스Milton Hindus · 나훔 글라처Nahum Glatzer · 사이먼 라위도위츠Simon Rawidowicz · 역사학, 사회과학, 심리학에서는 맥

스 러너·프랑크 마누엘Frank Manuel·루이스 코저Lewis Coser·메릴 피터
슨Merril Peterson·레오나드 레비Leonard Levy·마리 보아스Marie Boas·에이
브러햄 매슬로Abraham Maslow, 과학 분야에서는 사울 코헨Saul Cohen·시
드니 골든Sidney Golden·오스카 골드먼Oscar Goldman·앨버트 켈너Albert
Kellner 등이 바로 그들이다.

1   아인슈타인이 아바 에반에게, 1952년 11월 18일. Gerald E. Tauber, "Einstein and Zionism,"
     프랑스 1979.

2   Sayen 1985 참고.

3   체코슬로바키아, 헝가리, 루마니아, 러시아, 라트비아, 리투아니아, 폴란드 등지에서
     넘어온 유대인들로, 독일 유대인들보다 전통적인 유대주의를 고수하고 있었다. 1차
     대전이 끝난 후 가난해진 국가들에서 흘러들어 온 유대인들이었다. 독일 유대인들은
     그들과 어울리고 싶어 하기보다는 오히려 박대했다.

4   Beider 2000. 같은 연설에서 그는 유대인의 민족정신에 대해 몇 번이고 강조했다.
     "오늘날 유대인들이 겪는 갈등을 종식시킬 수 있는 유일한 방법은 공고한 건국밖에
     없기에 우리에게는 지금 유대 민족주의가 필요합니다." 그러나 이전에도 그랬듯이
     유대인 민족주의에 대해 아인슈타인은 거의 변명에 가까운 표현도 하게 된다. "더는
     유대 민족주의에 대해 강조하지 않아도 괜찮은 시대가 빨리 오기를 희망합니다."

5   아인슈타인이 파울 에렌퍼스트에게, 1926년 4월 12일.

6   자세한 이야기는 Batterson 2006을 참고.

7   보리스 영의 편지, 1947년 3월 11일.

8   Batterson 2006, Chap. 9.

9   아인슈타인이 릴리엔솔에게, 1946년 7월 9일, EA 40-398.

10   아인슈타인이 보리스 영에게, 1946년 8월 17일, EA 40-203.

11   Newman 1923. 그 반응에 대해서는 전미유대인역사회의 Stephen S. Wise 보고서 참고.
     특히 와이즈가 세이먼에게 보낸 1924년 1월 11일 편지와 그로스가 와이즈에게 보낸
     1930년 3월 25일 편지 참고. 알베르트 아인슈타인 재단 이사장이었던 랄프 라즈루스Ralph
     Lazrus의 추천을 받은 시드니 허츠버그Sidney Hertzburg는 잠재적 기부자들에게 1946년
     말 브랜다이스 대학 설립 모금운동에 관한 브로셔를 발송한다. 브로셔에는 유대인들이
     지원하는 대학 설립을 위해 노력했던 초기 역사에 관한 대략적인 기록이 담겨 있다.
     23페이지에 달하는 브로셔 전문은 조지 앨퍼트 보고서George Alpert Papers(RDFA)에서
     볼 수 있다. Sachar 1976, 1부 참고.

12   실버는 상원 금융위원회 고문도 겸임했다.

13   골드스타인은 유대인 건국 기금과 미국 시오니즘 조직에서 회장을 맡고 있었다.
     팔레스타인에 유대인 국가를 세우는 협의 과정에서 중대한 역할을 맡았다. Goldstein
     1984; Lacqueur 1972 참고.

14 Goldstein 1951; 아인슈타인의 글에도 같은 내용이 담겨 있다. EA 40-378. 편지 원문은 George Alpert Papers, Einstein Folder, RDFA에 소장되어 있다.

15 보리스 영이 조슈아 리에브먼Joshua Loth Liebman에게 보낸 편지, 1946년 3월 11일, George Alpert Papers(RDFA), Einstein Folder 참고.

16 1946년 2월 말에는 골드스타인이 초대총장으로 추대되었다. 골드스타인이 아인슈타인에게 1946년 3월 7일, EA 40-375.

17 아인슈타인이 골드스타인에게, 1946년 3월 4일, EA 40-374. 편지에서 아인슈타인은 나단이야말로 "학자로서, 연구자로서, 유대인에 관한 일에서 누구보다 뛰어나고 양심적인 사람"이며 "조직 운영에도 탁월한 경험을 가진 사람"이라고 소개하고 있다.

18 오토 나단과 아인슈타인의 오랜 비서 헬렌 듀카스는 1955년 아인슈타인의 유언 집행을 맡는다. 1957년 나단은 법정에서 공산당원인지 아닌지 추궁받았지만, 대답을 거부하며 사법권에 저항했다.

19 《Boston Traveler》, 1946년 4월 5일.

20 아인슈타인이 골드스타인에게, 1946년 4월 16일, EA 40-376. 나단은 교수직이나 운영직을 바랐다. 그는 골드스타인과 통화도 했다. 골드스타인이 아인슈타인에게 보낸 답장에는 나단의 교수직을 약속하는 것이 시기상조라는 내용이 담겨 있다. 골드스타인이 아인슈타인에게, 1946년 4월 19일, EA 40-377.

21 스티븐 와이즈는 뉴욕 자유공회Free Synagogue의 종교적 지도자였으며, 당시 미국의 개혁적인 랍비 가운데서도 가장 영향력 있는 인물이었다.

22 학교에 관한 비전과 대략적인 계획이 와이즈에게 보낸 편지에 동봉되어 있었다. 골드스타인이 와이즈에게, 1946년 4월 29일, Box 49, Folder 9, RDFA.

23 와이즈는 아인슈타인, 나단과 편지를 많이 주고받았다.

24 골드스타인의 "추천인과 스폰서" 리스트에 "뛰어난 과학자와 학자들", 특히 퀸즈 대학의 폴 클래퍼 총장, MIT 칼 콤프턴 총장, 앨빈 존슨 등을 포함시켜야 한다는 생각은 오토 나단의 생각이었다. 아인슈타인이 골드스타인에게 보낸 편지, 1946년 5월 14일, EA 40-386. 골드스타인이 아인슈타인에게 보낸 편지, 1946년 5월 16일, EA 30-387 참고.

25 와이즈가 나단에게, 1946년 5월 16일. Box 78, Folder 18, STWP.

26 1945년 12월 말에 와이즈가 골드스타인에게 보낸 편지를 보면, "(정부 부처와 문제가 생겼을 때) 그 지저분한 상황을 타개한 당신의 지혜와 친화력을 저는 진심으로 감사하게 생각합니다"는 내용이 포함되어 있다. 편지는 이렇게 끝나고 있다. "가장 따뜻한 마음을 담아서, 와이즈 드림." 와이즈가 골드스타인에게, 1944년 12월 29일, Box 49, Folder 9, STWP.

27 Laqueur 1972, 577에서 인용. 라퀴Laqueur는 이르군Irgun이 킹데이비드 호텔에서 폭탄을 터뜨린 직후 이루어진 당시 회의 장면을 간결하게 묘사하고 있다. 웨이즈먼Weizmann은 그 같은 테러를 "정착지(yishuv) 정치의 암적 존재"로 보았다. Goldstein 1984, vol. 1, 192-210, 201 참고.

28 와이즈가 나단에게, 1946년 6월 6일, EA 40-388.

29 골드스타인이 와이즈에게, 1946년 6월 25일, Box 49, Folder 9, STWP.

30 아인슈타인이 골드스타인에게, 1946년 7월 1일, EA 40-391. 나단은 자신의 의사를 아인슈타인에게 분명히 밝혔다. 나단이 아인슈타인에게 보낸 편지를 참고. 1946년 6월 28일, EA 40-390, 1.

31 아인슈타인이 와이즈에게, 1946년 6월 26일, EA 35-263.

32 와이즈가 아인슈타인에게, 1946년 6월 28일, Box 36, Folder 6, STWP.

33 아인슈타인이 와이즈에게, 1946년 6월 29일, EA 35-265.

34 골드스타인이 아인슈타인에게, 1946년 7월 20일, EA 40-395.

35 아인슈타인이 릴리엔솔에게, 1946년 7월 9일, EA 40-398.

36 아인슈타인이 보리스 영에게, 1946년 8월 17일, EA 40-403.

37 아인슈타인이 잭슨에게, 1946년 8월 19일, EA 40-402.

38 아인슈타인이 프랭크퍼터에게, 1946년 8월 20일, EA 40-404.

39 보리스 영이 헬렌 듀카스에게 보낸 1946년 8월 29일 편지를 봐라. EA 40.404, 9.

40 아브람 사카르는 이민 2세대였다. 1899년 뉴욕에서 태어나 세인트루이스에서 자랐다. 워싱턴 대학에서 역사를 전공했으며 1923년 영국 케임브리지 대학에서 박사 학위를 받았다. 일리노이 대학에서 1923년부터 48년까지 역사를 가르쳤고, 존경받는 역사학자였다. 사카르의 저작 《유대인의 역사History of the jews》는 5판 26쇄를 기록했다. 브나이 브리스 힐렐B'nai Brith Hillel 재단 운영자였고, 나중에는 이사장으로도 활동했다. 미국 유대인 대학생들을 위한 재단도 설립했다. 2차 대전 후에는 재능 있는 젊은이들이 미국 대학에 입학할 수 있도록 돕는 활동을 적극적으로 펼쳤다.

41 아인슈타인이 골드스타인에게, 1946년 9월 2일, EA 40-407. 같은 편지가 1946년 9월 4일에 와이즈에게 배달되었으며 Wise paper, STWP에서 찾아볼 수 있다. 아인슈타인은 편지 사본을 이사회 임원들과 고문단 회원들에게도 보냈다. 아인슈타인이 프랭크퍼터에게 보낸 1946년 9월 2일 편지에는 "제가 알지 못하는 사이에 카디날 스펠만이 만찬 축사를 맡았고, (…) 또한 저로서는 중요하게 여길 수밖에 없는 불규칙한 변화들"이 일어나고 있기 때문에 프로젝트에서 손을 뗀다고 설명하고 있다. EA 40-407. 프랭크퍼터가 1946년 9월 6일에 보낸 답장은 EA 40-412. 폴 클래퍼의 답장은 1946년 9월 7일, EA 40-414.

42 1946년 9월 12일에 골드스타인이 아인슈타인에게 보낸 편지는 골드스타인의 1951년 저서에 실린다. 골드스타인과 사카르의 대화에서 "어떤 식으로든 약속은 이루어지지 않았고," 골드스타인이 나단에게 전한 내용도 그대로였다. 골드스타인의 회고록에 소개되는 내용을 보면, 어느 쪽으로도 치우친 기미가 없어 보인다. Goldstein 1984, 172-185.

43 알베르트 아인슈타인 재단 운영위원회 공식 회의록, RDFA.

44 앨퍼트도 새로운 고문단이 조직되어 원래의 합의가 이루어져야 한다고 나단에게 말했다. 나단이 아인슈타인에게, EA 40-416.

45 와이즈가 나단에게, 1946년 11월 8일, Box 78, Folder 18, STWP.

46 예를 들어, 아인슈타인이 릴리엔솔에게 보낸 편지를 봐라. 1946년 10월 10일, EA 40-417.

47 아인슈타인이 사카르에게, 1946년 10월 23일, EA 40-425. 이 둘은 1930년대부터 알고 지냈다. 힐렐 재단 이사장이었던 사카르는 난민 학생들이 장학금을 받고 미국 대학에 갈 수 있도록 활발히 활동하고 있었고, 아인슈타인과도 이를 위해 협력했다.

48 1946년 11월 11일, 나단은 이사회 임원이 되었다. 알베르트 아인슈타인 재단 회의록, RDFA.

49 오토 나단, 1946년 11월 9일, EA 40-427. 교육이사회는 하버드에서 가르치고 있던 마르크스주의 경제학자 폴 스위지도 염두에 두고 있었다. 그는 1947년 1월, 브랜다이스 대학 "브랜다이스 대학 계획"(EA 40-461) 89페이지를 써서 제출했다. 계획서의 근본적인 전제 두 가지는 다음과 같다. (1) 대학의 심장과 영혼은 교수들에게 있으며, 이들을 통해 대학의 권위가 결정된다. (2) 대학은 학문과 배움의 공동체이어야만 한다. 스위지의 제안은 많은 부분 받아들여졌다. 최고의 소규모 대학이 되려면 100명 정도의 교수와 500명 정도의 학생으로 시작해야 하며, 교수들은 학과가 아닌 학교로 구성되어야 하고, 흑인 교수와 흑인 학생을 유치하기 위해 장학금을 따로 마련해야 한다고도 제안했다. http://www.monthlyreview.org/1004jbf.htm(2007년 1월 접속).

50 알베르트 아인슈타인 재단 이사회 기록, 1947년 1월 6일. 회의록에 따르면 나단은 학교 운영 조직 및 직원들의 재직권, 교육 시스템, 학생 수, 교수진의 나이 등에 대해 보고했다. 나단이 쓴 경비는 알베르트 아인슈타인 재단에서 지불했다. 이 비용은 1947년 1-4월에 집중적으로 발생했다. Alpert Papers, RDFA, Otto Nathan 1941-1946 folder 참고.

51 라스키의 삶과 업적에 관해서는 Kramnick and Sheerman 1993 참고. 라스키의 글에 관해서는 Deane 1972 참고.

52 1946년 12월 3일자《맨체스터 가디언Manchester Guardian》《뉴욕타임스》참고. Laski 1947에서 전체 재판 과정을 볼 수 있다. Kramnick and Sheerman은 한 챕터를 통틀어 이

사건을 다루고 있다. (1993, 516-543)

53 나단은 랄프 라즈루스와 스티븐 와이즈를 포함한 친구들에게 라스키를 도와줄 것을 부탁했다. 와이즈는 25달러의 수표를 보내왔고 라즈루스도 일부 기여했다.

54 따라서 1947년 봄, 나단은 수의대의 새 학장을 구하기 위해 나섰다. 그 결과는 1947년 6월 4일 이사회에서 보고되었다.

55 아인슈타인이 라즈루스에게, 1947년 7월 19일, Alpert Papers, Einstein Folder, RDFA. 그러나 1949년 2월 2일 앨퍼트가 스테인브릭Hon. Meier Steinbrick 판사에게 보낸 편지에는 다른 내용이 담겨 있다. "제가 아인슈타인의 집을 찾았던 1947년, 그 집에는 저와 아인슈타인 외에도 라즈루스와 나단 교수가 있었고 나단 교수는 총장 선임 권한을 아인슈타인에게 위임하는 것이 어떻겠느냐고 제안했습니다. 저는 그것은 위임 불가능한 이사회의 고유 권한임을 지적했습니다. 그러나 나단 교수는 이사회가 아인슈타인 교수를 충분히 신임하고 있다고 말했습니다. 그래서 저는 아인슈타인에게 생각하는 사람이 있냐고 물었고 그는 라스키를 지목했습니다. 저는 그를 둘러싸고 영국에서 벌어진 법정 공방과 그 결과에 대해 언급하며, 브랜다이스 대학 총장으로서 적합한 인물인지 모르겠다고 말했습니다. 또한 미국 유대인들이 지원하는 대학의 첫 총장은 미국인이 바람직할 것이라고 말했습니다. 라즈루스와 나단 교수는 제 생각에 동의하지 않았습니다. (…) 이 문제의 결정은 그 다음 주에 있을 이사회로 미뤄졌지요." 앨퍼트가 스테인브릭에게 보낸 편지, 1949년 2월 2일, Alpert Papers, RDFA.

56 보리스 영은 이날 회의에 "초대" 되었다. 그가 줄리어스 실버에게 보낸 1947년 6월 5일 편지에는 "그날의 회의에서는 단호한 결의도, 행동도 없었습니다. 그날 불참했던 더시킨Dushkin 박사를 대신할 인물도 없었지요."

57 알베르트 아인슈타인 재단 회의록, p. 104, RDFA.

58 실버가 라즈루스에게, 1947년 5월 12일, Alpert Papers, Einstein Folder, RDFA. 1947년 6월 4일 이사회에서 "나단 박사는 자신이 이해하기로는 1947년 4월 17일에 의결 정족수가 채워지지 않더라도 아인슈타인 교수가 대학 총장을 선임할 권한을 가지고 있다고 말했다."

59 아인슈타인이 라스키에게, 1947년 4월 16일, EA 40-432.

60 라스키가 아인슈타인에게, 1947년 4월 25일, EA 40-435.

61 이를 둘러싼 궁금증은 아직도 남는다. 1975년, 그랜빌 이스트우드Granville Eastwood라는 영국의 한 퇴역 무역노동조합원이 해럴드 라스키의 전기를 쓰려고 나단에게 총장직을 제안한 아인슈타인의 편지를 사용해도 되는지 물었다. (Eastwood 1977, 85-86) 나단은 아인슈타인의 편지와 라스키의 답장을 오랫동안 사용하던 지갑에

넣어 두었는데 어디에 두었는지 기억나지 않는다고 했다. 나단이 헬렌 듀카스에게, 1975년 10월 28일, EA 40-436. 나단은 듀카스에게 라스키의 답신을 분명히 준 적이 있다. 이에 관해서는 Einstein Papers 참고.

62 실버가 라즈루스에게, 1947년 5월 12일, Alpert Papers, RDFA. 이 일에 관해 스테인브릭에게 보낸 앨퍼트의 편지는 또 다른 이야기를 전하고 있다. 편지에 따르면 1947년 4월 14일 뉴욕에서 라즈루스와 나단, 실버가 만나 "깊은 이야기"를 나눴다. 실버의 반론에 이사회가 위임하기 이전에는 총장 선출에 관한 어떤 결정도 내릴 수 없었으며, 나단은 반복해서 아인슈타인이 "이사회의 도장을 훔치지 않았다"는 사실을 강조했다고 한다.

63 막스 그로스맨이 나단에게, 1947년 4월 20일, Alpert Papers, Otto Nathan Folder, RDFA.

64 앨퍼트가 나단에게, 1947년 3월 24일, Alpert Papers, Otto Nathan Folder, RDFA.

65 아인슈타인이 라즈루스에게, 1947년 5월 16일, Alpert Papers, Einstein Folder, RDFA.

66 공식적인 회의록에는 마지막 문장 위에 줄이 그어져 있다. 나단은 다음과 같이 고쳐 읽었다고 한다. "아인슈타인 교수와 라즈루스는 대학이 다치는 것을 원하지 않으며 프로젝트가 원활히 진행되기를 바랍니다." 알베르트 아인슈타인 재단 회의록, 1947년 5월 19일, RDFA.

67 이후 재단 이름은 브랜다이스 재단으로 바뀌었다. 6월 초에 발표된 공식적인 변경 이유는 "학교의 실질적인 설립이라는 기본 목표가 달성"되었기 때문에 아인슈타인 교수가 변경을 요청했다는 것이었다. 또한 알베르트 아인슈타인 재단이라는 이름 때문에 실제적인 공여자를 혼돈할 여지가 있고, 새로운 이름이 원래 목적인 브랜다이스 대학 후원에 적합하다는 부연 설명도 있었다.

68 아인슈타인이 수잔 브랜다이스 길베르트에게, 1947년 6월 20일, Alpert Papers, Einstein Folder, RFDA.

69 《보스턴 선데이 헤럴드Boston Sunday Herald》, 1947년 6월 29일.

70 《뉴욕타임스》 1947년 6월 23일.

71 주커만 1947, 6.

72 Wise Papers, Box 36, Folder: Brandeis University, STWP.

73 1947년 6월 29일에 《PM》을 통해 첫 문단이 인쇄되었다.

74 EA 40-447.

75 따라서 브랜다이스 재단의 총책임자인 보리스 영은 에벌린 반 겔더Evelyn Van Gelder에게 보낸 1947년 10월 14일 편지에서 아인슈타인이 정치적인 이유로 스펠만의 뜻을 받들지 않기로 했다고 전했다. "금년 봄 라즈루스와 나단 박사는 현 시대의 가장 논란 많은 정치적 교육자를 대학의 첫 총장으로 세우려고 결심했습니다." 사실 그 편지를 받기 전인 1월 7일,

영이 사베스E. Saveth에게 보낸 편지에는 대학의 이사회 임원 명단이 동봉되어 있었다. 명단에는 라즈루스의 이름도 포함되었다! Alpert Papers, Einstein Folder, RDFA.

76 예를 들어 《보스턴 선데이 헤럴드》, 1947년 6월 29일자를 봐라.

77 "뉴욕" 출신의 또 다른 임원 셋도 나단과 라즈루스가 퇴임하던 날 함께 퇴임했다.

78 한동안 스티븐 와이즈는 브랜다이스에 상당한 적의를 품고 있었다. 그는 사카르에게 총장직을 거부하도록 조언했다. Wise and Sachar, 1948년 3월 26일, STWP. 편지의 일부분은 Sachar 1976, 39를 통해 확인 가능하다. 와이즈는 나중에 마음을 바꾸게 된다. 그의 공식적인 마지막 행사는 브랜다이스에서였다.

79 1949년 5월 17일, 사카르는 학교의 발전상을 아인슈타인에게 전했다. "신입생을 대략 150명 늘리면서 커리큘럼과 교수진도 추가로 필요하게 되었습니다. 생물학 분야의 발전에는 셀만 박사Dr. Selman Waksman의 충심 어린 협력과 유대인이 후원하는 첫 번째 대학에 대한 관심이 큰 도움이 되었습니다. 지금 저희에게는 훌륭한 물리학자가 필요합니다. 꽤 많은 지원서와 추천서를 이미 확보하고 있습니다. 지원자 중에는 노스캐롤라이나 대학 물리학과의 네이턴 로젠 박사도 있습니다." 로젠은 아인슈타인의 옛 동료로 EPR 보고서 초안을 작성한 학자였다. 이전에 아인슈타인은, 젊은 물리학자를 추천하지는 않겠지만 대학이 직접 발굴한 학자에 대해서는 평가해 줄 것을 약속한 적이 있었다. 아인슈타인은 사카르에게 로젠이 적절한 인물이 아니라고 믿는다는 내용의 답변을 보냈다.

80 아인슈타인이 시드니 샬렛에게, 1951년 12월 31일, EA 40-454.

81 사카르가 아인슈타인에게, 1952년 4월 5일, EA 61-213.

82 아인슈타인은 편지에서 쇼펜하우어의 인용구를 독일어로 썼다.

83 아인슈타인이 사카르에게, 1952년 3월 30일, EA 61-212.

84 아인슈타인이 차크라바르티Chakravarty에게, 1952년 12월 2일, EA 40-195, 2.

85 아인슈타인이 사카르에게, 1953년 2월 22일, Sachar Papers, RDFA.

86 아인슈타인이 사카르에게, 1954년 1월 12일, EA 61-214.

87 아인슈타인이 나타니엘 골드스타인에게, 1953년 5월 9일, EA 40-450.

88 사카르가 골드스타인에게, 1948년 6월 2일. Goldstein 1951, 113. 그러나 골드스타인은 사카르에게 그리 관대하지 못했던 것 같다. Sachar 1976.

89 아인슈타인의 인용은 이사야 벌린의 글 〈아인슈타인과 이스라엘Einstein and Israel〉(Berlin 1981)을 통해 볼 수 있다.

90 1947년 3월 20일, 기금 마련을 위한 만찬 행사를 위해 준비한 아인슈타인의 연설문(EA 40-431). 연설은 이루어지지 않았지만, 그 글은 1947년 4월 《주이시 애드버케이트Jewish

Advocate》에 게재되었다.

요구하는 학문적 수준이 높아 1948년 입학생 중 많은 수가 1952년에 졸업하지 못했다. 1952년 졸업생은 104명이었는데, 이는 상당수의 학생이 다른 대학에서 학점을 취득한 후 입학했기 때문이다. 104명 중 하위 우등생은 23명, 상위 우등생은 10명, 최우등생은 1명이다.

3부. 오펜하이머, 구속받지 않는 프로테우스

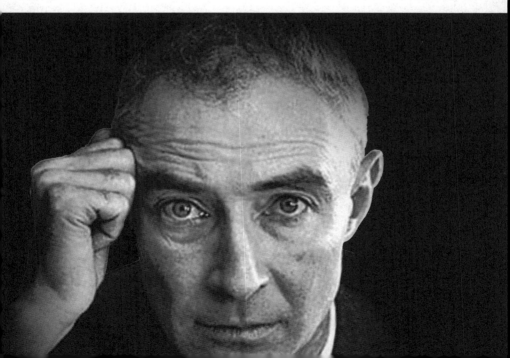

내가 가장 존경하는 부류의 사람은
수많은 일을 훌륭하게 처리할 수 있는 능력을 가졌지만
여전히 눈물이 무엇인지 아는 사람이다.
_ 오펜하이머, 19261

그리스 신화에 나오는 나이 많은 예언자 프로테우스는 과거와 현재, 미래를 통달한 재주꾼이다. 프로테우스에게서 조언을 얻으려면 그가 낮잠을 자는 사이에 꽁꽁 묶어서 도망가지 못하도록 해야 한다. 왜냐하면 도망을 치면서도 다양한 변신을 시도하기 때문이다. 그러나 일단 잡히기만 하면 자신이 가진 모든 지혜를 쏟아 놓는다. 이런 배경에서 '프로티언protean'이라는 단어는 '다양한, 변화무쌍한, 다재다능한' 등의 의미를 지니게 되었다.

1973년 제퍼슨의 인생에 관한 강의에서 에릭 에릭슨Erik Erikson은 다재다능해서 여러 분야에서 뛰어난 능력을 발휘했지만 자신의 중심을 지키고자 노력했던 토마스 제퍼슨이야말로 '프로티언 맨'이라고 말했다. 에릭슨은 위장을 아주 잘해 진짜 정체성을 알기 힘든 카멜레온 같은 사람도 프로티언으로 볼 수 있다고 했다. 그러나 이런 예외적인 사람의 특성마저도 그 사람이 속한 시대적인 맥락에서 바라봐야만 한다고 덧붙였다. 그들은 때로 시대와 타협하고, 시대에 도전하면서 자신만의 정체성을 만들어 간 것이다. (Erikson 1974, 51-52)

제퍼슨과 마찬가지로 오펜하이머야말로 타협과 도전이라는 두 속성이 엇갈리는 프로티언 맨일 것이다. 그러나 오펜하이머는 자신이 존경했던 제퍼슨보다 훨씬 다양한 면모를 가지고 살았다. 전쟁 이후 오펜하이머와 개인적으로는 친구로, 1951년에는 고등연구소 동료로 친분이 깊었던 조지 케넌[2]이 바라본 오펜하이머는 이런 사람이었다.

> 때로는 아주 어리고 때로는 늙었으며, 과학자이자 시인이며, 때로는 거만하고 때로는 겸손하며, 어떤 문제에 대해서는 무섭도록 용감하지만 어떤 때는 심각하게 나약하고… 놀랍도록 상반된 모습들로 가

득한 인물이다. (…) 그의 마음속에는 무서운 힘과 섬세함, 대응 능력이 넘친다. (…) 성격이 급하고 두뇌 회전이 빨라 다른 사람과 대화할 때 답답하거나 평범한 것은 참지 못한다. 그러나 이 날카로운 표면 아래로는 누구보다 감성적인 본성을 지녔고, 우정과 애정, 신의에 목말라 한다. (…) 인간이 누리는 친밀감 중에서도 깊은 지성을 바탕으로 한 우정을 최고라고 믿었고, 지성과 (…) 진한 겸손이 묻어난 희생, 배려를 그는 존중했다. (Kennan 1972, 18)

오펜하이머는 혁명적인 물리학의 시대에 누구보다 창의적인 물리학자로서, 영향력 있는 교사로서, 세계 역사를 뒤바꾼 전쟁 프로젝트의 수장으로서, 전후에는 미국 정책의 재편자로서, 뒤바뀐 세상에서 넘쳐 나는 위험에 대해 목소리를 높였던 지적 파수꾼으로서 스스로 많은 것을 이룩한 인물이다. 이 수많은 서로 다른 역할을 그는 훌륭하게 소화해 냈다. 그러나 그중 어떤 것도 오펜하이머의 진짜 모습을 완전히 반영하지는 못한다. 한 사람의 정체성이란 그 사람이 자라면서 발전시킨 것으로, 그가 공동체와 관계를 맺으며 밟아 온 과거와 미래까지도 반영하는 것이다. (Erikson 1974, 27) 물리학 연구에 매달리던 1930년대, 로스앨러모스를 이끌던 1940년대, 정책 고문을 맡던 전쟁 직후의 기간 동안 오펜하이머는 목적이 서로 다른 커뮤니티와 깊은 유대관계를 맺어 왔다. 그러나 이 이질적인 역할들을 하나로 모으기란 어렵다는 사실을 깨닫고 있었다. 아마도 자신이 이 모든 역할을 아우를 만한 창의적인 이상을 품는 것이 힘들어서이거나, 자신이 속한 커뮤니티를 이끌고 갈 목표를 찾기가 힘들어서일 수도 있을 것이다. 어쩌면 그가 맡았던 역할 하나하나가 깊은 위기와 맞닿아 있었기 때문일 수도 있다.

여기에서는 세 과정에 집중하려고 한다. 첫째는 오펜하이머가 이론물리학자의 길로 들어선 과정, 둘째는 물리학 연구를 포기한 과정, 셋째는 직위 박탈 이후 공공의 지성으로 돌아온 과정에 관해서다. 세 가지 모두 오펜하이머의 이면을 보여 준다.

불안한 정체성

오펜하이머는 1904년 4월 22일 뉴욕의 부유하고 자유로운 집안에서 태어났다.[3] 아버지 율리우스Julius는 17세였던 1888년에 독일에서 미국으로 건너와 친척들과 옷감 수입 사업을 벌여 크게 성공했다. 어머니 엘라 프레드먼Ella Friedman은 실력 있는 화가로 그녀의 가족은 독일에서 볼티모어로 1840년대에 이민을 왔다. 오펜하이머 부모는 예술, 특히 음악에 일가견을 가지고 있었다. 로버트가 네 살 때 남동생이 태어나자마자 죽고, 1912년에 다시 동생 프랭크Frank가 태어났다. 오펜하이머 가족은 창밖으로 허드슨 강이 내려다보이는 넓고 아늑한 아파트 11층에 살았다. 롱 아일랜드 베이 쇼어에는 여름 별장도 있었다. 성장한 오펜하이머는 "어린 시절을 돌아보면 그 어떤 식으로든지 고통이나 어려움을 경험하지 못했다"고 회상했다. (Cassidy 2005, 18)

1920년대 로버트의 집을 자주 드나든 폴 호건Paul Horgan과 제프리즈 위먼Jeffries Wyman 같은 친구들은 당시 그의 집이 무척 멋있었지만 — 벽에는 반 고흐의 작품들이 걸려 있는 등 고급스럽고 우아했다 —, 일면 슬프고 우울한 분위기도 띠었다고 한다. 집 안은 늘 어머니가 장식했는데, 그녀는 오른팔에 장애가 있어 항상 회색 실크 장갑을 끼고 있었다. 호건은 그녀가 신경질적이고 정서적으로 쇠약해 항상 슬픈 낯빛이었다고 기억한다. 1920년대의 또 다른 친구 존 에드살John Edsall은 로버트가 1920년대 말까지 아버지보다는 어머니만 따라다니던 '마마보이' 라는 인상을 받았다.

유소년 시절, 오펜하이머 가족은 펠릭스 애들러Felix Adler가 1876년에 시작한 윤리문화운동Ethical Culture Society에 활발히 참여하고 있었다. 어린 로버트는 자연히 윤리문화학교에 나가게 되었는데, 이 학교는 높은 학문적 수준과 자유주의 교육 이념을 추구하고 있었다. 오펜하이머는 1911년 가을에 2학년으로 입학해 21년 2월에 고등학교를 졸업했다. 이 학교는 성적은 우수하고 똑똑하지만 무언가 불안해 보이는 아이 로버트를 아웃사이더로 만들어 버리지 않고 교육하기에 이상적인 장소였다. 한 학급 친구는 "작고 허약한, (…) 매우 부끄럼을 많이 타지만 똑똑한 아이"로 15세의 로버트를 기억한다. (Smith and Weiner 1980, 6-7) 부끄러움은 시간이 지나면서 극복되지만 정서적인 불안정과 깊은 불행감은 극복하기 힘들었다. 호건은 하버드에 입학하기 직전인 22년 여름 뉴멕시코를 함께 방문했던 순간의 로버트가 "슬픈 감정과 깊고도 깊은 우울증에 빠진 젊은이" 였다고 한다. (Smith and Weiner 1980, 6)

윤리문화학교를 졸업한 이듬해인 1922년 오펜하이머는 하버드에 입학한다. 1년 공백은 이질을 심하게 앓고 난 후 유럽을 여행하면서 충분히 쉬기 위한 것이었다. 1922년 여름 동안에는 고등학교 시절 영어교사였던 허버트 윈슬로 스미스——그의 부모가 여행을 위해 고용하였다——와 함께 미국 남서부를 여행했다. 여행하는 동안 오펜하이머는 유대인이라는 사실을 숨기려고 스미스에게 자신을 형제로 소개해 줄 것을 부탁했지만, 스미스는 허락하지 않았다. 그 여행을 통해 오펜하이머는 뉴멕시코를 사랑하게 되었다.

대학 신입생 시절 오펜하이머는 채광 기술자가 되고 싶었다. 화학을 전공했지만 다른 전공과목들도 청강했다. 오펜하이머가 재학 당시 들었던 수업 기록은 2005년 이후 열람이 가능해졌다.[4] 성적증명서에 청강한 수업들은 기록되어 있지 않다. 고등학교 재학 당시의 기록도 남아 있다. 수학과 평면기하학은 상위 98-99퍼센트, 삼각법은 상위 95퍼센트, 입체기하학은 85.5퍼센트로 기록돼 있다. 그리스어와 라틴어·독일어는 각각 92, 88, 91퍼센트였지만, 영어 성적은 65퍼센트에 그쳤다.

대학 재학 시절 가장 눈에 띄는 점은 오펜하이머가 매년 평균 12과목(일반적으로는 8과목)을 수강했다는 것이다. 그는 3년 만에 졸업했다. 입학 첫해와 둘째 해 그가 보인 학문적 역량은 대단했다. 첫해에는 피베타 카파 클럽(Phi Beta Kappa Club, 미국 대학 졸업생의 상위 1퍼센트만 가입할 수 있는 클럽-편집자) 회원으로 선출되었고, 2학년이 끝날 무렵에는 "뛰어난 학문적 성과"를 이룬 학생에게 주는 존 하버드 펠로John Harvard Fellow가 되는 영예도 안았다. 화학을 전공하면서 모든 전공과목에서 A학점을 받았다.[5]

학부 시절 다양한 과목을 소화했던 경험은 이후 새로운 정보를 자기 것으로 흡수하고 통합하는 데 큰 밑거름이 된다. 그러나 그가 지나간 길이 결코 순탄하지만은 않았다. 열아홉 살 때 오펜하이머는 허버트 스미스Herbert Smith에게 편지를 보내 어려운 점을 털어놓았다.

지난주에 경험했던 구역질 나는 수업을 따라잡으려고 저는 수많은 논문과 노트, 시, 이야기, 쓰레기들을 읽었습니다. 시간을 쪼개 수학, 물리학 도서관을 오가면서 러셀에 관해 공부하다가 스피노자에 관한 논문을 쓰고 있는 아름답고 사랑스런 여성을 바라보다가를 반복하고 있습니다. 너무나 아름다운 역설이에요. 그렇게 생각하지 않으세요? 세 군데의 실험실을 오가고, 라신Racine에 관한 알라드의 험담을 듣고, 차를 마시며 종교적인 이야기를 나누다가, 그리스어와 고대 프랑스어를 공부하다가, 편지를 찾고 하다가, 아, 그냥 죽어 버렸으면 좋겠다 생각하기도 합니다. (Smith and Weiner 1980, 54)

하버드 시절의 로버트와 친했던 한 친구는 그가 왠지 훌륭하면서도 거만했으며 음악은 전혀 듣지 않았다고 한다. 괴물처럼 공부했던 오펜하이머였지만 같은 고등학교 출신으로 함께 하버드에 입학했던 폴 호건과 퍼거슨Francis Fergusson과만은 함께 시간을 보냈다. 그러나 데이트할 시간은 전혀 없었다.

오펜하이머는 자신이 선택한 다양한 분야에서 재능을 보였다. 친구들은 모두 그가 인문학자가 될 것이라고 보았다. 그러나 퍼시 브리지먼Percy Bridgman과 에드윈 켐블Edwin Kemble을 만난 후 물리학자로 나아가리라 마음을 굳혔다. 물리학을 통해 오펜하이머는 자기 안의 괴물을 만나지 않고서도 집중하여 에너지에 대해 공부할 수 있었다. 물리학 연구와 실험은 끈기와 인내를 요구했다.[6] 그러나 그 과정에서 그는 열정을 발산할 수 있었고 세상을 하나로 묶는 방법을 찾을 수 있을 것만 같았다.

졸업반이 되었을 때 오펜하이머는 브리지먼의 실험실에서 금속

전도체의 압력 문제점 해결에 관한 연구에 집중했다. 실험을 반복하면서 얻는 이해와 연구 경험을 값지게 여기기는 했지만, 그는 실험과학이 자신의 적성과 맞지 않는다는 사실을 확실히 깨달았다. 그런데도 하버드를 졸업한 후 케임브리지 대학으로 진학했다. 그리고 그곳의 캐번디시Cavendish연구소에서 비참한 경험을 하게 된다.

하버드 재학 시절 오펜하이머는 실험물리학자가 되고자 했지만, 실험실에서는 충분한 역량을 발휘하지 못했다. 지도교수들은 그의 장래를 걱정했다. 캐번디시연구소의 어니스트 러더퍼드에게 보낸 추천서에서 브리지먼은 오펜하이머가 분석력이 뛰어나지만 실험 수행능력이 떨어지기 때문에 실험실에 잘 적응하지 못했다고 썼다. 그런데도 하버드에서 그가 예외적으로 뛰어난 학생임을 인정하지 않는이는 없었다. 브리지먼도 오펜하이머가 완벽하리만큼 뛰어난 흡인력을 지녔다는 사실을 추천서에 쓰고 있다. 비록 브리지먼은 그가 어떤영역에서 기여하게 될지는 확신하지 못했지만, "만약 최선을 다한다면, (…) 누구보다 뛰어난 업적을 이룰 것"이라고 믿었다. (Smith and Weiner 1980, 77)

하버드를 졸업하고 일 년 동안 오펜하이머는 정서적으로 깊은 위기를 겪는다. 러더퍼드와 함께 일할 기대를 품고 캐번디시에 들어갔지만, 연구감독이던 J. J. 톰슨 밑에서 일하게 되었다. "실험실에서의기억은 정말이지 수치스러웠다. (…) 절망적인 상태를 벗어나지 못했다"며 그는 회상한다. (Kuhn 1963, 2) 톰슨은 나이가 많아 충분한 도움을 주지 못했고, 오펜하이머의 전자기 측정에 관한 연구 실험은 난항을 거듭했다. 새로운 연구 분야를 앞에 두고 오펜하이머는 무척 흥분했지만, 계속 실험이 실패하면서 물리학도로서 미래가 불투명해졌

다. 퍼거슨과 존 에드살이 당시 로버트가 얼마나 괴로워했는지를 기록으로 남기고 있다.[7]

1925년 늦가을 파리를 방문한 오펜하이머는 친구 퍼거슨에게 절망적인 상황을 털어놓았다. 케임브리지의 전반적인 문화, 연구 실패로 인한 당황스러움, 하버드 시절 친했던 친구들이 결혼하면서 소원해진 관계 등 다양한 이유가 그를 괴롭혔다. 3년 선배였던 패트릭 블랙켓Patrick Blackett이 젊은 실험물리학자로서 성공하면서 자신을 가르치거나 때로 멘토 역할까지 하게 되는 등 몇몇 동료의 성공에 질투를 느껴 그는 깊은 우울증에 빠지기도 했다. (Nye 2004) 1925년 가을에는 블랙켓의 책상에 청산가리로 추정되는 "독약 넣은 사과"를 놓은 일도 있었다. 다행히 적발되어 블랙켓은 무사했다. 오펜하이머는 학교 당국에 고발되어 퇴학을 당할 뻔했다. 부모의 개입과 상담치료를 받겠다는 약속 때문에 겨우 제적은 면했다.

오펜하이머는 성정체성을 두고도 좌절을 겪는다. 어떤 것이 진짜 자신인지를 놓고 잦은 혼란을 겪었다.[8] 그때마다 응집된 하나의 자아를 찾기 힘들었고, 내면의 갈등은 커져만 갔다.

1926년 3월 중순에는 친구 프레드릭 베른하임Frederick Bernheim, 존 에드살, 제프리즈 위먼과 코르시카로 휴가를 떠났다. 영국으로 가기 며칠 전, 오펜하이머는 느닷없이 친구들에게 "블랙켓의 책상에 독이 든 사과를 두었다"며 이를 치우기 위해 학교로 당장 돌아가겠다고 말했다. 그러나 독사과 사건은 이미 작년의 일이었다. 다행히도 이 문제는 상담치료와 스스로 노력해 극복될 수 있었다. 몇 년 후 오펜하이머는 친구이자 동료인 하콘 세발리에Haakon Chevalier에게 프루스트의 소설 《잃어버린 시간을 찾아서In Search of Lost Time》가 우울증 극복에 큰 도움이 되었노라고 말한다. 크게 감동받은 몇 구절을 외워서 세발리에에게 써 보내기도 했다.

> 그녀는 아마도 모든 이가 고통을 안고 살아가지만 그것에 대해 무관심한 것과 같이, 사악함을 특별히 희귀하거나 별다른 것으로 여기지는 않을 것이다. 사람들이 그것을 무엇이라고 부르든 관계없이, 그것은 끔찍하고 멈추지도 않는 잔인함의 한 형태이다.[9] (Chevalier 1965, 34-35)

케임브리지 대학 이후로는 그처럼 심각한 경우를 더는 겪지 않았지만, 오펜하이머는 항상 정서적으로 불안한 상태였다. 이사도르 라비Isador Rabi의 지적처럼 "오펜하이머는 천성적으로 약한 사람"이었다. (Rabi, in Oppenheimer 1967, 3) 그는 끊임없이 위험한 상황으로 자신을 몰아넣었다. 마치 폭풍우 속을 항해하듯이, 무모한 운전자처럼, 준비 없는 산행을 하듯이 자신을 둘러싼 사회와 끊임없이 좌충우돌했다. 그는 한 번도 "일반적이고 건강한 방법"을 배운 적이 없다. 지혜나 거만한 태도, 메말라 보이는 감성 아래에는 깊은 불안감이, 특히 자신의 창의성에 대한 의심이 항상 숨겨져 있었다.

물리학자가 되기까지

위기에서 회복된 오펜하이머는 이론가가 되기로 결심한다. 당시 세인트존스 대학에서 생화학 박사 과정을 밟고 있던 존 에드살은 긴 시간 동안 오펜하이머와 하이젠베르크, 디랙, 슈뢰딩거의 연구 업적에 대해 대화했던 일을 기억하고 있었다. 1925년은 이론물리학이 급격한 변화를 겪게 되는 원년이었다. 하이젠베르크의 행렬역학이 발표되었고, 곧이어 막스 보른Max Born과 파스쿠알 요르단Pascual Jordan의 연구 결과가 발표되면서 비조화진동에 관한 커뮤니케이션 법칙, $[q, p]=ih/2\pi$이 소개됐다. 이 두 논문에 뒤이은 디랙, 보른, 하이젠베르크, 요르단의 연구를 통해 마침내 과거와 동일한 운동 방정식을 사용하되 과거와는 달리 특정한 커뮤니케이션 법칙에 따라 예측, 관측이 가능한 양자물리학의 시대가 열리게 되었다. 특히 n번째 입자를 구성하는 i 성분(i = 1, 2, 3)의 입자 위치 제어에 관한 $q^{(n)}_i$ 와 그 운동을 설명하는 $p^{(n)}_j$ 는 다음의 전도 법칙을 따른다.

$$[q^{(n)}_i, p^{(m)}_j]=ih/2\pi \delta_{nm} \delta_{ij}$$

$$[q^{(m)}_i, q^{(n)}_j]=0; [p^{(m)}_i, p^{(n)}_j]=0$$

1926년에는 슈뢰딩거의 연구를 통해 파동역학이 등장한다. 그 결과 원자 현상을 둘러싼 연구가 활성화되면서 새로운 역학에 대한 분석적 토대가 마련되었다. 오펜하이머는 이렇게 급박하게 돌아가던 연구 진행 상황을 놀라울 만큼 빨리 소화했고, 1926년 5월에는 분자 띠 스펙트럼 주기와 간극에 대한 양자물리학적 설명을 내어 놓은 첫 논문을 발표했다. 곧이어 7월에는 수소 원자의 지속적인 스펙트럼 및 파동 정상화에 관한 두 번째 논문을 발표했다. 두 논문을 쓰는 과정에서 그는 랄프 파울러Ralph Fowler와 폴 디랙으로부터 많은 도움을 받았다. 이 두 사람은 1926년 중반 무렵 오펜하이머가 단순히 새로운 방법론에 필요한 수학을 기술하는 데 그치지 않고, 자신만의 연구 영역을 이미 갖기 시작했다고 보았다.

1926년 봄 케임브리지를 방문한 막스 보른은 오펜하이머에게 괴팅겐으로 가서 자신과 함께 연구할 것을 제안한다. 오펜하이머는 수락했다. 괴팅겐에 도착한 그는 보른을 중심으로 활발히 전개되고 있던 지식 그룹에 적극 참여하게 된다. 절친한 친구인 폴 디랙과 이사도르 라비와도 이 시기에 활발히 교류했다. 오펜하이머는 새로운 파동역학의 틀을 사용해 원자의 움직임을 설명하기 위해 계속 연구했다. 그는 엑스레이 광선 방출에 대한 새로운 양자물리학적 설명을 통해 이전의 양자이론이 틀렸다는 것을 증명한 최초의 과학자다. 보른과 함께 쓴 논문은 양자물리학 기술로 분자를 취급할 수 있는 토대를 마련하기도 했다. 이 논문은 분자의 자유 진동과 회전에 관한 것으로, 케임브리지 시절에 이미 오펜하이머가 연구 과제로 삼았던 것이다. 물리적 현상에 대한 보른과 오펜하이머의 양자물리학적 접근법은 유명하다. 그들은 가벼운 분자가 무거운 분자보다 훨씬 빨리 움직인다는 사실을 발견했다. 따라서 핵운동을 묘사하기 위해 근본적으로 (고주파) 전자운동을 조직화하고 핵 진동의 근사치와 효과, 파동을 설명했다. (Born and Oppenheimer 1927)

오펜하이머는 괴팅겐에 머물기 시작한 지 1년이 채 못 된 1927년 봄에 박사 학위를 얻는다. 젊은 시절 그의 자신감은 보른이 주관한 세미나의 한 장면을 통해 엿볼 수 있다. 오펜하이머는 다른 참가자들과의 마찰을 아무렇지 않게 여겼다. 누구든지 자신과 의견이 맞지 않으면 언제든 나가 자신의 생각을 흑판에 써 내려갔다. 참가자들은 이를 불쾌하게 여겼고, 세미나가 끝난 후 오펜하이머의 행동을 제지하지 않으면 앞으로는 참석하지 않겠다는 쪽지를 보른에게 보내왔다. 오펜하이머에게 직접 말할 용기가 나지 않았던 보른은 그 쪽지들을 오펜하이머 책상에 두었고, 이를 본 오펜하이머는 이후 자제를 하였다. 비록 보른은 오펜하이머의 명석함을 존중하기는 했지만, 막상 그가 괴팅겐을 떠나자 안도한다. 보른이 에렌페스트에게 쓴 편지의 일부다.

> 오랫동안 저와 함께 지내 온 오펜하이머가 이제 당신께로 갔군요. 저는 선생께서 그를 어떻게 생각하시는지 너무나 궁금합니다. 왜냐하면 저로서는 오펜하이머와 함께한 시간이 적잖이 힘들었기 때문입니다. 그가 재능 넘치는 사람이라는 것은 부인할 여지가 없으나 정신적인 면은 그렇지 않았습니다. 그는 겉으로는 무척 겸손하지만 속은 굉장히 오만합니다. 그는 항상 더 나은 아이디어를 내보이지만 그 태도는 주위 사람들을 질리게 만듭니다. 그가 떠나고 난 지금에야 숨을 좀 쉬겠으며 일도 손에 잡히는군요. 제 학생들도 같은 경험을 했다고 합니다. 그와 너무 오랫동안 함께 지내지는 마십시오. 조심하십시오! 제게 선생의 느낌을 꼭 알려 주시기 바랍니다. 저는 지금도 긴장이 되는군요. (Greenspan 2005, 146)

이 편지는 오펜하이머에 대해서는 물론 보른 자신에 대해서도 많은 것을 알려 준다. 1928-29년에 보른은 똑똑한 자신의 학생들과 연구 보조원들 때문에 해를 당할까 봐 두려워했던 것이다. 한편 오펜하이머는 어쩌면 보른이 본 것과는 오히려 반대로 "겉으로는 오만하지만, 속으로는 상당히 겸손" 했는지 모르겠다. 여기서 "겸손" 이라는 말이 어울리지 않는다면, 불안해 하고 누군가의 존경을 갈망했다고도 말할 수 있겠다.

괴팅겐에 머무는 동안 오펜하이머와 디랙의 우정은 깊어졌다. 디랙은 1927년 2월 괴팅겐으로 와서 오펜하이머와 같은 아파트에 살았다. 둘은 주말이면 산책을 하면서 오랜 시간 물리학에 대해 토론했다. 디랙은 왜 오펜하이머가 시를 좋아하는지 이해하지 못했지만 그의 세미나 태도에 대해서는 당황하기보다 오히려 빠르고 날카로운 판단에 감명을 받았다. 오펜하이머도 토마스 쿤Thomas Kuhn과의 인터뷰에서 "제 인생에서 가장 짜릿했던 순간은 디랙이 괴팅겐으로 와서 방사선 및 양자이론에 관한 자신의 논문을 건네줬을 때입니다"고 말했다.

1929년에는 록펠러 재단의 국제교육이사회를 위해 일했다. 계속 유럽에 머물면서 레이든에 사는 파울 에렌퍼스트와 취리히의 파울리 등과 함께 시간을 보냈다. 또한 상대성이론의 양자화에 대한 조사를 진행하고 있던 파울리, 하이젠베르크와 함께 연속 스펙트럼 변화를 연구했다. 이듬해에는 하버드에 있는 국립연구원과 칼텍에서 연구 활동을 계속했다. 강한 자기장을 활용하여 금속 표면에서 전자를 추출하는 법을 갓 발견한 밀리칸Robert Millikan, 라우릿센Charles C. Lauritsen과 토론하면서 전자기장을 이용하여 수소 원자를 이온화하는 연구를 하는 한편, 미세 입자의 운동을 제대로 설명하지 못하던 기존의 양자물리학에 대한 새로운 해결책을 제시하는 이론을 세우기도 했다.[10] 오펜하이머의 냉전자방출 연구는 이후 그의 주요 업적 가운데 하나로 기억된다.

칼텍에 있는 동안 버클리를 방문한 그는 마치 황무지 같은 그곳이 마음에 들었다. "거기에는 이론물리학이 없었기 때문에 뭔가 시작해 보고 싶은 마음이 생겼다." 그러나 혼자 고립되는 것은 싫어서 칼텍과는 연락을 계속하기로 했다. 오펜하이머는 1년을 다시 유럽에서 보낸 후 버클리에 자리를 잡는다. (Kuhn 1963, 9–10)

미국의 이론물리학은 뒤늦게 시작되었다. 1920년대 실험물리학자들이 우선 양자물리학을 들여온 이후에야 비로소 체계적인 연구기관이 들어섰다. (Schweber 1988) 어니스트 로렌스의 방사선연구소가 있는 바로 그곳 버클리에서 오펜하이머는 자신만의 연구기관을 꾸리게 되었고(Heilbron and Seidel 1989), 1930년대에 걸쳐 자신의 이론적 관심사를 연구할 수 있었다.

1930년대 로렌스와 오펜하이머는 친분을 쌓는다. (Davis 1968) 오펜하이머는 로렌스의 방사선연구소에서 이루어진 연구 성과를 통해 많은 것을 배웠다. 로렌스가 어떻게 과학자와 엔지니어들을 모으고 대형 사이클로트론을 만드는지 그 과정도 지켜보았다. 오펜하이머는 로렌스가 스태프들과 항상 소통하는 것을 보았고 중요한 실험 장면마다 그가 어떻게 핵심적인 역할을 하는지도 관찰했다.

오펜하이머가 버클리에서 처음 대학원 수업을 했을 때 학생들은 수업의 수준에 질려 버렸다. 그러나 몇 년이 지난 후 그의 수업은 학생들에게 큰 인기를 끈다. 특히 양자물리학 수업을 들은 학생들은 새로운 세계의 아름다움에 매료됐다. 한스 베테Hans Bethe가 오펜하이머에게 바친 1966년의 찬사에는 "오펜하이머의 수업을 빛내는 가장 핵심적인 요소는 세련미일 것이다. 그는 무엇이 중요한 문제인지를 항상 알고 있었다. 그는 진실로 그 문제들과 살았고 해답을 위해 투쟁했으며, 학생들과 소통했다"는 구절이 있다. 중요한 사실은 오펜하이머는 단지 지식만을 가르치는 것이 아니라 학생들과 인간적으로 교류하는 폭도 넓었다는 것이다. 서버Serber는 이런 교류에 대해 다음과 같이 쓰고 있다.

> 하루는 수십 명의 대학원생, 열 명가량의 박사급 연구원들과 함께 그의 오피스에서 회의를 하려고 모였다. 시간이 다 되자 학생들은 서로 벽에 기대거나 자리를 찾기 위해 분주했다. 학생과 연구원들은 각자 자신의 연구 주제를 발표하고 의견을 주고받았다. 참가자들은 더 다양한 주제를 들을 수 있었다. 한 사람 한 사람 다양한 연구 주제를 발표했고 오펜하이머는 모든 주제에 관심을 보였다. 그날 우리는 전기역학, 우주선, 핵물리학 등을 다 다뤘다. (Serber in Oppenheimer 1967)[11]

이런 식의 집단적인 연구 조사 방법론은 한참 후에야 일반적으로 활용되기 시작했다. 이는 기본적으로 창의성이란 집단적인 노력을 거쳐 발현된다는 신념에 바탕에 두고 있다. 이런 공동 협력을 기반으로 한 연구 방법에 대해 오펜하이머 자신은 이렇게 평가한다. "우리가 이해하지 못하는 것도 서로를 통해서 우리는 설명할 수 있다." (Bethe 1967, 1080)

뮌헨에서는 좀머펠트Arnold Sommerfeld가 이론물리학계에서 이런 연구 풍토를 만들고 있었다. 독일 대학에서는 보통 외부의 전문가를 데려와서 강연을 하는 반면, 좀머펠트는 졸업생이 아닌 외부 강사는 엄격히 배제하고, 교수 및 대학원생, 박사 후 연구생들과 함께 발표 세미나로 새로운 연구를 일구었다. 이는 발표 중에 언제라도 끼어들어 도움이 되는 코멘트를 서로 주고받는 세미나 형식으로 발전하게 된다.

오펜하이머의 경우 물리학계에 일고 있는 새로운 연구 양식에 대해 이미 잘 파악하고 있었다. 양자물리학의 발전과 함께 물리학이야말로 집단적인 노력이 필요한 학문이라고 보았다. 보어나 아인슈타인과 같은 개인이 물리학계를 뒤집는 시대는 이제 끝난 것 같았다. 이론물리학계로 흘러드는 젊은 이들도 늘고 있었다. 물리학계의 변화를 이끌 새 바람이 일기 시작한 것이다. 1911년에 첫 솔베이Solvay 국제회의가 열렸을 때 서른두 살의 아인슈타인은 참가자 가운데 가장 어렸다.[12] 21년 제2차 회의 참가자들은 더욱 나이가 많았다. 그러나 27년 3차 회의에는 하이젠베르크, 파울리, 디랙과 같이 젊은 물리학자들이 대거 참석해 활발히 활동했다. 이러한 이론물리학계의 경향은 1920, 30년대에 점차 확대되어 보어 연구소 및 워싱턴 컨퍼런스를 거치면서 더 뚜렷해진다.

1930년대 양자장이론 및 고에너지물리학 분야 후진 양성에서 오펜하이머의 역할은 독보적이었다. 교수직을 얻으려면 자신들이 참여할 분야의 동료들에 필적할 만한 경험과 능력을 갖추어야만 한다. 즉, 학생들은 "실험"을 거쳐 얻어진 복잡한 데이터를 계산해 낼 수 있는 능력과 실험을 위한 세밀한 부분까지도 이해할 수 있어야만 했는데, 오펜하이머의 학생들은 항상 그런 조건을 충족시켰다.

오펜하이머는 우주선 실험을 통해 발생되는 복잡한 실험 데이터를 분석하기 위해 양자물리학과 특수상대성을 통합하는 등 새로운 타입의 이론물리학을 대표하는 주자로 부상했다. 이처럼 오펜하이머가 보여 준 프로티언적인 개성이야말로 새로운 이론물리학자 상을 만들어 내기에 충분했다.[13] 미국 이론물리학계를 이끌었던 교육자 혹은 멘토로서 그의 능력은 베테의 헌사에서 드러난다. "J. 로버트 오펜하이머

보다 미국 이론물리학계에 많은 업적을 남긴 이는 없다." (Bethe 1967)

그런데 1930년대는 아직 오펜하이머의 전성기 이전이었다는 것이다. 디랙 방정식 증명이나 수소 원자의 스펙트럼 설명에서 그는 아직도 충분한 결과를 얻지 못하고 있었다. 우주선 실험의 결과 분석이나 메소트론(mesotron, 중간자) 회전 측정에 관한 실험도 마찬가지였다. 천문학적인 관찰을 따른다면 중성자별의 존재는 재미있는 제안에 불과하고 블랙홀이 존재한다는 주장도 지나친 추측이라는 평가 이상을 기대하기는 힘들 것이다. 이처럼 오펜하이머는 다양한 연구 주제들에 과감히 도전했지만 실험 가능성이 제한적이라는 한계 때문에 양자물리학의 선구자들로부터 디랙이나 하이젠베르크, 슈뢰딩거 같은 이들만큼 인정을 받지는 못했다. 그는 아마도 아파서 하버드의 입학을 연기했던 그 일 년 때문에 캐번디시와 괴팅겐으로 가는 일정이 연기되었고,[14] 따라서 양자물리학계에 단독으로 공헌할 수 있는 기회마저 잃었다고 생각했을지 모르겠다.

1930년대 오펜하이머는 양자전기역학의 숙제였던 섭동이론 perturbation theory의 최하위 구조를 완전히 파헤치고 이해하는 과정을 고안해 냈지만, 제자 시드니 댄코프의 계산 실수로 인해 기회를 놓치고 말았다. 1940년 9월 20일, 펜실베이니아 대학 200주년 기념 컨퍼런스에서 이루어진 오펜하이머의 강연에서 그의 생각을 확인할 수 있다. 강연 제목은 〈중간자와 장의 양자론The Mesotron and the Quantum Theory of Fields〉이었다. 엔리코 페르미, 그레고리 브레이트Gregory Breit, 이시도어 라비, 유진 위그너, 존 밴 블렉John van Vleck 등이 같은 주제로 보고를 했지만, 오펜하이머는 사실 중간자이론, 더 넓게는 장의 양자론이 "핵에 대한 이해를 높이는 데 오히려 부정적인 영향"을 끼쳤

다는 내용으로 강연했다. (Oppenheimer 1941)

이어서 그는 양자전기역학의 영원한 자극으로 인해 전기 및 자기장이 양자장이론의 연산자로 작용한다고 지적했다. 자기장에 존재하는 양자는 불안전하게 요동하기 때문에 동일한 환경에서 시간t에 따라 일정한 x점에서 발생하는 자기장은 항상 다른 결과를 낳는다. 보어, 로젠펠트Rosenfeld, 오펜하이머의 제자였던 필립 모리슨 등이 이 요동현상을 연구하여 산출한 자기장의 평균값은 중점 x를 기준으로 반지름 a(a → 0)인 구형의 공간에서 다음과 같다.

$$\langle 0 | \int_a d^3x \, E^2(x) | 0 \rangle \rightarrow \frac{1}{a^4}$$

그러나 이웃하는 장의 각 지점에 존재하는 전자들은 개별적으로 요동하면서 상호작용을 하기 때문에 유도 공간 x에 대한 정의는 정확하지 않았고, 이에 따라 시간에 대한 정의도 적절하지 않았다. 따라서 오펜하이머는 "장과 장 간의 상호작용에 대해 논하는 것은 무의미하다"고 주장했다. 그러나 한편으로는 "방사선의 방출과 흡수, 콤프턴 효과, 제동 복사Bremstrahlung 등의 공식은 특정한 제한 상황 속에서의 결합을 통해 성공적인 양자이론의 예측을 가능하도록 만든다"는 평가를 내렸다. 왜냐하면 한 가지 제한 요소만으로는 이론의 유효성이 떨어지지만 기준이 될 수 있는 짝을 만들어 복합적인 상황을 규정하면, 입자 집단이 가지는 에너지의 특징을 더 잘 파악할 수 있기 때문이다. 제자인 에드윈 웨링Edwin Uehling과 로버트 서버는 이미 이런 방법으로 양자전기역학에서의 전자 움직임을 연구한 적이 있었다. 댄코프에게는 전자기장의 요동 및 집단 매개변수에 관해 연구할 것을 지시하기도 했다. e를 불러내는 과정에서 얻어지는 한정치를 구할 때, 댄코프는 사실 실수한 것이 아니었다.[15]

1930년대의 물리학은 오펜하이머의 과학적 노력을 제외하고는 생각할 수 없다. 그만큼 오펜하이머가 물리학 발전에 미친 영향은 지대했다.

1930년대는 소란의 시대였다. 경제적으로 대공황 시기였고, 독일에서는 나치가 득세하면서 히틀러의 병적인 유대인 증오로 인해 독일 학자들이 영국이나 미국, 그 밖의 다른 나라로 이민을 가기 시작했다. 에스파냐에서는 시민전쟁이, 소련에서는 스탈린의 숙청 작업이 한창이었다. 물리학자 오펜하이머의 신변도 위험해진다. 진 태틀록 Jean Tatlock[16]과 관계가 깊어지면서 에스파냐 공화제를 적극 지지하게 되었기 때문이다. 오펜하이머는 1940년 키티 푸에닝 해리슨Kitty Puening Harrison과 결혼했는데, 그녀의 전 남편 조 달렛은 공산주의자로 에스파냐 전쟁에서 사망했다.

1939년 9월에 2차 대전이 발발하고 40년 6월에 프랑스가 무너지자 오펜하이머는 서구 문명이 심각한 위험에 처했다고 믿게 되었다. 프랑스가 무너졌다면 영국이나 미국도 언제 무너질지 모른다고 생각했던 것이다. 그는 공공연히 말했다. "우리는 나치의 위협으로부터 서구 문명을 지켜 내야만 합니다."

1939년 1월 오토 한과 프리츠 슈트라스만이 핵분열에 성공했다는 소식이 전해졌을 때, 오펜하이머는 이 사실을 중요하게 생각했다. 그러나 그를 비롯한 당시 버클리 연구진은 이 연구 결과를 믿기 힘들다는 반응이었다. 1935년에 로렌스 방사선연구소로 들어온 젊고 똑똑한 연구자 앨버레즈Alvarez는 이 소식을 듣자마자 한과 슈트라스만의 연구를 재현해 보고자 했다.[17] 오펜하이머는 방에 모인 사람들에게 핵융합 반응이 불가능하다고 말하고, 연구진 중 누군가는 수학적인 실수를 했을 것이라는 사실을 증명하고자 했다. 그런데 다음 날, 앨버레즈와 그의 동료 켄 그린Ken Green이 융합반응을 시연했다.

> 나는 로버트를 초대하여 오실로스코프oscilloscope 속에서 발생하는 자연적인 알파입자 펄스pulse와 핵분열로 인해 발생한 20배가량 큰 스파이크 펄스를 보여 주었다. 15분이 채 안 되는 시간 동안 그는 연신 내 말에 동의만 하다가 곧 중성자의 양을 증가시키면 우라늄의 핵분열을 증가시킬 수 있고 이를 통해 폭발적인 에너지를 얻을 수 있겠다고 예측했다. 나는 그의 빠른 판단력에 놀랐고, 실제로 그의 판단은 정확했다. 과학자로서 그의 태도는 훌륭했다. 자신의 주장이라고 할지라도 일단 틀린 것이 확인되면 감사하는 마음으로 결과를 수용하고 곧바로 새로운 목표를 세워 달려갔다. (Alvarez 1987, 75-76, Rhodes 1988, 274)

핵분열 폭탄에 대한 개념은 오토 프리시와 루돌프 파이얼스를 위시한 영국 연구진으로부터 처음 제기되었다.[18] 1942년 여름 버클리의 오펜하이머를 비롯한 수많은 이론가가 이 주제에 포커스를 맞추기 시작했다. 오펜하이머는 학회를 열어 원자폭탄의 이론적인 설계와 그 효용에 관한 연구를 이끌었다. 연구팀은 파이얼스와 프리시의 연구 결과를 뒷받침하는 동시에 더 효율적인 폭탄을 만들기 위한 U235의 양에 관한 결과를 얻어 냈다. 곧 천연 우라늄에서 U235와 U238을 연구할 기회가 생겼을 때, 오펜하이머는 이를 기꺼이 수락했다. 곧이어 1942년에는 더 빠른 핵분열 및 핵폭탄을 디자인하기 위한 계획을 맡게 되었다. 루스벨트로부터 권한을 부여받은 레슬리 그로브스가 핵폭탄 프로젝트를 책임진 이후, 오펜하이머는 전체 프로젝트를 책임지게 되었을 뿐만 아니라 그의 제안대로 뉴멕시코 로스앨러모스 연구소에서만 핵 관련 연구를 총괄하게 되었다.

1942년 10월 그로브스는 로렌스 방사선연구소의 사이클로트론을 통해 이루어지는 U235와 U238 동위원소 분리 실험을 직접 눈으로 확인하고자 버클리로 향했다. 그는 로렌스에게 핵폭탄 개발 총책임을 맡길 수 있을지에 대해서도 고려하고 있었다. 지난여름 동안 진행된 실험 결과를 브리핑하는 과정에서 오펜하이머는 그로브스의 탁월한 이해 능력에 깊은 인상을 받았다. 그로브스는 1930년대 좌익 성향의 인사들과 연루된 전력이 있었는데도 오펜하이머만의 독특한 과학적, 기술적 업적과 동료들로부터의 신망을 인정하여 그를 로스앨러모스 연구소의 총책임자로 발탁했다. 물론 이 결정 저변에는 오펜하이머가 로렌스보다는 통제하기 쉬우리라는 판단도 있었다. 오펜하이머와 달리 로렌스는 자기 확신이 강한 사람으로 노벨상도 받아 관리가 어려우리라 생각했던 것이다.

실험과 관련한 프로젝트를 한 번도 총괄하여 진행해 본 경험이 없었던 오펜하이머가 그런 일을 하는 데에는 용기와 자신감이 필요했다. 그러나 그로브스는 물리학자로서 오펜하이머의 통찰력을 보았고, 오펜하이머가 아래 사람들을 통솔하는 카리스마와 동시에 권위에 절대적으로 복종하는 성향을 가졌음을 간파했다. 또한 조국을 사랑하는 충성스런 국민임을 알았기에, 과거를 무시하는 결단력을 발휘할 수 있었던 것이다.

1943년 봄, 드디어 오펜하이머를 필두로 하는 로스앨러모스 연구소가 원자폭탄 개발을 위해 문을 열었다.

로스앨러모스 시절

전쟁 당시 로스앨러모스 연구소에서 근무했던 물리학자들은 그 시기를 유토피아로 회상하곤 한다. 그들은 하나같이 나치 독일의 공격으로부터 서구 민주문명을 지켜야 한다는 결의에 불탔으며, 이를 위해서는 2년이나 먼저 핵무기 개발을 시작한 독일에 뒤지지 않아야 한다고 믿었다. 그들도 자신들이 가담하고 있는 프로젝트가 성공할 경우 인류사에 새로운 획을 긋게 된다는 사실을 잘 알고 있었다.[19] 그리고 인류 역사상 최초의 원자폭탄 테스트인 트리니티Trinity가 성공적으로 치러졌을 때, 원자폭탄이 평화 구축에 도움이 되리라 희망했다. 폭발 실험은 1945년 7월 16일, 뉴멕시코 중부 사막 조르나다 델 무에르토 Jornada del Muerto 지역에서 진행되었다.[20] 트리니티라는 이름은 오펜하이머가 직접 지었다. "내 마음을 때리는 삼위일체의 하나님"이라는 구절로 시작하는 존 던의 시에서 영감을 얻은 것이다. 한편으로는 힌두교의 세 신인 브라마(창조자), 비슈누(유지자), 시바(파괴자)로부터도 영감을 얻었다고 한다.

로스앨러모스는 최고의 과학자가 모여 얼마나 많은 목표를 이룰 수 있는지를 보는 실험의 장과 같았다. 실로 연구 활동이 열정적으로 이루어졌고, 하나같이 뛰어난 이들이 완전히 자신을 잊고 한마음으로 공동의 목표에 매달렸다. 모든 사람의 역량과 아이디어, 경험, 에너지가 극대화되었다. 누가 봐도 각 사람의 역량을 단순히 합한 것 이상의 엄청난 결과들이 쏟아져 나왔으며 그 공은 모두가 나누었다.

그러나 베테와 라비는 트리니티 실험이 끝난 후, 오펜하이머의 지휘가 아니었다면 일본에 사용된 폭탄은 결코 제시간에 완성될 수 없었을 것이라고 했다. 그만큼 오펜하이머의 어깨에 지운 책임감은 누구보다 컸고 따라서 그에게 돌아간 명예는 정당한 것이었다. 하지만 한편으로는 원자폭탄을 창조하는 데 가장 많은 기여를 했다는 죄책감도 누구보다 컸다.

로스앨러모스는 다른 지역과 격리되어 있었는데 — 혹은 격리되어 있었기 때문에 — 연구원들은 개인적인 삶보다는 공동체 일원으로서 삶을 공유했다. 그곳에서 몇 년을 함께 보낸 그들은 — 특히 물리학자들은 — 동질감을 강하게 느끼고 있었다. 마치 마술에 걸린 듯 하나의 큰 공동체라는 분위기에 젖어들었다. 이런 분위기를 만드는 데 누구보다 큰 역할을 한 장본인이 오펜하이머였다. 그는 로스앨러모스에서 이루어지는 연구와 실험, 현실과 이상, 개인과 공동체 그리고 국가를 모두 자신과 동일시하고자 했다.

오펜하이머의 "사회적 전기"를 다룬 작가 토르프(Thorpe 2006)는 로스앨러모스의 조직이 역동적이고 복잡해지면서 오펜하이머의 카리스마적인 지휘력과 권위도 함께 형성되어 갔다고 전한다. 양자가 서로 영향을 끼쳤던 것이다. 원자폭탄 제작이라는 군사적 임무를 수행하기 위해 로스앨러모스에는 과학자는 물론 기술자, 군인 등 다양한 분야의 인사가 투입되었는데, 오펜하이머의 권위와 카리스마 있는 리더십은 이들을 하나로 묶어 내는 데 결정적인 역할을 했다.

토프는 로스앨러모스에서 오펜하이머와 그로브스의 상보적인 역할과 관계에 대해서도 관심을 기울였다. 그로브스야말로 이 프로젝트의 실제 책임자였다. 그는 권위적이고 강압적이며 군사적인 경영 스타일을 가지고 있었는데도, 합의를 중시하고 학문적인 태도로 과학자·엔지니어·전문가 등이 서로 협력하고 어울리게 하는 오펜하이머의 지휘법을 지지해 주었다. 이는 오펜하이머가 만들어 내는 작업 환경과 연구진들의 협력이 결국은 자신의 권위 아래에 있다는 사실을 이해하고 있었기 때문이다. 오펜하이머는 모든 이를 아울러 집중력을 잃지 않고 원자폭탄 개발 프로젝트를 추진함으로써 많은 존경을 받게 되었다. 그로브스도 이런 오펜하이머의 리더십을 인정했다. 오펜하이머는 모든 분야에 대한 이해가 깊어 각 분야 연구진이 활발하게 토론할 수 있게 했으며 더 응집력 있는 의사 결정이 가능하도록 만들었다. 다양한 반대 의견을 수렴했기 때문에 갈등도 쉽게 해결되었다. "오펜하이머의 도덕적인 자질과 통합적인 지식은 파트 간의 갈등을 탁월하게 봉합시켰다. 그는 아직 이루어지지 않은 합의를 이끌어 내는 '천부적인' 연설가였다." (Thorpe 2006, 113)

물론 로스앨러모스가 성공한 공을 오펜하이머에게만 돌릴 수는 없다. 이는 마치 "무엇이 위대한 앙상블을 만드는가?"라는 질문에 "지휘자"라고 대답하는 것과 마찬가지다.[21] 오케스트라의 경우 위 질문에 대한 가장 모범적인 답은 팀원들이 자신의 역량 이상을 발휘할 수 있게 하는 지휘자의 스타일이다. 응급실 의료팀, 음악단원, 스포츠팀, 항공사 조종실 등 서로 다른 다양한 팀의 성취도를 연구해 온 심리학자 리차드 해크먼Richard Hackman은 "무엇이 위대한 앙상블을 만드는가?"라는 질문에, 팀이 효율적으로 성취할 수 있게 하는 제반 여건

1945년 9월 오펜하이머와 그로브스(오른쪽). U. S. Army Corps of Engineers(Public domain)

에 집중할 때 가능하다고 답한다. 즉, 결과를 강요하기보다는 이를 가능하도록 하는 제반 여건 조성에 더욱 집중해야 한다는 말이다. (Allmendinger 외 1994, Hackman 1990) 해크먼의 견해에 따르면 로스앨러모스의 성공은 다음과 같은 여건에 따른 것이다.

1. 분과마다 숙련도 높은 연구진이 포진돼 있었다. 연구소는 총 7개 분과로 나뉘어 있고, 분과마다 고유한 업무가 할당되었다. 그리고 측정 가능한 결과물을 도출할 의무가 있었다.

2. 진취적으로 도전할 수 있는 과업이 주어졌다.

3. 각 분과는 잘 정비된 조직체계 속에서 작동했다. 분과별 구조는 연구자들이 서로 긴밀하게 의존하여 자신의 능력을 강화할 수 있도록 조직되었다. 그뿐만 아니라 그룹을 통한 경험이 각 개인의

성장과 복지에도 이바지하도록 되어 있었다.

4. 프로젝트에 필요한 자원은 무제한적으로 지원되었다. 그로브스 장군은 프로젝트 운영을 위해 물적, 인적자원이 필요할 경우 매우 발 빠르게 공급하였다.

위의 여건들은 오펜하이머의 리더십이 마침내 상당한 효율성을 발휘했기 때문에 형성될 수 있었다. "마침내"라는 말이 들어간 까닭은 막 프로젝트가 시작될 당시만 해도 오펜하이머는 프로젝트의 복잡성에 대해 잘 이해하지 못하고 있었기 때문이다. 이전부터 그를 알고 지낸 사람이라면 누구도 그가 연구소 책임자로 적합하다고는 생각하지 않았을 것이다. 로렌스 방사선연구소에서 연구 활동을 하며 버클리 시절부터 오펜하이머를 알고 지낸 로버트 윌슨Robert Wilson은 오펜하이머의 성격을 다음과 같이 기억했다. "그는 괴팍했다. 1940년 이전부터 그를 알았는데, 그야말로 진정한 괴짜다. (…) 관리자의 모습을 한 번 그려 봐라. 오펜하이머는 결코 그런 사람과 어울리지 않을 것이다." 윌슨은 처음에 로스앨러모스의 오펜하이머가 "똑똑하고 자만심에 가득 차서 바보 같은 이들을 좋아하지 않는" 거만한 사람이라고 생각했다. 그러나 몇 달이 지나면서 오펜하이머가 스스로를 누구보다 뛰어난 관리자로 변화시켰다는 사실을 알게 되었다. "그는 자신만의 스타일을 개발했다. 언제나 그와 함께 있을 때면 나는 더 큰 사람이 될 수 있었다. (…) 나는 그의 사람이 되었고, 그는 나의 우상이 되었다. (…) 나 스스로가 완전히 변하게 된 것이다." (Palevsky 2000, 134-135)

오펜하이머에게는 다양한 상황을 인식하고 기술적, 과학적 요소들을 결합하면서 성장해 가는 특별한 능력이 있었다. 로스앨러모스에서 돌아가는 전체적인 상황을 통합적으로 인식하는 한편, 개인적인 차원에서 진행되는 연구들도 훤히 이해하고 있었다. 그는 누구보다 카리스마 있는 관리자였다.

베테의 찬사를 살펴보면 오펜하이머의 효율적인 리더십에 관해 조금 더 이해할 수 있을 것이다.

> 오펜하이머가 없었다고 하더라도 로스앨러모스는 필요한 성과를 냈을 것이다. 그러나 훨씬 많은 스트레스를 받았을 것이고, 열정 없이 일했을 것이며, 훨씬 많은 시간이 걸렸을 것이다. 연구원들은 평생 잊을 수 없는 경험을 하였다. 나는 다른 전쟁을 위한 연구 과정에서도 큰 성과를 이루어 낸 경험이 있었다. (…) 그러나 로스앨러모스의 경우처럼 서로가 서로에게 속하여 한마음으로 일한 경험은 없다. 우리는 그때가 우리 인생에서 대단한 시간이었다고 항상 추억했다. 로스앨러모스에서 이루어진 공의 대부분은 오펜하이머로 인한 것이었다. 그가 리더였다. 우리는 항상 그 사실을 인지하고 있었고, 그는 연구소에서 진행되는 사소한 일까지도 머릿속에 항상 잘 정리하고 있었다. 그렇다고 권위주의적이지 않았고, 무슨 일을 강압적으로 시키지도 않았다. 마치 마음씨 좋은 주인이 손님을 대접하듯, 우리에게 필요한 모든 것을 공급해 주었다. 누가 보아도 그는 자신의 일을 잘 수행했으며, 그 덕에 우리도 우리가 할 수 있는 한 최선을 다해 일했다. (Bethe 1991, 225-226)

로스앨러모스 성공의 열쇠 가운데 하나는 민주적인 운영이었다.

연구소의 제반 사항을 논의하는 회의가 줄을 이었다. 회의에는 50여 명에 달하는 각 분과의 리더와 임원이 함께했으며, 주요 기술적 문제와 연구 진행 상황에 관해 의견을 주고받았다. 학사급 연구원들도 콜로퀴엄colloquium에 참여해 전문적인 문제를 함께 나눴다. 전체 회의는 일주일에 한 번씩 열렸다. 이를 통해 모든 이가 자신의 역할을 중요하게 여기고 성공적인 프로그램 수행을 위해 노력할 수 있었다. 한 분과의 문제가, 다른 분과 연구원들의 아이디어로 전혀 기대하지 않았던 방식으로 해결되는 일이 자주 일어났다. 맨해튼 프로그램을 운영하던 때와는 완전히 상반된 분위기로, 오펜하이머는 모든 참여자가 자유롭게 토론할 수 있도록 하기 위해 노력했고 이런 방식을 고수하기 위해서는 갈등도 불사했다. 정보와 토론의 자유로운 흐름을 강조하는 오펜하이머의 성격은 전쟁 시기를 거치면서 최고조에 달했다. (Bethe 1991, 226) 이 시기 로스앨러모스의 추진력은, 브룩헤이븐 Brookhaven의 CERN[22] 같은 다른 과학적 주제를 다루는 연구기관을 포함해 이후 수많은 연구소 운영의 귀감이 되었다.

"그는 연구소에서 진행되는 사소한 일까지도 머릿속에 항상 잘 정리하고 있었다"는 베테의 언급을 통해 오펜하이머의 성공 요인이 무엇이었는지 알 수 있다. 이는 다시 한 번 위대한 오케스트라의 연주와 비견될 수 있겠다. 오펜하이머는 위대한 지휘자였다. 그는 각 연주 파트의 아주 세밀한 부분까지도 이해하고 있었기에 전체적인 화성을 조율할 수 있었다. 함께 움직이는 템포를 조정했고, 모두 한마음을 가질 수 있도록 이끌었다. 1943년 베테가, 모든 이가 함께하는 주간 콜로퀴엄을 제안했을 때는 그로브스와 리차드 톨먼Richard Tolman을 설득해 이를 관철시켰다. 콜로퀴엄에는 연구소 배지만 있으면 누구나 참

로스앨러모스 콜로퀴엄 모습. 뒷줄 중앙에 오펜하이머가 있다. United States Department of
Energy(Public domain)

여할 수 있었고, 참여를 통해 프로젝트의 각 부분이 어떻게 진행되고
있는지를 모두 이해할 수 있었다. 모든 이가 연구소의 연구 영역과 목
표에 대해 깊이 관여하면서 총체적인 결과에 대한 각 개인의 도덕적
책임감도 커졌다. 이런 경험이 바탕에 있었기에 로스앨러모스 출신
물리학자들은 핵과학자연합회(FAS, Federation of Atomic Scientists)를 조
직해 전쟁 이후 핵 개발 권한이 민간의 손에 남아 있어야 한다고 주장
할 수 있었던 것이다.

오펜하이머의 프로티언적인 성품이 카리스마 있는 자신을 빚어냈
고, 역사의 방향도 바꾸게 된 것이다. 그 과정에서 오펜하이머는 2차
대전 이후 설립된 여러 연구기관을 이끄는 방법을 보여 주는 모델이
되었다.

1945년 5월 1일, 전쟁장관 헨리 스팀슨Henry Stimson은 오펜하이머

에게 원자력 정책의 진행 방향에 대해 알리고자 회의를 소집했다.[23] 5월 8일에 열린 첫 회의에서 기술적인 문제를 조언해 줄 수 있는 과학 자문단을 구성했다. 부시와 코넌트의 제안에 따라 자문단에는 시카고 대학의 아서 콤프턴, 엔리코 페르미, 방사선연구소 소장 어니스트 로렌스 그리고 오펜하이머가 의장으로 참여했다.[24] 자문단은 결국 일본이 무조건적인 항복을 해 오지 않는다면 1945년 11월 일본 본토에 폭탄을 떨어뜨리기로 합의했다. 오랜 논의 끝에 자문단은 먼저 무인도에 폭탄을 떨어뜨려 그 성능을 보여 주는 것은 무의미하며, 종전을 위해서는 인구가 많은 지역에 직접 투하해야 한다고 결론을 내렸다. 이런 결정은 자문단의 공식적인 보고서에서도 언급되고 있다. 그러나 62년 글을 보면 오펜하이머는 당시의 결정을 후회하고 있었던 것 같다.

> 폭탄은 일본에 떨어졌다. 이미 예상하고 있었던 일이었다. (…) 당연한 일 같았다. 질문은 많았지만, 질문을 둘러싼 수많은 논의에 대한 기록은 별로 남아 있지 않다. (…) 정치적인 노력만으로는 극동에서 일어나고 있는 전쟁에 종지부를 찍을 수 없다는 사실을 우리는 모두 알고 있었다. (…) 나는 그렇게 생각한다. (…) 당시 일본 본토를 침공해 들어가는 전투 계획은 폭탄을 떨어뜨리는 것보다 모든 면에서 훨씬 끔찍한 결과를 불러올 것이었다. 50만에서 100만 명에 이르는 연합군이 죽고 일본 측에서는 2배에 이르는 사상자가 나올 것으로 예상되었다. 그런데도 나는 폭탄을 무인도에 떨어뜨려 그들에게 경고를 줌으로써, 전투나 전란 중에 죽는 사람이 적었으면 좋겠다고 생각했다. (Oppenheimer 1964a, 59-60)

오펜하이머를 아는 모든 이는 그가 "원자폭탄 개발과 그 사용에 기여한 자신의 책임"을 뚜렷하게 의식하면서 여생을 살았다고 전한다. (Peierls 1970, 216)

프로젝트와 관련해 우리의 이목을 끄는 부분은 또 있다. 당시 원자력이야말로 무엇보다 기술이 빠르게 적용된 분야였다. 핵융합 반응이 발견된 지 겨우 3년 만에 폭탄이 디자인되고 실제로 사용된 것이다. 오펜하이머는 이 변화의 속도를 깊이 체감하고 있었다. 그러나 한편으로는 전쟁을 수행하기 위한 기술 프로젝트에서 과학은 별로 중요하지 않게 여겨졌다. 오펜하이머뿐만 아니라 다른 과학자들도 원자폭탄이나 수소폭탄을 만드는 데 더는 "고급" 과학이 필요하지 않다는 사실을 잘 알고 있었다. 우라늄, 플루토늄의 원자핵과 함께 중성자, 양성자에 대한 명확한 이론만 가지고 있다면, 충분한 실험을 거쳐 그 상호 반응만 관찰할 수 있다면 원자폭탄 디자인은 그리 어려운 문제가 아니었던 것이다.

오펜하이머는 평생 로스앨러모스 프로젝트가 기술 프로젝트라는 사실을 강조했다고 한다. 첫 원자폭탄 제작 과정에 투입되었던 물리학자들은 이를 수준 높은 기술자들의 일이었다고 설명한다. 개중에는 자신들을 군사과학자 혹은 군사기술자로 부르는 이도 있었을지 모르겠다.

더 나아가 오펜하이머는 핵무기 개발 영역에서는 과학보다는 기술 분야가 훨씬 중요한 자리를 차지할 것이라고 내다보았다. 당시에는 파인만이 디자인하고 IBM에서 제작한 초기 컴퓨터를 사용해 핵융합 반응의 효율성을 계산했다. 이후 폰 노이만이 디자인한 컴퓨터가 연구 과정에서 핵심적인 역할을 하게 된다.

변화의 속도는 현기증이 날 정도였고, 점차 가속화되어 전쟁 이후 오펜하이머에게 가장 큰 골칫거리가 되고 만다.

과학적 정치가로 변모

히로시마와 나가사키 사건 이후, 로스앨러모스 관계자 대부분은 결코 핵전쟁이 일어나서는 안 된다는 결론을 얻게 된다. 1945년 여름까지 폭탄이 만들어지도록 하였고, 과학자문단장으로서 폭탄의 사용 시기를 보고했던 오펜하이머는 원폭 이후 히로시마와 나가사키에 대한 자신의 책임을 잊을 수가 없었다.

1945년 5월 31일, 오펜하이머를 포함한 자문단 위원들은 향후 원자폭탄 개발 계획을 위한 회의에 초대를 받는다. 당시 회의에서 일본에 폭탄을 사용할지에 대한 직접적인 언급은 없었지만, 폭탄 사용에 대해서는 이미 암묵적인 동의가 이루어진 상태였다.[25] 회의는 주로 무기 개발에 관한 내용으로 진행되었다. 아서 콤프턴의 동의, 오펜하이머의 암묵적인 동의를 얻은 로렌스의 제안은, 앞으로 소련과 벌일 군비 경쟁의 서막을 알리는 내용이었다. 그 내용을 스팀슨은 다음과 같이 요약했다.

1. 대량 생산을 위한 공정을 유지할 것.
2. 군사 용도와 산업, 기술 용도를 위한 자원 대량 확보.
3. 산업 발전을 위한 기술 개방.

국제적인 통제에 관한 질문이 제기되었을 때 오펜하이머는 비로소 입을 열었다.

> 빠른 전쟁 종결을 위해 많은 노력을 기울여 왔습니다. 원자폭탄 연구는 추가적인 발견을 위한 목적으로만 활용되었습니다. (…) 저는 미국이 평화적인 용도를 위해 원자폭탄 기술을 세계적으로 공유하는 것이 지혜롭다고 생각합니다. 가장 기본적인 목적은 인류 공동의 번영입니다. 폭탄이 실제로 사용되기 전에 국제사회에 그 정보를 공유할 것을 제안한다면, 우리는 확실한 도덕적 명분을 얻을 수 있습니다. (Rhodes 1988, 643-645)

1945년 6월 초, 레오 지라드의 주장에 따라 야금연구소 학자들이 원자폭탄의 사회, 정치적 의미를 토론하기 위해 모였다. 이들은 이후 프랑크 보고서를 만든다. 원자폭탄을 갑작스럽게 일본에 떨어뜨리는 것보다는 UN 관계자들이 참관한 가운데 버려진 섬이나 사막에 떨어뜨려 그 화력을 선보이도록 해야 한다는 내용이 골자다. 아서 콤프턴이 이 보고서 사본을 가져왔고, 자문단과 오펜하이머도 이 보고서를 읽었다.

1945년 7월 17일, 오펜하이머가 초안을 작성한 보고서 한 편이 스팀슨에게 전달된다. 보고서에는 미국이 원자폭탄을 보유했다는 사실을 소련과 프랑스, 중국에 알리고 영국과 더불어 "국제관계를 발전시키기 위해 폭탄 사용 방안"을 마련하자는 제안이 담겨 있었다. 일본 본토를 직접 공격하는 것에 대해 과학자들 견해가 엇갈린다는 내용도 있었다. "순전히 기술적인 수준을 보여 주자고 주장하는 이들의 경우, 만약 무기를 실제로 사용할 경우 앞으로 협상에서 큰 어려움을 겪으리라며 두려워하고 있습니다." 그러나 자문단은 무기로 사용할 경우 더 많은 미국인의 목숨을 구하리라는 쪽으로 입장을 정리했다. 오펜하이머는 원자폭탄을 사용하면 미래의 모든 전쟁을 종결시킬 수 있으리라 확신했다. 자문단은 자신들 가운데 일부는 지금의 전쟁에서 이 무기를 쓰는 것이 "단순히 특정 무기를 없애는 것보다 전쟁을 막기 위한 국제적인 노력에 부합한다"는 생각을 가지고 있다고 보고했다. 자문단은 다음과 같이 결론 내렸다. "우리는 직접적인 공격이 옳다고 생각합니다. 단순히 기술적인 수준을 선보이는 식으로는 전쟁을 종결시킬 수 없으며, 직접적인 군사적 활용 외에 다른 방법을 찾을 수 없습니다."(Rhodes 1988, 697) 그러나 막상 트리니티 테스트가 성공하고 난 후에는 언제, 어디에 "직접적인 공격"을 해야 할지를 두고 고민했다. 결국 자문단은 "우리는 과학자들이지 정치적, 사회적, 군사적 문제를 해결할 만한 특별한 권리를 가지고 있지 못합니다"는 보고서를 제출했다.

히로시마와 나가사키가 폐허가 되고 얼마 지나지 않아 오펜하이머는 스팀슨에게 편지를 보냈다. "과학적, 기술적인 역량에만 의존하면 적국의 군사력에 맞서 이 나라를 지켜 낼 수 없습니다. 전쟁의 위협이 완전히 사라질 때라야만 국가의 안전도 보장될 수 있습니다."[26]

그러나 누가 미래의 전쟁 위협을 완전히 종식시킬 수 있을까? 트루먼 대통령은 1945년 8월 6일 첫 원자폭탄의 사용에 대해 발표했다. "우리의 정부나 정책은 지금까지 한 번도 과학적 지식을 통제한 적이 없습니다. 따라서 원자력에 관한 모든 지식도 일반에 공개될 것입니다."[27]

며칠 후 발표된 스미스 보고서에는 트루먼의 주장을 뒷받침하는 내용이 담겨 있었다. (Smyth 1989) 트루먼은 말을 이었다. "그러나 인류가 갑작스럽게 멸망하지 않도록 우리 스스로를 보호할 수 있는 방안이 마련될 때까지는 군사적 활용과 그에 관한 기술이 누설되는 일이 없도록 막을 것입니다." 원자폭탄의 파괴력이 너무나 막대하여, 무법자들의 손에 이 기술이 들어가는 것을 막기 위해 "생산에 필요한 기밀을 가지고 있는" 미국과 영국은 무기의 확산을 방지할 방법이 생길 때까지 이 "비밀"을 봉쇄하여 총제적인 붕괴를 막겠다는 것이었다. 따라서 미국은 원자력 기술이 "인류의 번영을 위한 수단"이 될 때까지 그 남용을 막겠다는 의지를 천명했다.

1945년 10월 3일, 트루먼 대통령은 원자력에 관한 메시지를 상원에 보냈다. 이날 양원에서는 원자력에 관한 총체적인 계획안인 메이-존슨 법안May-Johnson Bill[28]이 소개되고 있었다. 법안 내용을 알게 된 과학자들은 시카고, 로스앨러모스, 오크리지 등지에서 자발적인 모임을 만들고, 핵에너지와 핵무기의 위험에 대해 알리는 작업을 시작했다. 원래 목적은 메이-존슨 법안의 통과를 막는 것이었다. 법안에는 원자력에 관한 우선적인 책임과 관리를 군대에 맡기고, 원자력에 관한 정보의 유통을 엄격히 제한하자는 내용이 담겨 있었다. 또한 이를 담당할 기관 관리자들은 선거가 아닌 대통령이 선임하도록 하였다. 10월 18일 오크리지와 시카고의 과학자들은 "군사적인 안전을 위한 통제와 인류 공영을 위한 사용"에는 동의하지만, 통제와 관련해서는 "세계 평화를 위해 국제사회의 동의"를 거쳐야만 한다는 내용의 성명을 발표했다. (Smith 1965)

하루 전인 10월 17일, 오펜하이머는 비록 위원회가 지혜롭지 못하

1945년 10월 16일 로스앨러모스 풀러 로지 건물에서 'Army-Navy E Award' 시상식 장면. 맨 왼쪽에 오펜하이머가 있고, 오른쪽에서 네 번째 사람이 맨해튼 프로젝트의 책임자 그로브스다. United States Department of Energy(Public domain)

게 운영될 경우 과학 발전에 위해가 될 가능성은 있지만 메이-존슨 법안에 대한 지지를 표명했다. 반면 아인슈타인은 다른 59인의 시민[29]과 함께 10월 24일 트루먼 대통령에게 전보를 보냈다. "우리는 메이-존슨 원자력 법안에 대해 강력히 반대하는 바입니다. (…) 이는 미국의 정신에 정면으로 도전하는 전체주의적 법안으로 과학적 연구 및 발전에도 심각한 위험을 초래할 것입니다."[30]

메이-존슨 법안을 위한 청문회는 1946년 5월 9일 단 하루만 개최되었다. 스팀슨 후임인 로버트 패터슨, 그로브스 장군, 바네바 부시, 제임스 코넌트 등이 증언했지만, 그들은 모두 법안에 호의적이었다. FAS 회원들의 강력한 요청에 따라 청문회는 다시 열렸다. 오펜하이머는 물리학자들이 연구를 재개하기 위해서라도 법안이 조속히 통과

되어야 한다는 명분으로 법안을 지지했다. 또한 원자력을 국제적으로 통제하게 될 UN에서 미국의 위치를 분명히 하기 위해서라도 법안이 통과되어야 한다는 입장이었다. 사실 그는 원자력 관련 기관의 기술고문이 될 예정이었다.

FAS의 강력한 반대에 부딪혀 법안은 결국 통과되지 못했고, 맥마흔McMahon 법안이 새로 상정되었다. 이 법안에는 FAS의 견해가 상당 부분 수용되었다. 대통령령으로 조직된 시민위원회가 핵 연료가 되는 물질을 책임지고 통제한다는 내용이 골자다. 정보를 알리기 위해 주기적으로 회의를 열고, 정보 개방 정도와 그 책임을 분명히 하도록 하는 등 보안 수준도 대폭 낮췄다. 향후 국제적으로 합의해 원자력을 평화적으로 사용하는 것이 확실해질 경우 이 법안을 파기한다는 조항도 포함되었다. FAS 입장에서는 여전히 불분명한 부분이 없지 않았지만 맥마흔 법안은 FAS의 전폭적인 지지를 받으며 통과되었다.

오펜하이머는 FAS와 근본적으로 시각이 달랐다. FAS 주장에 많은 부분 동의했지만, FAS 활동에 적극 동참하지는 않았다. 그는 FAS보다 정부 및 군 관계자들을 더 신뢰했는데, 이는 아마도 그가 양자의 "권위 차이"를 고려했기 때문인 것으로 보인다. 그는 정치 문제에 과학자들이 관여하는 것이 옳지 않다는 식의 관점에 동의하지 않았으며, 스스로 고문이 되어 과학적 문제들을 자문하는 것에 대해 전혀 이상하게 생각하지도 않았다. 그뿐만 아니라 과학자들이 "정책 입안 과정에 참여하는 것과 정책이 선포된 다음에 왈가왈부하는 것" 사이에 뚜렷한 구분이 있다고 생각하지도 않았다. (Smith 1965, 181) 1946년 FAS를 통해 발간된《오직 하나의 세계》에서 오펜하이머는 갈등 해결을 위해 전쟁을 택하지 않는 지혜가 이제는 너무나 시급하다고 밝혔다. FAS가 도덕, 정치, 사회적 문제들에 목소리를 높이는 동안, 오펜하이머는 개인적인 차원에서 책임을 다하고자 했다. 로스앨러모스 연구소장직을 물러난 후 핵융합으로 인해 발생한 문제들에 대해 대중과 정부에게 알리고자 더욱 노력한 것이다.

UN은 국제원자력위원회(IAEC, International Atomic Energy Commission)라는 새로운 기구를 조직해, 안보이사회 직속 기구로 두었다. 핵에너지를 어떻게 효율적이면서도 안전하게 활용할 수 있을지, 원자력이 핵무기로 이용되는 것을 어떻게 막을지, 히로시마와 나가사키에서처럼 파괴적인 수단으로 사용되지 않도록 할지 방법을 찾기 위한 것이었다. IAEC는 이런 과제를 해결하기 위한 보고서를 이사회에 제출해야 했다.

1946년 초 미국 정부는 IAEC에 미국의 입장을 전달할 수 있는 보고서를 만들기 위해 애치슨Acheson을 대표로 하는 위원회를 소집했다. 위원회에는 그로브스, 부시, 코넌트, 존 맥클로이[31] 등이 포함되었다. 또한 이들을 돕기 위해 제너럴 일렉트릭 부회장 해리 윈Harry Winne, 뉴저지 벨 텔레폰 회장 체스터 버나드Chester Barnard, 몬산토 케미컬 부회장 찰스 토마스Charles Thomas, 오펜하이머, 당시 테네시 공공사업단장이었던 데이비드 릴리엔솔(단장)로 이루어진 고문단도 꾸려졌다. 고문단은 미국의 이익을 보장하면서도 소련이 받아들일 수 있는 대답 초안을 작성할 예정이었다.[32]

이에 오펜하이머는 이후 애치슨-릴리엔솔 보고서로 발표될, 이 안의 핵심적인 뼈대를 만들게 되었다. 그 내용은 핵개발위원회(ADA, Atomic Development Authority)를 통해 원자력 개발에 관한 국제사회의 모든 "위험한" 요소를 통제한다는 것이다. 이를 위해 ADA는 모든 원석과 반응물질을 통제해 U235와 플루토늄을 분리하여 관리할 권한을 갖는다. 핵의 평화적인 활용을 위해 국제적인 협력에도 힘쓰게 된다. 로스앨러모스 시절 보어와 일하는 동안 그에게서 깊은 영향을 받았던 오펜하이머는 애치슨-릴리엔솔 보고서에 원자력을 국제적으로 통제해야 한다는 보어의 생각을 상당히 반영했다.

그러나 트루먼과 번스가 75세 고령의 버나드 바루크를 IAEC의 미국 사절로 임명한 이후 문제는 새로운 양상을 띤다. 릴리엔솔은 바루크의 나이가 너무 많아 대사로 임명하는 것이 부적절하다고 주장했다. 바루크와 릴리엔솔이 만난 첫 번째 회의는 바루크가 충분히 똑똑한지, 관련 분야를 공부해야 하는지 마는지, 지나치게 나이가 들지 않았는지에 대한 공방으로 끝나고 말았다. (Lilienthal 1964, 40)

오펜하이머는 바루크가 애치슨-릴리엔솔 보고서에서 언급되는 기술적인 중요성을 이해하려는 의지가 없다는 사실에 적잖이 불쾌해했다. 바루크를 만나기 전까지, 부시나 코넌트·스팀슨·애치슨·맥클로이·릴리엔솔 같은 이와 일할 때만 해도 오펜하이머는 핵무기의 이용이나 원자력을 둘러싼 문제들이 믿을 만한 사람들의 손에서 다뤄지고 있다고 믿었다. 그러나 평화 시 원자폭탄의 사용에 관한 메이, 존슨 상원의원과 맥마흔의 견해와 부딪치면서, 또 소련과 원자력에 관한 비밀을 교환하는 것에 대한 제임스 번스의 견해를 들으면서 아마도 근심했을 것이다.[33]

바루크는 조언자 네 명을 찾아 애치슨-릴리엔솔 보고서를 수정했지만, 그들은 핵 문제에 관해 전혀 아는 바가 없었다. 결국 트루먼의 승인을 얻어 낸 바루크의 수정안은 겉으로는 애치슨-릴리엔솔 원안과 크게 다를 것이 없었지만, 정신만은 완전히 다른 것이었다. 바루크

수정안은 국제기구의 합의에 어긋나는 행위에 대해서는 거부권에 관계없이 처벌한다는 내용을 크게 강조하고 있었다. 원안에서 수용된 부분은 일단 국제기구가 설립되고 나면 세계적인 우라늄 자원에 대한 조사를 실시하고, 미국을 포함한 모든 국가가 지금까지 생산된 모든 원자폭탄을 폐기해야 한다는 내용이었다. 그러나 오펜하이머는 소련이 바루크의 제안을 미국이 원자력 기술을 독점하려는 술책에 불과하다고 여길 것이며, 어느 국가도 자국의 권한을 국제기구에 위임하지 않으리라고 지적했다. 결국 오펜하이머가 옳았다. IAEC 회의에 참석한 소련은 바루크의 제안을 수용하지 않았다.

바루크가 애치슨-릴리엔솔 보고서를 수정하려고 한다는 사실을 처음 알았을 때 오펜하이머는 이를 저지하기 위해 1946년 6월 9일, 《뉴욕타임스 매거진》 일요일판에 이런 글을 발표했다.

> 우리 제안서의 핵심은 연구와 개발, 평화적인 핵에너지 활용을 모색하는 동시에 원자폭탄 개발로 인한 국가 간 군비 경쟁이 발생하지 않도록 조정하고 통제할 수 있는 신뢰할 만한 국제적 핵 연구 기구를 설립하자는 것입니다. (Oppenheimer 1946, 60)

그러자면 다음 두 가지 사실에 집중해야 한다고 오펜하이머는 강조했다.

1. 평화를 위한 원자력 개발과 전쟁을 위한 개발을 분리하여 생각할 수 없다.
2. 핵무기를 국제적으로 제어할 만한 적절한 국제기구가 존재하지

않는다.

> (…) 또한 애치슨─릴리엔솔 보고서는 원자력을 다룰 수 있는 세계
> 정부의 장field을 제안한다. 이 장 안에서 각 국가는 주권을 포기한다.
> 이 장 안에서는 합법적인 거부권이 적용되지 않는다. 국제법이 적용
> 된다. 주권 국가들로 가득 찬 세계에서 이런 계획이 가능한가? 두 방
> 법으로 가능하다. 첫째는 정복이다. 이때 주권은 파괴된다. 두 번째
> 방법은 부분적인 주권의 포기를 통해 가능하다. 부분적인 주권의 포
> 기란, 원자력 개발을 위한 국제기구의 설립을 위해 필요한 만큼만
> 주권을 포기한다는 뜻이다. 두 방법을 통해 핵무기 사용을 억제하는
> 동시에 원자력 에너지를 통한 이익을 세계가 공유할 수 있게 될 것
> 이다. (Oppenheimer 1946, 61)

오펜하이머는 이 제안이 결코 급진적이라고 생각하지 않았다. "일
단 큰 전쟁이 터지면 원자폭탄은 분명히 터질 것이기 때문에, 그 전에
이를 막을 수 있는 제안이 꼭 필요"하기 때문이다. (Oppenheimer 1946, 61)

그러나 오펜하이머는 인류에게 동일하게 적용되는 국제법을 통한
세계정부의 수립이 필요하다는 아인슈타인의 주장에는 동의하지 않
았다. 그러나 1945년 9월 한 달 동안 에머리 리브스의 《평화의 해부
학》에 관해 아인슈타인과 편지를 주고받으면서 오펜하이머도 분명
생각의 변화를 겪고 있었다.

한동안 오펜하이머는 기술고문을 맡아 달라는 바루크의 제안을
수락하지 않았다. 적어도 소련과의 대화 통로가 열려 있어야 한다고
생각했기 때문이다. 그러나 거부권에 관계없이 위반할 경우 당장 처

벌하자는 제안을 바루크는 한 치도 양보하지 않았다. 소련과 협의하는 일이 난항을 거듭하면서 오펜하이머의 생각도 비관적으로 바뀌어 갔다.

> 미국은 시간적인 여유를 가지고 새로운 보고서를 안전보장이사회에 제출하겠지만, 소련은 계속 거부권을 행사할 것이다. 이런 상황이 오래 가면 미국은 소련이 전쟁을 일으킬 의도를 가지고 있다고 믿게 되고, 이런 형국이야말로 국가들이 전쟁을 준비해야겠다는 심리적, 실제적 압박을 받도록 만들 것이다. 결국 군대가 국가의 산업, 연구 등 모든 부분을 장악하면서 노동자 조직이나 공산주의자들은 반역자로 몰릴 것이다. (Lilienthal 1964, 70)

만약 오펜하이머가 전쟁 준비에 관한 "심리적, 실제적 압박"에 대해 인식하고 있었다면, 미국 제품을 국제 시장으로 방출하기 위한 산업계의 압박에 대해서도 충분히 알고 있었을 것이다. 딘 애치슨은 1944년 11월에 의회에 제출한 전후 경제정책 및 계획에 관한 보고서에서 이미 전쟁은 국제적인 경기 침체에 뒤이어 벌어진 결과라는 사실을 지적한 바 있다.

> 현재 우리의 경제, 사회 시스템이 앞으로 미칠 영향에 대해 충분히 고려하지 않는다면 우리는 앞으로 다가올 10년을 견뎌 내기 힘들 것이다. 생산에는 문제가 없다. (…) 시장이 문제다. 역사에서 우리는 지속적인 생산이 가능하도록 뒷받침하는 재정적 상태를 통해서만 판매도 가능하다는 것을 배워 왔다.

계속해서 애치슨은 현재의 경제, 사회 시스템은 국내에서 생산되는 모든 제품이 국내에서 소비되는 것을 가정하는 우를 범하고 있으며, 충분한 고용과 생산을 유지하려면 해외 시장으로 눈을 돌려야만 한다고 결론지었다. (Williams 1962, 235-236)

1946년 초 《비즈니스 위크Business Week》에 실린 기사에서도 애치슨의 관점을 다시 확인할 수 있다.

> 미국은 엄청난 규모의 재정 손실을 야기하는 산업에 대한 지원과 구제, 재건 등 공산주의적 정책을 중단해야 한다. 그 대신, 새로운 해외 시장으로 그 눈을 돌려야만 할 것이다.

공산주의자들의 음모에 관한 기사가 연이어 보도되었고, 이런 분위기는 민주주의의 수출이라는 "자유세계"를 향한 노력을 쉽게 정당화했고, 곧이어 시작될 군비 경쟁을 위해서도 좋은 구실이 되었다.

1946년 7월 23일, 릴리엔솔과 오펜하이머는 저녁 식사를 위해 만났다가 새벽 1시 30분까지 대화를 나누었다. 다음 날 릴리엔솔은 이렇게 일기를 썼다.

> 뉴욕에서 진행되고 있는 일에 대해 오펜하이머는 깊이 실망하고 있었다. 그는 미국 대표단이 우리의 계획(애치슨-릴리엔솔 보고서)을 전혀 이해하지 못한다고 느낀다. 즉각적인 처벌을 주장하는 바루크와 이에 대한 거부로 인해 계획안의 핵심 사항에 대해서는 거의 논의도 못하고 있다. 지금의 상황은 우리가 예상하던 바와 전혀 다르다. 그(바루크)의 제안은 비판 없이 거의 전적으로 받아들여졌다. 진

짜 토론은 이루어지지 않았다. 소위원회가 조직돼 실제적인 이행안이 논의되고 있지만, 오펜하이머는 아무것도 기대하지 않고 있다. (Lilienthal 1964, 69)

릴리엔솔은 한마디 덧붙였다. "오펜하이머는 매력적이고, 똑똑하다. 그러나 상당히 불쌍한 인물이다." 한 번은 오펜하이머와 릴리엔솔이 아침 일찍 만난 일이 있었다. 그날 오펜하이머는 참담해 보였다. "저는 어디든지 가서 아무 일이라도 하고 싶은데, 제 머리는 지금 완전히 비어 있습니다. 제 인생과도 같은 물리학도, 물리학을 가르치는 일도, 지금은 모두 허망하기만 합니다." (Lilienthal 1964, 69)

그날부터 오펜하이머는 공식적인 물리학 연구 활동은 그만두고 개인적인 연구에만 집중했다. 비록 그랬더라도 오펜하이머가 이후에도 양자 분야의 이론 및 고에너지물리학 발전을 위해 꾸준히 노력했다는 사실을 나는 강조하고 싶다.

1948년 1월, 《포린 어페어스Foreign Affairs》를 통해 오펜하이머는 폐기된 애치슨-릴리엔솔(바루크) 보고서에 대한 자신의 관점을 요약해 발표했다.

따라서, 원자력이 국제사회에 끼어든 이상 우리는 미국과 소련 사이에서 현재 벌어지는 군비 경쟁과 갈등이 가까운 시일에 종결되지 않으리라는 사실을 알게 되었다. 이제는 원자력 문제뿐만 아니라 소련이 기본적인 정책 기조를 바꾸지 않는 이상, 또 이에 상응하는 우리의 변화가 따르지 않는 이상 새로운 희망을 찾기는 힘들다고 생각한다. 평화가 구축되길 원한다면, 또 어떤 형태가 되었든 원자력의 유용한 측면을 끌어내고자 한다면, 애초에 제시되었던 제안에 상응하는 목표를 세우고, 목표가 현실화할 수 있도록 모든 면에서 최선의 노력을 기울여야 할 것이다. (Oppenheimer 1948, 252)

이후 몇 년간 오펜하이머는 원자력과 핵무기에 관한 정부의 정책에 영향을 끼치기 위해 누구보다 많은 시간과 노력을 쏟은 민간인이었다. 특히 소련과 미국 사이에 대화의 통로를 만들어서 원자력의 유용한 활용이라는 희망을 "현실화"할 방안을 마련하고자 고심하였다.

전후에 프로티언 오펜하이머는 과학과 기술적 지식을 적극 활용한 과학적 정치가로서 자신의 길을 만들어 가고 있었다. 그는 미국의 새로운 정치가나 국가적 공인으로서 새로운 변화를 맞았을 뿐 아니라, 1947년 프린스턴 고등연구소 소장직을 수락하면서 미국 물리학계의 원로로도 자리를 잡는다. 그는 아마도 최고위직의 몇 명만 지혜롭고 올바르게 생각한다면, 큰 변화가 가능하리라 생각했던 것 같다. 정치계에서도 물리학계에서도 그는 최고 엘리트가 되었으므로, 많은 일을 할 수 있으리라 믿었을 것이다. 한때는 핵 정책을 둘러싼 문제들에 올바른 대답을 가진 사람은 자신뿐이라고 믿었으며, 자신을 통해 안전한 핵 세상이 열리리라 기대도 했다. 아무도 오펜하이머를 대신할 수 없었던 로스앨러모스에서의 경험이 인류 앞에 펼쳐진 핵에너지와 핵무기를 둘러싼 문제들에 대해서도 특별한 책임감을 느끼도록 만들었던 것이다. 그러나 1953년 12월에 갑작스럽게 벌어진 일은 그의 역할을 완전히 바꾸어 놓았다.[34]

상처 입은 조국애

전쟁 이후 미국과 소련의 관계는 급속도로 냉각되었다.[35] 국제기구를 조직해 원자력을 통제하려던 노력은 실패로 돌아갔고, 1949년 8월 소련의 첫 핵무기 Joe 1 실험·중국에서 마오쩌둥의 승리·독일에 세워진 베를린 장벽·전복된 체코슬로바키아 등 국제 정세가 악화되면서 트루먼은 모든 반대를 뿌리치고 미국원자력위원회AEC에게 하루 빨리 수소폭탄을 개발하도록 지시했다.

Joe 1의 폭발이 "슈퍼" 폭탄을 개발하기 위한 것인지에 대한 토론이 미국 정부 내에서 연일 계속되었다. 핵무기 사용에 관한 도덕적 문제를 제기한 제임스 코넌트의 영향을 받은 오펜하이머는 1949년 가을 수소폭탄 개발 프로그램에 반대 입장을 표명했다. 10월 초에 코넌트가 오펜하이머에게 쓴 편지를 보면, 수소폭탄을 만들려면 "내 시신 위에서 만들라"는 표현이 담겨 있다. 오펜하이머는 원자폭탄이 소련의 서유럽 확장을 막는 데는 오히려 도움이 되었다고 믿었지만, 소련이 핵무기를 보유하고 있건 말건 소련의 공격성을 꺾기 위해 미국이 더 강력한 폭탄을 개발할 필요는 없다고 믿었다. 그러나 47년 4월 말 현재 미국은 핵폭탄 7개를, 49년 가을에는 200개가 넘는 핵폭탄을 생산했다. 오펜하이머는 이제 전략적 사용을 위한 약간의 기술적 노력에다 더 나은 운송수단만 개발한다면 미국이 소련에 비해 군사적인 측면에서 영원히 우위를 차지하리라 믿었다.

한편, 1949년 가을 일반자문위원회(GAC, General Advisory Committee)는 수소폭탄이 실제로 제작 가능한지에 대해 의문을 제기했다. 벌써 7년이나 이론적인 연구를 계속하고 있었지만 그 결과는 의심스러웠던 것이다. 따라서 1949년 10월 28, 29일 GAC는 기술적인 이유와 도덕적인 이유를 들어 수소폭탄 제작 계획을 그만둘 것을 희망했다. 현실적인 측면에서 우선 비용에 비해 폭발로 인한 손상 지역의 넓이가 제한적이라는 점이 지적됐다. 또한 텔러Teller의 개념에 입각한 "고전적" 수소폭탄이 실용화될지도 의문이었고, 설령 그렇더라도 지나치게 많은 트리튬이 소모되기 때문에 당시 작동하고 있던 플루토늄 생산 기지도 트리튬 생산을 위해 이용되어야만 했다. 텔러의 디자인대로라면 수소폭탄 하나를 만들려고 원자폭탄 100개를 포기해야 할 판이었다.

GAC의 경우 폭탄 제작 프로그램에는 반대했지만, 원자핵융합 반응 자체에 대한 연구를 반대하지는 않았다. 결정적인 GAC 회의가 열리기 직전인 1949년 10월 21일, 오펜하이머는 코넌트에게 편지를 보냈다. "기술적인 측면에서 볼 때 수소폭탄 제작이 가능한지, 비용은 얼마나 드는지, 군사적으로 사용할 수 있는지가 불투명합니다. (⋯) 그러나 이 무기에 대한 연구 자체를 그만두는 것은 어리석은 짓입니다. 이 연구가 꼭 마무리되어야 한다는 사실을 우리는 모두 잘 알고 있지 않습니까?"[36]

10월 29일에 열린 GAC 회의는 결국 ACE[37]에 전술적 무기 개발에 박차를 가하고, "폭탄 및 추진체의 통합적 개발"을 제안하는 결론에 이르렀다. (York 1989, 131)

트루먼은 수소폭탄 개발과 함께, 소련이 가한 어떠한 위협에도 즉각 전격적으로 보복 공격을 할 수 있도록 하라고 명령을 내렸다. 또한 커티스 르메이Curtis LeMay 장군에게는 장거리 폭탄 발사를 위해 미전략공군(SAC, Strategic Air Command)을 조직하도록 지시했다. 1951년에는 오펜하이머의 도움으로 비스타 프로젝트Vista Project를 완성해 소련이 서유럽을 공격할 경우 대응할 수 있는 소규모 핵무기를 전술적으로 준비하도록 했다. 그렇지만 군부와 SAC, 오펜하이머를 위시한 과학자들 사이에는 다양한 견해가 충돌하고 있었다.

1951년 봄 에드워드 텔러Edward Teller와 스타니슬라프 울람Stanislaw Ulam은 압력을 이용해 핵융합을 일으키는 새로운 방식을 발견하였고, 이로써 수소폭탄은 현실화되었다. 그러자 당장 직접 제작할 수 있는 프로그램을 시작하라는 압박이 거세졌다. 1952년 로렌스와 텔러의 주장이 공군과 의회의 지지를 얻어, 곧 리버모어에 연구소가 세워졌다. 리버모어의 분위기는 로스앨러모스에서 오펜하이머의 운영 방식과는 사뭇 달랐다. 리버모어를 이끌던 집행위원들은 대부분 버클리의 로렌스 방사선연구소에서 박사 학위 과정을 밟았다. 이들은 다양한 정책적 제안을 내 놓았고 이는 즉각 반영되었다. 반면 오펜하이머의 목소리는 더는 힘을 발휘하지 못했다.

리버모어 연구소는 처음부터 인적 구성, 원자재 및 기술, 장치, 알고리즘, 컴퓨터 코드에 이르기까지 한자리에서 통합적으로 관리할 수 있도록 디자인되었다. 즉 인적자원 간의 협업은 물론, 각종 장비와 설비, 알고리즘, 컴퓨터 코드 등을 통합적으로 활용할 수 있도록 고안한 것으로 "그곳에서는 행위와 그 행위에 대한 모든 반응이 새로운 의미를 생산해 냈다."[38] 다양한 그룹으로 이루어진 연구진들은 새로운 장비와 컴퓨터를 활용하여 새로운 방식의 핵분열 장비를 개발했다. 그들은 과학자, 기술자, 수학자, 행정관이었지만 연구소에서는 개인이 아닌 특정한 그룹 단위로 일했다. 이런 업무 체계는 로렌스가 고안한 것으로 로렌스는 1930년대 초반부터 자신의 방사선연구소를 이렇게 운영해 왔다. 로렌스와 텔러는 리버모어에도 이런 연구 환경을 적용하고 시험한 적이 있었다. (Hutchins 1995)

리버모어 연구소의 철학은 새로운 기술을 향한 끊임없는 도전정 신이었다. 연구소 직원 한명 한명이 이 철학을 충실히 따랐다. 열핵수 소폭탄 개발에 대한 직원들의 자세를 초대 연구소장 허버트 요크 Herbert York는 다음과 같이 설명한다.

> 우리는 처음부터 가장 작고, 가장 가벼우며, 가장 적은 원료를 투자 하여 지금까지 개발된 그 어느 것보다 강력한 폭발을 일으키는 핵폭 탄을 만들고자 다짐했다. 지금까지 그래 왔듯이 우리가 검증된 제품 을 만들어 낸다면 군대가 그 사용처를 찾게 될 것이라고 우리는 확 신하며 일했다. 리버모어의 수뇌부는 미국의 새로운 핵전략을 뒷받 침하기 위해 끊임없이 군과 의견을 주고받았다. 요구가 있기 전에 먼저 기술력을 마련하자는 모토 아래서 일했다. (York 1987, 77-78)

이 시기 오펜하이머는 다른 종류의 노력을 기울이고 있었다. 물리 학자로서 단순히 지식이나 기술, 도구만을 생각할 것이 아니라 미국 민주주의의 계승과 미국적 삶의 가치 보존이라는 더 보편적인 목표 를 찾기 시작했다. 애치슨-릴리엔솔 보고서에 보어적인 비전을 반영 하고자 했지만 실패한 이후 오펜하이머는 핵 개발에 관한 미국 외교 정책과 군의 역할이 크게 변했다는 사실을 깨달은 것이다. 1954년 이 전까지만 해도 "평화"를 위해 정치적인 활동에도 참여했지만, 결국 미국과 소련 사이의 핵 군비 경쟁과 불신을 초래한 장본인이 바로 오 펜하이머 자신이었다.

한편 텔러와 로렌스, 군은 소련의 위협을 다른 입장에서 바라보았다. 스탈린 독재하의 소련을 막무가내식의 전체주의적 집단으로 규정한 텔러는 소련을 나치 독일, 스탈린을 히틀러와 같은 존재로 해석했다. 그러나 소련은 핵무기를 가지고 있어 1930년대 독일에 비해 더욱 위협적이었다. 그런데도 오펜하이머는 어떤 식으로든 대화가 가능하리란 희망을 저버리지 않았다. 따라서 오펜하이머가 GAC 회장으로 선출되었을 때 텔러가 완강하게 저항한 것은 놀랄 일이 아니었다. 미국의 무기정책이 크게 영향을 받을 것이 분명했기 때문이다. 비록 오펜하이머가 울람-텔러 계획을 지지하기는 했지만, 1949년 10월 오펜하이머와 GAC가 수소폭탄 개발을 로스앨러모스로 이전하려고 했을 때 텔러는 오펜하이머가 그 프로젝트의 긴급성에 대해 전혀 이해하지 못한다고 믿었다.

1953년 5월《포춘Fortune》에 익명의 글 〈수소폭탄을 둘러싼 숨겨진 갈등: 미 군사정책에 역행하는 오펜하이머 박사〉[39]가 실리면서 텔러의 우려는 일파만파로 확대되었다. 기사는 오펜하이머가 수소폭탄 개발을 지연시키려는 음모의 핵심 인물이며, 오펜하이머와 일단의 과학·정치·군사 분야 엘리트들의 견해가 다르다는 내용으로 끝을 맺고 있었다. "과학자가 전쟁 계획이 성공적으로 완수되도록 해야 하는 책임을 방기하는 것도 문제지만, 혼자 모든 것을 해결하려고 하는 것은 더욱 심각한 결과를 초래할 것이다."

오펜하이머는 이 글에 대한 대답을 1953년 7월《포린 어페어스》에 실었다. 그는 "끊임없이 대량 파괴라는 공격 전략용으로만 핵폭탄을 이해하거나 일단은 소련보다 많이 만들어서 저장해야 한다고 믿는 생각 (…) 어차피 폭탄이 이미 2000개를 넘어 이제는 2만 개가 되더라도 전략적으로 도움 될 것이 없다"며 일각의 경거망동에 대해 우려를 표했다. (Oppenheimer 1953, 528) 또한 "안보를 위해 핵 외에는 준비해 둔 것이 없는" 정부 정책을 비판하는 한편, 머지않아 "핵 자체보다는 이를 운반하는 기술과 방어를 위한 대안"이 더욱 중요하게 여겨질 것이라고 내다봤다. 그러나 오펜하이머가 말하려던 핵심은 기술보다 정치적인 부분에 있었다. 지금까지 정부 내부에서 이루어지는 다양한 정책 과정에 참여한 경험이 있는 오펜하이머는 "진행되고 있는 심의 과정이 철저히 베일에 가려져 있기 때문에 진정한 국민의 의사가 정책 결정 과정에 충분히 반영되지 못하고 있다"고 지적한 것이다. 그는 정부가 민주적 절차를 확실히 밟고 다가올 위험을 국민이 알 수 있도록 솔직하게 모든 정보를 공개할 것을 제안했다. "결정에 영향을 끼치는 사실이나 중요한 조건들을 국민이 알지 못한다면 민주주의가 제대로 작동할 수 없습니다. 비밀과 두려움 때문에 진실을 숨겨서는 민주주의가 제대로 작동할 수 없습니다." (Oppenheimer 1953, 530)

수소폭탄 제작 초기에 오펜하이머는 프로젝트에 큰 열정을 보이지 않았다. 그 대신 소련과 공동으로 테스트나 전략적 무기 개발을 하자는 주장을 펴는 바람에 결국 핵에 관한 기밀 정보에 접근하지 못하도록 모든 보안 등급을 박탈당하고 재판까지 받게 되었다. 당시 미국 원자력위원회의 담당 조사원들은 오펜하이머의 심경이 무척 복잡해 과학자문으로서 역할과 책임을 다하지 못할 것이라고 보고했다. 1943년에 친구 하콘 세발리에를 보호하려고 반역을 생각했다는 거짓말도 했지만, 53년 12월에는 이를 다시 부인했다.

오펜하이머의 지위에 대한 심리를 맡은 그레이 위원회Gray Board는 오펜하이머의 심리 상태가 안보에 위협적일 수 있다는 사실을 발견했다. 결국 오펜하이머의 애국심은 의심받지 않았지만, 진행 중인 안보 프로그램 및 수소폭탄 개발 계획에 대해 아무런 열정을 보이지 않았기 때문에 보안 등급은 회복되지 못했다. 또 위원회는 오펜하이머가 "자신의 생각을 충분히 전달할 만한 설득력을 가진 것은 사실이지만, 그 능력이 이 나라의 공격적인 군사적 이익과 부합하는 것은 아니다"는 평가를 내렸다. 균형과 방어적 전략, 전략적 핵무기 및 공중 방어 시스템에 대해 주장했던 오펜하이머와 달리 그레이 위원회는 수소폭탄 개발을 통한 전폭적인 공격 전략을 추구했던 것이다. (Oppenheimer 1970)

오펜하이머의 거짓말과 꾸며 댄 이야기들은 그에게 불리하게 작용했다. 실제 그의 과거는 깨끗했지만, 오펜하이머는 그레이 위원회의 심문으로 진행된 최종 판결에서 모든 자격을 박탈당한다. 롭Roger Robb이 몇 시간 동안 혹독한 대질심문을 이어 갔다. 그중에는 하콘 세바리에의 1943년 방문과 그가 소련에 핵 관련 기밀을 전할 수도 있었다는 다양한 사람의 진술도 포함되었다. 당시 오펜하이머는 허리를 굽혀 자신의 손바닥에 "멍청이"라는 단어를 썼다고 한다. (Oppenheimer 1970, 137) 대질심문이 이어지는 동안 그는 과거에도 그랬던 것처럼 "제정신"을 차리지 못하는 사람이라는 진술도 들었다. 거짓 이야기를 꾸며 댄 사람에다 "멍청이"였으며 "제정신"도 못 차리는 사람에게 누가 신뢰를 보낼 수 있었을까.

청문회에서 오펜하이머의 또 다른 면모가 드러났다. 한창 전쟁 중일 때 오펜하이머는, 일부 제자 — 버나드 피터스Bernard Peters, 데이비드 봄David Bohm, 지오바니 로시Giovanni Rossi, 조셉 와인버그Joseph Weinberg — 의 정치적인 견해가 방사선연구소의 안보에 위험한 영향을 끼친다고 발언한 적이 있었다. 이 학생들은 반미활동위원회에 기소되었고, 1949년 봄과 로시는 공산당 활동과 관련한 조사를 받았다. 한 지역신문은 오펜하이머의 진술은 전혀 정확하지 않고 학생들을 위험에 빠뜨릴 수 있는 지나친 행위였다며, 오펜하이머의 동료 한스 베테와 빅토르 바이스코프Victor Weisskopf의 공개적인 비난을 빌려 기사화했다. 이 사건은 오펜하이머가 자신의 지위를 유지하기 위해 저지른 파렴치한 행동으로 보였으며, 자신을 위해서라면 제자들도 희생시킬 수 있는 사람으로 여겨질 수 있는 사건이었다. 실제로 그의 진술 때문에 몇 명의 경력은 완전히 망가지고 말았다.[40] 과거의 이 수치스러운 사건이 청문회 기간에 들추어졌고, 위원회의 결정에도 영향을 미쳤다.

자격을 박탈당한 이후 항소심을 준비하던 오펜하이머에게 또 다른 위기가 닥쳤다. 하버드와 케임브리지에서의 아픈 기억이 다시 한번 들춰진 것이다. 그는 자신의 애국심과 충성심이 시험대에 올랐다는 사실을 믿기 힘들어 했지만, 미국 국방력 및 안보에 대한 그의 태도는 의심의 대상이 되었다. 과거에 원자력을 이용한 대량 살상 무기 개발에 공헌할 기회는 얻었지만, 핵의 평화적인 활용과 소통, 인류 공동의 이해를 위해 전쟁을 억제할 수 있는 공헌의 기회는 끝내 얻지 못했다.

지위 박탈을 경험한 그의 고통과 상처는 1954년 가을이 되어서야 알려지기 시작했다. 1954년 12월 26일 컬럼비아 대학 200주년 기념행사의 일환으로 라디오 방송에 출현한 오펜하이머는 학문과 과학이 전 세계적으로 황량하고 절망적인 상황에 처했다고 말했다.[41] 비록 인문학과 과학이 넘쳐 나지만, 각 학문의 언어와 기술이 분절화되어

"과학은 과학대로, 인문학은 인문학대로, 모든 학문이 각자의 길"로 나아가고 있다고 강조했다. 만약 학문이 마을과 같다면, 높은 곳에서 내려다보았을 때 마치 수많은 마을은 있지만 서로를 넘나들 수 있는 길은 없는 상태에 비유했다.

> 멈출 수 없을 만큼 빠른 속도로 다닐 수 있는 고속도로는 있습니다. 그러나 너무 빨라서 바로 옆에 있는 마을도 그냥 지나칠 수밖에 없어요. 거대한 고속도로(매스미디어)는 마을과 마을 사이의 대화는커녕 오히려 조용한 마을의 평화만 깨뜨리지요. (Oppenheimer 1955b, 143)

어떤 분야든 그 분야에 종사하는 이들 사이에는 일종의 조화가 있다. 사람들은 자신이 속한 공동체의 공적 이해를 바탕으로 자유롭게 협력할 수 있는 방향을 찾고자 노력한다. 작은 공동체 안에서는 소통이 어렵지 않다. 그러나 더 넓은 세계에서 그 노력은 한계에 부딪힌다. 비록 과학이 객관적인 학문으로 출발했다고는 하지만 과학적 언어와 지식이 지나치게 전문화되면서 이를 이해하고 소통할 수 있는 사람이 많지 않게 되었다. 학문을 하는 이들은 서로 "깊은 (…) 오해 없이 (…) 난해한" 언어를 구사할지 모르지만, "전통과 문화, 상징과 역사, 신화와 공동의 경험, 이 모든 것이 변화하는 세상에서 조화롭게 어우러지도록" 만들어야 하는 본연의 임무를 수행하지 못했기 때문에 사실상 실패자들이다. 새로운 세상은 "지식의 조화, 인류 공동체의 본성, 순리에 입각한 사회와 생각, 사회와 문화가 전하고자 하는 고전적 신념을 잃어버리고 말았다. (…) 이 모든 것이 바로 기술과 힘에 대한 지식의 발전과 맥을 함께하고 있다." 그러나 현재의 악에 대한 책임이 지식의 발전에 있다고 하더라도 모든 교육을 근절하는 방법으로는 이를 해결할 수 없다. 교육의 근절은 단순히 효과가 없는 방법일 뿐 아니라 "사악한 방법이다. 변화를 인식하고 우리가 가지고 있는 것이 무엇인지를 배워야 할 필요가 있다." 그렇게 할 때 비로소 우리는 지식의 역류를 바로잡고, 새롭고 열린 세상을 만들어 갈 수 있다. (Oppenheimer 1955b, 145-146)

과학자 각자는 자신에게 주어진 영역에 충실히 임하는 것이 인류를 구원하는 길이다. 이 영역은 더 넓은 사회가 아닌 마을 속에서 찾아야 한다. 창의성을 발휘해야 하는 이들의 중요한 책무는 사회적 복지가 아니라 자신이 속한 마을 — 진정한 커뮤니티 — 의 정원을 풍요롭게 가꿔서 그 풍요로움이 더 넓은 세상에까지 전해지도록 하는 것이다.

사회적 지위 박탈과 함께 오펜하이머 삶에도 큰 변화가 일어났다. 한편으로는 자신에게 지운 엄청난 책임이 사라졌기 때문에 개인적인 관심사로 눈을 돌릴 수 있는 기회였다. 비록 기술적인 면에 대한 연구는 계속하지 않았지만, 자신이 속한 연구기관의 교수진들과 매주 물리학 세미나를 열어 이론물리학 발전에 공헌했다. 오펜하이머가 주관한 이 세미나를 관찰했던 디랙은 1971년에 다음과 같은 기록을 남겼다.

나는 그와 40년 이상을 알고 지냈다. 한때 우리는 괴팅겐의 젊은 학도로서 서로를 알았다. 같은 집에서도 살았다. 비슷한 관심사도 많았고 같은 수업도 들었다. (…) 오랜 세월 동안 알아 오면서 나는 그의 위대한 면들, 특히 다양한 토의와 콜로퀴엄을 주관하는 재능을 확인할 수 있었다. 그는 무엇이든지 빨리 이해했고, 강의자가 자세히 설명하지 못하는 부분이라도 있거나, 강의자에 대한 좌중의 날카로운 질문이 있으면, 언제든지 뛰어들어 명쾌한 언어로 불명확한 부분을 설명해 냈고, 그 덕에 다른 모든 이가 명확하게 이해한 후 다음 단계로 넘어갈 수 있었다. (Dirac 1971, 10-12)

1954년 이후 오펜하이머는 다양한 영역 간에 다리를 놓고자 노력하는 등 고등연구소 소장으로서 많은 시간과 에너지를 쏟았다. 오펜하이머 인생에서 가장 큰 비극은 애국심을 의심받아 뭇매를 맞았던 때보다 고등연구소를 끝내 자신이 마음으로 그리던 지적 공동체로 이끌지 못한 것이리라. 케넌은 오펜하이머가 종종 의기소침했던 것을 기억한다.

오펜하이머는 자연스럽게 그 모든 것이 이루어지리라 기대했지만, 종종 연구소 교수들은 개인들이 이룩한 학문적 업적을 하나로 모으지 못하거나 서로를 충분히 존중하지 못했다. (케넌이 생각하기에) 오펜하이머는 마음과 마음이 서로 통하는 조화의 상태를 너무나 갈망했다. 이런 환경이 고등연구소에 조성되기를 바랐다. 그러나 각 분야를 넘나드는 소통은 거의 이루어지지 않았다. 식당에서도 수학자들은 수학자들끼리, 역사학자들은 역사학자들끼리 모여 앉았다. 자신 또한 다른 이들과 쉽게 교류하지 못했으며 이로 인해 당황하며 깊은 상실감에 시달렸다. (Kennan 1972, 19)

오펜하이머의 공적인 삶을 살펴보면서 나는 그가 시기별로 어떤 갈등을 겪어 왔는지에 집중하게 되었다. 10대 시절에는 유복한 독일 출신의 유대인 가족의 일원이었으나 유대인이라는 정체성을 벗어 버리고 싶어 했고, 학창 시절에는 수많은 재능을 보인 하버드대생이었지만 개인적인 꿈과 기술적인 전문성 사이에서 갈등하다가 물리학자의 길을 선택했고, 케임브리지에서는 성적인 정체성과 적응의 문제로 갈등했다. 괴팅겐에서는 자만심 때문에, 버클리에서는 개인적인 업적과 정치적 문제, 교수로서 정체성과 이론가로서 위치 사이에서 갈등했다. 전후에는 과학자, 공공의 지성, 철학자, 세계에서 가장 칭송받는 박사 후 교육과정 연구소 대표로 지냈지만, 변화하는 환경 속에서 자신의 그 모든 명성이 무너지는 순간을 견디며 갈등하기도 했다.

눈에 띄는 사실은 오펜하이머가 인생을 걸고 집중했던 프로젝트가 없었다는 것이다. 무언가를 새롭게 익히고 창조하고 성취하면서 긍지를 느끼던 물리학 연구도 전쟁 이후에는 그만두었다. 전후 맞닥뜨린 여러 사건에 대해 오펜하이머는 당황했고, 쉽게 적응하지 못하는 자신을 발견했다. 수많은 조각을 하나로 묶어 내는 힘을 잃었고, 그렇다고 자신을 그 속에 끼워 맞추어 내지도 못했다.

위로가 된 힌두철학

1945년 4월, 로스앨러모스 기념예배에서 오펜하이머는 프랭클린 루스벨트 대통령을 기념하며 《바가바드기타》(이하 《기타》)의 한 구절을 인용했다. "사람은 신념으로 구성된 창조물이다. 고로 그의 신념이

오펜하이머에게 큰 영향을 끼친 힌두교 경전
《바가바드기타》 부분. 크리슈나(왼쪽)와 아르주
나(오른쪽). (Public domain)

그 자신이다." (Smith and Weiner 1980, 288) 오펜하이머의 신념은 무엇이었을까? 물론 어린 시절 다녔던 윤리문화학교가 신념을 형성하는 데 큰 역할을 했을 것이다. 나는 윤리문화운동의 도덕적 가치관이 오펜하이머의 세계관 형성에 많은 도움이 되었다고 믿는다. 그는 타인에 대한 관심이 남달랐고 노블레스 오블리제를 실천하기 위해 노력했다. 윤리문화학교는 학생들에게 도덕적으로 조화로운 세상을 만들고 이를 이끌 수 있는 경쟁력을 갖출 것을 요구했다. 오펜하이머는 세상을 바꾸었다. 핵무기로 인해 닥치게 될 인류의 위험에 대해서도, 핵무기의 힘을 사용해야만 하는 딜레마에 대해서도 다른 누구보다 깊이 이해하고 있었다. 그리고 핵무기가 초래할 위험을 없애는 일에도 열정적이었다.

힌두철학 또한 그에게 많은 영향을 끼쳤다. 하버드 재학 시절, 아직 원문을 읽지는 못했지만 이미 고대 산스크리트 문학에 깊은 관심을 보이기 시작했다. 1932년부터 오펜하이머는 《기타》[42]를 번역한 버클리의 라이더Arthur W. Ryder의 수업을 참관하며 《기타》를 연구했다.[43] 1933년 10월에 동생에게 보낸 편지에는 "아주 쉬우면서도 대단한 작품"이라며 흥분을 감추지 못했다. (Smith and Weiner 1980, 165)[44] 이 편지는 《기타》에 대한 오펜하이머의 초기 감상을 잘 보여 주며, 이 느낌은 오래도록 남는다.

《기타》를 번역하고 오펜하이머에게 소개한 라이더는 이 노래를 다음과 같이 요약했다. "왕가의 두 형제 가문 사이에서 일어난 갈등을 다룬 위대한 서사시다. 왕권을 두고 시작된 그들의 불화는 결국 전쟁을 치르고 나서야 완전히 해결된다."[45] 서사시는 용기 있고 궁술에 능한 아르주나 왕자의 전투 장면에서 시작된다. 전차를 타고 가던 아르주나는 맞서 싸워야 하는 이들이 자신의 친척과 교사, 친구들이라는 사실을 잘 알고 있었다. 자신이 죽여야 하는 이들과 점점 가까워지던 순간 그는 싸움을 포기한다. 그리고 전차에 선 채로 비슈누가 성육신한 크리슈나에게 자문을 구하는 장면이 이어진다. 《기타》는 명확한 대답을 전하고 있다. "뚜렷한 이유가 있는 전투에서는, 전사여, 친족일지라도 죽여라."[46]

장장 18장에 걸친 대화를 통해 크리슈나는 아르주나에게 왜 그가 전투를 그만두어서는 안 되는지를 알려 준다. 일단 아르주나는 군인이기 때문에 싸우라고 말한다. 또한 누가 살고 누가 죽을지를 결정하는 것은 아르주나가 아니라 크리슈나 자신이며, 아르주나는 "운명이 결정하는 바에 따라 슬퍼하거나 기뻐하면 된다"고 한다. 무엇보다 중요한 사실은 "크리슈나에게 헌신하면, 그 믿음이 아르주나의 영혼을 구원한다는 것"이다. (Hijiya 2000, 131)

힌두교 신전에는 전차 모양의 비슈누와 그 위에서 흔들리고 있는 아르주나 조각이 많이 발견된다. 개중에는 전투 장면과 전차, 곤경에 처한 아르주나, 흔들리는 활, 자신이 타고 있던 전차가 비슈누라는 사실을 깨닫고 무릎을 꿇는 아르주나, 왼손은 펴고 오른손의 엄지와 검지는 붙인 자세의 비슈누 등도 있다.[47] 비슈누의 이 자세는 가르침을 상징하며 석가모니의 비타르카vitarka와 의미가 같다. 5부에서 언급하겠지만, 오펜하이머 자신도 많은 사진에서 이 자세를 취하고 있다.

오펜하이머는 《기타》야말로 모든 언어를 통틀어서 단일 사건에 대해 가장 아름답게 쓴 철학서라고 극찬했다. 그래서 낡은 영문 복사본 몇 권을 책상 위 손에 잡히는 곳에 두었다가 친구에게 선물로 주곤 했다. 로스앨러모스 근무 시절에도 그는 이 책을 탐독했다. 잘 알려진 것처럼 1945년 8월 트리니티 테스트를 진행할 때도 그는 《기타》의 한 구절을 의식하고 있었다고 한다. "나는 죽음이 되었고, 온 세상의 파괴자가 되었다." 이처럼 《기타》의 철학은 오펜하이머와 잘 맞았고 그의 시각과 행동에도 큰 영향을 미쳤다.

제임스 히지야James Hijiya(2000)는 오펜하이머와 《기타》의 관계에 대해 쓴 글에서 오펜하이머가 의무, 운명, 신념이라는 힌두교의 세 가지 사상에 흠뻑 빠져 있었다고 한다. 히지야는 오펜하이머가 로스앨러모스를 선택한 이유도 힌두교적 교리에 입각하여 과학자로서 자신의 의무를 따른 것이지 개인적인 출세 때문은 아니라고 보았다. 더 나아가 오펜하이머는 분열된 자아로 고통받던 자신을 구원하는 길도 힌두교에 있다고 믿었다. 힌두교적 윤리 시스템에 따르면, 어떤 개인의 운명이 모든 인류를 위한 우주적 의무와 맞닿아 있다면, 그 사람은 자신에게 부여된 운명에 따라 인생을 살아가다가 정해진 순간 갈등을 겪고, 마침내 운명의 지배를 받게 된다. 히지야는 바로 이런 힌두교의 가르침이 오펜하이머가 히로시마, 나가사키에 폭탄을 떨어뜨리도록 결정하는 데 중요한 역할을 했다고 보았다. (Hijiya 2000)

아이러니한 사실은 《기타》를 근간에 둔 베다 사상의 경우 단 하나의 실존만이 존재한다고 보는데, 이는 영적인 "자아"이며 그 자아가 절대적인 존재라고 가르친다. 《기타》에 대한 설명에서 라이더는 "자아는 두려움과 욕망이 소멸할 때까지 영원히 확장되며, 이를 통해 위대한 감성적 능력을 발휘하게 된다. 우리는 할 수 있는 한 이 사실을 받아들여야 한다. 신비한 능력이 없는 사람이라도 이 사실을 깨달을 수 있는데, 자아의 확장이야말로 심미적인 기쁨이자 순수한 경험이며 모든 장애를 이기는 힘이 된다."(Ryder 1929, xi-xii) 분열된 자아로 고통받던 오펜하이머에게 이보다 더 매력적인 철학은 없었을 것이다. 오펜하이머의 아버지는 라이더를 "가장 고결한 방식으로 영혼을 볼 줄 아는 눈부신 인물"로 묘사했고, 오펜하이머 자신은 "라이더는 스토아적 감각으로 느끼고 사고하며 말하는" 학자라고 일컬으며 그를 통해 윤리의 역할을 새롭게 인식했다고 칭송했다. 또한 라이더야말로 구원 혹은 저주를 받을 수밖에 없는 운명을 지닌 인생의 비극을 아는 사람이라고 보았다. 라이더는, 인간은 결코 돌이킬 수 없는 실수를 저지를 수 있으며, 그 경우 어떤 방법으로도 되돌릴 수가 없다고 믿었다.[48]

물론 히로시마, 나가사키에 원자폭탄을 떨어뜨린 이유를 단지 《기타》만으로 설명할 수는 없다. 로스앨러모스에서 그와 교류했던 주요 인사들 — 보어, 코넌트, 톨먼, 그로브스, 라비 — 의 견해나 자신의 야망도 한몫했을 것이다. 기독교적 사고에 기반하여 인류의 복지와 노블레스 오블리제를 강조했던 윤리문화운동, 의무와 운명에 대해 강조한 《기타》를 비롯한 산스크리트 문학, 훈련을 강조하는 스토아학파와 스피노자의 철학, 상보성을 강조했던 보어의 관념, 정치 이론서 등 시간이 흐르면서 그의 신념은 다양한 경험을 통해 통합되었다.

오펜하이머는 진부하면서도 우주적 보편성을 강조한 윤리문화주의를 거부하고 자기계발과 윤리적 행위의 의지적 측면에 더욱 집중하고자 했다. 또한 문화와 환경 요인이 각 사람에게 끼치는 도덕적 영향에 대해서 의식했다. 전후 강연장에서 오펜하이머는 전통적 가치가 점점 잊혀 가고 변화의 속도가 너무 빨라 현기증이 난다고 자주 말했다. 나는 생애 마지막 순간의 오펜하이머에게서 포스트모더니스트적인 특성을 느낀다. 특정 사회와 그 사회의 도덕성을 분리할 수 없다고 믿었던 그는 상대주의자이기도 했다. 1951년에 조지 케넌에게 보낸 편지에서도 그런 성격을 엿볼 수 있다.

우리 자신과 행위에 대해서 스스로 평가할 수 없다는 식의 도덕주의를 저는 거부합니다. 이는 다른 이들이 우리를 판단하는 것을 거부한다는 뜻입니다. 제가 말하려는 바는 우리가 감히 다른 이들의 입장에 서서 혹은 전능자의 관점에서, 한 국가나 국민이 옳거나 그르다고 판단할 수 있느냐 하는 것입니다. 저는 다른 사회의 도덕성에 입각한 행위에 대해서는 오히려 입을 다무는 것이 좋다고 생각합니다. 우리가 해야 할 일은 그들의 행동을 주의 깊게 살피고, 그런 행동을 이끈 정서적 요인을 분별한 후, 그 요인들이 국제 정세에 어떤 영향을 미치게 될지를 분석하는 것입니다. 함부로 누군가를 평가하고 칭송하는 것도, 폄하하는 것도 피해야만 합니다. 제가 볼 때, 지금까지 우리 미국인은 충분히 자각해, 발전된 기술이라는 중앙집권적 힘과 개인주의적 전통을 함께 발전시켜 왔습니다.

우리에게는 남들의 판단과 해결책이 아닌 우리 스스로의 정치에 의해 우리 문제를 해결해야 할 의무가 있습니다. 우리 정책이 우리의 생각과 전통에 입각하여 세워질 수 있도록 이끌어 나갑시다. 이를 위해서는 물론, 우리가 이미 느끼고 있듯이, 우리만의 도덕적 가치들이 요구됩니다. (미 의회도서관, 오펜하이머 보고서)[49]

1962년 맥마스터 대학에서 특강을 끝내면서 오펜하이머는 물리학 등의 과학계를 지탱하는 사람들의 의무에 대해 말했다.

우리가 다 알고 있는 의무에 대해 정직하게 말해 봅시다. (…) 1939년에 아인슈타인이 그랬던 것처럼 때로는 공개적으로, 때로는 비밀리에 우리는 우리가 알고 있는 지식을 정부와 공유해야 합니다. (…) 더욱 중요한 두 번째는, 더 넓은 과학의 세계에서 우리가 무엇을 알고 있는지를 발견하고 (…) 희망과 가치를 위해 상황과 환경에 따라 우리가 말하려는 바와 말해야만 하는 바를 구분하기 위해서는, (…) 결론적으로, 세계 공동체의 지식이 성장하려면 우리는 때때로 어떤 이익집단이나 전문가 그룹, 정치적인 색채에 관계없이 (…) 우리의 경쟁 상대 혹은 우리와 생각이 다른 사람, 때로는 적국과도 손을 잡아야 합니다. (Oppenheimer 1964a, 64)

인문학이나 과학 분야뿐만 아니라 계속 변화해 가는 문화를 비롯해 모든 것을 포용하고자 했던 오펜하이머의 주장은 다윈의 책《종의 기원》마지막 문장과 일맥상통하는 면이 있다. "다양한 옷을 입은 식물과 나뭇가지에서 노래하는 새들"이야말로 생물학적 진화의 결과가 얼마나 놀라운 생명의 다양성을 가져왔는지를 가장 잘 증명하고 있다. 그러나 이 모든 결과는 자연이 "전쟁, 굶주림과 죽음 등 우리가 생각할 수 있는 모든 고난"을 겪은 끝에 나온 것으로 인간도 그 과정을 "그대로 반복"하고 있다. 인간 사회는 "점점 더 얽히고설키면서 예상 못했던 놀라운 상황"들을 보여 주고 있으며, 이것이야말로 문화적 진화의 결과라고 보았다. 그러나 "다양성이 넘치는 세상을 만드는 것도 우리며 그 다양성을 추구하는 것도 바로 우리다. 자유가 넘치는 세상을 만드는 것도, 자유로운 세상을 추구하는 것도, 20세기와 앞으로 다가올 미래의 끝없는 변화의 요구를 받아들이는 것도, 전쟁으로부터 자유로운 국가를 이끌어 내는 것도, 무엇보다 전쟁 없는 세상을 위해 공헌하는 것도 다른 누군가가 아닌 바로 우리 자신이다."
(Oppenheimer 1964a, 65)

1 오펜하이머가 절친한 친구 존 에드살에게 바친 찬사. (Smith and Weiner 1980, 93)

2 케넌과 오펜하이머가 처음 만난 것은 1946년 어느 날 오펜하이머가 국방대학을 강의차 방문했을 때였다. 케넌은 당시를 이렇게 회상한다. "그는 조심스럽게, 마치 사죄하는 사람처럼 강단에 올라섰다. 매우 연약해 보이는 체구에 무거운 갈색 정장 차림이었는데 바지가 너무 커 헐렁헐렁했다. 발은 크고 머리는 작아서 어떻게 보면 아주 어린 학생이 서 있는 것 같기도 했다. 그는 메모도 없이 한 시간가량 연설했다. 막상 연설을 시작하자 그의 명석하면서도 신중한 표현은 좌중을 놀라게 했고, 연설이 끝난 후에는 아무도 감히 나서서 질문을 하지 못했다. 질문이 될 만한 내용을 잘 정리하여 이미 다 말한 것이었다. 그러나 아직도 궁금한 것은 아무도 그가 정확히 무슨 말을 했는지 기억하지 못한다는 사실이다." (Kennan 1972, 18)

3 오펜하이머의 어린 시절에 관한 더 자세한 이야기는 Bird and Sherwin 2005 참고.

4 하버드 대학에는 "80년 규칙"이라는 것이 있어서 학생에 관한 기록 열람을 통제하고 있다. 80년 동안은 오직 본인만 열람할 수 있고, 사망 후에는 가족만 가능하다. 가족은 당사자의 사망 사실과 가족임을 증명해야만 한다.

5 신입생 시절 오펜하이머는 보통의 입문 과목 대신 생체화학(Chem2)이나 양적분석론 (Chem3) 같은 고급 과목을 수강했다. 제임스 코넌트는 그에게 생체화학실습(Chem22)을 가르쳤는데, 2년 과정이었다. 리차드Richard의 화학8, 화학의 역사를 포함한 물리화학 기본 이론을 들을 때는 두 과목 다 별로 수학적이지 못하다고 불평했다고 한다. 언어 과목으로는 프랑스어 문법, 독해, 작문법을 신입생 때 모두 소화하고 프랑스 문학의 문법적 이해, 프랑스 원문 해석 등의 수업은 2학년 때 수강했다. 교양 필수과목으로 영어에서 A, 수사학 및 영작문에서 B 학점을 받았고, 철학 및 철학의 역사는 A 학점을 받았다.

6 1932년 3월의 사건은 동생 프랭크에게 쓴 편지에 기록되어 있다. (Smith and Weiner 1980, 155-156)

7 자세한 내용은 Smith and Weiner 1980, Schweber 2000, 특히 Bird and Sherwin 2005 참고.

8 이 문제에 관해서는 앨리스 킴볼 스미스Alice Kimball Smith와 베른하임의 인터뷰를 살펴보기 바란다. A. K. Smith Papers, MIT 아카이브. 파이스는 자서전에서, 1950년대에 이미 "강력하게 내재하고 있던 동성애적 성향은 로버트의 정서를 잘 보여 주고 있다"고 확신했다. (Pais 1997, 241) FBI의 오펜하이머 파일에는 캘리포니아 대학 버클리에서

다음과 같은 내용의 인터뷰가 있었다고 기록하고 있다. "오펜하이머에게 동성애적인 성향이 있다는 이야기는 학교에 널리 퍼져 있어요. (…) 수학과의 한 동성애자 학생은 당시 오펜하이머 집에서 살고 있었다고 합니다." (V. P. Kay가 Mr. Ladd에게 1947년 11월 10일, J. R. Oppenheimer, FBI 비밀 문건(마이크로필름). Wilmington, Del.: Scholarly Resources, Reel 1)

9 인용구는 마르셀 프루스트의 《잃어버린 시간을 찾아서》 제1권에서 발췌한 것이다.

10 Oppenheimer 1984, 173 참고. 양자물리학의 역사에 대한 설명은 Merzbacher 2002를 참고.

11 Serber 1998도 참고.

12 Barkan 1993.

13 오펜하이머와 그의 학생들이 1930년대 입자물리학에 끼친 공헌은 Serber 1983, 206-221에서 자세히 살펴볼 수 있다.

14 보헤미아에 있는 할아버지 집을 방문한 그는 신기한 지질학적 견본들을 찾기 위해 근처의 동굴을 탐험했다. 그 때문에 이질을 심하게 앓게 되었다.

15 2차 대전 이후로 계속된 관련 연구에 관해서는 Schweber 1994 참고.

16 케네스 니콜스Kenneth D. Nichols 장군에게 보낸 편지에서 오펜하이머는 진 태틀록Jean Tatlock과의 관계를 다음과 같이 묘사하고 있다. "1936년 봄에 친구로부터 버클리의 뛰어난 영국인 교수 진 태틀록을 소개받았습니다. 가을경에는 아주 가까운 사이가 되었고, 저희 둘 다 결혼을 심각하게 고민했습니다. 그러나 1939년에서 그녀가 죽던 1944년 사이에는 자주 보지 못했습니다. 그녀는 자신이 공산당원이라고 밝혔지만 저는 그녀가 별로 정치적이라고 생각하지 않았습니다. 그녀는 이 나라와 국민, 이곳에서의 삶을 사랑했습니다. 그녀 주위에는 공산주의자 친구가 많았는데, 저도 그들과 사귀게 되었습니다." (Oppenheimer 1970, 8) 태틀록은 심각한 우울증에 시달리다가 1944년 7월에 자살했다.

17 또한 리제 마이트너의 공헌을 빼놓을 수 없다. Sime 1996 참고.

18 원자폭탄의 발전 과정에 대해서는 Rhodes 1988, 프리시와 파이얼스의 공헌에 관해서는 Gowing 1964, 오펜하이머의 공헌에 관해서는 Bird and Sherwin 2005를 참고.

19 오펜하이머는 "로스앨러모스는 대단한 공동체였다. 모두 이타심으로 인류를 위한 의무감에 불타고 있었다. 물론 우리를 불편하게 하는 요소도 적지 않았지만, (…) 나는 지금까지도 그들처럼 이 나라의 미래를 위해 헌신한 그룹을 본 적이 없다. 우리는 낮밤을 가리지 않고 일했고, 우리의 임무를 거의 다 완수했다"고 회상했다. (Oppenheimer 1970, 14)

20 Jornada del Muerto는 에스파냐어로 된 지명으로 "죽음의 여행" 혹은 "망자의 여행" 등으로 번역된다.

21 그러나 이런 대답은 오케스트라 단원들로부터 자주 듣게 된다.

22 CERN의 원래 이름은 European Council for Nuclear Research로, 1952년 제네바에서 유럽 11개 국가가 참여해 시작된 일시적 핵발전연구소였다. 54년에는 European Organization for Nuclear Research로 이름이 바뀌었지만, 약어는 그대로 CERN을 쓰고 있다.

23 스팀슨이 그 회의 의장이었다. 랄프 바드Ralph Bard, 바네바 부시, 윌리엄 클레이턴, 칼 콤프턴, 제임스 코넌트, 조지 해리슨, 스팀슨의 과학고문이 회의에 참석했다. 루스벨트 사후에는 제임스 번스가 추가되었다.

24 과학자문단장과 목표선정위원회 회원으로서 오펜하이머는 스팀슨의 개인 컨설턴트 역할을 자처했다. 목표선정위원회는 핵폭탄의 폭발 고도나, 타깃 선정 시 고려해야 할 심리학적 요인, 방사선 효과 등과 같은 구체적인 것들을 결정했다.

25 5월 31일 회의에 대한 자세한 내용은 Bird and Sherwin 2005, 293-297 참고.

26 오펜하이머가 스팀슨에게, 1945년 8월 17일. Smith and Weiner 1980, 293-294.

27 트루먼의 발표문을 손질한 것은 스팀슨이었다. 발표문 최종본은 웹사이트http://www.trumanlibrary.org/study_collections/bomb/large/documents/fulltext.php?full-textid=20에서 확인 가능하다.

28 메이-존슨 법안에 관한 자세한 내용은 Smith 1965를 참고.

29 프랭크 아델로트Frank Aydelotte, 노먼 커즌스Norman Cousins, 앨런 네빈스Allan Nevins, 브롬리 옥스남G.Bromley Oxnam, 알렉산더 작스Alexander Sachs, 헨리 드워프 스미스Henry DeWolf Smythe, 레이몬드 스윙Raymond Swing, 해럴드 유리Harold Urey와 오크리지 위원회·맨해튼 프로젝트·시카고 원자과학자회 회원들이 함께 서명했다.

30 EA 57-10.

31 존 맥클로이는 2차 대전 당시 전쟁 부장관이었다. 헨리 스팀슨이 77세로 전쟁장관직을 물러나자 전쟁 수행과 전후 평화 정착을 위한 구상에 깊이 관여한다. 1945년에는 일본을 항복시킬 방안을 논의하는 정부 회의에도 참여했다. 그는 미국이 일본보다 군사력이 우월하다는 사실을 일본에 알려, 더는 출혈 없이 전쟁을 끝낼 것을 제안하자고 주장했다. 맥클로이는 말년에 "우리는 폭탄을 떨어뜨리지 않고서도 충분히 만족할 만한 일본의 항복을 얻어 낼 수 있었으나 그 기회를 놓쳤다"고 믿었다. 또한 핵무기를 일본에 사용하기 전에 "모든 면에 대해 충분히 고려해 볼 수 있는 시간이 미국 대통령에게 주어지지 않았다"고 말했다. (McCloy, Reston 1991, 500) 이에 관한 자세한 내용은 Doug Long, http://www.doug-long.com/mccloy.htm(2005년 5월 접속)에서 참고. Bird 1992도 참고.

32 Badash 1995.

33 오펜하이머는 애치슨-릴리엔솔-바루크의 계획이 실패할 것이라며 1948년 《포린 어페어스》에 다음과 같은 우화를 실었다. 어느 맑은 날 숲속을 거닐던 공자는 깊은 슬픔에 빠진 여인을 만났다. 여인의 아들이 방금 호랑이에게 잡아먹혔기 때문이다. 그 호랑이가 일 년 전에는 남편을, 그 전 해에는 시아버지도 잡아먹었다. 그녀를 진정시킬 수 없었던 공자는 이렇게 말했다. "아무래도 여기는 살기에 적합한 곳이 아닌 것 같소. 이사를 가지 그러오?" 그러자 여인은 팔을 내저으며 대답했다. "알고 있어요, 알고 있어요. 하지만 여기서 사는 것이 차라리 낫습니다. 다른 곳으로 가면 무거운 세금 때문에 그나마 살 수가 없습니다."

34 양원의 원자력위원회를 총괄하고 있던 윌리엄 보든William Borden은 오펜하이머의 보안 파일을 열람한 후 1953년 11월 17일 FBI의 후버J. Edgar Hoover 국장에게 편지를 보냈다. "지난 수년 동안의 자료를 종합해 볼 때, 로버트 오펜하이머는 소련의 첩자일 가능성이 상당히 높습니다." (http://en.wikisource.org/wiki/Letter_from_William_L._ Borden_to_J._Edgar_Hoover,_November_7,_1953, 2007년 5월 접속). 이 편지는 아이젠하워 대통령에게 전달되었고, 53년 12월 3일에 오펜하이머는 모든 보안 등급을 박탈당해 원자력에 관한 어떤 기밀에도 더는 접근할 수 없었다. 오펜하이머는 이 결정에 탄원서를 제출하고, 54년 4월에 심리를 받았지만 기각되었다.

35 당시의 상황을 가장 잘 전하고 있는 참고 자료는 McMillan 2005이다.

36 오펜하이머가 제임스 코넌트에게, 1949년 10월 21일. (Hershberg 1993)

37 기사 전문은 http://www.atomicarchive.com/Docs/Hydrogen/GACReport.shtml 참고.

38 Callon 2005.

39 글을 쓴 사람은 찰스 머피Charles Murphy로 이 글을 쓰기 위해 미국원자력위원회의 새로운 회장직을 맡았다. 맥밀란Pricilla McMillan의 책 《The Ruin of Oppenheimer》(2005)는 리버모어를 둘러싼 미국의 수소폭탄 개발 과정을 자세히 소개하고 있다.

40 로시Rossi, 피터스, 로마니츠Lomanitz에 대한 오펜하이머의 행동에 대해서는 Schweber 2000, Bird and Sherwin 2005, Wang 1999 참고.

41 이 내용은 오펜하이머의 1955년 저작에 〈The Open Mind〉라는 제목으로 다시 실렸다.

42 힌두교 최고의 문학작품 《바가바드기타》는 "신의 노래"로 번역할 수 있다. 일각에서는 《바가바드기타》가 힌두교를 설명하는 가장 위대한 작품이라고 칭송한다.

43 Heilbron 2005, "Oppenheimer's Guru" 참고.

44 1943년 6월 4일에 프랭크에게 보낸 편지도 참고. (Smith and Weiner 1980, 180)

45 Ryder 1929, viii.

46 ibid., ix.

47 예를 들어 존 바틀렛John Bartlett의 사진 작품 〈Great armies stir〉를 봐라. www.song
souponsea.com/Promenade/Still2A5.html(2007년 1월 접속)에서 확인 가능하다.

48 Bird and Sherwin 2005, 99. Heilbron 2005 참고.

49 오펜하이머의 1984년 저서에 따르면, 이 내용은 1960년에 〈전통과 발견Tradition and
Discovery〉이라는 특강의 부분이다. 비슷한 시기에 한 다른 강연에서는 이렇게 말했다.
"자연의 수많은 구성 요소 사이에는 연결부도 없고 차이도 없습니다. 그들은 서로에게서
파생된 것이 아닙니다. 그들은 마치 한 나무의 가지 같아서 (…) 각자 질서와 문제, 언어를
가지고 있습니다." (Oppenheimer 1960, 15) 신전이 아닌 나무로 비유한 이유는 나무는
자라기 때문이다. (ibid., 17)

4부. 미국인 오펜하이머

일반적으로 말하자면,
세상의 모든 일은 어떤 식으로든 서로 관계를 맺고 있고,
우주는 서로를 연결하는 쇠사슬을 통해 그물망처럼 연결되어
연속적인 작용 속에서 하나로 존재한다.
_ 윌리엄 제임스(1907, 52)

프린스턴 고등연구소의 사회과학원 25주년을 기념하기 위해 찰스 테일러(2001)는 〈근대화와 정체성Modernity and Identity〉에 관한 글을 발표했다. 현재 정체성을 둘러싼 담론을 더 잘 이해하려면 "왜 우리의 선조는 시대적 관심사를 그들의 정체성과 연결해 생각하지 못했을까?"(Taylor 2001, 139)라는 질문을 던져야 한다는 글이었다. 그리고 정체성이라는 말이 쓰이는 세 경우를 들었다. 첫째는 에릭 에릭슨Eric Erikson이 정의한 "정체성"으로, 에릭슨은 정체성을 인간이 성인이 되어 가면서 혹은 평생에 걸쳐 자신을 정의하는 방법으로 보았다. 누군가의 정체성은 그 사람이 무엇을 진정으로 중요하게 여기는지 혹은 덜 중요하게 여기는지를 설명해 준다. 안정적인 정체성을 확립하지 못한 사람은 정상적인 생활이 어렵다. 정체성이 도전을 받을 경우 위기를 겪게 될 것이다. "정체성의 위기"란 한 사람이 진정으로 중요하게 여기는 무엇인가를 잃는 것을 뜻한다.[1] 테일러는 다음과 같은 간결한 말로 정체성을 설명했다. "정체성은 한 사람의 도덕성이라는 공간 안에 머물며, 그 공간의 깊이와 넓이를 결정한다."

둘째, 근대성의 특징을 설명할 때 쓰인다. 정체성이 개인을 설명하는 속성이 되었다는 것이다. 출생지, 계급, 종교가 더는 그 사람을 규정하지 못한다. 이제 개인은 자신이 정체성을 빚어 간다. 자신만의 인간상을 만들어 가기 때문에 정체성은 "탐구의 대상"이 되었다. 또한 정체성을 성공적으로 확립하려면 타인들이 인정해 줘야 한다. "우리는 스스로를 규정할 수 없다. 누군가 '중요한' 다른 이들과의 협력을 통해서만 가능하다."(Taylor 2001, 141-142) 그러나 인정을 얻으려면 많이 노력해야 하고, 때로 투쟁도 필요하다.

세 번째는 개인과 집단의 관계, 즉 "무엇이 그룹의 정체성을 만드는가?"라는 질문에 쓰인다. 정체성을 둘러싼 이 세 측면은 민족, 종교, 성별, 직종, 국적 등의 요소들과 서로 긴밀한 관계를 맺고 있다. (Taylor 2001, 143)

여기에서는 테일러의 글을 토대로 오펜하이머가 2차 대전을 거치면서 자신의 모습을 빚어 나가는 과정을 살펴보고자 한다. 테일러의 방법론은 윤리문화학교가 오펜하이머에게 얼마나 큰 영향력을 끼쳤는지를 잘 설명하고 있다. (Schweber 2000, chap. 2) 이 시기의 기억은 평생 오펜하이머를 따라다니며 그의 윤리 근간이 되었다.

윤리문화학교 설립자로서 학교의 정신적 기틀을 마련한 펠릭스 애들러Felix Adler는 사망 2년 전인 1931년 가을 학생들에게 다음과 같이 자신의 교육 목표를 설명했다. "이 학교는 더 나은 세상을 만들기 위해 존재합니다. 이를 위해서 여러분은 자신들만의 무언가를 이룩해야 합니다. 동료들과 최선을 다해 여러분의 재능을 키워 나가기 바랍니다." (Friess 1981, 136) "학교는 세상을 성장시키는 (…) 교육의 성전이며, 아직 아무도 알지 못하는 미지의 세계, 아무도 깨닫지 못한 성스러운 인류의 꿈이 커 가는 (…) 성스러운 제단입니다." (ibid., 137) 윤리문화학교 교육과정에서는 합리성과 진취성, 세상을 더욱 나은 곳으로 만들기 위한 도덕적 감수성이 강조되었다. 합리적인 사고 틀을 만드는 데 과학이 중요하다고 여겨 과학적 사고를 길러 줄 수 있는 훌륭한 교사를 많이 두었다.

윤리문화학교는 단순히 더 나은 국가를 만들자던 다른 진보적인 학교들과는 다른 점이 있었다. 다른 학교들은 학생들이 개인 혹은 국민으로서 가져야 할 정치, 도덕적 원칙들[2]을 가르치는 데 집중했다면, 윤리문화학교는 국제사회는 강조했지만 애국에 대해서는 조금도 강조하지 않았다. 민주주의 정신을 가르치기 위해서 보통의 "학급" 운영 방식도 거부했다. 아이들은 빈부나 민족적 배경에 관계없이 서로를 존중하면서 공부하고 놀도록 했다. 그렇다고 애들러가 노블레스 오블리제의 태도를 결코 학교의 철학으로 내세운 것은 아니었다.[3] 오펜하이머는 "고귀한 행동"을 하도록 교육받았고, 부모님의 영향으로 가정에서도 이런 태

윤리문화학교 설립자 펠릭스 애들러. Lewis Wickes Hine(Public domain)

도를 충분히 익힐 수 있었다. 오펜하이머는 선물을 많이 하는 것으로 유명했다. 때마다 다른 이유는 있었겠지만, 항상 금전적 여유가 있었다는 점을 차치하면 이런 행동의 바탕에 노블레스 오블리제가 있었으리라고 나는 믿는다.

여기에서는 2차 대전 이후의 시기를 중점적으로 살펴볼 것이다. 특히 미국을 대표하여 UN에 제출하려고 했던 애치슨-릴리엔솔 보고서가 버나드 바루크에 의해 좌절된 이후의 시기에 집중하고자 한다. 바로 그 순간부터 오펜하이머는 물리학 연구를 그만두었다.[4] 결국 오펜하이머가 기술고문역을 맡았고 바루크가 이끌었던 미국 사절단은 낭패를 당하고 만다. 핵 기술과 핵무기가 인류에게 희망과 위기를 동시에 선사하는 새로운 세계에서 오펜하이머는 과학자이자 정치인으로서의 정체성에 위기를 맞는다. 과학자이자 정치인으로서의 정체성

은 로스앨러모스 시기에 형성되었으며, 당시 오펜하이머는 그 새 역할을 받아들였던 것이다.

이런 오펜하이머의 역할은 지위 박탈 사건과 함께 막을 내린다. 그는 이제 스스로를 공공의 지성[5]으로 인식하기 시작했으며, 원자력이나 핵무기에 쏟던 관심을 다른 곳으로 돌렸다. 과학적 지식의 속성이나 과학과 사회의 관계에 집중하기 시작했다. 푸코의 표현을 빌리면 "특수 지성specific intellectual"에서 "보편적 지성universal intellectual"으로 되돌아간 것이다.

> 아마도 (꼭 오펜하이머가 아닌 일반적인 의미에서도) 물리학자는 보편적인 지식과 특수한 지식이 맞물리는 지점에 서 있다고 보아야 할 것이다. 그는 원자물리학을 다루는 과학자들 및 기관과 교류하면서 과학적 지식에 국한된 언어를 사용하기는 했지만, 핵의 위협이 온 인류와 세상의 운명에 끼치는 한 그의 담론은 동시에 보편적인 담론이기도 하기 때문이다. 온 세상을 위험에 빠뜨릴지도 모른다는 저항에 부딪히면서 그는 지식을 근거로 핵 전문가라는 자신의 전문성을 또 다른 영역으로 확대시켰다. 이제 그의 지성은 처음으로 정치적 힘을 알게 되었고, 이전의 보편적인 담론에 더는 머물 수 없게 되었다. 그의 정치적 힘은 자신이 다뤄 왔던 지식의 수준과 같은 정도였다.

푸코는 "오펜하이머 사건"을 가장 중요하고 결정적인 20세기 사건이라고 생각했다.

나는 고등연구소 소장으로서 오펜하이머가 품었던 희망과 연구소에 걸었던 기대, 하버드 감독이사로 재직했던 1949년에서 55년까지의 시간을 집중적으로 살펴볼 것이다. 이 기간에 오펜하이머는 다양한 사람과 부딪치면서 과학, 역사, 법, 철학적 사고를 배우면서 자신의 신념을 돌아볼 기회를 가졌다. 특히 57년에 하버드에서 한 윌리엄 제임스 강연은 그가 공공의 지성으로서 무엇을 성취하고자 하였는지를 구체적으로 보여 준다.[6] 강연 목적은 과학계가 이룩한 다양한 업적을 소개하고 새로운 지식이 현대사회에 어떤 영향을 끼쳤는지를 설명하는 것이었다. 조금 더 구체적으로는 보어의 상보성이라는 공적 언어를 통해 핵을 활용한 양자물리학이 보편화되면서 발생한 철학적 어려움을 지적해 내고자 했다.[7] 보어는 입자운동에 대한, 서로 양립할 수 없는 두 가지 양자물리학적 설명(전자의 위치가 확정된 상태에서는 운동량이 완전히 결정되지 않고, 반대로 운동량이 확정된 상태에서는 위치가 결정되지 않는다)을 내어 놓았다. 구체적인 실험 환경을 조성할 때 우리는 둘 중 하나의 조건에 의존하여 실험을 진행할 수밖에 없다. 그러나 미시 세계를 더욱 잘 이해하려면 우리가 결정한 조건과 반대되는 조건에 대해서도 생각해 볼 필요가 있다. 보어의 상보성의 원리는 양자 중 하나의 조건에만 집중하지 않고 두 관점을 모두 묶어 내려던 시도였다.[8]

오펜하이머는 사회과학적인 문제를 풀기 위해 보어의 시각을 적용하려고 했다.[9] 그 과정에서 미국 실용주의자들 — 찰스 퍼스Charles Peirce, 윌리엄 제임스William James, 존 듀이John Dewey — 의 사상에 깊이 심취했다. 이들은 과학적 사고로 더욱 창의적이고 풍부한 문화를 일구어 낼 수 있다고 믿었다. 오펜하이머도 같은 생각이었다. 또한 이들은 철학이 실제적인 문제를 해결하는 안내자의 역할을 한다고 믿었는데, 오펜하이머 역시 그러했다. 실용주의자 모튼 화이트Morton White의 책과 글들을 접하면서 이런 확신은 더욱 커졌다.

시민전쟁과 다윈의 《종의 기원》이 찰스 퍼스, 윌리엄 제임스, 올리버 홈스Oliver Wendell Holmes의 철학적인 시각에 큰 영향을 끼치고 그들의 논의가 실용주의의 큰 틀을 만든 것처럼(Menand 2001), 2차 대전을 전후한 양자이론과 보어의 글들은 오펜하이머의 철학적 사고에 큰 영향을 미쳤다. 막대한 인명 손실과 대량 파괴, 치열한 전투, 가스실과 화장터, 드레스덴·도쿄 등 폭격된 주요 도시들, 히로시마와 나가사키에 떨어진 신무기 등은 사람들에게 새로운 세계관을 요구했다. 양자물리학은 원자, 핵물리학을 이해하고 설명하는 데 큰 도움이 되었고, 로스앨러모스의 기술력 —촉진, 반응, 전기회로, 컴퓨터, 화학, 야금— 은 양자물리학을 더 실용적이고 거시적인 장치에 적용할 수 있도록 하였다. 그중 하나가 대량 살상 무기였다. 이 무기는 실제로 쓸 경우 막대한 인명 손실은 물론이고, 방사선에 노출된 이들의 자손에게 심각한 유전적 후유증도 유발시킨다. 이렇게 변화된 세상을 어떻게 살아갈지, 새로운 지식과 기술을 어떻게 활용해야 할지에 대한 지침이 절실해진 것이다.

분명히 오펜하이머도 사회적 의무감을 느끼고 있었다. 트루먼 대통령에게 보낸 편지에서 오펜하이머는 새로운 세상을 만드는 과정에서 "물리학자들이 죄를 저질렀다"고 썼다. 이는 과학적 지식을 어떻게 구체적으로 사용할 것인가 하는 문제에 익숙하지 않은 로스앨러모스의 물리학자들이 인류 역사의 결정적인 순간에 좋지 않은 모양으로 끼어들게 되었다는 의미였다.[10]

고등연구소 소장으로서 오펜하이머는 애치슨 학장, 제롬 브루너Jerome Bruner, 퍼거슨Francis Fergusson, 폴 프런드Paul Freund, 조지 케넌, 알프레드 크뢰버Alfred Kroeber, 에르빈 파노프스키Erwin Panofsky, 페리Ralph

Barton Perry, 루스 톨먼Ruth Tolman, 에드워드 톨먼Edward Tolman, 모튼 화이트를 포함해 다양한 분야의 선구적 학자들과 교류하면서 철학, 심리학, 역사, 법, 사회과학, 인류학 분야의 주요한 발전 상황에 대해 배울 수 있었다. 부수적으로는 새로운 연구 활동을 독려하는 과정에서 각계 기업의 인사들과도 인맥을 형성했다. 나는 오펜하이머가 이 과정에서 새로운 철학적 시각이 필요하다는 걸 깨우쳤으리라 믿는다. 당시 미국 철학계는 분석철학이 주류였고, 과학철학자들은 논리적 실증주의, 물리학자들은 아인슈타인의 신념을 따라 근본적인 법칙을 추구하는 환원주의적 성향에 기울어 있을 때였다.[11] 그러나 오펜하이머는 반환원주의, 다원주의, 신실용주의의 선봉에 선다.

1947년 가을에 고등연구소로 부임해 왔을 때 오펜하이머는 연구소를 대대적으로 변화시킬 계획을 갖고 있었다. 1948년 4월 18일자《뉴욕타임스》에 실린 해리 M. 데이비스의 인터뷰 내용을 보면, 오펜하이머는 처음부터 이사회의 전폭적인 지지를 얻었고 무척 들뜬 마음으로 연구소 생활을 시작했다. 데이비스는 오펜하이머가 부임한 후 몇 개월 만에 연구소 분위기가 크게 달라졌다고 쓰고 있다. "젊은 학자들도 정기적인 모임을 가져 정치 및 사회과학 전반에 관해 토론했고, 세계 정치에 군사력이 미치는 영향력에 대한 강의도 이루어졌다. 프린스턴 대학과 대화, 협력하는 일도 강화되었다." (Davis 1948, 54)

오펜하이머는 데이비스에게 연구소에 바라는 바도 밝혔다. 종신 연구원을 줄이는 대신, 특정한 연구를 위해 한 학기나 1년 단위로 방문하는 사람이 많아지기를 바랐다.

우리는 두 방향으로 연구비를 쓰고 있다. 첫째는 비즈니스, 정치 등의 분야에서 경험을 쌓아 무언가 나눌 것이 있는 외부 분들을 일 년 간 초대해 그분들의 경험을 기록으로 남기고자 노력하고 있다. 둘째로 이전에는 과학적인 연구 대상이 아니었던 분야에 대한 새로운 연구 기준을 마련하는 작업을 진행하고 있다. (Davis 1948, 54)

연구소가 구조조정을 겪으면서 기존의 종신 연구원 및 일부 임원들은 안달이 날 수밖에 없었다. 다음의 일부는 그들의 반발을 불러올 수도 있는 내용이었다.

연구 결과로 수혜가 예상되는 이들로부터 2100만 달러에 달하는 기부금이 이미 확보되어 있었고 앞으로 더 많은 금액이 기부될 예정이었다. 이 돈은 세계적인 학자들과 과학자, 창의적인 예술인, 우주의 성격을 규명하려고 연구하는 유럽 물리학자들을 초대해, 그들에게 급료 및 주택을 공급하는 데 쓰일 것이다.

오펜하이머는 이렇게 세부적인 계획들을 세우고 있었다. 그는 모든 종류의 과학과 문화 전반에 호기심을 가지고 접근했고, 이는 결국 연구소의 연구 영역과도 일치했다. (Davis 1948, 54)

다른 누구와 협의도 하지 않은 채 오펜하이머는 연구소의 성격을 바꾸고자 했고, 이를 위해 자신의 권한을 남용했다. 결국은 "종신 연구원들," 특히 수학자들과 마찰이 생겼다. 오펜하이머가 오기 전에 연구소에서 가장 큰 학과가 수학과였다. 연구소의 중요한 결정 사항은 학과를 떠나 항상 모든 원로교수가 모여 투표로 결정했는데, 오펜하이머는 숫자를 떠나서 이론물리학과와 인문학과에 더 많은 발언권을 주고자 했다. 이에 수학자들이 반발하고 나선 것이다. 헤르만 바일 Herman Weyl과 아인슈타인의 영향을 많이 받은 베블런Oswald Veblen 교수를 필두로 오펜하이머에 대한 적개심은 더욱 커져 갔다. 베블런은 교수진을 대표하는 이사회 임원으로서 영향력이 큰 인물이었다. 이후 오펜하이머는 기하학 분야의 저명인사이자 독설가로 유명한 앙드레 베유André Weil하고도 갈등하면서 문제는 더욱 복잡해졌다.

오펜하이머는 이사회 부회장이 되려고 최선을 다했지만 좌절되는 등 번번이 희망이 무산되는 아픔을 겪었다. 그런데도 그가 통솔하면서 연구소는 거듭 성장했다. 특히 1960년대까지 연구소는 이론물리학에 관한 뛰어난 연구로 이름을 알렸다. 오펜하이머를 비롯해 프리먼 다이슨, 파이스, 툴리오 레제Tulio Regge, 양젠닝 등이 물리학과 교수로 재직했고, 세계 각지에서 훌륭한 젊은 이론물리학자들이 연구소로 와 일 년 혹은 그 이상의 기간 동안 머물며 연구에 참여했다. 세계적인 수준의 박사 후 과정을 밟는 기관으로도 자리를 잡는다.

이제 고등연구소 소장으로서 오펜하이머와 1950년대에 그가 진행한 강연을 소개할 것이다. 그가 접한 철학들, 하버드 감독이사로서의 오펜하이머, 〈과학과 현대 세계관〉[12]이라는 주제로 진행된 56년 강연, 57년의 윌리엄 제임스 강연 등에 대해서도 다룰 것이다.

고등연구소 운영

1947년 가을 고등연구소장이 된 오펜하이머는 어떻게 하면 전쟁 이후 변해 가는 새로운 세계를 이해하는 데 연구소가 기여할 수 있을지를 고민했다. 당시 연구소에는 수학과, 인문학과, 정경학과가 있었다. 규모가 꽤 큰 수학과에는 응용수학과 물리학이 포함되어 있었고, 수학과보다 상대적으로 규모가 작은 인문학과에는 고고학·고문서학·미술역사학이 포함되어 있었다. 원로 교수 몇이 죽고 나서 정경학과는 계속 운영할지 말지를 놓고 고민하는 상태였다. 이 문제를 두고 오래 회의한 끝에 오펜하이머는 "연구가 통합적이면서 활력 있게 진행되려면, 역사적으로 사용된 방법들을 빈틈없이 살펴볼 필요가 있다. 그래야 수학적이며 논리적인 분석이 상호 보완돼 균형을 맞출 수 있을 것"이라고 확신하게 되었다.[13] 1949년 가을, 연구소는 역사학과 수학을 두 축으로 연구를 수행하는 기관으로 자리를 잡았다.

오펜하이머는 두 학과를 축으로 다양한 연구 방향을 세우고, 이를 지원할 수 있는 연구자들도 초청할 생각이었다. 1947년 가을 이사회에서 오펜하이머는 다음의 두 가능성에 대해 노력을 기울일 것을 제안했다.

1. 새롭게 시작할 가치가 있는 과학적 방법론에 대한 시도
2. 깊은 통찰력에 도움이 되는 창의적 예술인 지원

오펜하이머는 구체적인 프로그램을 내세우지는 않았다. 다만 "연구소 편제가 어떤 경우에는 우리의 관심사를 제안할 수도 있기 때문에 편제를 넘어서는" 새로운 연구의 장에 대한 고민은 계속할 것을 제안했다. 따라서 두 학과 범주에 포함되지 않는 연구원들을 고용하고자 했다. 이를 실행에 옮기기 위해 "현재 연구소 편제에 속하지 않는 연구에 대한 지원비와 급료"를 지불할 수 있도록 5년마다 12만 달

고등연구소의 주 건물인 풀드 홀.(Public domain)

러의 예산을 편성할 것을 이사회에 요청하고, 이 예산 운영을 위해 고
문단을 조직할 것도 권고했다. 오펜하이머는 이를 통해 "연구소가 더
다양한 방법으로 연구를 수행하고 학자들이 서로 협력하는 공동체"
가 되기를 바랐다.[14]

  1947년 12월 16일에 열린 특별이사회에서 오펜하이머의 제안은
열렬한 환영을 받았고, 임원인 풀톤Fulton 박사는 투표를 제안했다. 결
국 "48년부터 2만 달러를 시작으로 향후 5년간 매해 2만 달러의 여유
예산을 편성해 12만 달러를 감독이 재량껏 사용하는 안이 만장일치
로 통과되었다."[15] 54년 말이 되었을 때 예상 외로 기금은 8500달러나
남아 있었다. 연구자들이 속한 대학과 카네기, 포드, 록펠러 재단 등
에서도 지원을 받았기 때문이다. 프로그램의 결과와 영향력을 실감
한 이사회는 60년부터는 매해 2만 5000달러로 감독 기금을 올려 편성

했다. 감독 기금은 다양한 컨퍼런스 운영을 위해서도 쓰였다. 그중 역사, 심리학, 법, 문학 분야의 내용 일부를 소개한다.

'역사 해석' 컨퍼런스

1949년 5월 12일과 13일 양일에 걸쳐 고등연구소에서는 감독 기금이 후원하는 첫 컨퍼런스가 열렸다. 컨퍼런스 주제는 '역사 해석'이었다. 참석자들은 다음과 같다.

> 러시톤 콜본Rushton Coulborn(발제), 애틀랜타 대학
>
> 존 마샬John Marshall, 록펠러 재단
>
> 엘모어 해리스 하비슨Elmore Harris Harbison, 프린스턴 대학
>
> 에릭 칼러Erich Kahler, 고등연구소
>
> 알프레드 크뢰버(의장), 캘리포니아 대학 버클리·컬럼비아 대학
>
> 로버트 오펜하이머, 고등연구소
>
> 에르빈 파노프스키, 프린스턴 대학
>
> 작스Curt Sachs, 뉴욕 대학
>
> 폴 슈렉커Paul Schrecker, 스워스모어 대학·브린모어 대학
>
> 월터 스트워트Walter Stewart, 고등연구소
>
> 아놀드 토인비, 고등연구소·영국 왕립국제문제연구소
>
> 랄프 터너Ralph Turner, 예일 대학
>
> 로버트 워런Robert Warren, 고등연구소

초대 편지에는 컨퍼런스 주제인 '역사 해석'에 대한 대략적인 설

명과, 역사학자들이 지금까지 무시해 온 '역사 해석의 구조적 절차에 대한 연구'에 대해 소개되어 있었다. "역사에서 반복적으로 일어나는 사건의 요인과 그렇지 않은 요인을 구분하고, 사회와 문화의 흥망, 패턴, 리듬, 계승점"을 찾는 게 주제였다.[16]

다양한 연구 분야의 관심사를 더 넓은 차원에서 포괄할 수 있는, 공통의 과학적 담론의 가능성을 모색하는 것이 컨퍼런스의 목적 중 하나였다. 이를 위해 버클리 대학의 인류학자 알프레드 크뢰버가 컨퍼런스 의장으로 초대되었다.[17] 그는 컨퍼런스를 통해 다루고자 하는 질문을 던지면서 다음과 같은 명제 — 문명 혹은 대단위 문화의 범위는 국가를 초월하는 역사적 맥락에서 해석되어야 한다 — 를 제시했다.

1. 위의 명제 자체가 기간(반복적인 기간 혹은 정해진 기간)의 개념을 수반하고 있는가?
2. (a)문화, (b)사회, (c)사건, (d)심리학적 특징에 비추어 볼 때 어떤 단위가 전체적인 문명의 형태를 구분하는 데 가장 적절한가?
3. 이 수준의 설명이 "뛰어난 개인"의 역할이라는 요소를 제한하지는 않는가?
4. 문명을 경험적인 실체로 규정할 때의 이론적 전제는 무엇인가? "문명이란 자급적이고 조화로우며 본질적으로 변화가 불가능하다는 입장과, 역사는 연속적이며 확산되지만 역사의 각 부분이 주관적 혹은 허구적으로 해석되기 때문에 문명은 변화 가능하다고 믿는 입장"의 양극단은 어떻게 화해할 수 있는가?
5. "예술 양식은 역행할 수 없는 진로를 따르는 것처럼 보인다. 문명 또한 일방적이며 제한적인 성격을 지닌 양식의 집합이나 슈퍼스

타일superstyle로 해석할 수 있는가?"

예술의 동적인 발전 성향과 문명의 흥망성쇠 간에는 어떤 상관관계가 있는지, 역동적으로 성장해 가는 과학 지식이 문명 형성에 어떤 역할을 하는지 등에 대한 심층적인 논의가 컨퍼런스에서 이루어졌다.

예술 발전의 역동성에 대해 발표한 작스는 예술 양식이 주기적으로 반복되지만 되돌리지는 못하며 문명 또한 양식의 집합으로 해석할 수 있다고 믿었다. 스트워트는 오펜하이머에게 "과학적 사고의 발전에도 주기적인 혁명과 같은 움직임이 있다고 생각하는지"를 물었다.

오펜하이머는 그렇게 생각하지 않았다. 그는 과학이 문화와는 다르다고 보는 것이 나으며, 문화의 영향과 별개로 과학이 발전하여 간다고 생각했다. 과학의 발전은 연속적이며, 한 문제의 해결책은 다른 문제를 푸는 데도 직접적인 영향을 끼치기 때문에 양식이나 특정한 과학자들의 선호와는 전혀 다른 문제라고 보았다.[18]

오펜하이머의 발표에 이어, 역사적으로 볼 때 너무 대조적인 두 방향으로 과학이 발전해 왔다는 논의가 계속되었다. 한 방향은 독립적인 발전이며, 다른 방향은 더 큰 문화의 흐름에 영향을 받아 왔다는 것이다. "과학이 오직 직선적으로만 발전해 왔다는 오펜하이머 주장은 받아들여지지 않았고, 오펜하이머 자신도 또 다른 요소가 개입했을 가능성을 완전히 배제하지는 않았다." 그러나 그는 "서구 역사에서 과학이 차지하는 독립성은 특별한 것"이라고 주장했다.[19]

심리학 위원회

1940년대 후반으로 접어들면서 오펜하이머는 연구소의 활동 범위를 이론심리학으로까지 확장해야 하는지를 두고 고민하면서 위원회를 구성했다.

제롬 브루너, 하버드 대학
밀Paul E. Meehl, 미네소타 대학
밀러George A. Miller, MIT
에드워드 톨먼, 캘리포니아 대학 버클리
루스 톨먼, 패서디나Pasadena 대학
보링Edwin G. Boring, 하버드 대학

위원회는 주기적으로 회의를 열었고, 회의 때마다 오펜하이머는 언어 및 교육을 통한 인지와 개념 형성에 관한 발전상을 보고받았다. 회원 중에서 에드워드 톨먼은 뛰어난 인물이었다. 오펜하이머는 그를 1930년대 초부터 알고 지냈다. 에드워드 톨먼의 형 리차드 톨먼은 칼텍의 유명한 물리학자이자 화학자로, 오펜하이머와 함께 연구하던 사이이기도 했다. 에드워드 톨먼의 연구는 학습이론과도 맞닿아 있었다. 아직 하버드 대학원생이던 1910년대에 그는 철학과의 "실용주의자" 그룹, 그중에서도 특히 클래런스 루이스Clarence Irving Lewis, 이후에는 게슈탈트 철학을 이끌던 두 사람 쾰러Wolfgang Koehler · 레빈Kurt Lewin 과 교류하면서 많은 영향을 받았다. 1, 2차 대전을 거치면서는 미국에서 가장 알아주는 인지학자가 되었다. 그의 주장은 경험과 교육에 의해 지식을 획득할 수 있다는 연합주의자들associationist과 대조를 이루었다. 1947년 버클리의 한 강연 — 오펜하이머도 이 강연에 대해 알고 있었을 것이다[20] — 을 통해 톨먼은 교육이란 마치 지도를 만드는 것과 같다고 말했다. "인지적 지도는 단순히 세상의 사건을 반영하는 거울이 아니라 오랜 시간 고민하면서 빚어 낸 기록과도 같다. (…) 학습이란 지금까지 모아 온 것들을 정리하는 행위다." (Bruner 2004, 18)

위원회에서 오펜하이머와 가까웠던 두 사람 루스 톨먼,[21] 제롬 브루너[22]는 계층 및 분류의 "기초적" 문제를 다루는 프로젝트를 진행하였고, 모든 회원은 어떻게 심리학을 과학적으로 조명할 수 있을지를 고민하였다. 연구자들은 하나같이 철학적 문제를 통찰했고, 지금까지의 역사적 요인들에 대해서도 충분한 지식을 가지고 있었다.[23] 연구에 참여한 모든 이가 서로를 통해 많은 것을 얻었다는 점은 의심의 여지가 없다. 그중 오펜하이머는 누구보다 많은 깨달음을 얻었던 것 같다. 이는 브루너, 굿나우Goodnow, 오스틴Austin의 공저《생각에 관한 연구A Study of Thinking》가 출간되었을 때 오펜하이머가 쓴 열정적이면서 길고 세밀한 서평을 통해 잘 드러난다.[24] 서평의 결론적인 문장은, 이후 첫 번째 윌리엄 제임스 강연에서 오펜하이머가 전하고자 했던 핵심 내용과 같다.

> 알기 위해서는 행동해야 한다. 따라서 인간은 이미 자신이 쉽게 할 수 있는 행동을 거부함으로써 세상의 또 다른 지식을 얻을 수 있다. 이를 통해 오래된 철학적 문제에 대한 대답을 얻기는 힘들겠지만, 다른 각도에서 그 문제를 더욱 깊게 바라볼 수는 있을 것이다. (Oppenheimer 1958b, 490)

오펜하이머가 말하려던 바는, 원자폭탄에 관한 문제들처럼 사회 과학적인 측면에서 발생하는 상보적이거나 상호 배타적인 문제도(결정의 문제도) 보어가 고민했던 상보성의 문제와 통하는 면이 있다는 것이었다. 적어도 오펜하이머는 그렇게 희망했다.

법적 연구

1949년 봄, 오펜하이머의 동생과 몇몇 제자가 2차 대전 당시 방사선 연구소에서 근무할 때 사회주의 혹은 공산주의 활동에 연루되어 반미 활동을 했다는 혐의로 조사를 받으면서 오펜하이머도 큰 어려움을 겪었다. 오펜하이머는 도움을 요청하기 위해 그렌빌 클라크Grenville Clark[25]에게 편지를 썼다. "이 나라가 지금과 같이 어려운 시기에 안보를 확보한다는 명분으로 사상의 자유를 침범하려는 우를 범하고 있으니, 너무나 걱정스럽습니다."[26] 당시 국방부, 미국원자력위원회, 의회조사위원회 등이 저지른 부당한 조사 활동에 대한 연구가 없었던 것은 아니지만, 오펜하이머는 이 연구들이 법과 헌법의 핵심적인 가치를 충분히 밝히고 있다고 생각하지 않았다.

예를 들면 연방조사국을 포함한 정부의 여러 조사기관, 사법부 연계 기관, 연방정부 기관들은 늘어나는 활동에 걸맞은 근본적 질적 변화가 필요합니다. 이들 기관은 우리 사회가 추구하는 안보와 애국심에 대하여 제대로 이해하지 못하고 있을 뿐만 아니라, 우리의 건강과 자유를 덜 파괴하면서 이를 이룰 수 있는 방법도 모릅니다.[27]

오펜하이머는, 나중에 하버드 법대 학장이 될 폴 프런드Paul Freund 교수와도 접촉했다. 데이비드 케이버스David Cavers, 로버트 커시만 Robert Cushman, 폴 프런드, 허버트 하트Herbert Hart, 에드윈 허들슨Edwin Huddleson, 존 오브라이언John O' Brian, 오펜하이머, 막스 라딘Max Radin은 고등연구소에 모여 안보에 관한 연구를 시작하기로 결의했다. 결의 안 초안은 하트가 작성했고, 폴 프런드가 상세한 내용을 보완했다. 회의 참석자들은 국가적 기밀을 보존하고 애국심을 고양할 수 있는 프로젝트와 이를 위한 수사 방침이 필요하다는 사실에 모두 합의했다. 프런드의 결의안에는 프로젝트를 통해 수행할 세부 연구 과제들이 포함되어 있었다. 먼저 기밀에 관하여는 "기본적으로 민주주의 국가의 의사 결정에 관한 연구로서, 공적 의사 결정은 물론 대중의 의사 변화와 의사 결정 과정에 관한 연구"가 될 예정이었고, 정부가 운영하는 애국심 고양 프로그램에 관하여서는 "기본적으로 사회적 도덕성에 관한 연구로서 이를 통해 발생하는 사회 전반적인 두려움과 불신의 문제"를 다룰 예정이었다.[28] 프런드는 결국 두 연구 주제가 민주주의 원칙에 관한 것이며 "사회적 문제를 해결하는 인간의 고유한 능력을 최대화할 수 있는 원칙을 찾는 과정"임을 강조했다. 그는 정부의 실제 기밀의 범위와 기밀을 유지하는 방법을 다양한 측면에서 연구하고, 그 적절성과 적법성을 검토하기로 했다. 기밀을 유지하는 데드는 비용도 계산하기로 했다.

나는 이 프로젝트가 어떤 결론에 이르렀는지는 잘 모른다. 어쨌든 1954년 윌리엄 제임스 강연에서 오펜하이머는 이 프로젝트에 관해 언급했다. 당시 연구 과정에서 얻은 가치들이 강연 내용에 녹아 있다.

문학 연구

1949년에서 50년 사이에 감독 기금이 문학 비평 분야의 연구에 지원되기 시작했다. 이후 문학 비평에 관한 '프린스턴 세미나'가 확립되는 데 초석이 되었다. 문학을 해석하고 평가하는 일련의 세미나는 "토론에 집중하고, 생각을 주고받을" 수 있는 장을 마련하기 위해 개최되었다.[29] 첫해에 네 번 열렸고, 펠릭스 아우어바흐Felix Auerbach, 퍼거슨, 델모어 슈와츠Delmore Schwartz, 마크 스코러Mark Schorer가 발표했다. 매회 대략 25명의 인사가 참여했는데, 그중에는 수잔 랭어Suzanne Langer, 자크 바르준Jacques Barzun, 자크 마리탱Jacques Maritain, 해럴드 체니스Harold Cherniss, 존 베리먼John Berryman, 어빙 하우Irving Howe와 수학자 쿠르트 라이데마이스터Kurt Reidemeister, 모리스 클라인Morris Kline 등이 포함되어 있었다. 1949-50년 세미나가 끝난 직후 퍼거슨은 다음과 같은 평가를 남겼다. "세미나를 통해 우리는 용기에 대해 깨달았다. 그러나 하나의 문학작품을 함께 해석하고 평가하기 위해, 배경이 다양한 참가자가 모두 공유할 수 있는 언어의 장을 찾기는 힘들었다."[30] 고등연구소와 학교가 공동으로 후원하는 문학 세미나는 이후 몇 년간 지속되었다.

토대가 된 실증주의 철학

오펜하이머가 1930년대에 어떤 철학적 사고를 바탕으로 세상을 바라봤는지는 잘 알려져 있지 않다. 당시 그의 수업 내용에 관한 기록도 많지 않다. 시프Leonard Schiff의 《양자물리학》 교과서를 통해 오펜하이머의 관심사가 적잖이 소개되고는 있지만, 이는 어디까지나 양자물리학의 활용에 관한 기술적인 부분이었지 그의 철학과는 거리가 있다. 전쟁이 끝난 후 오펜하이머는 다양한 분야에 관한 강의를 시작했다. 특히 과학의 성질이나 과학과 문화·사회의 관계에 관해 자주 강연했다. 과학의 국제적 성격이나 국가 기밀과 같은 비밀이 과학의 성장을 저해시킨다는 생각 등은 상당 부분 로스앨러모스 시절 보어에게서 영향받은 것이었다. 그의 강연은 또한 윌리엄 제임스, 찰스 퍼스, 존 듀이의 관점이나 글과 닮은 부분이 많았다.[31] 오펜하이머는 과학을 총체적인 시각으로 바라봐야 한다고 항상 강조했다. 과학 지식의 오류 가능성을 강조했고, 절대적인 지식의 존재에 대해서는 부인했다. (Oppenheimer 1954, 54) 듀이처럼 오펜하이머도 과학계가 민주 사회의 모델이 될 수 있어야 한다고 믿었다. "과학계는 한정적이기는 하지만 관대하고 열린 자세의 원형을 보여 줄 수 있으며, 그것만으로도 문명의 진보를 도울 수 있다."(Dewey 1916, 23) 실제 오펜하이머를 포함한 많은 물리학자는 전쟁 시절 로스앨러모스에서 대량 살상 무기를 개발하는 과정에서 사회적 공동체이자 지적 공동체를 꾸린 경험이 있다.

오펜하이머가 언제 처음으로 실용주의를 접하게 되었는지는 모르겠다. 하버드 신입생 시절 그는 '철학사' 수업과 '철학A' 수업을 들으면서 플라톤, 아리스토텔레스, 아퀴나스, 로크, 루소, 존 스튜어트 밀과 같은 서양 철학자들의 주요 저작을 읽었다. 그 수업을 가르치던 교수 중에 랠프 페리Ralph Barton Perry가 있었는데, 그는 윌리엄 제임스의 제자이자 동료였으며, 1936년 퓰리처상 수상자이기도 했다. 오펜하이머가, 인도철학을 가르쳤던 제임스 호튼 우즈James Haughton Woods의 수업과, 칸트 및 진화에 대해 가르쳤던 루이스C. I. Lewis의 수업을 들었는지는 모르겠다. 그러나 시퍼Henry M. Sheffer가 가르쳤던 논리와 과학철학에 관한 수업은 청강했던 것으로 보인다.

토마스 쿤의 양자물리학의 역사에 관한 인터뷰에서 오펜하이머는 대학 3학년 때 화이트헤드의 저서 《수학 원리Principia Mathematica》(Russell and Whitehead 1910)를 읽었다고 즐겁게 말했다. 당시 화이트헤드는 퍼스와 제임스의 글에 집중하면서 철학적 고민의 방향을 바꾸는 중이었다. 이처럼 오펜하이머는 대학 때 수업을 통해 윌리엄 제임스, 찰스 퍼스, 존 듀이의 글들을 접했을 것이다.

오펜하이머는 브리지먼Bridgman을 연구해 브리지먼의 조작분석 개념을 염두에 두고 있었을 가능성도 크다. 특히 대학 시절 전자기장에 대한 수업을 들을 때, 브리지먼은 꼭 실험실을 통해서만 물리학적 개념을 확인할 수 있는 것은 아니며 "종이와 연필"을 사용한 정신적인 과정을 통해서도 얼마든지 가능하다는 사실을 강조했다. 그러나 브리지먼은 이론을 실제로 활용할 수 있도록 하는 것이 무엇보다 중요하다고 믿었다. 즉, 수학·물리학이 이론이긴 하지만, 모호하지 않은 조작을 통해 실제 환경에서 구현할 수 있어야 하며 실험실을 벗어난 구체적인 상황에서도 적용이 가능해야 한다고 보았다.

퍼스, 제임스, 듀이, 브리지먼은 지식이 구체적인 실행으로 연결되어야 한다는 것에는 한결같은 입장이었다. 특히 브리지먼은 각종 도구나 전문적인 견해가 구체적인 실행을 통해 훈련되는 것이 얼마나 중요한지를 강조했다.

화이트헤드의 《수학 원리》를 읽으면서 오펜하이머는 실증주의와 맥이 닿아 있었던 수학적 재현에 관한 데이비드 힐버트의 "형식주의" 프로그램에 대해서도 접했을 것이다. 또한 하버드가 아니라면 적어도 취리히, 괴팅겐에서 슐리크Moritz Schlick(1918)와 루트비히 비트겐슈타인(Wittgenstein 1922; Monk 1990)의 견해를 들어 보았을 것이다. 비슷한 시기 혹은 그 이전에 오펜하이머는 관찰 및 실험을 통해서만 진리로 인정되는 경험적 과학과 달리 수학적 설명 및 논리는 자신들의 용어만으로도 정당화된다는 빈 학파의 주장도 알고 있었을 것이다. (White 1956, 10) 과학 언어와 방법론을 논리적으로 분석하는 것이 철학이라는 빈 학파의 주장은 브리지먼의 조작주의와 뜻을 함께하고 있었다.[32] 오펜하이머도 "언어화verbalizing"의 개념을 통해 사고의 언어적 측면을 강조했다.

과학은 공공에 속하는 것 — 듀이의 견해 — 인가 아니면 개인에 속하는 것 — 브리지먼의 견해 — 인가라는 질문에 오펜하이머는 듀이의 편에 섰고, 아인슈타인의 60세 생일을 기념하는 자리에서 그런 생각을 공적으로 밝혔다. 아마도 오펜하이머의 정치관이 과학에 대한 시각에도 영향을 미쳤을 것이다. 스스로도 1930년대 후반에는 정치적인 사상이 독서의 중심이었다고 밝혔다. 진 태틀록과 교류하고 에스파냐 시민전쟁을 목도하면서 오펜하이머의 정치색은 점점 좌파로 기울었고, 독서 성향도 자연히 변해 갔다. 동부 해안에서 서부로 여행하는 기차에서는 마르크스의 《자본론Das Kapital》 전권을 읽기도 했다.

인도철학 외에 1930년대에 오펜하이머가 다른 글들을 얼마나 더 읽었는지 나는 알지 못한다.[33] 퍼스나 듀이식의 실용주의, 논리적 실증주의, 마르크스주의 등 당시 그에게 영향을 미쳤던 다양한 "주의(-ism)"를 연구해 보는 것도 흥미로운 작업이 될 것이다. 그는 형이상학

을 거부했던 논리적 실증주의와 《바가바드기타》를 어떻게 양립시킬
수 있었을까?

하버드 감독이사로 활약

2차 대전이 끝난 후 오펜하이머는 제임스 코넌트와의 우정에 힘입어
다양한 학술 분야에 관여하게 되었다. 1946년에는 하버드로부터 명
예학위를 받았는데 그 자리에 조지 마셜이 연사로 초청되어 유럽 재
건에 관한 마셜 플랜의 대강을 발표하였다. 48년 하버드 철학과 방문
위원회Visiting Committee 회장이었던 찰스 위잔스키Charles Wyzanski 판사
는 1948-49학년도[34] 위원회 운영을 위해 오펜하이머를 초청했다. 오
펜하이머는 이를 수락했고, 49년 1월 8일 첫 학과 회의에 참석했다.[35]
    1949년 오펜하이머는 향후 6년간 하버드 대학 감독이사로 당당히
선출되었다.[36] 감독이사의 기본적인 역할은 각 학과 방문교수들과 그
들의 연구 활동을 관리하는 것이었다. 방문위원회 위원들은 3년마다
교수진의 연구와 수업에 대해 평가해 총장에게 보고하는 등 대학 운
영에 지대한 영향력을 행사하고 있었다. 또 학과 교수들의 영구교수
직 수락을 위한 특별선거 위원들이었다.[37] 감독이사가 된 오펜하이머
는 방문위원회의 역할과 의무에 대해 파악한 후 철학·물리학과·화
학과 방문위원회 회장직도 맡았다.[38] 특히 철학과에서 학과의 강점과
대학 운영의 핵심인 커리큘럼을 평가하고 향후 계획을 검토했다.[39]
철학과의 구조조정에 관한 책임도 진중하게 받아들였다.[40] 회장으로
재임하는 동안 오펜하이머는 지속적으로 학과와 일반 교육 프로그램

을 연계하려고 노력했으며, 사회·자연과학을 포함한 다른 학과와도 교류하기 위해 애썼다. 오펜하이머의 지도를 받으며 위원회[41]는 비로소 학과 간의 교류가 "학과는 물론 하버드 전체의 지성과 교육 발전을 위해 얼마나 중요한 문제인지를 깨닫게 되었다." 1950년에 작성된 중간보고서에서 오펜하이머는 다음과 같이 밝혔다. "철학이 다른 학과의 교육과정에 녹아들어 가 서로 긴밀한 관계를 유지할 때 비로소 철학과가 다른 학문보다 더욱 민감하게 깨어 비판적으로 반응할 수 있게 된다."[42]

학과와 방문위원회 의견이 늘 일치한 것은 아니었다. 회장인 오펜하이머를 비롯한 방문교수들은 몇 가지 부분에서 학과의 운영에 실망감을 표하기도 했다.[43] 그러나 1955년 1월, 회장직에서 물러나면서 오펜하이머는 〈위원회를 위한 글〉이라는 제목으로 다음과 같은 글을 남겼다.

> 위원회는, 철학과가 난잡한 가르침에 순응하려는 유혹에 저항함으로써 논리, 인식론, 윤리, 형이상학과 같이 전통적인 철학만이 가지고 있는 순수성을 지켜 낸 점을 기쁘게 생각합니다. 하버드 학생들이 앞으로도 기본적인 수업들과 강연, 특성화된 대학원 수업을 통해서 철학적 분석법의 핵심을 배우고, 역사를 통해 인류가 오랫동안 갈망해 왔던 것처럼 세상 속에서 자신의 위치를 발견할 수 있기를 바랍니다.

그렇지만 오펜하이머는 철학과가 다른 학과나 비유럽의 철학을 접할 수 있는 생산적인 기회를 놓친 것에 대해서는 안타까워했다. 오펜하이머를 비롯한 위원회는 —— 필립 프랑크Philipp Frank와 퍼시 브리지먼Percy Bridgman이 은퇴하면서 — 법철학자나 동양철학을 공부한 다른 교수들을 임용함으로써 "철학과가 기준을 낮추지 않고서도 훨씬 강력해질 수 있었다"고 믿었다.[44]

오펜하이머가 방문위원회장이 되던 해인 1949년 당시 클래런스 루이스Clarence Irving Lewis, 헨리 시퍼Henry Sheffer, 라파엘 데모스Rafael Demos, 도널드 윌리엄스Donald Williams, 존 와일드John Wild, 콰인Willard Quine, 헨리 아이켄Henry Aiken이 철학과 정교수로 재직 중이었다. 조교수는 버그비Bugbee와 화이트White 두 명이었다. 48년 가을에 조교수가 된 모튼 화이트는 특출한 논리가일 뿐 아니라 역사가였는데, 특히 미국 사상사에 정통했다. (White 1999) 화이트와 오펜하이머는 학문적으로 서로 존중하는 사이가 되었으며 특별한 우정을 쌓았다. 화이트의 정교수 진급 문제를 두고 감독이사 회의가 열렸을 때 그 자리에 참석할 수 없던 오펜하이머는 비서에게 편지를 보내 화이트의 교수 선임을 "진심으로" 원한다고 전했다. "화이트 교수는 훌륭하고 창의적인 철학자이며 하버드 철학과에서 보석과도 같습니다."[45] 1953-54년에 오펜하이머는 화이트를 고등연구소로 초대했고, 화이트는 감독이사 임기가 끝난 이후에도 오펜하이머가 하버드 방문위원회의 평의원으로 남아 줄 것을 요청했다.

1949년 오펜하이머를 처음 만났을 때 화이트가 받은 느낌은 한마디로 독특한 사람이었다는 것이다. 특히 "말을 할 때 상대방의 눈을 바라보지 않았다"고 한다. (White 1999, 137) 철학에 관해 말할 때나 "화이트헤드와 같이 인간의 조건 및 우주에 대해 선동적으로 주장하는" 사람을 임용하고자 지지할 때는 "상당히 몽롱한" 사람처럼 보이기도 했다. (White 1999, 138)[46] 고등연구소 기간 동안 화이트는 오펜하이머를 더욱 잘 알게 되었고 그를 더욱 좋아하게 되었다. 하버드 감독이사로 있을 때처럼 권위를 부리거나 거만하지 않고 더 친근한 태도를 보였기 때문이다. "그는 세계적인 천재처럼 보이려고 노력하지 않았다. 버릇없고 막무가내한 모습은 없고 매력적인 구석이 더 많았다." (White 1999, 139) 이 시기 오펜하이머는 한창 재판장을 오가고 있었으며, 그 위기를 겪으면서 다른 사람으로 거듭나고 있었다.

방문위원으로 활동하면서 오펜하이머가 당대의 철학적 문제들에 비판적인 관점을 가지고 있었는가에 대해서는 의문으로 남는다. 회장으로서 그는 대학과 대학원에서 교수들의 철학 연구와 그들이 쓰는 책들을 모두 공부할 기회가 있었다. 콰인의 저서 《경험주의의 두 신조Two Dogmas of Empiricism》를 오펜하이머가 읽었는지는 모르겠지만, 적어도 화이트의 논문과 책들은 분명히 읽었을 것이다.[47] 화이트의 저서 《철학의 재결합을 위하여Toward Reunion in Philosophy》는 화이트가 고등연구소 방문교수로 있던 1953-54년에 완성한 것이다. 화이트는 다음의 문장으로 서문을 닫는다.

> 마지막으로 저는 뉴저지 프린스턴 고등연구소와 그곳의 뛰어난 감독 오펜하이머에게 감사를 돌리지 않을 수 없습니다. 그곳에서 저는 평화로운 일 년을 보내며 이 책을 완성할 수 있었습니다. 그 기간은 학자로서 제 삶에서 가장 유익하고 기쁜 시간이었습니다. (White 1956, xii)

화이트의 책은 퍼스와 제임스, 듀이를 포함한 미국 실용주의자들과 비트겐슈타인, 슐리크, 카르나프Carnap, 라이헨바흐Reichenbach 등 논리적 실증주의자들의 철학적 전통과 19세기 이상주의, 네오 칸트주의에 대해 놀랍도록 명쾌하게 해석해 놓은 것이다. 책을 쓴 목적은 "20세기 전반기를 거치는 동안 일어났던 철학적 통합 작업에 대한 근본적인 질문"을 다루기 위해서였다. (White 1956, 7) 심층적으로 화이트는 존재, 선험적 지식, 가치라는 이 세 기본 개념을 검토하고 있다. 이를 통해 넬슨 굿맨과 콰인이 왜 뒤엠Duhem의 이론을 분석적이고 통합적으로 구분하는 것을 포기했는지를 명쾌하게 설명해 냈다. 피에르 뒤엠[48]은 각각의 과학적 설명이나 예측이 당장 눈에 보이는 하나를 설명하는 데 그치는 것이 아니라 과학 전체를 시험하는 시험대에 서 있다고 주장했다. 콰인은 하나의 과학적 원칙을 끌어내기 위해 논리와 수학이 개입되어 경험적 진리와 이를 지지하는 분석적 논리를 나눌 수는 없다며 뒤엠의 이론을 일반화했다. 또한 단순한 이론을 선택하는 것이 얼마나 중요한지를 강조했다. 넬슨 굿맨은 인자factor에 집중함으로써 과학적 연구 대상의 철학적 재구성이 가능하다고 보았다. 화이트는 이러한 개념들을 믿음에 의한 유사윤리quasi-ethics라고 부르고, 뒤엠-콰인의 이론을 과학 분야를 넘어 윤리적 분야에까지 폭넓게 적용시켰다. 환경, 과학, 논리, 경험주의 대신 화이트는 "행위로 이어지는 도덕적 감정, 증오, 혐오 등"의 개념을 대입한 것이다.

과학자들이 논리적이고 과학적인 이론을 적용하여 경험할 수 있는 시스템을 만든다면, 도덕주의자들은 논리와 과학적 이론, 도덕적 문제에 대한 도덕적 원칙을 결합하는 결론에 이른다. 전통적인 기준을 따른다면 논리, 물리학, 윤리의 영역은 인식론적으로 구분이 가능하다. 실증주의적 기준은 분석, 통합, 도덕 사이를 분절시키는 벽을 무

너뜨리게 된다. (White 1956, 256-257)

화이트의 견해에 의하면, 철학은 부분적으로 과학·도덕적 비평이라는 표준화의 원칙을 따른다. (White 1956, 279)

화이트, 콰인은 물론 화이트와 같은 기간에 고등연구소를 방문했던 랠프 페리 등과 교류하면서 오펜하이머는 퍼스, 제임스, 듀이에 대해 다시 한 번 연구하게 되었을 것이다. 이전에도 그들의 글을 읽었겠지만, 이제는 그 무게 자체가 달라졌다. 1950년대와 60년대에 걸친 오펜하이머의 강연에는 퍼스, 제임스, 듀이의 사상이 자주 등장하는데, 화이트의 논문과 책을 통해서 오펜하이머의 생각은 지속적으로 변화하고 다듬어질 수 있었다. 강연의 주제는 뒤엠-콰인-화이트의 이론적 계보가 보여 주는 전체론적 관점과 보어의 상보성 개념이 주류를 이루었다.

2차 대전 이후 보어와 파울리는 고등연구소를 자주 방문해[49] 공적, 사적인 자리를 불문하고 양자물리학에 대한 "코펜하겐식의 해석"에 대해 토론하곤 했다. 대개의 경우 오펜하이머가 토론을 주관했는데, 개중에는 보어와 아인슈타인 간의 토론도 있었다. 1950년 가을에는 마르쿠스 피에르츠Marcus Fierz도 함께했다. 파울리는 그와 양자물리학의 해석에 관한 현실주의적 관점과 형이상학(Laurikainen 1988) 등 철학적 문제를 연구했다. 오펜하이머도 그들의 연구 과정에 대해 잘 알고 있었을 것이다.

전자와 같은 미세 입자의 움직임에 관한 실험을 반복할 경우 각 실험이 지극히 임의적인 결과를 나타내는 것 같지만, 각 실험 결과를 대량으로 모을 경우 결국은 총체적으로 상당히 안정적이고 반복적인 패턴이 발견되기 때문에 확률의 개념으로 실험의 결과를 정리할 수 있다. 따라서 양자물리학은 고전물리학의 한계를 넘어서는 새로운 지평을 열어 주었고, 이에 자연스럽게 양자물리학이 자연 세계 전반을 설명할 수 있는지에 대한 의문이 제기되었다. 이에 대해 보어는 원자 현상을 분석하는 데 고전물리학적 개념을 사용하더라도 불확실성을 제거할 수 있는 조건이 갖추어져야 한다고 보았다. 보어가 가장 중요하게 생각한 점은 실험을 위한 조작 과정과 실험 결과에 대한 관찰을 "공용 언어"를 통해 표준화하는 것이었다. "이는 논리적으로 필수적인 요구 사항이다. 왜냐하면 표준화된 과정을 통해서만 '실험'을 통해 관찰하고 배운 사실을 다른 이들에게 전달할 수 있기 때문이다. (Bohr 1963, 3) 보어는 실험 과정에서 발생하는 각종 수치들은 결국 고전적인 측정 장치를 통해 기록할 수밖에 없다는 사실도 지적했다. 그러나 고전물리학에서는 측정의 대상과 측정 장치의 상관관계에 대해서는 무시하거나 별로 신경을 쓰지 않아도 되었던 데 반해, 양자물리학에서는 그 상관관계가 엄청난 차이를 불러올 수도 있다. 따라서 양자 현상을 실험할 때는 "모든 실험 상황에 대한 설명이 원칙에 입각하여 적절히" 기록되어야만 한다. (Bohr 1963, 4) 더 나아가 보어는 다량의 광선 입자에 노출된 물체와 같이 "실험 조건을 결정하는 모든 요인은 영구적인 흔적을 남기기 때문에" 모든 측정 결과를 기록으로 남겨야 한다는 사실도 강조했다.

고전물리학의 경우 주어진 물체의 특성을 파악하려면 단 한 번 실험하는 것으로 충분했고, 현상의 다양한 측면을 연구하려면 서로 다른 실험 조건을 조성해야 했다. 그러나 양자물리학에서는 조건이 같아도 실험마다 새로운 결과치가 도출되었는데, 보어는 이를 상보성이라 불렀다. 물론 각 실험 결과를 하나의 그림으로 수렴하기는 어려웠지만, 각 결과의 차이를 통해서 어떤 물질을 통해 기대할 수 있는 다양한 지식을 얻을 수 있었다.

> 상보성은 실험 방법에 관한 질문을 거부하지 않는다. 다만 실험의 대상과 측정 방법의 상호작용을 이해하는 것이 연구 질문에 대한 대답의 성격을 규정한다는 사실을 이해하는 것이다. (…) 하이젠베르크의 불확정적 관계는 고전물리학에서 상태의 정의를 요하던 두 입자 간의 위치를 양자물리학적으로 설명해 냈으며, 이를 통해 다양한 현상에 대한 총체적 설명을 얻을 수 있게 되었다. (Bohr 1963, 4–5)

보어의 상보성은 관찰의 조건과 결과를 묘사하는 관찰자의 인식에 대해서도 많은 관심을 기울이고 있다.[50] 잘 알려진 것처럼 보어는 이 상보성 개념을 다른 지식 영역으로까지 확대하여 서로 양립할 수 없는 관찰을 설명하기 위한 개념으로 사용하고자 시도했다.[51] 오펜하이머도 윌리엄 제임스 강연에서 보어의 상보성 개념을 보어와 같은 입장에서 설명했다.

윌리엄 제임스 강연

하버드 철학과와 심리학과는 저명인사를 모시고 매해 윌리엄 제임스 강연을 여는 전통이 있었다. 강사는 철학과 심리학 두 분야에서 번갈아 초청되었기 때문에 1957년 두 학과가 동시에 오펜하이머를 강사로 초

빙한 것은 무척 이례적인 일이었
다.[52]

1956년 1월 오펜하이머가 윌
리엄 제임스 강연자로 발표되
자 보스턴과 뉴욕의 보수적인
동문들은 "베리타스 위원회
Veritas Committee"를 조직하고,[53]
오펜하이머의 "도덕적 배경"과
"성격적인 문제"를 이유로 장문
의 반박 편지를 작성해 동문 1
만여 명에게 발송했다. 위원회
는 공식적으로 강연 철회를 요

철학자이자 심리학자인 윌리엄 제임스.(Public domain)

청하는 탄원서를 학교 측에 제출하였다.[54]

1954년 1월 공개청문회에서 과거 공산당 활동과 관련하여 수사를
받았던 사실이 다시 한 번 거론됐다. 당시 오펜하이머의 혐의를 묻던
매카시 상원의원은 육군 대변인 조셉 웰치Joseph Welch로부터 "말도
안 되는 소리 마라"는 핀잔을 들었다. 3월에는 에드워드 머로Edward R.
Murrow의 비판적인 〈매카시 보고서〉가 공개되면서 매카시에 대한 대
중의 지지도는 급격히 떨어졌다. 12월에 매카시는 의회로부터도 많
은 비난을 받았지만, 일단 매카시에서 시작된 히스테리는 몇 년이 지
나도록 쉽게 사그라지지 않았다. 베리타스 위원회도 같은 맥락에서
바라볼 수 있을 것이다. 베리타스 위원회의 탄원은 거절되었지만, 학
교 측은 막상 강연이 열렸을 때 반대집회라도 열릴까 봐 염려했다. 그
러나 그런 일은 일어나지 않았다.[55]

강연이 열린 샌더스 극장은 청중들로 가득 찼다. 철학과 학과장이었던 모튼 화이트는 당시를 이렇게 회고한다. "I. A. 리차드를 비롯한 철학과 아닌 다른 과 교수와 학생들은 오펜하이머 강연에 열광하면서 박수갈채를 보낸 반면 철학자들은 별로 반기지 않았다." (White 1999, 139) 강연 주제는 〈질서에 대한 희망Hope for Order〉이었으며, 일정은 다음과 같았다.

1. 4월 8일 월요일 : 다원주의적 우주(A Pluralistic Universe)[56]

2. 4월 12일 금요일 : 과학의 단일성(The Unity of Science)

3. 4월 22일 월요일 : 질서의 위치(The Sites of Order)

4. 4월 26일 금요일 : 지식의 도구(Instruments of Knowledge)

5. 4월 29일 월요일 : 익숙하지 않은 질서(An Unfamiliar Order)[57]

6. 5월 3일 금요일 : 인류에 대한 올바른 연구법(The Proper Study of Mankind)

7. 5월 6일 월요일 : 힘과 배움(Power and Learning)

8. 5월 10일 금요일 : 질서에 대한 희망(The Hope for Order)

매 강연은 오후 4시 30분에 시작됐다. 첫날, 1200석인 샌더스 극장은 물론 800명이 들어갈 수 있는 근처의 다른 강의실도 사람들로 가득 찼다. 강연이 열리기 나흘 전에 매카시 의원은 사망하고, 강연 당일에 미 국회의사당 묘지에 묻혔다. 오펜하이머는 무대 한가운데 서서 흑판에 "R. I. P.(Rest In Peace, '평안히 잠들라'는 뜻−옮긴이)"를 쓴 뒤 강연을 시작했다.[58]

미 의사당 도서관 Box 259에 보관되어 있는 오펜하이머 보고서를 보면, 오펜하이머가 매 강연을 세심하게 준비했다는 사실을 알 수 있다.[59] 오펜하이머는 평소에도 강의를 철저히 준비하는 사람이었다. 강연은 항상 녹취되었고, 강연 내용이 출판하기에 적절한 경우 고치고 다듬어 항상 주최한 곳에서 출판하도록 허락하였다. 그런데 윌리엄 제임스 강연은 두 번이나 원고를 수정했는데도 결국 출판되지 않았다.

오펜하이머는 윌리엄 제임스 강연에 기대를 많이 걸어 이전보다 더 많은 노트에 꼼꼼하게 강의 내용을 적어 두고 점검했다. 특히 전체 내용을 개괄적으로 소개하는 첫 번째 강의는 더욱더 공들여 준비했다. 그래서 오히려 청중들은 오펜하이머의 수사적이고 시적인 표현이 "불명확해 이해하기 어려워했다."(White 1999, 140) 또 그의 생각과 관점, 통찰이 "얼기설기 복잡하게 뒤범벅"[60]되어 앞뒤를 분간하기도 어려웠다고 한다. 첫 번째 강연 목적은 "지구적 차원의 구조를 벗어나 더 넓은 차원의 지혜를 얻어 다중 복합성을 이해하는 것이었지만,[61] 강의 내용은 지나치게 복잡했다. 강연이 끝난 뒤 오펜하이머는 화이트에게 다가와서 이렇게 말했다고 한다. "제 강의를 충분히 즐기지 못하는 것을 봤습니다. 그렇지만 다음 강의를 듣고 나면 기분이 좋아질 겁니다."(White 1999, 140)

여기서는 강연을 순서대로 소개하기보다 전체 내용을 이해할 수 있도록 소개해 보겠다. 강의 내용은 끊임없이 성장해 나가는 각종 지식, 특히 과학적 지식을 대하는 오펜하이머의 이해라고 보는 것이 가장 적절할 것이다. 새로운 세상에서 점차 속도를 더해 가며 끊임없이 증가하는 지식을 오펜하이머 입장에서 이해하려는 시도가 바로 이 일련의 강연이었다. 강의를 제대로 이해하려면 오펜하이머가 읽고, 듣고, 고민한 수많은 내용을 때로는 출전도 밝히지 않은 채 집약적인 형태로 쏟아 냈다는 사실을 이해해야만 한다. 강의에는, 고등연구소에서 진행했던 역사 컨퍼런스[62]를 위해 폴 프런드Paul Freund의 미국 헌법 시스템과 현대적 문제에 대한 비적절성[63]에 관한 보고서부터 언어와 논리적 실증주의를 논한 필립 프랑크의 강연,[64] 프로이트에 관한 제롬 브루너의 AAAS 강연(특히 인지와 학습에 관한 부분),[65] 브루너를 인용하여 더 구체적인 부분까지 나아간 정신분석학적 분석과 은유에 대한 최근의 연구에 이르기까지 폭넓은 내용이 담겨 있었다. 하버드의 철학자들을 만나고 그들의 책을 읽으면서 배운 내용도 포함되었다.[66] 그중 보어의 강의 내용과 생각이 가장 많이 인용되었다.

컬럼비아 대학 200주년 기념행사의 일환으로 보어는 〈지식의 통일The Unity of Knowledge〉이라는 제목의 강연을 했다. 오펜하이머도 그 자리에 있었다. 이날 내용은 책으로 출판되었고(Bohr 1958), 오펜하이머도 분명히 그 책을 읽었을 것이다.[67] 강연에서 보어는 "모든 지식은 기존의 경험을 너무 일부만 반영하여 새로운 경험을 소화하지 못하는 개념적 구조 속에서 자신을 소개한다"는 사실을 강조했다. (Bohr 1987, 67) 따라서 지속적으로 지식이 성장하는 특정한 과학 분야는 "그 분야의 성장이 낳은 결과로 인하여, 또 합리적인 이해를 거쳐 자유로운 적용이 가능하도록 하기 위해" 일정한 시간이 경과할 때마다 관점과 개념을 새롭게 정립할 필요가 있다. (Bohr 1987, 67–68) 따라서 ── 상보성 개념과 같이 ── "확대된" 개념적 틀은 각 분야의 안정성을 회복하고 이해도를 높이는 데 중요한 역할을 하게 된다.

이와 유사한 내용으로 보어는 〈과학 간의 접속The Connection between the Sciences〉이라는 강연도 한 적이 있다.[68] 놀라운 사실은 종종 오펜하이머가 보어의 용어를 그대로 가져다 썼다는 것이다. 그러나 보어가 언어의 역할을 강조한 반면 오펜하이머는 별로 그렇지 않았다는 차이가 눈에 띈다. 이는 아마도 자신의 생각을 언어화하는 데 애를 먹었던 보어와 달리 오펜하이머는 별로 힘들이지 않고서도 자신의 생각을 논리적으로 표현할 수 있었기 때문이 아니었을까 싶다. 또한 오펜하이머는 보어보다 방법론과 규칙, 사회학에 대해 훨씬 많은 강조점을 두었다. 그러나 두 사람 다 그 주장의 핵심에는 "상보성"이 자리하고 있었다.

이미 살펴본 것처럼, 보어는 과학적 데이터를 묘사하고 설명하는 데에 명료성을 무척 중요한 요소로 여겼다. 즉 관찰과 설명을 위하여 상호 의존적인 개념적 틀은, 특정한 경험의 장에서의 관찰과 설명에 적합해야만 한다. 따라서 연구 분야에 따라 개념적 틀을 규정하는 조건은 달라진다. 생물학, 심리학, 인류학 등은 각각 서로 다른 관찰과 설명 방식을 가지고 있다. 따라서 논리를 강조하는 실증주의자들과 마찬가지로 보어도 "심리학이 생물학을 혹은 생물학이 물리학을 깎아내릴 수 있는 근거는 전혀 없다"[69]고 보았다. 오펜하이머는 다른 추론 과정을 통하여 비슷한 결론에 이른다. 강연을 위해 오펜하이머는 실용주의에 관한 윌리엄 제임스의 글을 꽤 많이 연구했다. 여기서 기억해야 할 사실은 오펜하이머는 "과학이 자기 교정의 과정"이라는 퍼스의 견해를 오래전부터 수용하고 있었다는 점이다. 이런 영향으로 오펜하이머는 과학적 지식에 대한 규범과 규칙은 언제든지 평가받을 수 있으며 교정될 수 있다는 사실을 강연에서 역설했다. 즉, 과학적 지식을 포함한 모든 지식은 언제든지 무너질 수 있다고 믿었던 것이다.

또한 오펜하이머 강의에는 듀이의 주장도 녹아들어 있었다. 오펜하이머는 듀이가 그랬듯이[70] 과학적 가치와 방법론은 역사, 철학, 사회과학적 질문에 구체적인 대답을 찾는 데 도움이 되어야 한다는 것을 분명히 밝혔다. 듀이가 저서 《민주주의와 교육Democracy and Education》에서 밝혔듯이 오펜하이머도 과학이란 행위의 진보를 위한 도구라고 보았다. 따라서 과학의 진정한 의미는 단순히 역사를 공부하는 것이 아니라 손으로 경험해 나가는 과정을 통해 얻어진다.

듀이에게 철학이란, "세상과 인간의 다양성을 하나의 전체로 이해하고자 하는 시도"였다. 또 듀이는 "할 수 있는 한 경험을, 완성되고 일관적인 관점으로 보려는 시도"를 통해 "지혜를 사랑하는 마음"이 표현될 수 있다고 믿었다. [Dewey 1916 (또한 1980, vol. 9 참고)] 오펜하이머는 이런 듀이의 생각에 전적으로 동의하지는 않았을 것이다. "완성"이라든지 "일관적인 관점"을 있는 그대로 받아들이기보다 "상보적"인 관점이 끼어들 여지가 필요했을 것이다. 그러나 윌리엄 제임스 강연이야말로 최근에 접한 고고학과 역사 연구, 경제학을 비롯한 일부 사회과학, 인지심리학과 교육, 논리학, 러셀과 화이트헤드의 《수학 원리》, 괴델Gödel의 불완전성정리, 보어의 상보성을 토대로 바라본 원자 세계 등에서 얻은 다양한 지식을 오펜하이머가 "완성되고 일관적인 관점"[71]으로 바라보고자 한 시도였는지 모른다.

1차 대전이 끝난 직후 듀이는 《철학의 재구성Reconstruction in Philosophy》을 발표했다. 오펜하이머는 이 책의 주제를 강연에 적용했다. 1차 대전이 듀이의 세계를 바꿔 놓았듯이, 2차 대전이 오펜하이머의 세계를 바꿔 놓았다. 발전과 신기술[72]의 토대가 된 양자물리학으로 인한 과학계 전체의 발전, 환경의 변화 속에서 오펜하이머의 철학은 재구성되고 있었다. 이제 세상은 더는 "닫힌 세계"나 "고정된 세계"가 아니라 새로운 위계질서 속에서 영원히 변화하고 영원한 가능성을 향해 나아가는 것이 되었다. 따라서 오펜하이머도 듀이와 마찬가지로 "더 나은 사회적 가능성을 모색"하기 위해 "인류에게 고통을 가져오는 사회, 도덕적 결함과 문제점의 본질"을 찾아내고자 시도했다. [Dewey 1920 (또한 1980, vol. 9 참고)]

오펜하이머는 윌리엄 제임스 강연을 "20세기 중반의 세계가 안고 있는 어려움"에 대한 설명으로 시작했다.[73] 그 어려움에는 자유와 발전 개념을 공유하지 못한 채 우리가 적들의 눈앞에서 누리는 자유도 포함되었다. 지금 우리가 사는 세계의 힘은 "과거 그 어느 때보다 복잡하고 방대한데 그만큼 충분히 이해되지는 못하고 있으며," 현재의 헌법 체계도 이를 충분히 반영하지 못하고 있다. 지금 우리가 사는 세상에는 가난하고, 기술과 경험이 부족한 사람들이 널리 퍼져 있으며 "그들은 우리에게 도움을 바라는 한편 질투의 눈빛을 보내고 있다." "이 세계는 아주, 아주 오랫동안 우리가 알아 온 세계와는 완전히 다르게 변모하고 있다."

그러나 오펜하이머가 진짜 이야기하고 싶었던 것은 단순히 세계적인 문제 그 자체보다 이를 바라보는 우리의 시각이었다.

문제는, 우리가 알아야 할 사실이 너무 많다는 것이다. 이 '사실들'은 질서 없이 흐트러져 있으며, 이해를 도울 만한 원칙들도 존재하지 않는다. 특정 전문인들과 작은 집단들에 의해 수많은 해석이 난무한다. 지식은 엄청난 속도로 증가하지만 우리는 그 속도를 따라잡지 못하고 있다.

미국 의회가 새로운 세상을 바로 바라볼 수 있다면 다른 나라 또한 그렇게 될 수 있으리라 믿었던 오펜하이머는 자신의 강연이 세상에 대한 인식을 돕는 데 조금이라도 일조하기를 바랐다. 그러나 그는 강연 제목인 〈질서에 대한 희망〉에서의 그 질서가 순식간에 이루어지리라는 희망에 대해서는 조심스럽게 말했다. 그는 그런 질서가 분명히 존재할 수 있다고 믿었지만 그 질서는 "전 지구적인 위계체제와 같이 닫힌 통일이 아니라 그물과 같이 뒤얽힌 형태의 통일"을 통해 가능하리라고 보았다.[74]

오펜하이머는 "우리가 이미 친근하게 잘 알고 있는 지식"과 새로운 지식 간의 불균형으로 인해 상황이 점점 더 악화되고 있다고 우려했다. 왜냐하면 수많은 사람이 공통의 경험을 토대로 자신의 경험을 나눌 수 있던 전통적인 지식과 달리, 새로운 지식은 소수의 전문가들에게게만 친근하며 대부분 사람은 오히려 그 지식에서 소외될 뿐이기 때문이다. 또한 "사고의 변화는 한 번에 이루어지지 않는다. 이를 위해 수많은 이가 가진 믿음의 변화와 함께 사회적 합의가 필요하다"는 제임스의 실용주의적 정의를 강조할 필요가 있다고 덧붙였다.

첫 번째 강연 중간에 오펜하이머는 제임스의 다양한 견해를 인용하면서 "저는 제임스가 기존의 확신이나 신조, 시스템의 한계와 선입견에 맞서 싸웠기에 존경한다"고 밝혔다. 이는 듀이에게도 똑같이 적용되어야 하는 말이었다. 사실 듀이야말로 확신, 체계, 선입견에 노골적으로 맞섰던 인물이었다.[75] 아마도 이렇게 자유주의적인 듀이의 사고방식 때문에 그를 직접 인용하는 것이 오펜하이머로서는 부담스러웠을 것이다. 왜냐하면 "우파적 성향의 졸업생들이 오펜하이머가 윌리엄 제임스 강연자로 서는 것에 강하게 반발했다"는 사실을 잘 알고 있었기 때문이다. (White 1999, 139) 오펜하이머는 계속 말을 이어 갔다.

"그(제임스)의 가치관과 강직한 인품, 용기를 저는 존경합니다. 그는 '다원주의적 우주'라는 말을 과감히 거부했습니다. '왜냐하면 서로를 연결하는 전달자들이 있기 때문에, 아직도 하나의 우주는 가능하다'고 보았기 때문입니다."

　청중들이 〈다원주의적 다중우주〉라는 강연 제목의 의미를 놓쳤을 리 없다. "다중우주"[76]라는 신조어를 제임스가 만들어 낸 것처럼, 오펜하이머는 하나의 법칙이나 통제권이 없어 무질서한 세계를 "인식의 정글"로 표현했다. 그런데도 오펜하이머는 그 속에 존재하는 질서와 통합을 찾고자 노력하고 있었다. 이 때문에 그는 현재 상황이 가지는 문제의 특징을 지적했다. 그중 하나는 ── 적어도 서구 사회에는 ── "무엇이 불필요하고 부차적인지를 밝힐 지적 분별자가 없다"는 것이다. 모두가 모든 것을 다 알 필요는 없더라도, 지식이 특정 소수 집단만 누리는 소유물이 되어서는 안 된다. 그러나 변화의 속도가 점차 빨라지면서 새로운 지식을 얻으려면 더 많은 노력과 훈련이 필요하게 되었고, 그 바람에 지식의 편중 현상이 심각해졌다. 이제 일반인은 현대 과학의 대강을 이해하려는 순간 "불쾌감과 두려움"을 맛볼 수밖에 없게 되었다. 이는 1956년에 필립 프랑크가 AAAS 강연을 통해 언급했던 위험과 맥을 같이한다. 즉, 유전학이나 우주론에서 사용되는 언어가 일반적으로 사용되는 언어와 비슷해 소리를 내지만 그 뜻은 완전히 달라 "마치 동음이의어를 가지고 말장난하는 것처럼 되어 버렸다." 게다가 우리가 속해 있는 역사와 기관의 성격에 따라서 혹은 우리가 지식을 획득하는 방법에 따라서 지식의 분열 정도는 더욱 커진다. 지식, 교육 방법, 교육을 받는 사람 각각은 서로 긴밀한 관계를 가지고 있다. 따라서 교육은 문화를 전달하는 동시에 학습 방법 자체도 가르치는 두 가지 역할을 동시에 수행한다. 지금의 교육 제도는 기로에 서 있다. 무언가를 배우기 위해 찾는 곳이 학교라고 한다면, 우리의 사회는 학교가 그 역할을 다하고 있는지 심각하게 고민해 봐야 한다.

그러나 강연을 통해 오펜하이머가 지적하려고 했던 더 근본적인 문제는 따로 있었다. 고등연구소에서 제롬 브루너·에드워드 톨먼·루스 톨먼 등의 심리학자들과 교류하면서, 특히 브루너·굿나우·오스틴이 함께 쓴 《생각에 관한 연구》[77]를 읽으면서 고민하게 된 내용이 바로 그것이다. 브루너는 다음과 같이 쓰고 있다.

> 합리적인 삶은 (…) 이해를 위하여 실패와 차이를 선택적으로 무시하는 연습에서 시작된다. 합리적인 삶은 충분한 잠재력을 가지고서도 선택의 실패를 겪는 데서 시작된다. 합리적인 삶은 지각과 사고, 한정된 능력, 잠재적 부의 잉여분을 어디에 집중할 것인지를 선택하고 배열하며 적절히 조작하는 데 달려 있다.

오펜하이머는 브루너의 시각이 심리학은 물론 언어학이나 생물학, "원자물리학계"에서도 동일하게 적용될 수 있다고 보았다. 인식, 지각 작용의 조합이 결국은 직관적인 "선택"으로 연결되기 때문이다.

> 아무도 찰나의 순간에 모든 것을 다 인식하지는 못한다. 즉, 우리가 놓친 지식의 잠재력은 우리가 인식할 수 있는 수준을 훨씬 능가한다는 것이다. (…) 간과된 가능성들은 전혀 알아차릴 수 있는 기회도 얻기 전에 선택 밖으로 밀려나고 말았다.

이런 소견은 양자물리학을 해석하는 문제를 둘러싸고 하이젠베르크가 제기한 "잠재성" 및 "실제"에 관한 문제를 반영한 것이었다.[78] 추상적인 힐베르트 공간에서 운동하는 연산자와 그 궤도는 양자물리학을 통해 수학적으로 기술된다. "실제"적인 운동이 실험을 통해 데이터로 변환될 때, "일반적"이면서도 객관적인 그리고 다른 이들과 커뮤니케이션이 가능한 언어가 이용된다. 이때 무엇보다 중요한 사실은 "실제"로 받아들여질 데이터들이 실험에 사용되는 구체적인 기구에 의해, 실험 환경을 조성하는 구체적인 장치에 의해, 수치를 측정하는 구체적인 기계에 의해, 이를 받아들이고 기록하는 실험자의 취사선택에 의해 결정된다는 것이다. 그래서 오펜하이머는 "조금이라도 지식을 획득하려면 행동하고 선택해야 한다. 동시에 다른 선택의 가능성은 잃을 것이다"고 결론적으로 말했다. 이는 보어가 소개한 상보성의 일반화된 구조와 같다. 상보성은 인식의 대혼란을 해결할 수 있는 원칙을 제공하고 오펜하이머가 말하는 새롭고 열린 세계의 질서와 통일성을 이해할 수 있도록 돕는다. 문제는 이와 같은 결론에 도달할 때까지 장장 두 시간에 걸친 설명이 이어졌고, 대부분의 청중은 오펜하이머의 시적인 강의 가운데에서 길을 잃고 있었다는 사실이다. 결론을 이해한 사람들도 오펜하이머가 현대의 열린 세계의 문제를 해결하기에는 지나치게 피상적인 결론을 내린 것은 아닐까 하고 생각했을 것이다.

두 번째 강연에서 오펜하이머는 새로운 지식을 많이 보유하고 있는 특성화된 커뮤니티에 집중했다. 그들은 "특정한 목적을 가지고 살아가기 때문에 그들 사이의 대화에는 모호함이 없고, 삶의 질서도 상당히 잡혀 있는 것을 볼 수 있다."[79] 그러나 이들이 보유한 지식은 뉴턴이나 라플레이스LaPlace를 통해 그릴 수 있는 것 같은 지구적 성격의 지식이 아니며, 극히 제한된 범위에서만 통용된다. 이러한 과학적 지식의 통일체는 "수없이 분열되어 복잡한 성격을 지닌다." 사실 오펜하이머는 "모든 과학이 언제나 자기모순을 안고 있다"고 믿는 사람이었다. 물리학을 예로 들면, 양자물리학과 상대성이론은 자기모순적이다. 이는 현대 물리학이 여전히 불완전하기 때문이다.

비록 과학 지식의 통일체가 뉴턴과 같은 이해를 주지는 못한다 할지라도, 우리의 경험과 지식을 통해 이해할 수 있는 부분이 하나도 없지는 않다. 또 비록 물리학은 화학을, 화학은 생물학을, 생물학은 인간의 자연적 측면을 반드시 '수반'하지만, 오펜하이머는 물리학이 다른 분야에 대해 예측할 수 있는 가능성은 거의 없다고 생각했다. "물리학은 그 범주를 벗어난 부분에 대해 거의 아무런 예측을 할 수 없다."

다음 강연들은 뉴턴, 하이젠베르크, 슈뢰딩거, 디랙 등 물리학의 역사에 많은 부분을 할애했다. 특히 양자물리학의 발전과 보어의 조화의 원칙, 상보성의 원칙을 강조했다. 강연 내용은 대부분 오펜하이머 리스 렉처(Reith lecture, BBC 라디오 프로그램−편집자)에서 찾아볼 수 있다. (Oppenheimer 1954) 원자 세계와 양자물리학에 대한 오펜하이머 시각이 가장 간결한 형태로 정리되어 있다. 알파입자와 전자의 움직임에 대해 설명한 후 오펜하이머는 다음을 강조했다.[80]

부분적으로 볼 때 항상 예상하지 못한 결과가 도출되며 제각각 새로운 역사를 써 나갑니다. 실험을 할 때마다 이전의 실험은 잊게 됩니다. (…) 원자에 관한 설명은 대상에 관한 설명이라기보다, 이를 측정하는 방법에 대한 설명이라고 보는 것이 옳습니다. (…) 또 우리가 얻은 정보에 대한 설명이기도 합니다. 여기서 "우리"란 단순히 사람만은 아닙니다. (…) 그 상황을 연구하고자 하는 물리학자와 화학자도 포함됩니다.

그러나 아무리 혁명적인 양자물리학이라고 할지라도 이전부터 전해 오던 물리학을 저버릴 수는 없었다. 오히려 이전의 경험과 지식을 활용해 새로운 개념을 설명할 수 있기에 양자물리학이 뛰어난 발견일 수 있었다. 양자물리학은 기존의 경험을 한층 발전시키는 한편 기존 물리학의 한계를 확정시키는 역할을 해냈다. 오펜하이머는 고전적 이론과 새로운 이론이 만나는 연결점을 얻을 수 있었으므로, 고전물리학과 양자물리학의 설명이 겹쳐지는 부분이 있다는 사실을 무척 중요하게 생각했다. 또한 물리학 안에서뿐만 아니라 과학의 모든 분야가 이처럼 누적되어 간다고 믿었다. 고전물리학에서 양자물리학으로 넘어가는 과정에서 오펜하이머는 완전히 의사소통이 불가능한 시점이 오리라고는 생각하지 않았다. 이는 마치 특수상대성이론과 갈릴레오의 물리학적 설명이 완전히 별개가 아닌 것과 같은 이치다.

여섯 번째 강연은 역사와 과학의 차이점에 관한 설명이었다. "과학자(물리학자)는 새로운 경험을 창조하는 동시에 이를 최대한 간략히 정리하고자 노력"하는 데 비해, 역사학자는 정리를 위해 노력을 기울인다는 것이다. 또 역사학자의 정리는 새로운 이론을 만들고 주장하기 위해서라기보다 분류와 구분, 사실 인식을 위해서라는 점도 과학과 다른 면이다.[81]

여섯 번째 강연의 결론에서 오펜하이머는 인간을 연구하는 단 하나의 과학은 존재할 수 없다고 믿는다는 자신의 생각을 밝혔다. 그는 인간을 연구하기 위해서는 다양한 과학이 "서로 다리를 연결하고, 붙이고, 봉합하는" 노력을 기울여야 한다고 말했다.

일곱 번째 강연의 많은 부분은 심리학에 대한 다양한 접근법 때문에 발생하는 관점의 차이를 확정된 의미의 상보성 개념을 통해 해결할 수 있을지에 관한 것이었다. 오펜하이머의 결론은 부정적이었다.

> 상보성 개념을 강제로라도 적용하려고 한다면 가능하리라고 봅니다. 그러나 넓은 범위에서 보면 각각의 이론이 상호 배타적이면서[82] 확실한 정의도 가지고 있기 때문에 여러 접근법을 초월하는 시각을 찾기란 상당히 어렵습니다.

여덟 번째 강연 〈질서에 대한 희망〉에서 오펜하이머는 앞서 진행한 강연들의 강조점을 다시 한 번 짚었다. 그러고는 말했다.

> (…) 강력한 질서는 부분에 지나지 않습니다. 변할 수 있는 질서, 초월적이기에 결코 끝나지 않는 질서가 바로 지금까지의 강의를 통해 제시하고 싶었던 유일한 희망의 질서입니다.

오펜하이머의 마지막 말에는 당위적인 조언이 담겨 있었다.

> 우리는 우리의 시대와 장소에서 태어나 지식과 기술을 익히게 되었으므로 다른 이들에게 이것을 성실하고 완전하게 전달해야 할 의무를 지고 있습니다. 새롭고 낯선 것, 기존의 생각에 들어맞지 않는 것을 대할 때는 반갑게 맞아들이고 배워야 할 의무도 지고 있습니다.

이 두 의무는 질서와 진리를 사랑하는 이들이 져야 할 의무입니다. 다른 진리를 사랑할 때 비로소 이 두 의무는 충족될 수 있습니다.

강의가 끝나자 청중들은 당혹해 하고 철학자들은 실망했지만, 별로 놀랄 일은 아니었다. 상보성은 상호 배타적인 묘사를 통해 서로의 부족한 점을 보충해 주는 역할을 하기 때문에 현실 속에 모순이 존재한다는 사실을 단순히 반복하는 주장처럼 보일 수 있다. 따라서 상보성을 통한 접근법이 구체적인 문제를 풀어야 하는 사회과학에 어떻게 새로운 시각을 열어 줄 수 있는지 그 논점이 손에 잡히지 않는다. 그러니 청중들로서는 강연에서 무엇을 얻어야 하는지도 명확히 이해할 수 없었다. 여덟 번째 강연에서 오펜하이머는 자신의 강의가 수많은 과학자의 생각의 결과로 이루어진 것이라고 밝혔다. 과학계는 통일의 가능성이라는 넓은 차원에서 보면 "매우 다양하고, 때로는 섬세하고, 때로는 실질적이고, 때로는 형식적이고, 때로는 빈약한" 면들을 가지고 있다고 평가했다. 오펜하이머 본인의 강연도 비슷한 평가를 받았다. 사회과학에서 상보성의 아이디어가 잠재적으로 활용 가능하다는 사실을 다루는 과정에서 그는 매우 다양한 주제를 언급했는데 때로는 섬세하게, 때로는 실질적으로, 때로는 형식적으로, 때로는 모호한 언어로 강의를 이어 갔다. 보어의 상보성 개념을 통해 사회과학의 자기모순을 꿰뚫고자 했던 그의 희망은 희망 그 자체로 남았다. 그는 자신이 설명한 아이디어를 어떻게 구체적으로 사용할 수 있는지에 대한 방법도, 이를 적용할 수 있는 구체적인 사례도 전혀 제시하지 못했다. 보어는 오히려 양자물리학의 이론주의를 벗어 버리고 난 후에야 상보성의 개념을 진보시켜 원자의 상태에 대한 계산법이나 실험을 통한 원자 산란의 묘사에 따르던 문제를 해결할 수 있었다.

잘 정리된 오펜하이머 글들을 살펴보면 그의 세계관이 철학자들보다는 상당 부분 물리학자들과 교류하면서 형성된 것임을 알 수 있다.[83] 1930년대 미국 철학계는 히틀러의 독일·오스트리아 합병으로 인해 설 자리를 잃고 미국으로 흘러들어 온 이들 — 카르나프, 파이글Feigl, 헴펠Hempel, 라이헨바흐, 프랑크 등 — 의 영향을 많이 받았다. 2차 대전 이후에는 논리적 실증주의와 영국의 분석적 언어철학이 혼합되면서 미국의 철학적 문제들을 해결하기 위한 새로운 시도가 이루어진다. 듀이와 제임스의 실용주의는 엄격하지 못하다는 평가를 받으면서 외면당했다. 냉전이 이런 상황을 더욱 악화시켰다.

이런 시기에 오펜하이머가 미국 실용주의를 다시 들고나온 것이다. 윌리엄 제임스 강연은 여러 면에서 부족했지만 시간이 지나면서 오펜하이머의 생각은 정리되었다. 이후의 강연들에서는 각 사람의 세계관, 도덕성을 결정하는 역사적 배경과 문화의 구체적인 가치, 행동의 동기에 대해 더 간결한 언어로 더 분명하게 설명할 수 있게 되었다.

이 글을 결론짓기 위해 나는 다시 찰스 테일러의 정체성 문제로 돌아가고자 한다. 미국인으로서 오펜하이머는 끊임없이 변화하는 정체성의 소유자로서 자신을 바라보았다. 그에게 윌리엄 제임스 강연은 미국의 철학적 시각을 바탕으로 더 나은 세상을 위한 기초를 다지려던 시도였다.

1 3부에서 오펜하이머가 살면서 겪은 세 번의 위기를 살펴봐라.

2 학생들이 윤리적인 삶을 배울 수 있도록 하기 위해 애들러는 칸트의 철학을 끌어들였다. 자연에 대한 지적 이해라는 바탕 위에 도덕성에 기반을 둔 예술을 접목함으로써 인생을 윤택하게 만드는 것이 교육의 역할이라는 칸트의 생각을 수용한 것이다. 도덕적 측면에서는 인간을 결코 수단이 아니라 목적으로 보았다. 그러나 칸트 철학의 실제적인 적용을 위해 애들러는 특정 부분에 자신의 생각을 더했는데, 이후 오펜하이머가 학교의 철학을 싫어하게 되었다는 말은 바로 이 부분 때문이다. 그러나 오펜하이머는 1949년 2월 윤리문화학교 행사 연설을 기꺼이 수락했고, 이후에도 후배들을 위해 한 차례 더 모교를 방문했다.

3 1962년 오펜하이머는 강의 중에 "우리는 고귀함에 목마릅니다. 과학이든 문화든, 순수하게 진리와 부합하는 말과 행동을 찾아보기 너무나 힘듭니다"고 말했다. Oppenheimer 1984, 137.

4 앞 장에서 다룬 애치슨-릴리엔솔 관련 부분을 살펴보기 바란다.

5 Day 2001, Thorpe 2005, 2006.

6 1957년 윌리엄 제임스 강연, 로버트 오펜하이머 편, 오펜하이머 보고서, 의회도서관 Box 259(JROWJ). 하버드 대학 아카이브에서 관련 사진 자료를 찾아볼 수 있으나 강연 노트는 열람이 불가능하다.

7 상보성에 관한 역사적 관점은 Holton 1970, Bohr 1999 참고.

8 아인슈타인과 인펠트는 광자의 파동-입자 이중성을 두고 토론했다. "무엇이 빛을 구성하는가? 파동인가 아니면 광자 소나기인가? 그러나 빛이라는 현상을 설명할 때 한두 가지 언어만을 사용해서는 일관적인 설명이 불가능하다. 때에 따라 이런 이론과 저런 이론 혹은 두 이론을 모두 쓸 수 있어야 한다. 문제는 현상을 설명하기 위해 때때로 양립 불가능한 두 설명을 동시에 해야 한다는 것이다." (Einstein and Infeld 1942, 262-263)

9 오펜하이머는 이 문제를 강연에서 다루었다. Day 2001. Day는 오펜하이머가 얼마나 보어의 영향을 많이 받았는지 또한 공공의 문제를 설명하기 위해 보어의 원칙을 어떻게 활용하고자 시도했는지를 설명하고 있다.

10 JROWJ, Lecture 8.

11 Einstein 1918.

12 강연의 과정을 담은 책자가 1958년 겨울에 출판되었고, 1971년에 홀턴Holton에 의해 재출간되었다. 오펜하이머는 "과학의 발전과 문화 구조The Growth of Science and the

Structure of Culture"라는 제목을 지어 주었다. (Oppenheimer 1958a)

13 Box 233, JROLC. 방법론에 관한 오펜하이머의 노트 참고. 그는 서로 다른 영역과 방법론을 가진 과학을 통합해 낼 수 있다고 믿었다.

14 Ibid.

15 감독 기금, Box233, JROLC. 이 기금 덕에 1948년부터 54년까지 학자 20명이 연구소를 거쳐 갔다. 대부분 기존 교수들이 추천해 결정했지만, 때에 따라서 고문단이 직접 특정 인물이 지원하도록 권고하기도 했다. 다녀간 이들의 명단은 다음과 같다.

심리학: Edward Chase Tolman 1952; David Levy 1951-53; Jean Piaget 1954; Hans Wallach 1954-55

생물학: A. Szent-Gyorgyi 1950; George Wald 1954

역사학: Chaucey D. Leake 1950, 1952; Henry Guerlac 1954-55; Alexandre Koyré 1955-56

지성의 역사: Erich Auerbach 1949-50; Kenneth Burke 1948-49; Amiya Chakrabarty 1950-51; Ernst Robert Curtius 1949-50; Thomas Stearns Eliot 1949; Francis ferguson 1948-49; Richard P. Blackmur 1950-51

법학: Max Radin 1949-50; John Lord O'Brian 1949-50; Edward S. Greenbaum 1949-50; John Palfrey 1950-54; Mark deWolfe Howe, 1955-56

현대사: George Kennan 1950-52, 1953-55; Herbert Feis 1951-53

16 감독 기금 노트, Box 233, JROLC.

17 크뢰버는 1차 대전 직후 샌프란시스코에서 2년간 심리학 분야에서 실제적인 경험을 쌓았다. 구조주의자인 크뢰버는 문화를 "특별한 유기체"로 여겼다. 또한 문화 구조와 진화의 결정인자도 각 개별 생명체의 행위에 의존한다고 믿었다. 1944년에는 《문명의 성장과 몰락Configurations of Culture Growth》이라는 책을 내, 왜 특정한 시기에 천재들이 "집단적"으로 나타나는지를 물었다.

18 고등연구소 연구, 1948-1953년 보고서, Box 233, JROLC, 16.

19 Ibid., 16-17.

20 톨먼의 버클리 강의는 이후 출간되었다. Tolman 1948.

21 오펜하이머는 1928년에 루스 톨먼이 칼텍을 방문했을 때 처음 만났다. 그녀의 남편 리차드 톨먼은 수학적 물리학계에서 이름난 학자였다. 루스 톨먼은 버클리에서 심리학을 전공했고 훌륭한 심리치료사가 되었다. 오펜하이머는 칼텍에 머무는 동안 톨먼 부부와 깊은 친분을 쌓았다. 로스앨러모스로 옮겨 간 후에는 워싱턴에 방문할 때마다 톨먼 부부의 집에서 머물렀다. 당시 루스 톨먼과 오펜하이머의 관계는 단순한 친구 이상으로 발전하여 그녀가 1956년에 작고할 때까지 이어졌다. Bird and Sherwin

2005, 363-364.

22 당시 급성장하던 젊은 심리학자 제롬 브루너를 오펜하이머가 처음 만난 것은 톨먼의 집을 방문하던 때였다. 하버드를 졸업한 브루너는 1941년에 워싱턴 D. C.의 정부기관에서 독일, 이탈리아, 일본의 방송을 통해 알아낸 정보를 분석하여 정부에 보고하는 일을 시작했다. 농무부로 자리를 옮기면서 같은 부서 동료인 루스 톨먼을 알게 되었다. 이후 프린스턴에서 여론을 수렴하는 정부기관 일을 맡았는데, 워싱턴을 방문할 때마다 톨먼의 집에서 지내게 되었다. 브루너는 자서전에서 오펜하이머의 첫 인상에 대해 다음과 같이 썼다. "똑똑하고, 산만하고, 편협하고, 어떤 주제든 관심을 보이고, 신기할 정도로 매력적이다. (…) 우리는 모든 주제를 놓고 많은 대화를 나눴다. 특히 심리학과 물리학에 관해서는 정말 많은 대화를 나눴고, 곧 가까운 친구가 되었다." (Bruner 1983, 44)

23 따라서 해리 그레이슨Harry Grayson과 루스 톨먼은 1950년에 〈심리 치료와 정신과 의사의 개념에 대한 의미론적 개념〉이라는 보고서(Tolman 1950)를 완성하고, 심리학 이론과 실제의 차이에 대한 대대적인 문제 제기에 나선다. 톨먼은 칸트를 언급하며 "이론과 실제가, 추상과 관찰이 통합되어야 하며, (…) 이론 없는 실천은 기능일 뿐 과학이 될 수 없고, (…) 건전하고 유효한 예측을 위해서는 과학이 필요"하다는 주장을 펼친다. (Tolman 1953)

24 이 책의 서평은 오펜하이머가 공식적으로 남긴 몇 안 되는 글 중 하나다. 이 글의 인쇄본은 Box 23, JROLC를 통해 열람이 가능하며 인쇄일은 1956년 11월 23일이다.

25 클라크는 뉴욕에서 1882년에 태어났다. 하버드 법대를 졸업하고 법대 동기생 프랜시스 버드Francis W. Bird, 엘리후 루트 주니어Elihu Root Jr.와 함께 뉴욕에서 조그마한 법률 사무소를 개업했는데 몇 년 지나지 않아 미국에서 가장 유명한 로펌으로 성장했다. 2차 대전 중에는 스팀슨 전쟁장관을 도와 차관직을 맡았으며, 39년《자유민족연합A Federation of Free Peoples》이라는 팸플릿을 제작해 배포하는 등 국제법에 의한 국제적 평화 이론화에도 힘썼다. 44년 스팀슨은 그에게 "집으로 가서 3차 세계대전을 준비하시오"라고 말했다. 세계정부에 대한 연구를 진행하는 등 그는 방대한 저술 활동도 했다. 58년에는 하버드 법대 교수인 루이스 손Louis B. Sohn과 함께 〈세계법을 통한 세계 평화World Peace through World Law〉라는 글을 발표했다. 1950년대 상원의원 매카시에 대한 비평가로도 유명했다. 그에 관한 간략한 전기는 http://www.harvardsquarelibrary.org/unitarians/clark_grenville.html(2005년 2월 접속)에서 살펴볼 수 있다.

26 오펜하이머가 클라크에게, 1949년 5월 17일, Box 233, Legal Studies, JROLC.

27 Ibid.

28 Ibid.

29 Box 233, Literary Studies, JROLC.

30 Ibid.

31 예를 들어 〈과학의 유사성Analogy in Science〉(1955년 9월 4일)이라는 강의에서 그가 제임스와 퍼스의 책들을 읽었음을 알 수 있다. (Oppenheimer 1956a, 127)

32 Bridgman 1927.

33 오펜하이머가 동생 프랭크에게 보낸 편지에서 나는 문학책을 추천한 부분은 찾았지만, 철학책을 언급한 것은 보지 못했다. Smith and Weiner 1980 참고.

34 위잔스키가 오펜하이머에게, 1949년 6월 2일, 오펜하이머가 위잔스키에게, 1948년 5월 31일, Box 122, JROLC. Box 122의 제목은 "하버드 감독이사 위원회, 케임브리지, 매사추세츠"로 되어 있다.

35 위잔스키가 오펜하이머에게, 1949년 3월 7일, Box 122, JROLC.

36 하버드 대학 감독이사위원회 비서 데이비드 베일리가 오펜하이머에게, 1949년 6월 28일, Box 122, JROLC.

37 교육정책 수정도 이들의 승인을 얻어야 했다. Board of Overseers, Box 122, JROLC 참고.

38 오펜하이머가 베일리에게, 1949년 8월 10일. 베일리가 오펜하이머에게 1949년 8월 17일. 다시 오펜하이머가 베일리에게 1949년 9월 9일, Box 122, JROLC. 다음 학년도인 1950-51년에는 수학과의 방문위원으로도 등재되었다. 1952-53학년도에는 물리학과와 화학과의 방문위원장이 되었다. 회장직에서 은퇴한 후에도 64년까지 철학과, 물리학과의 평의원으로 남았다. 베일리가 오펜하이머에게, 1955년 5월 4일, 1955년 7월 27일, Box 124, JROLC.

39 회장으로서 오펜하이머는 연간 회의를 준비하고 만찬을 주재하는 등의 역할을 수행했다. 식사 비용 등은 학교가 부담하였으며 개인적인 부담은 없었다. 그러나 "한 사람당 5달러가 넘어가는 경우 회장 본인 부담"이었다. 그러나 베일리는 "도리에 맞지 않는 주류(alcoholic liquors)가 끼지 않는 이상 그런 일은 없을 것"이라며 오펜하이머를 안심시켰다. 베일리가 오펜하이머에게, 1949년 8월 17일, Box 122, JROLC.

40 예를 들어 그가 제안한 인도철학과 법철학 수업이 개설되었다. 화이트가 오펜하이머에게, 1955년 4월 26일, Box 122, JROLC.

41 1949-50학년도의 철학과 방문위원회에는 에드윈 베츠텔Edwin Bechtel, 에드윈 캔함Edwin Canham, 해럴드 처니스Harold Cherniss, 찰스 커티스Charles curtis, 로버트 커틀러Robert Cutler 등이 포함되어 있었다.

42 철학과 방문위원회 중간보고서 초안, 1950년 12월 13일, Box 122, JROLC.

43 모튼 화이트가 학과장으로 낙점된 1955년부터 상황이 변한다.

44 위원회 보고서, 1955년 1월, Box 122, JROLC.

45 오펜하이머가 베일리에게, 1952년 11월 18일, Box 122, JROLC.

46 White 1999, 138 참고.

47 모튼 화이트는 전화 인터뷰를 통해 이 사실을 확인해 주었다. 2004년 4월 11일.

48 피에르 뒤엠(1861-1916)은 뛰어난 프랑스 물리학자이자 역사학자이며 과학철학자다. 물리학자로서는 열에 관해 연구해 많은 업적을 남겼다.

49 보어는 고등연구소의 정규 방문교수였다. 1948, 1950, 1958년 봄과 1954년 가을 학기를 고등연구소에서 보냈다. 파울리는 자연과학대 방문교수로서 1949-50학년도와 1954년, 1956년 봄 학기를 보냈다.

50 David Favroholdt, "General Introduction" vol. 10, 《Complementarity beyond Physics》 참고.

51 보어의 연구와 출판물 리스트에 관해서는 Bohr 1999 참고.

52 브루너, 보링 등을 포함해 심리학과와 철학과에서는 오펜하이머를 존경하는 이가 많았다.

53 이는 전국적인 뉴스거리였다. 1957년 2월 25일자 《하버드 크림슨Harvard Crimson》은 레이몬드 몰리Raymond Moley의 주장을 실어 이 문제를 크게 다뤘다. 기사 내용은 직접적인 문제를 일으킨 일이 있는 인물은 윌리엄 제임스 강연자로서 적절치 않다는 것이었다. 당시 베리타스 위원회에는 루스벨트 대통령의 아들인 아치볼드 루스벨트Archibald Roosevelt도 포함되어 있었다.

54 1957년 4월 13일자 《하버드 크림슨》에는 첫 강의를 둘러싼 논쟁적 편지들이 소개되었다. 그러나 대부분은 오펜하이머를 지지하는 글이었다. 1950년 졸업생 월터 B. 라우센부시 Walter B. Raushenbush는 베리타스 위원회에 다음과 같이 질책했다. "지금 여러분이 하시는 일은 더럽고 추악한 매카시즘으로, 하버드 대학의 모토와 전혀 어울리지 않습니다. 저는 여러분의 행위가 학교와 국가에 좋지 않은 영향을 끼치고 있다고 생각합니다." 반면 "어떻게 최고 대학에서 열리는 강연에 그처럼 반미국적인 인사를 강사로 서게 할 수 있단 말인가?"라는 반대의 목소리도 있었다.

55 "First Oppenheimer Harvard Lecture Packs' Em in Despite Early Protest," 《보스턴 글로브The Boston Globe》 1957년 4월 9일. 《뉴욕타임스》 또한 "Harvard Cordial to Oppenheimer"라는 제목으로 첫 강연에 관한 기사를 실었다. 한편 오펜하이머 강연을 반대했던 하버드 학부생회의는 오펜하이머의 강연 여부를 놓고 토론회를 개최했다.

56 강연 홍보물에는 "다원주의적 우주(A Pluralistic Universe)"라는 제목으로 나갔지만, 실제 강연은 "다원주의적 다중우주(A Pluralistic Multiverse)"로 이루어졌고 이 제목이 오펜하이머가 실제로 원하던 것이었다.

57 이 강의에 대한 자료는 남아 있지 않다.

58 Bird and Sherwin 2005, 561 참고.

59 복사본이 하버드 아카이브에 보관되어 있다.

60 JROWJ, Lecture 1.

61 Ibid.

62 JROWJ, Lecture 7.

63 Ibid.

64 JROWJ, Lectures 1 and 2.

65 JROWJ, Lecture 4.

66 따라서 네 번째 강연에서는 규칙에 관한 비트겐슈타인의 게임이론과 수학의 관계까지 언급되었다.

67 이 보어의 강연 내용은 이후 다양한 매체를 통해 알려졌다. 예를 들면 Bohr 1963, "The Unity of Human Knowledge," 17-22.

68 논문으로는 나중에 발표되었지만 이미 이전에 구술한 내용이다.

69 Favroholdt in Bohr 1999, xlix.

70 모튼 화이트의 《철학의 재결합을 위하여Toward Reunion in Philosophy》(1956)에는 듀이의 도전정신이 잘 소개되어 있다.

71 이전 강의에서 오펜하이머는 어떤 의미에서 "완성되고 일관적인 관점"이라는 용어를 사용했는지에 대해 꽤 길게 설명했다.

72 듀이가 《철학의 재구성》을 통해 그랬듯이 오펜하이머도 과학과 기술의 관계에 대해, 또한 "통제"에 대한 설명을 덧붙였다.

73 이후의 인용은 모두 첫 번째 강연에서 가져온 것이다.

74 오펜하이머는 1956년 AAAS 강의에서도 "그물과 같은 형태의 통일"에 대해 언급한 적이 있다.

75 특히 Dewey 1929 참고.

76 "누군가는 자연계가 유연하다 하고, 누군가는 자연계에 대해 무관심할 것이다. 누군가는 자연계가 다중우주로 이루어져 있다고 말할 것이다. 그러나 단일우주는 아니다." (James 1895, 10)

77 이미 언급한 것처럼 오펜하이머는 이 책에 대해 긴 서평을 쓴 적이 있다. 《Sewanee

Review》1958, Oppenheimer 1958b.

78 예를 들어 Heigenberg 1955a와 1974 참고.

79 강연 내내 쓰인 "객관적" 이라는 단어는 "모호함이 없다"는 말과 동의어로 쓰였다. 지금부터는 모두 두 번째 강연에서 가져온 말이다.

80 지금부터는 여섯 번째 강연 부분이다.

81 일곱 번째 강연은 고등연구소에서 1949년에 있었던 역사 컨퍼런스 내용과, 미시 이론에 대해 모튼 화이트와 토론한 내용으로 시작되었다.

82 예를 들어, 행위주의자나 학습이론, 성격이론, 심리치료 등

83 1960년대 초반 오펜하이머가 어떤 견해를 가지고 있었는지는 5부에서 소개된다.

5부. 물리학에 남긴 것

1970년대 이후 자연의 성질을 설명하는
놀랄 만큼 성공적인 네 가지 모델이 제시되자 모두의 관심은
중력을 중심으로 모든 연구를 통합하고자 꿈꿨던 아인슈타인에게로 되돌아갔다.
지난 30년간 기초물리학에서 최고의 화두는 바로 통합이었다.
_ 데이비드 그로스(2008, 294)

양자이론에 가장 많은 공헌을 했던 이론가인 유진 위그너는 1980년대 초반 소립자물리학 수업에서 양자물리학의 출발에 대해 다음과 같이 말했다.

> 제가 아직 화학공학을 공부하고 있을 때 (1920년대) 베를린 대학의 물리학 콜로퀴엄을 매주 방문하면서 느낀 점은 세미나 참가자들이 물리학을 미시 영역으로 발전시키기에는 인간의 지혜에 한계가 있다고 생각한다는 것이었습니다. (…) 그러나 하이젠베르크의 논문이 발표되자 그런 회의적인 분위기는 확 달라졌습니다. 슈뢰딩거의 논문이 발표되었을 때도 마찬가지였지요. (…) (그러나) 우리가 알고 있던 이론은 불완전한 것이었기에 그 한계에 대해서도 인정할 수밖에 없었습니다. 새로운 연구 영역이 개척되었을 때 우리는 한편으로 자랑스럽고 한편으로는 놀랐습니다. (Wigner 1983)[1]

양자물리학을 설명하는 언어를 어떻게 만들어 갈 것인가(즉, 원자와 분자, 고체의 구조, 금속의 전기적 속성, 고체의 응집력 등을 어떻게 설명할 것인가)의 문제가 대두되면서, 물리학과 화학 두 분야가 동시에 언급되기 시작했다. 문제가 성공적으로 해결되면서 "화학적인 추론에 필요한 모든 기초 지식은 이미 우리가 가지고 있다"는 믿음이 생겨났다. (Wigner 1983, 769)

실제로 양자물리학은 놀랄 만큼 정확하고 견고해진 물리학과 화학의 기본 이론을 토대로 이루어진 통합의 결과였다. 원자 내부 구조에 관한 연구에서도 발전이 있었다. 원자와 분자 연구를 통해 자신감이 충분히 축적되었기 때문에 1930년대 핵 관련 연구에 기대감이 커졌다. 아인슈타인의 일반상대성이론과 물리학계 전반의 성취는 물론 창의적인 수학자와 물리학자들이 등장하면서 "물리학을 미시 영역으로 충분히 발전시킬 만한 충분한 지혜가 인간에게 있다"는 분위기가 확산되었다.

2차 대전 이후 "기초 입자" 연구 상황은 존 휠러John Archibald Wheeler의 연설에서 살펴볼 수 있다. 1945년 가을에 휠러는 미국과학자협회와 미국철학회의 공동 행사에서 1930년대 이론 및 실험 연구는 1) 중력, 2) 전자기장, 3) 핵, 4) 중성자 및 핵의 방사선 붕괴를 일으키는 약간섭weak interactions, 이렇게 네 축을 중심으로 이루어졌다고 말했다. 네 영역은 1960년대 초까지 각각 독립적인 전문 분야로 발전하게 된다.

일반상대성이론이 보급, 발전하고 난 이후 1926~27년에 이르면, 물리학계는 위의 네 영역, 특히 처음 세 영역에 관심을 집중하기 시작한다. 아인슈타인은 중력과 전자기장을 통해 자연의 모든 힘을 하나의 분석틀로 설명하려는 고전적인 노력을 멈추지 않았지만 이와 같은 부류의 과학자는 극히 일부에 불과했다. 1930년 후반의 오스카 클라인Oskar Klein, 2차 대전 이후에는 줄리언 슈윙거Julian Schwinger 등이 있다. 슈윙거는 보손boson 상호작용을 통합된 방식으로 기술하고자 많은 노력을 기울였고, 이에 관한 논문을 1964년에 《리뷰스 오브 모던 피직스Reviews of Modern Physics》에 발표해, 오펜하이머의 60세 생일을 기념하기도 했다.

이런 통합적인 연구의 기원은 뉴턴의 만유인력의 법칙으로까지 거슬러 올라간다. 19세기에 들어서면서 통합 연구의 방향은 모두 변화를 겪는다. 한스 크리스티안 외르스테드Hans Christian Oersted와 마이클 패러데이Michael Faraday는 전기와 자기장 사이의 상관관계를 처음으로 실험해 보임으로써 통합의 가능성을 입증했다. 맥스웰James Clerk Maxwell은 전자기장 이론에 대한 수학적 공식을 만들어 새로운 실험의 결과를 예측해 냈다. 프라운호퍼Joseph von Fraunhofer, 키르히호프Gustav Kirchhoff는 수리물리학적인 방법으로 파동방정식을 발견했다. 19세기가 끝날 무렵 물리학의 세계는 전자기장을 중심으로 통합을 향해 나아가고 있었다.[2]

아인슈타인이 등장하면서 물리학계의 앞날에 빛이 보였다. 아인슈타인은 일찍이 스위스취리히연방공과대학에서 공부하던 시절부터 "복잡한 현상을 하나로 설명할 수 있는" 요인을 찾으려는 희망을 품고 있었다. 그는 "모든 물리학의 근간이 되는 법칙"을 찾는 데 온 힘을 쏟았다. 그가 1940년에 쓴 글을 보면 다른 모든 하위 영역이 논리적인 개연성을 가지고 유추될 수 있는, 모든 물리학의 기저를 이루는 통합적 이론을 찾고자 했다. "궁극적인 목표에 도달할 수 있다는 확신과 자신감이 있었기에 끊임없이 연구에 몰두할 수 있었다." (Einstein 1954a, 324) 그러나 전자기장과 중력이라는 통합 이론의 핵심으로 나아가기 위해서 아인슈타인이 항상 눈에 보이는 작은 현상에 집중했다는 사실을 간과해서는 안 된다.

아인슈타인은 통합과 관련하여 급진적인 형태의 이론 환원주의를 주장하게 된다. 1918년 막스 플랑크의 60세 생일을 기념하는 자리에서 다음과 같이 말했다.

저는 모든 자연현상을 설명할 수 있는 이론물리학의 일반적인 법칙이 있다고 믿습니다. 추론의 과정이 인간의 지성으로 감당할 만하기만 하다면, 이를 통해서 인생을 포함하여 자연 상태에서 일어나는 모든 일이 파생적으로 설명될 수 있을 것입니다. 물리학자가 우주를 직접 만들어 보일 수는 없습니다. 그러나 순수한 추론을 통해 온 우주를 지탱하는 기본적인 법칙에는 도달할 수 있습니다. (Einstein 1954, 221. 저자 강조)

아인슈타인이 1949년에 쓴 "자서전 노트"에는 더욱 솔직한 표현이 담겨 있다.

나는 신념 외에 더는 다른 원칙을 필요로 하지 않는 (…) 이해하기도 쉽고 자연스러운 (…) 단순한 자연의 법칙을 말하려는 것이다. 다른 모든 법칙이 그 논리성 앞에서 힘을 잃고 오로지 합리적이고 완전한 상수만이 남는다(따라서 수많은 이론은 그 진가를 파괴하지 않고서도 변화를 겪게 될 것이다). (Einstein 1949a, 63)

스티븐 와인버그, 셸든 글래쇼Sheldon Glashow, 압두스 살람Abdus Salam이 1960년대 후반 전자기력과 전자약작용이론electroweak theory을 발표한 후 물리학계에는 물리학의 근본적인 전제를 찾기 위한 환원주의와 통합이라는 새로운 신조가 생긴다. 환원주의자들은 물리학의 모든 현상을 통합적으로 설명할 수 있는 방법을 찾고자 희망했다. 근본적인 법칙을 통해 종속적인 개념을 가능한 한 줄이고자 하는 바람이 있었다. 환원주의자들에게는 개념적 — 이상적인 — 구성 요소가 소립자와 같은 물질적인 구성 요소보다 중요한 위치를 차지한다.

1945년에서 65년 사이에는 분위기가 많이 달랐다. 그렇다고 아인슈타인이 생애 마지막 25년을 쏟아 부었던 통합적 이론에 대한 관심이 완전히 사라진 것은 결코 아니었다. 그러나 2차 대전 이후 세대의 이론가들은 아이슈타인이 주장한 통합적 개념보다는 수학을 통한 일관적 관점을 찾으려고 시도했다.

MIT 100주년 기념 콜로퀴엄 〈물리학의 미래〉를 통해 알려진 1960년대 초반의 주도적 물리학자들의 통합 이론 — 대칭파괴 및 게이지 이론, 특히 양-밀스의 이론은 이론가들로부터 많은 관심을 받았다 — 을 살펴보기 전에 아인슈타인이 생각했던 통합에 대해 조금 더 살펴보자.

아인슈타인과 '통합'

1938년부터 41년까지 아인슈타인의 조수로서 상대성이론을 다양한 통합장이론으로 변화시키는 연구에 참여했던 피터 버그만Peter Bergmann은 통합장이론을 공식화하려던 아인슈타인의 노력을 특수상대성에서 일반상대성으로의 변화와 같은 선상에서 바라봐야 한다고 생각했다.[3] 버그만(1982)은 일관적이지 않은 물리적 현상을 일관적으로 설명하려던 아인슈타인의 연구 방향이 1907년부터 큰 변화를 겪었다고 강조했다.

아인슈타인은 전자기장 속에서 에너지를 가지고 있는 입자는 전기량e에 의존하고, 주기적인 관성질량에 대한 가속도를 e/m라고 할 때, 중력장 때문에 가속도를 설명할 수 있는 다른 유사 매개변수는 사용할 수가 없다고 보았다.[4] 즉, 주어진 시점의 중력 가속도가 모든 물질에 동일하게 작용할 경우 같은 가속도상에 있는 관찰자에게는 관찰의 대상에게 중력이 작용하지 않는 것으로 보인다. 따라서 아인슈타인은 관성계 대신 가속력이 작용하고 있는 계, 즉 등가의 원리를 상정했다. 그는 또 지엽적으로 관성계 속에서 중력이 사라지고 특수상대성, 자유낙하, 가속력이 작용되는 공간이 무한히 확장될 수 있다는 사실을 깨닫는다. 그리고 다음의 질문에 이르렀다. "인근하고 있는 자유낙하계는 서로 어떤 관계를 가지는가?" 그러나 그 질문에 대한 대답은 형식주의적 간결성을 바탕으로 리만Bernhard Riemann, 크리스토펠Elwin Bruno Christoffel, 그레고리 리치Gregori Ricci, 툴리오 레비치비타 Tullio Levi-Civita 등이 이미 제시한 것으로 드러났다. 아인슈타인의 일반상대성이론은 등가의 원칙을 함축적으로 고려하는 한편 리만기하학의 전통적 관점에서 시공간을 바라보는 데서 출발했다. 이후 아인슈타인은 뉴턴의 법칙을 기반으로 한 최소한의 어림값과 자신의 이론에서 추론 가능한 약한 중력장의 요구 사항이 부딪치지 않는 범위에서 자신의 이론을 끌어낼 수 있었다. 아인슈타인의 새 이론에서 중력장은 시공간의 기하학적 성질을 분명히 할 수 있는 역동적인 장으로 개념화된다. 중력에 관한 연구를 성공적으로 이끈 아인슈타인은 전자기장 — 당시 알려진 장이론에 영향을 미치는 유일한 두 요소 — 또한 기하학적으로 설명될 수 있고 중력과 통합을 이룰 수도 있다고 믿게 되었다.

일반상대성이론의 개념적인 기품과 간결성을 통해 수성의 운동이 정확하게 설명되자 다른 연구자들도 중력과 전자기장에 기하학을 접목하여 통합적으로 설명하려는 연구에 대거 참여하기 시작했다. 그들은 중력과 전자기적 현상을 최소한의 하나의 영역으로 통합하여 설명할 수 있기를 희망했다. 아인슈타인은 중력과 전자기장 연구에

서 각각 사용되던 용어들을 자연스럽게 포함하되 관측 가능한 새로운 결과를 이끌어 내고자 노력했다.[5]

아인슈타인의 통합 프로그램은 맥스웰-로렌츠 이론과 뉴턴의 인력 이론이 바라보는 소립자와 장 사이의 관계에 대해서도 다루고 있었다. 소립자 운동에 관한 공식들이 장에 의해 결정되고 장을 독립적 요소로 바라본 관점은 장 시스템에 대한 혁명적인 시도였다.

1912년, 구스타프 미에Gustav Mie는 맥스웰 등식의 선형성을 포기함으로써 물질-장의 이원론을 극복하는 매력적인 이론을 발표했다. 그는 비선형성을 일반화하는 방법으로 좁은 공간에서 발생하는 순간적인 에너지, 즉 소립자에 대해 안정적이면서도 집중적으로 성명할 수 있었다. 1920년 말까지만 하더라도 알려진 "소립자"는 양성자, 전자, 광자밖에 없었다. 당시 양성자와 전자의 존재는 물질을 설명하기 위한 기본 요소였고, 아인슈타인은 중력과 전자기장의 통합적 이론을 통해 이들을 설명하고 싶어 했다.[6]

1979년, 프린스턴 100주년 기념토론에서 발리아 바그만Valia Bargmann은 아인슈타인의 연구를 돕던 1930년대를 이렇게 회상했다.

> 통합장이론을 개발하고 싶어서 다양한 시도를 했던 아인슈타인이지만, 사실 그는 항상 중력과 전자기장에 대해서만 말했습니다. 다른 요소는 없었을까요? 당시 연구를 돕던 저와 피터는 다른 요소를 발견하기도 했지만 아인슈타인은 별로 큰 관심을 보이지 않았습니다. 그는 우리에게 말했지요. "여보게, 중력과 전자기장으로도 전자를 이해하기에는 충분하다네." 이어 더 자세히 설명해 주었습니다. 로렌츠의 이론을 시작으로, 전자라고 하는 이전과는 완전히 다른 세계

가 열렸습니다. 결과적으로 전자를 올바로 이해하려면 새로운 이론에 대해 더 깊이 알아야 합니다. 기본적인 소립자의 성질을 성공적으로 알아내려면 변화를 받아들여야 하는 것이지요. (Bargmann 1982, 481)

1930년에 이르면 물리학계는 아인슈타인이 틀렸다고 생각하기 시작한다. 양자물리학을 제외한 상태에서 전자기장과 중력을 통합하려는 시도는 불가능했던 것이다. 더 나아가 이 분야 연구자는 대부분 미시 세계를 다루는 연구에서 확률의 문제가 부인할 수 없는 실제라는 사실을 인정하는 한편, 비선형 중력이론을 가지고 확률과 비확정성을 토대로 한 양자물리학을 추론하려던 아인슈타인의 시도에 회의적이었다.

MIT 100주년 기념

1961년 4월 MIT는 설립 100주년을 기념하기 위해 일주일에 걸쳐 과학과 기술 교육에 관한 컨퍼런스를 개최했다. 마지막 날 오전 세션은 〈물리 과학의 미래〉라는 주제로 열린 패널 토의였다.[7] MIT 교수 프란시스 로Francis Low가 의장으로, 존 콕크로프트John Cockcroft, 루돌프 파이얼스, 양젠닝, 리처드 파인만이 토론자로 참여했다. 다섯 명 모두 물리학자였고, 콕크로프트를 제외하면 모두 이론물리학자였다. 이것은 당시 물리학계에서 이론물리학자들의 위치를 설명한다.

영국원자력기구 설립을 지휘하고 신설 대학이었던 케임브리지 처칠대학에서 가르쳤던 노벨상 수상자 콕크로프트는 향후 10-20년 사이에 기대되는 핵 관련 기술과 고에너지물리학, 천체물리학의 발전에 대해 발표했다.

버밍엄 대학에서 수리물리학을 가르치던 파이얼스 교수는 발제 준비를 위해 도서관을 뒤졌고, 1861년과 1911년에 "얼마나 오늘날의 물리학을 예측할 수 있었는가"에 대해 발표했다.[8] 1861년과 1911년의 온갖 학술 자료를 열람한 그는 비록 1861년에 내다본 60년대는 우스운 수준이지만, 1911년에는 나름대로 말이 되는 예측을 하고 있었다는 확신을 얻었다. 그러나 오늘날의 기술 발전 속도를 감안한다면 "이제는 25년 이상을 내다보는 것"이 불가능하게 되었다고 말했다. 그러면서 이렇게 말했다. "우리가 만약 근본으로 돌아간다면, 즉 물리학의 최전선에서 우리가 부딪히는 문제들에 대해 계속 관심을 가지고 있다면, (…) 물리학 분야에서 우리가 사용하는 기본 개념들과 사실들을 하나로 묶어 내는 연결점을 찾아야 할 것입니다." 말은 계속 이어졌다. "이미 알려진 소립자들을 묶어 내고 해석할 수 있는 새로운 해석법이 필요한 것은 사실"이지만, "한때(1930년대) 우리가 시도했던 것처럼 한 번에 모든 것을 통합하려고 기대해서는 안 됩니다. (…) 모든 부분이 서로 들어맞는 순간에 이르기까지 우리는 많은 단계를 거쳐야 합니다. 그리고, 물론, (…) 결코 마지막 단계에는 도달하지 못할 것입니다."

패리티parity 비보존에 관한 이론 시현을 연구해 리정다오와 함께 노벨물리학상을 받은 양젠닝은 당시 고등연구소 교수였다. 그는 지식사회에서 물리학만이 가지는 독특한 점이 무엇이냐는 질문과 함께 발제를 시작했다. 그리고 아인슈타인의 표현을 빌려 개념의 공식화

가능성이라고 대답했다. "이해 가능하고 실행 가능한 이론물리학 시스템은 만들어질 수 있습니다. 이 시스템을 통해 우리는 순수한 추론만으로도 우주의 근본 원리를 해석해 낼 수 있습니다." 양은 20세기 위대한 혁명적인 개념 세 가지 — 특수상대성, 일반상대성, 양자물리학 — 를 통해 더 높은 수준으로 물리학을 통합해 낸 것은 물론 미래의 통합도 꿈꿀 수 있게 되었으며, 구체적으로는 "약한 상호작용, 전자기장, 강한 상호작용의 조화"가 가능하리라는 희망을 내비쳤다. 그러나 "새로운 통찰의 단계에 이를 수 있는 가능성"은 얼마든지 있다고 믿으면서도 단계가 높아질수록 다음 단계에 이르는 과정은 점점 더 힘들 것이라고 내다봤다. "자연현상의 깊이에는 한계가 있고, 이를 분석하는 인간 지성의 힘에는 한계가 없다"는 믿음을 통해 물리학자들은 매일 새로운 연구를 수행할 수 있는 것이 사실이다. 양은 "자연현상의 깊이에 한계가 있다는 믿음은 증명된 적이 없으며, 인간의 지성에 한계가 없다는 믿음은 틀렸다"고 주장했다.[9]

가장 인상적인 주장을 편 사람은 파인만이었다. 콕크로프트, 파이얼스, 양이 내다본 가까운 미래에 대한 견해에 대부분 동의하면서도 양 교수가 말한 "진보가 힘들어질 것"이라는 주장에는 동의하지 않았다. "저는 진보의 모든 단계가 힘들었다고 믿습니다." 또한 파이얼스가 "물리학의 최전선"이라고 부른 물리학의 기본 법칙 발견에 대해 언급하면서, 장기적인 관점에서 양의 비관론에도 일부 동의했다. 그는 관중을 향해 "최전선 너머에 있는 것들, 견고한 물리학적 상태, 물리학의 또 다른 응용 분야"가 존재하기 때문에 자신들의 토론에는 한계가 있다고 밝혔다.

파인만은 토론자들이 자신들의 예측을 안전한 수준에서 제시하고

자 25년 이후 미래만 말하고 있
다면서, "저는 더 안전하게 앞
으로 1000년 이후 벌어질 일에
대해 말씀드리겠습니다"며 농
담을 던지기도 했다. 그는 25년
이후에는 토론자들의 예측이
틀렸다는 사실을 확인하게 될
것이라고 장담했다.

리처드 파인만. Fermilab(Public domain)

파인만은 파이얼스의 발제
에 대해 1961년의 물리학을 이
해하려면 파이얼스가 961년의
물리학도 비교해 봐야 한다고
말했다. "오마르 카이얌Omar Khayyám 시대에는 문을 하나 열 때마다
보물이 쏟아졌습니다. 문이 여러 겹으로 꽁꽁 닫혀 있으면 더 많은 보
물이 있을 게 뻔한 시대였지요. 그때는 물리학의 근본적인 기본 법칙
들이 발견되던 영웅의 시대였습니다." 따라서 961년과 현재를 비교
하는 것은 큰 의미가 없다. 물리학계에 많은 영웅이 등장한 또 다른
시기는 아르키메데스와 아리스타르쿠스가 살던 기원전 3세기였다.
그러나 파인만은 미래의 정치와 사회적 상황을 충분히 이해하지 못
한다면 물리학의 미래를 예측하는 것도 불가능하다는 경고를 잊지
않았다. 따라서 1000년 이후의 물리학이 어떻게 변할 것인가 하는 질
문에 대한 대답은 다음과 같다. "물리학이 계속 발전할 것이라고 생
각하시나요?" 만약 "심각한 전쟁과 파괴가 벌어진다면요?" 한창 고
조되던 냉전 — 쿠바 미사일 위기는 바로 다음 해에 일어났다 — 의

위기는 핵전쟁으로 인한 대량 참사도 충분히 가능하게 만들고 있었다. 만약 "심각한 전쟁과 파괴"가 벌어진다면, 비록 인류는 생존하게 될지라도 기초물리학은 회생하지 못할 것이라고 파인만은 믿고 있었다. 그 이유는 다음과 같다.

영웅시대가 흥미진진한 이유는 한 사람이 수많은 성취를 이루어 내기 때문입니다. 다양한 문명과 시대에 걸쳐 큰 성공을 이룩한 사람들을 보면 하나같이 성공에 대한 자신감을 가지고 스스로를 위해 일했다는 사실을 확인할 수 있습니다. 그 영웅이 넘어지고 나면 한동안 위대한 성공은 보기 힘들어지죠. (전쟁 이후) 우리는 이미 누군가가 이루어 놓았던 실험을 하게 될 것입니다. 당신은 당신의 선조들이 아주 잘 알고 있었던 이론을 연구하게 될 것입니다. 그 과정에서 수많은 말이 오가고 철학이 생겨나며, 다시 한 번 문명을 발전시키기 위해 반드시 알아야만 하는 물리학적 현상들을 위해 엄청난 노력을 들이지만 성과를 얻기는 힘들 것입니다. 다양한 영역에서 이런 지적인 병폐가 넘치게 될 것입니다.

그러나 만약 심각한 파괴가 일어나지 않는다면 어떨까. 파인만은 1000년간 사회가 지금과 같은 방향으로 진행될 것이라고 우리는 생각하지만, 지금으로서는 "터무니없는" 변화가 기초물리학에서 일어날 수 있다고 했다. 그가 제시한 한 가지 가능성은 "마지막 해결책"의 발견이었다. "완전한 통합이 불가능하다는 사실은 우리 스스로 안다"고 말했던 양과는 대조적으로 파인만은 가능성이 있다고 생각했다. 그는 마지막 해결책이 발견되면 이후의 모든 실험은 이 근본적인 법칙을 확인하는 데만 집중되는 것이라고 보았다. 따라서 "시간이 지나면 지날수록 물리학은 점점 더 지루해질 것입니다. (…) 근본 원리들을 반박할 새로운 발견이 더는 없게 됩니다." 그는 결론지었다. "물론 사람들의 관심은 그 응용으로 옮겨가겠지요." 더 나아가 파인만은 이렇게 계속해서 진행되면 활력이 넘치던 과학철학도 사라지게 될 것이라고 말했다. "우리가 철학자들이나 다른 바보들의 공격에도 굳건히 맞설 수 있었던 이유는 아직 물리학이 완전히 새로운 지식을 얻지 못했기 때문입니다."

그러나 만일 양의 예측처럼 자연의 깊이에 끝이 없다면? "물리학자들은 계속적인 발견에 마음이 들뜰 것입니다." 양이 언급한 지난 60년간 일어난 세 번의 물리학적 혁명에 대해서도 이렇게 말했다.

> 60년 사이에 일어난 세 번의 혁명은 1000년이 지나면 50번의 혁명을 뜻합니다. 세상에 50번이나 일으킬 물리학적 혁명이 남았을까요? 그렇게 많은 보물이 남아 있을까요? 그렇다면 그건 지루한 일입니다. 새로운 것을 파낼 때마다 변화를 경험해야 하니 지루한 일이 아닐 수 없습니다.

따라서 파인만은 앞으로 1000년의 연구를 거치고 나면 기초물리학도 더는 남지 않을 것이라고 믿었다. 환경이 변하면서 "물리학의 발전 속도는 더뎌지고 문제는 더욱 어려워질 것입니다. 실험을 통해 만족할 만한 결과를 도출하기도 힘들어지고 새로운 발견은 점점 희귀해지면서 사람들은 이 분야에 대한 관심을 잃게 될 것입니다. 따라서 몇몇 과제는 해결되지 못한 채로 혹은 저급한 이해의 수준에서 머물 것입니다." 그러나 파인만은 물리학이 "천문학과 우주론 연구로 확장"될 가능성을 시사했다. 그때가 되면 물리학이 처한 상황이 다음과 같이 변할 것이다.

현재(1961년)의 물리학은 어떤 역사적인 질문에 대해서도 연구하지 않고 있습니다. "여기 물리적 법칙이 있다. 왜 이렇게 되었는가?" 하는 의문은 가지지 않습니다. 시간이 가면서 물리학의 법칙은 변하지만 거기에 대해 질문하는 이는 없습니다. 물론 그 순간에는 의문을 품는 이도 있겠지만, 우주의 역사 속에 파묻혀 버리고 말 것이며 물리학자들도 천문학자나 지질학자, 생물학자들과 같은 고민을 놓고 대화하게 될 것입니다.[10]

발표를 마치면서 파인만은 다시 한 번 강조했다. "우리는 흥미진진하고 특별한 영웅의 시대를 살고 있습니다. 이후 세대는 오늘의 우리를 대단히 부러워하게 될 것입니다." 그리고 기초물리학의 한계에 대해 다시 언급했다. 이때 파인만이 말한 기초물리학의 대상은 고에너지와 소립자였다. 마지막으로 파인만은 "오늘날처럼 빠르게 변하는 시대에는 앞으로 1000년 후에 일어나리라고 생각한 일이 100년 내에 벌어질 수도 있습니다"고 경고했다.

비록 당시 물리학계는 위기의 시기였는데도 파인만은 자신의 시대를 "영웅시대, 특별하고 위대한 경험의 시대"로 규정했다. 그 이유는 고에너지에 관한 연구 결과가 끊임없이 나오고 있었기 때문이다. 실제로 1960년대가 끝날 무렵에는 와인버그-살람 이론을 포함하여 전자기력과 약한 상호작용의 결합에 기준이 될 만한 연구 성과들이 나타났다.

파인만의 예견은 적중했다. 얼마 되지 않아 "우주론적 문제에 봉착한" 물리학의 역사에 대한 질문들이 꼬리를 잇게 된다.

MIT 100주년 기념토론에 참석한 모든 토론자는 미래 물리학이 나아가야 할 궁극적인 방향에 대해 연설했다. "수백 배로 팽창한 BeV 에너지 영역에서의 초고에너지 입자 가속기" 도입을 위해 고에너지 학회는 《고에너지물리학의 목적Purposes of High Energy Physics》이라는 소책자를 발간했다. 이 책은 선도적인 이론가들의 주장을 소개하는 한편, 2차 대전 이후 이론을 발전시켜 온 이들의 업적도 정리해 놓았다. (Yuan 1965, 20)[11] 서문은 당시 물리학계의 상징적 존재였던 오펜하이머가 맡았는데, 글에서 아웃사이더 성향이 잘 드러난다. 대부분 기고자가 고에너지 분야를 당시 물리학의 핵심으로, 자연법칙의 근본에 대한 연구로 생각한 데 반해, 오펜하이머는 전혀 그렇게 생각하지 않았다. 한스 베테는 "물리학 세계의 가장 기본이 되는 연구 분야는 (…) 다른 어떤 분야도 아니며, (…) 소립자물리학이야말로 가장 근본적인 통찰력을 제공하여 모든 과학 분야에 많은 기여를 하고 있다"며 대부분의 다른 과학자와 의견을 같이했다. (Bethe in Yuan 1965, 9) 헨리 프리마코프Henry Primakoff는 소립자가 "물리적 우주를 건설하는 데 사용된, 가장 근본적인 벽돌 조각이다"고 말했다. (Primakoff in Yuan 1965, 18)

오펜하이머의 경우 물질을 구성하는 기본적인 구조를 파헤치는 연구가 놀랄 만큼 지적인 소득을 주는 사실은 인정하면서도 고에너지물리학이 소립자들 간의 상호관계를 입증하는 통합 이론으로 발전하리라는 파이스의 견해에는 동의하지 않았다. 반면 파이스는 "새로운 통합으로 나아가기 위해 얻어야만 하는 핵심 부분을 이해할 수 없기 때문에 고에너지 가속기 개발을 방해하는 행위는 재앙과도 같다"
고 생각했다.

오펜하이머도 고에너지학회의 목적에는 분명한 지지를 표했다.
소립자 연구가 자연현상을 더 깊이 해석할 수 있는 기회를 제공하기
때문이라기보다 계몽 프로젝트의 일환이라고 보았기 때문이다.

> 지난 수세기 동안 과학자들은 자연현상과 그 한계, 법칙, 자연을 해
> 석할 수 있는 언어를 이해하기 위해 지치지 않고 분투해 왔다. 이들
> 의 싸움을 통해 전체 과학계가 영감을 얻고 기술이 발전했으며 인류
> 의 삶이 진보했다. 교육을 통해 새로운 과학자들이 생겨났다. (…)
> 인류는 또 한 번 위대한 지적 승리를 얻기 위해 최선을 다하고 있지
> 만, 미시 세계를 다루는 이 싸움에서 인간이 다시 한 번 승리를 얻을
> 지는 미지수다. (Oppenheimer in Yuan 1965, 5; 저자 강조)

내가 아는 한 오펜하이머는 "마지막 이론"의 가능성에 대해 공적
으로 밝힌 적이 한 번도 없다. 산스크리트 및 동양철학을 좋아했던 그
의 성향을 미루어 생각할 때 아마도 1961년 MIT 기념행사에서 양이
말했던 주장에 동의하지 않았을까 싶다. 그는 물리학이 다루는 근본
이론을 통해 지적으로 세상을 재구성하는 일이 가능하다는 식의 믿
음은 가지지 않았을 것이다. 그에게 화학, 생물학, 심리학은 모두 자
연의 또 다른 측면이었기 때문이다.

아인슈타인과 오펜하이머는 통합에 대한 생각이 달랐다. 앞서 살
펴보았듯이 두 사람은 다른 철학적 배경에서 자라났다. 아인슈타인
의 교육, 지적 성장의 출발은 칸트[12]였지만, 칸트주의자들과 이견을

키워 나갔다. 다양한 경로를 거쳐 라이프니츠의 선행적 조화를 지지했고, 스피노자의 결정론과 신학적 견해를 존중한다는 뜻을 밝히기도 했다. (Cassidy 1995)[13] 한편, 오펜하이머의 교육, 지적 성장 배경은 미국 실용주의와 보어식 실증주의와 닿아 있다. 보어와 마찬가지로 1930년대의 오펜하이머는 상대적 양자장이론의 난제들을 해결하기 위한 개념적 혁명이 필요하다고 믿었다. 그러나 재표준화 프로그램 renormalization program이 성공적으로 이루어지고 우주선을 구성하는 새로운 입자들이 속속 발견되던 1950년대에 이르러선 그도 새로운 시각으로 문제를 바라보기 시작한다. 오펜하이머는 분명 통합의 다음 단계가 양자물리학이라는 구조 안에서 이루어지리라고 믿게 되었을 것이다. 반면 아인슈타인은 일반상대성이론의 비선형성이 시공간 속에서 벌어지는 지엽적 에너지-운동량 왜곡과 관련한 해결책을 제시할 수 있으리라고 믿었다. 또한 "소립자" 간의 상호작용도 중력장 방정식을 통해 결정될 수 있다고 보았다. 전자기장과 중력의 통합을 통해 하전문제에 대한 해결책도 얻게 되기를 바랐다. 더 나아가서는 이런 식의 접근을 통해 양자물리학이 말하는 시공간에 대한 확률적 "평균"에 대해서도 설명이 가능하리라고 믿었다.

오펜하이머는 우주선 실험으로 얻는 데이터와 고에너지 가속기를 통해 얻는 경험적 데이터가 다르기 때문에 전자기장과 중력을 통합한다는 것은 불가능하다고 보았다. 아인슈타인의 일반상대성이 중력을 설명하는 적절한 개념이 아니라고 믿었던 오펜하이머였기에 두 사람 사이의 골은 더욱 깊어졌다. 오펜하이머는 1960년대 초 칼 브란스Carl Brans와 로버트 딕키Robert Dicke의 일반상대성이론이 원래의 이론보다 낫다고 생각했다. 지금부터는 이런 부분에 대해 살펴보자.

이론물리학 변천사

일반상대성이론이 어떻게 받아들여졌고 그 반응이 어땠는지를 더 잘 이해하려면 간략하게나마 20세기 이론물리학의 변천사를 살펴볼 필요가 있다.[14]

1. 1900년에서 1927년: 이론물리학의 세부 연구 분야가 확립되던 시기였다. 이 "영광이 시기"에 특수상대성, 일반상대성, 양자물리학이라는 세 혁명이 일어났다.

2. 1927년에서 1940년: 양자화학과 양자물리학이 발전하면서 핵물리학의 현상과 과정이 설명되기 시작했다. 양자장이론의 발전 시기이기도 하고, 무한한 수준의 자유도를 가지는 시스템에 대한 양자물리학적 설명이 이루어졌다.

3. 1945년에서 1970년대 중반: 미시 및 극미시 세계를 설명하는 근본적 이론으로서 상대적 양자장이론이 최고조에 달한 시기다. 케네스 윌슨Kenneth Wilson의 재표준화 그룹 방법론, 재표준화 과정에 대한 파인만·슈윙거의 재해석이 이루어졌다. 1940년대 후반 다이슨Dyson은 고에너지 상황이거나 아주 짧은 거리에 있는 물질 간의 물리적 현상에 대한 지식의 부재 상태를 지적했고, 앤더슨Anderson의 논문 〈다른 것이 더 있는가More Is Different〉(1972)를 시작으로 환원주의를 둘러싼 논의도 이 시기에 진행되었다.[15]

4. 1970년대 중반 이후 현재: 이론물리학의 성격이 바뀌는 시기다. 한편으로는 끈 이론이 개발되어 "모든 이론"을 한 번에 설명하려는 끊임없는 노력이 반영된 시기다. 또 다른 한편으로는 표준모델

이나 일반상대성처럼 이미 널리 알려지고 보편화된 관점들이 특정한 영역에서 "효과적"인 장이론으로 받아들여지게 된다. 따라서 각 분야 이론가들은, 자기 분야에서 벌어지는 현상을 설명하는 데 필요한 "모든 이론"을 이미 가지고 있으며 물리학의 세부 영역이 충분히 확고해진 것은 물론 "기본적인 존재" ─ 전자, 핵, 광자 ─ 와 그 속성도 이미 밝혀졌다고 주장한다. (Laughlin and Pines 2000)

물리학의 변화는 문화적 변화를 깊이 반영하고 있다. 폴 포만Paul Forman은 장문의 영향력 있는 글을 통해 대략 1980년을 기점으로 과학과 기술의 관계가 급격히 변했다고 지적했다. 그는 "이 변화가 모더니티와 포스트모더니티를 나누는 기점이다. 모더니티에서 '과학'은 많은 경우 기술을 포함하고 있었지만, 포스트모더니티 시기에 이르면 과학은 기술에 포섭된다"고 주장했다. (Forman 2007, 1) 포만은 이 시기에 과학의 가치에도 큰 변화가 일어났다고 쓴다.

모더니티에서는 과학의 지위가 그 시대를 구성하는 기본적인 문화적 전제들로 인해 격상되었다. 단순히 실용 가능성을 염두에 둔 이론뿐만 아니라 "진정으로 좋은" 결과를 얻고자 하는 공공의 이익이 개인의 이익보다 더 중요하게 인식되었기 때문이다. 오늘날에는 반대로, 무엇이든 결론을 위한 수단으로 여기는 실용주의적 관점만이 유일하게 적용되고 있고, 개념적 구조를 연구하는 순수하고 겸손한 자세를 전혀 가치 있게 여기지 않아 기술은 이익을 주지만 과학은 악한 것이 되고 말았다. (Forman 2007, 2)

과학과 기술의 관계는 1970년대 중반을 지나면서 극적인 변화를 겪었다. 학제를 개편하는 과정에서 대학은 점차 기업화되었고,[16] 대학의 가르치는 기능과 대학에서 이루어지는 연구도 이런 분위기에 많은 영향을 받는다.[17]

　　이런 분위기가 큰 변화는 아니라는 시각도 있다. 변화의 이유가 정치, 경제적 요인에 의한 것이라는 염려와 이에 대한 반성은 많은 반면, 과학계 내부의 변화에 대해서는 상대적으로 깊이 성찰되지 못했다. 1970년대 양자장이론이 발전하면서 물리학자들 사이에서 세계가 다층적인 구조 — 극미, 핵, 원자와 분자, 거시 세계 — 로 분화되어 있다는 관점이 정당화되어 버렸기 때문이다. 각 층위는 자신만의 "기본"요소들(극미 세계에는 쿼크·글루온이, 원자와 분자 세계에는 전자·광자·핵이 있다)을 가지고 이들의 상호작용을 설명하는 자신만의 "효과적인" 기본 이론들도 가지고 있었다. 이 "효과적인" 이론들은 각 장에서 작용하는 에너지의 범위와 체계를 배타적으로 설명해 내고 있다. 고에너지, 근거리 효과 등의 경우 적절한 실험상의 매개변수 설정에 따른 지엽적인 상호작용으로 설명되었다. 이처럼 미시 세계에 대한 고도로 정교하고 안정적인 설명이 고에너지 결과에 의한 근거리 효과 통합을 통해서도 흔들리지 않았다는 사실은 무척 중요하다.[18] 결과적으로 원자, 핵, 응축과 관련된 묘사 방법이 확정되었다. 장이론 분야 연구자들은 기본적으로 기존에 없던 물질과 분야를 개척한다는 생각은 가지고 있었지만, 기존에 존재하던 구조 간의 상호작용을 설명하는 등 근본적인 통합에 관해서는 큰 관심을 보이지 않았다. 따라서 지극히 제한적인 일부 연구를 제외한 대부분의 연구가 나노공학, 광자역학, 양자 측량법 등과 같이 유용성과 효율성을 따져 외부적인 상황이

기대하는 방향으로 진행되었다.[19]

이 모든 변화 한가운데에 컴퓨터가 있었다. 물리학, 화학, 생물학 가릴 것 없이 모든 학문 분야가 컴퓨터로 모델을 디자인하고자 했다. 대부분의 경우 그 노력의 목표는 실제 물리학, 생물학적 과정을 컴퓨터 코드와 알고리즘을 통해 구현하는 것이었다. 물리학자, 화학자, 생물학자들은 자신들의 연구 대상을 모델로 디자인하고 실리콘 칩들은 전에 없던 현실을 창조해 냈다.

과학자들은 서로 다른 배경에서 자신의 역할에 충실했다. 보어, 보른, 데바이Debye, 아인슈타인, 에렌퍼스트, 에왈드Ewald, 페르미, 랑주뱅Langevin, 슈뢰딩거, 좀머펠트Sommerfeld 등은 첫 세대에 속하는데, 이들이 물리학의 이론적 토대를 마련하였다. 그중 아인슈타인은 시공간 연속체에 작용하는 중력의 속성을 밝히고, 양자의 활동과 그 구체적인 예를 설명해 냄으로써 단연 돋보였다.

파울리, 디랙, 하이젠베르크, 요르단 등 양자물리학이 막 출현한 직후의 이론가들이 두 번째 세대에 속한다. 베테, 블로흐Bloch, 브론스테인Bronstein, 가모프Gamov, 고퍼트-메이어Goppert-Mayer, 란다우Landau, 런던London, 오펜하이머, 파이얼스, 로젠펠트, 솔로몬, 도모나가, 바이스코프, 벤첼Wentzel, 위그너, 유카와 등도 이 시기 물리학자다. 로렌스 방사선연구소와 칼텍에서 연구도 했던 오펜하이머가 이 시기 다른 이론가들과 비교되는 점이 있다면, 실험핵물리학과 우주선물리학, 천체물리학에 많은 관심을 가지고 있었다는 것이다.

오펜하이머는 이 시기 물리학자들의 성공과 한계를 동시에 보여주는 상징적인 인물이다. 상대적인 양자장이론은 수많은 난관에 부딪혔지만 해결책은 별로 제시되지 못했다. 그런데도 오펜하이머가 제시한 양자물리학과 특수상대성의 결합은 1930년대 물리학자들이 원자와 핵의 세계를 이해하고 연구하는 데 큰 도움이 되었다. 2차 대전은 미시 세계를 조작하고 활용할 수 있는 장으로 활용되었다.

오펜하이머 연구 중 가장 창의적인 것은 제자였던 조지 볼코프, 하틀랜드 신더Hartland Synder와 함께한 연구였다. 그들은 무거운 별이 에너지를 모두 소진하면 핵융합이 더는 진행되지 못하고 백색왜성으로 진화하지 못한다는 사실을 발견했다. 이런 상황에서 그 별은 일반상대성이 예측한 것처럼 슈바르츠실트 반지름보다 작은 천체로 수축되면서 엄청난 밀도와 중력을 가진다. (Oppenheimer and Volkoff 1939; Oppenheimer and Synder 1939; Hufbauer 2005) 이후 존 휠러는 이런 천체를 블랙홀이라고 불렀다. 이 연구가 의미 있는 이유는 2차 대전이라는 제약이 많은 환경에서 발견해 낸 것이기 때문이다. 현재 우리는 우주 공간에 수많은 블랙홀이 존재할 뿐만 아니라 블랙홀이 중요한 역할을 하고 있다는 사실도 잘 알고 있다. 그러나 당시 오펜하이머가 자신의 연구 결과를 아인슈타인과 공유했는지 여부는 알지 못한다.

이 에피소드를 통해 우리는 1915년에서 65년 사이에 진행되었던 일반상대성의 역사적 성질에 대해 알 수 있다. 앞서 언급한 시기로 구분하면 상대성이론은 1915년에서 27년 사이에 번성기를 누렸고, 그 이후에는 잠잠해졌다.

1915년에서 25년 무렵은 아인슈타인의 연구 결과가 발표되면서 일반상대성이론에 관한 다양한 물리학, 수학적 연구가 전개되던 시기였다. 그중 태양광선의 굴절을 연구한 다이슨-에딩턴 시기가 절정기였다. 이후 파울리(1922), 헤르만 바일(1922a), 에딩턴(1924)의 잇단 연구 결과 발표를 통해 상대성이론은 다양한 하위 연구 분야를 개척

한다. 그러나 활발한 연구 분야의 수는 제한적이었다.

　1930년대에 이르면 양자물리학과 고체물리학의 응용 분야가 다양하게 발달한다. 핵물리학, 우주선 현상에 대한 관심이 증가하면서 상대성이론은 자연스럽게 학계의 관심 밖으로 밀려난다. 인간이 발견할 수 있는 가장 놀라운 이론이라는 찬사를 받은 상대성이론이 이렇게 된 가장 큰 원인은, 아인슈타인이 제시한 이론에 대한 구체적인 실험 결과가 지속적으로 뒷받침되지 못했기 때문이다. 그러다 베른에서 1955년 7월 11일에서 16일까지 열린 특수상대성이론 50주년 기념 행사를 통해 일반 및 특수상대성이론이 다시 일반의 관심을 받게 되었다. 행사의 조직위원장은 파울리였으며 앙드레 메르셰André Mercier 가 총무를 맡았다.[20] 메르셰는 행사에 관해 아인슈타인과 의견을 나누었고, 참석을 요청했다. 아인슈타인은 기쁨과 감사가 담긴 답장을 보내왔다. "그 행사를 통해 이제는 다양한 모습으로 발전하게 된 상대성이론이 잘 소개되리라고 생각합니다. 기쁜 일입니다. 왜냐하면 연구자들 사이에는 '전쟁은 모든 것을 이루어 낸다'는 철학적인 말이 있는데, 이 말이 굳이 파괴적인 의미와 연결될 필요는 없기 때문입니다."(Mercier and Kervaire 1956, 10)

　1955년 4월 아인슈타인이 사망해, 그 행사는 "이제 아인슈타인은 우리 곁에 없습니다"는 파울리의 인사말과 함께 시작되었다.[21] 22개국에서 모두 80명이 넘는 사람이 행사에 참석했다. 2년 후에는 브리스 드위트Bryce DeWitt가 주관해 채플힐에서 처음으로 일반상대성 컨퍼런스가 개최되었다.[22] 주제는 〈물리학에서 중력의 역할〉이었다. 10년 후에는 프린스턴의 아치볼드,[23] 시라큐스 대학의 버그만,[24] 월셔 대학의 인펠트,[25] 노스캐롤라이나 대학의 브리스 등을 중심으로 많은 학교에서 상대성이론을 연구하는 학파가 형성되었다. 이외에도 개인 연구자층이 두터워지면서 상대성이론을 중심으로 같은 문제를 공유하는 커뮤니티가 생겼다. 이들은 상대성이론을 토대로 현대식 블랙홀 이론 등 새로운 이론 개발에 앞장섰다. 1960년대에도 실험 연구는 계속되었고 포버트 파운드Pobert Pound, 글렌 레브카Glen Rebka, 로버트 딕키Robert Dicke, 어윈 샤피로Erwin Shapiro 등은 상대성이론 연구의 폭을 넓혔다.[26]

특히 딕키의 연구는 주목할 필요가 있다. 프린스턴 대학의 주도적인 실험물리학자이자 이론물리학자였던 딕키는 대학원 제자 브란스Carl H. Brans와 고정밀 중력실험을 통해 중력질량과 관성질량에 관한 다양한 연구 가능성을 제시했다.[27] 그러나 몇 년 후에는 자신의 연구 결과가 일반상대성이론을 뒤흔들 수 있음을 알게 된다. 자신과 올텐버그Oldenberg가 실험을 통해 측정한 태양 근처 빛의 휘도와 상대성이론의 예측치가 차이를 보였기 때문이다.

딕키의 연구 결과와 더불어 양자물리학계에서는 위그너(1957), 슈윙거(1962, 1963), 파인만(1963), 휠러와 그 제자들이 양자중력의 일관적 공식에 대한 연구를 활발히 진행했다. 파인만은 1962년에서 63년까지 칼텍에서 일반상대성이론과 양자이론에 관한 강의를 개설했고, 이를 통해 대학원 학생들은 상대성이론과 양자중력 분야에 대해 더 많은 관심을 가질 수 있었다. 수업의 연장선으로 양-밀스의 장이론 및 상대성이론의 양자화에 관한 연구를 진행해, 양-밀스 이론의 실제적인 측정법이 갖는 난점을 지적해 내는 성과도 얻었다. 1955년에서 56까지 고등연구소에 머물렀던 리오유 우티야마Ryoyu Utiyama(1956)는 양-밀스 이론과 일반상대성이론 모두 측정에 관한 이론이라는 논

문을 발표했다.[28]

1960년대 후반에 이르면 상대성이론을 둘러싼 물리학계의 관심은 다방면으로 뻗어 나간다. 일례로 1968년 브랜다이스 여름물리학교 프로그램은 전반부 전체가 상대성이론으로 채워졌는데, 대학원생 및 박사 후 과정 연구생 100여 명이 프로그램에 참석해 성황을 이루었다.[29]

프린스턴 대학과 고등연구소는 상대성이론이 부활하는 데 핵심적인 역할을 했고, 오펜하이머는 당연히 이 모든 과정을 지켜보았을 것이다.

발견할 것은 여전히 있다

이미 여러 차례 지적했듯이 아인슈타인은 양자물리학이 자연을 더욱 깊이 이해하기 위한 적절한 수단이라고 생각하지 않았다. 나중에는 수학적인 증명도 가능해졌지만, 미세한 조각 같은 에너지의 입자형 응집이나 운동량이 일반상대성이론의 비선형적 장이론에 의해 결정된다는 것을 깨달은 후,[30] 아인슈타인은 일반상대성이론의 형이상학적 개념을 기반으로 물리 세계를 설명할 수 있는 통합 이론을 개발하는 데 (거의 강박적으로) 몰두했다. 생각할 수 있었던 가장 단순한 가능성은 전자기장과 중력을 통합해 전자의 특성을 설명하는 방식이었다. 언젠가 파울리는 상대성이론과 양자이론을 통합했던 자신의 이론을 아인슈타인에게 소개할 기회가 있었다면 얼마나 좋았겠느냐며 아쉬워한 적이 있다. 만약 그럴 수 있었다면 양자물리학을 둘러싼 이후의 논의가 훨씬 수월하게, 더 많은 가능성 속에서 진행될 수 있었으리라 생각한 것이다. 그러나 아인슈타인은 상대성이론과 양자물리학이 함께할 수 없다고 생각했다. 따라서 양자물리학의 발전은 무시해도 좋다고 믿었다.

1970년대에 들어서면서 강력히 상호작용을 하는 입자 하드론(양성자, 중성자, 알파, 오메가, 중간자)도 더 기본이 되는 블록(쿼크)으로 구성되어 있다는 사실이 밝혀졌고, 하드론 사이에 작용하는 힘은 게이지 보손(글루온)의 교환으로 설명되었다. 약한 전자기장 반응 또한 렙톤(전자, 뮤온, 타우온 그리고 각각에 해당하는 중성미자)과 쿼크 사이를 오가는 게이지 보손($W\pm$, $W0$, γ)의 상호교환으로 설명되었다. 중요한 사실은 현재 우리가 이해하는 가장 기본적인 존재(쿼크, 렙톤, 게이지 보손) 사이에 존재하는 모든 물리적 힘은 게이지 양자gauge quanta를 기준으로 측정되며, 이는 다시 통합적 표준모델로 알려진 게이지 장gauge fields으로 표현되고 있다는 것이다. 비아벨리안non-abelian 게이지 이론은 10^{-33}센티미터에 달하는 크기에까지 내려갈 경우 모든 고에너지는 동일한 출처에 기반하고 있다는 결론을 이끌어 냈다. 더 나아가 표준모델에 의해 설명되는 에너지는 대략적으로 같은 크기의 중력에서 통일성을 보인다. 이 모든 사실로 미루어 볼 때 다음 단계의 연구는 중력과 비중력적 요인이 통합되는 수준에서 이루어져야 할 것이다. 이처럼 더 근본적인, 10^{-33}센티미터의 플랑크 스케일 수준에서도 적용 가능한 대안적 이론 정립을 위해서는 현재 아인슈타인의 일반상대성이론만이 유일한 "유효" 이론으로 받아들여지고 있다.[31]

비록 증명되지는 않았지만 끈 이론가들은 끈 이론이야말로 일반상대성이 확장된 것이라고 믿는다. 그들의 주장이 사실이든 아니든 관계없이 "물리학과 수학 사이에는 미리 예정된 조화"가 존재한다고 믿었던 아인슈타인의 신념처럼 끈 이론은 이미 순수 수학에 엄청난 통찰력을 제공해 주었다.

1 TeV 이하의 수준에서 강한 상호작용과 약한 상호작용이 서로 작용하는 것을 통합적으로 설명하는 표준모델, 끈 이론 혹은 대규모의 하드론 충돌이나 공간을 설명하는 그 어떤 새로운 이론이 나온다고 할지라도 결국은 아인슈타인(그리고 칸트)의 믿음을 증명하게 될 것이다. "끊임없이 발견할 것이 있다는 것이 세상의 영원한 수수께끼다." (Einstein 1954, 292)

1   1979년 프린스턴에서 열린 아인슈타인 100주년 행사에서도 위그너는 비슷한 말을
    했으며 디랙도 자신과 같은 인상을 받았다고 전했다. (Wigner 1980, 474)

2   특히 홀턴의 글 〈아인슈타인과 과학의 목표〉를 보면, 물리학적 현상에 대해 통합적으로
    설명하려던 19세기 말의 노력들이 잘 묘사되어 있다. (Holton 1996, 161-164)

3   Tilman Sauer(2007, 2008), "아인슈타인의 통합장이론 프로그램" 참고.

4   상대성이론에 관해 쓴 리뷰 페이퍼(1907) 참고.

5   따라서 아인슈타인은 2차 대전 이후 진행된 패트릭 블랙켓Patrick Blackett의 지구자기학
    연구에 큰 흥미를 보였다. Nye 2004.

6   Sauer 2007에서 아인슈타인의 다양한 시도를 개괄적으로 살펴볼 수 있다.

7   토론은 1961년 4월 8일 MIT 훈련센터에서 이루어졌다. 관련 기록은 MIT 아카이브를
    통해 열람이 가능하다.

8   이후 특별한 언급이 없는 한 모든 인용은 MIT 100주년 기념토론 〈물리 과학의
    미래〉에서 발췌한 것이다.

9   MIT 100주년 기념, 1961, MIT 아카이브. 또한 Yang[(1983), 2005], 319를 참고.

10 Feynman 1963, 3-9에서 더 자세한 내용을 살펴보기 바란다.

11 미국 고에너지학회는 책자에서 "일반인뿐만 아니라 과학계에 몸담고 있는 사람들도
    고에너지물리학의 목표에 대해 총체적으로 잘못 이해하고 있는 경우가 많다"고 밝혔다.
    (Yuan 1965, 서문) 따라서 일반인과 과학자 모두를 위해 고에너지물리학의 변천사를
    소개하고 있다. 브루크헤이븐 국립연구소의 루크 위안Luke Yuan은 과학자 30여 명에게서
    "(사람들이) 고에너지물리학에 관한 기초적인 것을 이해하고, 고에너지물리학의
    중요성을 깊이 이해할 수 있도록" 해 달라는 부탁을 받았다. 이 간청서들의 내용은 위안
    본인이 편집한 《Nature of Matter: Purpose of High Energy Physics》(1965) 참고.

12 칸트의 통합에 관한 간략한 사상은 Morrison 2000을 통해 살펴볼 수 있다.

13 자세한 이야기는 6부에서 살펴보자.

14 상대성이론의 역사와 발전 과정에 대한 자세한 설명은 Einsenstaedt 2006 참고.

15 이 시기에 물리학계가 성장할 뿐 아니라 연구 범위도 넓어진다. 슈윙거, 파인만, 다이슨,
    겔만, T. D. 리, 양, 츄, 로, 골드버거Goldberger, 페인버그Feinberg, 와인버그, 글라쇼,
    콜만Coleman, 벨, 골드스톤, 남부Nambu, 벨트만Veltman, 윌슨, 아브리코소프Abrikosov,
    앤더슨, 바임Baym, 드젠De Gennes, 피셔Fisher, 카다노프Kadanoff, 콘Kohn,
    루팅거Luttinger, 마틴, 파인스Pines, 슈리퍼Schrieffer 등이 당장 생각나는 인물이다.

16 시간의 흐르면서 변화한 과정은 Mirowski and Sent(2002)를 통해 살펴볼 수 있다.

17 특히 영국과 프랑스에서 이런 경향이 두드러졌다.

18 구체적인 설명은 Lepage 1989, 1997 참고.

19 화학과 마찬가지로 물리학도 변화를 겪었다. 생물학과 의료과학 분야가 큰 영향을 받은 것은 두말할 필요도 없다. 대학에서는 특히 생명과학 분야가 눈에 띄게 기업화되었다.

20 스위스 각 대학의 교수진들이 조직위원으로 추대되었다. 메르세, 블뢰러K. Bleuler, 피어츠M. Fierz, 하이틀러A. Heitler, 하우리에A. Houriet, 하우터만F. G. Houtermans, 조스트R. Jost, 리비에르D. Rivier, 스투엑켈베르크E. C. G. Stueckelberg, 셰러W. Scherrer, 쉬베르M. Schüber 등이 참가했다.

21 파울리의 인사말, Mercier and Kervaire 1956, 27.

22 《Reviews of Modern Physics 29》(1957), 351-546에서 컨퍼런스 내용을 살펴볼 수 있다.

23 코말Komar, 미스너Misner, 레게Regge, 바이어레인Baierlein, 샤프Sharp 등이 문하생으로 박사 학위를 위해 상대성이론을 공부하고 있었다.

24 펜필드Penfield, 실러Schiller, 자츠키스Zatzkis, 앤더슨이 버그만의 문하생으로 1950년대에 박사 과정을 밟고 있었다.

25 트라우트만Trautman이 그의 제자였다.

26 파운드, 레브카 Jr., "Gravitational Red-Shift in Nuclear Resonance," 《Physical Review Letters》 3(9)(1959): 439-441; 파운드, 레브카 Jr., "Apparent Weight of Photons," 《Physical Review Letters》 4(7)(1960):337-341; 딕키, "New Research on Old Gravitation: Are the Observed Physical Constants Independent of the Position, Epoch, and Velocity of the Laboratory?" 《Science》 129(1959):621-624; 시프, "On Experimental Tests of the General Theory of Relativity," 《American Journal of Physics》 28(1960):340-343; 샤피로, "Fourth Test of General Relativity," 《Physical Review Letters》 13(26)(1964):789-791; 샤피로, 아시Ash, 인갤스Ingalls, 스미스, 캠벨Campbell, 다이스Dyce, 유르겐스Jurgens, 페텐길Pettengill, "Fourth test of General Relativity: New Radar Result," 《Physical Review Letters》 26(1971):1132-1135 등이 대표적인 연구다.

27 C. H. Brans and R. H. Dicke, "Mach's Principle and a Relativistic Theory of Gravitation," 《Physical Review》 124(1961): 925-935.

28 우티야마는 자신의 논문에서 장시스템은 n 모수의 변환 성격에 따라 항구적일 수 있다고 보았다. 그는 또 일반적인 법칙을 공식화해 더 넓은 시스템에서 기존의 장들 사이에 존재하는 상호작용을 재정의했다.

29 Chrétien et al. 1969.

30   아인슈타인의 글 〈물리학과 현실Physics and Reality〉 Section VI, 〈상대성과 미립자 Relativity and Corpuscles〉 (Einstein 1954) 290-324 참고.

31   Gross 2008.

6부. 신의 비밀에 다가가다

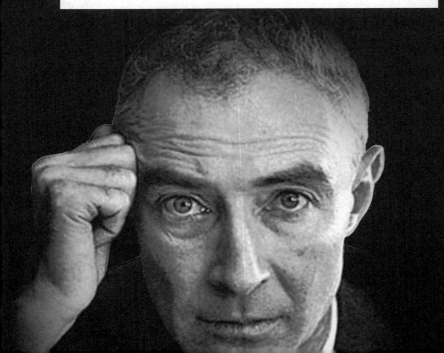

나는 가끔 결코 이루어질 수 없는 상황에 대한 꿈을 꾼다.
모든 일의 허무함을 노래한 《구약성서》 〈전도서〉의 저자와
상상 속에서 대화를 나눈다. 그 앞에서, 적어도 내가 아는 한
가장 위대한 시인이기에 나는 허리 숙여 인사를 할 것이다.
그러고 나서 그의 손을 잡겠다.
"해 아래 새로운 것이 없도다"고 말씀하셨지요.
그러나 당신은 해 아래서 새롭게 태어나지 않았습니까.
그리고 당신이 쓴 그 시도 당신 이전에 아무도 쓴 일이 없으니
해 아래 새로운 시가 아닙니까.
_ 비스타바 스짐보르스카, 1996년 노벨상 수상 소감에서

오펜하이머가 아인슈타인을 처음 만난 것은 1932년 1월, 아인슈타인이 칼텍을 방문했을 때였다.[1] 1935년 1월, 오펜하이머는 미국물리학회에 참석하기 위해 미국 동부로 여행을 떠났다. 뉴욕에 머무는 동안 프린스턴 고등연구소가 방문교수로 초청해 방문하게 된다. 당시 프린스턴 대학 수학과와 같은 건물을 쓰고 있던 고등연구소를 방문한 소감을 그는 이렇게 쓰고 있다.

> 프린스턴은 정신병원이나 마찬가지야. 유명한 이름값에 전혀 어울리지 않게 황량하기 그지없어. 아인슈타인은 완전히 멍청이야. (…) 내가 그곳에서 무슨 일을 하겠니? 그렇지만 한참이나 대화하고 손을 흔든 다음에야 거부 의사를 밝히고 그곳을 빠져나올 수 있었어. (Smith and Weiner 1980, 190)

오펜하이머가 그렇게 강한 거부감을 느낄 수밖에 없었던 가장 큰 이유는 연구 스타일, 양자물리학에 대한 견해, 현대 물리학의 당면 과제를 바라보는 관점이 아인슈타인과 크게 달랐기 때문이었을 것이다. 앞서 살펴봤듯이 아인슈타인은 양자물리학의 엄청난 성공에 대해서는 인정하면서도 물리학 세계의 이해를 돕는 데 양자물리학이 꼭 필요한 이론이라고는 전혀 생각하지 않았다.

아인슈타인의 연구 스타일은 유명하다. 개인적인 삶에서도, 과학적 연구 활동에서도 독불장군이었다.[2] 1931년 글 〈내가 바라본 세상 The World as I See It〉에서 아인슈타인은 자신에 대해 이렇게 쓰고 있다.

> 나는 진정 "외로운 여행자." 어느 나라에도, 나의 집에도, 친구들에

게도, 가족에게도, 나의 모든 마음을 준 적이 없다. 가까워질수록, 시간이 지날수록, 나는 거리감과 고독을 느낀다. 누가 그런 상황에서 냉정함과 마음의 순수함을 유지할 수 있을까? 그러나 다른 한편으로 편견과 관습, 판단으로부터 독립할 수 있으며 불안한 토대 위에서 내적 균형을 찾으려는 유혹을 피할 수 있다. (Einstein 1954, 9)

재미있는 사실은 이런 글을 쓰던 1931년 당시 아인슈타인이야말로 방대한 규모의 협력 네트워크 한가운데에 서 있었다는 것이다. 1907년에 아인슈타인이 쓴 《공동 작품Collected Works》을 보면 그는 이미 빌헬름 빈Wilhelm Wien, 요하네스 슈타르크Johannes Stark, 막스 플랑크, 루돌프 라덴버그Rudolf Ladenburg, 조모펠트, 막스 폰 라우에와 알고 지내는 등 관계망이 폭넓었다. 1909년에 이르면 알프레트 부헤러Alfred Bucherer, 헨드릭 로렌츠, 헤이케 카메를링 오네스Heike Kamerlingh-Onnes, 필립 레나르트Philipp Lenard, 에른스트 마흐Ernst Mach, 마르셀 그로스만, 장 페랭Jean Perrin, 파울 에렌페스트, 프리츠 하버Fritz Haber, 발터 네른스트Walther Nernst, 발터 쇼트키Walter Schottky, 마리안 폰 스몰루코프스키Marian von Smolukowski, 에르빈 프로이드리히Erwin Freudlich, 데이비드 힐버트, 에른스트 체르멜로Ernst Zermelo 등의 이름이 아인슈타인의 협력자 명단에 더 들어 있다. 일반상대성이론을 공식화하던 순간 그 명단은 더 늘어나 툴리오 레비치비타Tullio Levi-Civita, 카를 슈바르츠실트Karl Schwartzschild, 빌럼 드 지터Willem de Sitter, 오토 스트루베Otto Struve, 오토 슈테른, 헤르만 바일, 콘스탄틴 카라테오도리Constantin Caratheodory, 구스타프 미에, 롤란드 에외트뵈시Roland Eötvös, 펠릭스 클라인Felix Klein, 에딩턴이 추가되었다. 이 명단에 오른 사람들은 하나같

고등연구소에서 아인슈타인과 오펜하이머. U. S. federal government(Public domain)

이 당대 최고의 물리학자이거나 수학자, 천문학자, 철학자들이었다! 그뿐 아니라 아인슈타인 아카이브를 보면 이후에도 아인슈타인과 편지를 주고받는 이들이 계속해서 늘어났다.

1931년 글에서 쓴 "외로운 여행자"는 아마도 1920년대 초반 베를린 카이저 빌헬름Kaiser Wilhelm 연구소장을 맡고 있던 시기의 자신을 말하는 것이 아닐까 싶다.[3] 또 그렇다고 하더라도 연구자로서 자신의 모습을 말하는 것은 아닐 것이다. 대학 시절 아인슈타인은 동료였던 마르셀 그로스만, 베소Michele Besso, 밀레바 마릭(이후 아인슈타인과 마릭은 결혼했다)과 친분이 깊었다. 베른 특허청에서 일할 때는 모리스 솔로빈Maurice Solovine, 콘라드 하빗츠Conrad Habitch와 친하게 지냈다. 그들은 아카데미 올림피아Akademie Olympia라는 모임을 만들어 철학적인 문제들에 대해 대화를 나누곤 했다. (Feuer 1974; Fölsing 1997, 99-100) 특수 상대성이론을 발표하던 경이적인 순간에는 특허청 동료들과 고민을 나누기도 했다. 수학, 중력, 공분산, 기하학과 관련된 문제는 마르셀 그로스만을 통해, 이후에는 제이콥 그롬머Jakob Grommer를 통해 상당한 도움을 받았다. 1920년대에는 지라드, 폰 노이만, 위그너 등 젊은 물리학자들과 많은 대화를 나누었다.

그러나 아인슈타인은 강의를 많이 하지 않았고 학파를 만들지도 않았으며 제자로는 박사 과정을 밟는 단 한 명밖에 없었다.[4] 프러시안 아카데미Prussian Academy에서 열심히 활동했고, 1930년대 초반까지는 솔베이 회의에도 관여했다.[5] 그러나 이런 활동들은 프린스턴으로 옮긴 이후 모두 중단되었다. 대학의 물리학 세미나나 학술 활동에는 참여했지만 그나마도 어쩌다 참여했던 터라 물리학계로부터 지적으로 고립되어 갔다.[6] 연구 활동은 주로 조수 바네시 호프만과 레오폴드 인펠트와 진행했으며, 지난 다양한 연구 결과의 연장선상에 있었다. 아인슈타인은 이전에 그롬머Grommer[7]와 함께 점 입자운동 방정식과 일반상대성의 장field 공식들 간의 관계에 관해 연구했고, 발터 메이어 · 에른스트 스타우스Ernst Stauss · 피터 버그만Peter Bergmann · 발리아 바그만Valia Bargmann · 브루리아 카우프만Bruria Kaufman과는 통일장이론을, 보리스 포돌스키Boris Podolski · 네이턴 로젠Nathan Rosen과는 미시 현상에 대한 양자물리학적 접근의 가능성이나 현실주의 같은 철학적 문제를 연구했다.[8]

그가 "외로운 사람loner"이라고 스스로를 묘사한 것에는 다른 의미가 숨겨져 있었다. 1937년 아인슈타인은 심리학자이자 스피노자, 쇼펜하우어 연구가인 친구 오토 줄리우스버거Otto Juliusburger에게 편지를 보냈다.

저는 10년 전과 같은 문제(전자기장과 중력의 통합)를 놓고 아직도
씨름하고 있습니다. 작은 문제들은 하나씩 해결해 나가고 있지만,
닿을 듯 말 듯 하면서도 궁극적인 목표점에는 아직 도달하지 못하고
있습니다. 어렵고도 보람 있는 작업입니다. 제 능력을 벗어난 길이
기에 어렵지만, 매일의 삶을 놓고 보면 마음이 산란해지지 않을 수
있으니 보람도 있습니다.

저는 이제 스스로는 물론이고 여기에 함께 있는 이들의 삶을 돌볼
여력이 없습니다. 저는 너무 늙었습니다. 그러나 사실은 베를린에서
도 스위스에서도 저는 이미 무력했지요. 당신도 그렇겠지만, 누구나
우리는 외롭게 태어나잖아요.[9]

아인슈타인의 "외로운" 여정과 대조적으로 오펜하이머는 1930년
대 시간을 버클리에서 보내면서 미국 물리학계에서 가장 중요한 학
파를 형성하고 있었다. 비록 아인슈타인은 프린스턴의 과학자들로부
터는 고립돼 있었는지 모르지만, 역사학자 에리히 칼러Erich Kahler, 소
설가 헤르만 브로흐Hermann Broch, 철학자 파울 오펜하임Paul Oppenheim,
역사학자 에르빈 파노프스키Erwin Panofsky 그리고 그들의 가족들과는
사교적이었고 지적으로도 깊은 교류를 하고 있었다. 플렉스너Abraham
Flexner와도 긴밀해 고등연구소 운영에도 적잖은 영향력을 끼쳤다.
(Batterson 2006) 아인슈타인은 분명히 다양한 역할을 잘 소화하고 있었
던 것이다.

1939년, 아인슈타인의 60세 생일을 맞아 진행된 한 라디오 프로그

램에 출연한 오펜하이머는 아인슈타인과 자신의 연구 스타일이 얼마나 다른지를 설명했다. 일단 오펜하이머는 아인슈타인에 대한 칭찬으로 말문을 열었다.

물리적 세계가 돌아가는 원리를 이해하고 예상할 수 있도록 크게 공헌한 사람은 그리 많지 않습니다. 아인슈타인 박사에 대해 이야기하자면, 그를 조그만 아는 사람이라도 얼마나 그가 위대한 역사의 주역인지를 잘 알고 있을 것입니다. 이타적이고, 유머가 넘치며, 배려도 깊지요.

계속 말을 이어 갔다.

그러나 아인슈타인 박사와 일했던 이들이 자신들의 연구 결과가 완벽하다는 것을 말하기 위해 아인슈타인 박사를 증표처럼 내세운다면 일각에서는 뭔가 잘못되었다고 느낄 것입니다. 그것은 마치 아인슈타인 박사는 다른 이들과는 비교할 수 없을 정도로 위대한 능력을 가져, 자신들은 부족하고 별로 쓸모없다는 느낌이지요. 이런 식의 존경은 별로 바람직하지 않습니다. 물론 실제가 그렇다는 말씀은 아닙니다.

과학의 발전은 인내와 끈기로 연구하는 모든 과학자의 노력의 결과로 이루어지고 있습니다. 이런 노력이 뒷받침되지 않는다면, 또 새로운 실험과 과학적 경험을 위한 기구들의 발전이 뒷받침되지 않는다면 새로운 발견이나 과학의 성장은 불가능합니다. 과학자들이 일할 수 있는 환경을 허락해 준 이들의 노력이 아니었다면, 또 그들의 지식과 힘이 맺은 결실이 없었다면 과학자들의 업적도 생각할 수 없는 일입니다.

흥미롭게도 오펜하이머는 당대 원자물리학 최고의 프로젝트가 태양에너지와 관련된 것 — 아마도 아인슈타인의 상대성이론을 지칭 — 이라는 평가를 더했다.

다른 프로젝트와 마찬가지로 아인슈타인의 발견도 무수히 많은 다른 과학자, 기술자의 노고와 얽혀 있습니다. (…) 우리는 협력과 상호관계 속에서 (분석과 발전을 통해) 항상 과학적으로 성취해 갑니다.[10]

앞서 언급한 것처럼 1939년 물리학계의 고민을 두고 아인슈타인과 오펜하이머는 가까운 관계가 되었다. 비록 오펜하이머의 최대 관심사는 변함없이 양자물리학과 양자장이론이었지만, 칼텍 천문학자들과의 관계를 통해 아인슈타인의 연구에도 관심을 보였던 것이다. "역사적인 물리학 질문들"이 상대성이론을 통해 해답을 얻었다. (Feynman 1963, chaps. 3, 9) 1930년대 후반에 불거진 별들로부터 발생하는 에너지 문제와 1938년 베테의 해결책을 보면서 오펜하이머는 무거운 별들이 핵에너지를 소진한 이후 중력을 못 이겨 붕괴되는 현상에 대해 깊은 관심을 보였다. 제자 조지 볼코프, 하틀랜드 신더와 함께한 연구에서는 상대성이론이 "블랙홀"을 예측해 내는 것도 발견했다.[11] 그러나 아인슈타인은 상대성이론 장 등식을 이용해 특이점 singularity을 해석할 수는 없다고 믿었기 때문에 이를 근거로 블랙홀을 설명하는 방법에도 적대적이었다.

장이론은 아직 장체계를 완전히 설명하지 못하고 있다. 블랙홀을 만들어 내는 특이점에 대한 이론을 받아들이는 것이 맞는가? (…) 내 소견은 특이점에 대한 부분은 제외되어야 한다는 것이다. 특이점과 연속체 이론의 연결점에 대한 설명이 이성적이지 않으며 장 방정식도 적용되지 않는다. 또한 특이점의 존재는 특이점을 둘러싼 표면의 경계조건(장이론의 관점에서 볼 때 제멋대로)과 마찬가지이므로 이론이 더 모호해져 버리고 만다. (Einstein 1955, 164)

아인슈타인은 블랙홀의 물리학적인 존재 가능성에 대해 크게 고민하지 않았다. 프리먼 다이슨에 의하면, 오펜하이머도 나이가 들면서 블랙홀에 대한 관심을 잃었다고 한다. 그런데도 그들이야말로 블랙홀 연구에 가장 큰 족적을 남겼다. (Dyson 1995)

아인슈타인이 고등연구소를 은퇴하던 1945년, 누가 그 공백을 메울 것인지에 관심이 집중됐다. 파울리와 오펜하이머가 물망에 올랐는데, 아인슈타인과 헤르만 바일은 교수들에게 편지를 보내 파울리를 추천했다. "파울리는 배타원리와 전자스핀 분석과 같이 물리학의 더 근본적인 것을 발견한 사람입니다. 그에 비하면 오펜하이머는 그만한 공헌을 한 사실이 없습니다." (Regis 1987, 136)

아인슈타인은 오펜하이머가 애치슨−릴리엔솔 보고서 수립에 공헌한 사실이나 미국, 소련 사이의 군비 경쟁을 막기 위해 노력한 바에 대해서는 높이 평가하고 있었다. 그러나 한편으로는 왜 그렇게 정부 권력층 속으로 들어가고자 노력하는지를 이해할 수 없었다. 원자력 과학자비상위원회에 가입하지 않은 것과 1947년에 있었던 기금 마련 만찬 행사 연설을 거부한 이유도 이해가 되지 않았다.[12]

1947년 가을, 오펜하이머가 고등연구소 소장 겸 물리학 교수가 되면서 두 사람은 동료의 관계가 되었다.[13] 아인슈타인은 "다방면으로 교육을 받은 특별한" 새로운 소장 오펜하이머를 깊이 존중했다. (Fölsing 1997, 784) 그들은 이제 사회적인 관계를 맺기 시작했다. 1948년 어느 저녁 데이비드 릴리엔솔은 오펜하이머 집에서 아인슈타인과 식사를 한 일이 있었다. 아인슈타인 옆자리에 앉았던 그는 아인슈타인이 "엄숙하고 진지하게, 때로는 웃고, 때로는 인상도 쓰면서 오펜하이머가 중성자라는 '창조물'에 대해 그리고 물리학의 아름다움에 대해" 말하는 것을 들었다고 말했다. (Lilienthal 1964, 298) 버드와 셔윈에 따르면 오펜하이머는 아인슈타인 생일에, 아인슈타인이 뉴욕필하모닉 콘서트를 들을 수 있도록 뉴욕에서 50마일 떨어진 아인슈타인의 프린스턴 집 옥상에 라디오 안테나를 달아 주고, 새 FM라디오도 선물했다고 한다. (Bird and Sherwin 2005, 381)

그러나 두 사람의 관계는 지성적인 측면과 정치적인 측면에서 각각 따로 볼 필요가 있다. 오펜하이머는 잠깐 연구한 후 일반상대성이론 — 관찰 데이터의 부족 때문에 — 이나 양자화 버전 — 개념적, 기술적 어려움 때문에 — 모두 수많은 이론가가 흘린 땀에 대한 보상을 받기 힘든 영역이라는 결론에 이른다. 따라서 그는 연구소에서 이 연구를 계속하는 것에 반대했다. 1948년 10월 연구소에 막 도착한 프리먼 다이슨은 부모에게 편지를 보냈다.

이제 일반상대성이론만으로는 희망이 없습니다. 일반상대성이론의 유효성을 증명할 만한 새로운 실험을 하거나, 상대성이론을 포괄할 수 있을 정도로 양자물리학을 충분히 발전시키지 않는다면 상대성이

론은 더 나아갈 길이 없다는 것이 물리학계의 일반적인 견해입니다.[14]

오펜하이머와 아인슈타인은 정치적인 배경도 대립하고 있었다. 1947년 반미활동위원회는 오펜하이머의 전 제자였던 버나드 피터스와 조셉 와인버그, 로시 로마니츠Rossi Lomanitz, 데이비드 봄을 조사했다.[15] 오펜하이머의 동생 프랭크도 공산당 활동 전력이 있어 조사를 받게 될 가능성이 높았다(이후 실제로 그렇게 되었다). 거기다 조셉 매카시 의원의 입김이 더해져 자신과 아내의 좌익 활동 전력까지 도마에 올랐다. 이런 환경인데도 계속 정부의 일에 관여하고 싶었던 오펜하이머는, 반미활동위원회와 매카시를 드러내 놓고 혐오하며 시민의 자유를 주장하던 아인슈타인과는 거리를 두어야 한다고 느꼈다.[16] 끊임없이 아인슈타인을 찾는 친구들로부터 연구소를 어떻게 지켜야 할지도 그에게는 큰 고민이었을 것이다. 아인슈타인은 정치적 입장을 확고히 정하고 전혀 타협할 생각을 하지 않았으며, 반미활동위원회와 매카시, 제너Jenner 위원에 대항한 대표적인 인물이었다. 1부에서 소개한, 1953년 6월에 있었던 고등학교 영어교사 윌리엄 프라우언글라스 사건과 12월에 있었던 알 섀도위츠 사건만 봐도 알 수 있는 일이다.

아인슈타인은 투옥도 각오하고 있었다. 무슨 일을 하든지 자신의 명성과 상징적인 위치 때문에 많은 제약이 따른다는 것을 잘 알고 있었지만, 자신을 받아 준 조국의 문화, 정치적 안녕을 위해서라면 자신의 안녕이나 이익은 언제라도 버릴 준비가 되어 있었다.

1954년 5월, 오펜하이머는 자신이 속한 문화자유를위한미국위원회(ACCF, American Committee for Cultural Freedom) 대표 솔 스테인Sol Stein 으로부터 곧 있을 에너지시민자유연대Emergency Civil Liberties Committee

행사에 아인슈타인이 참가하지 않도록 설득하라는 요청을 받는다. 이 행사는 아인슈타인의 75세 생일을 기념하는 자리였다. ACCF는 에너지시민자유연대가 공산주의자들이 내세운 기관이라고 믿고 있었다. 오펜하이머에게 보낸 편지에서 솔 스테인은 미국 유대인 사회로부터 긴급한 전화를 받았다고 전했다. "전화를 건 사람은 아인슈타인 박사가 공산주의에 물든 것은 아닌지 걱정이 됩니다. 이런 사건을 통해 유대인 사회가 또 공산주의와 연루될 수도 있어요. (…) 또한 과학자들이 정치 바닥을 잘 모르는 사람들이라는 말이 퍼질 것입니다."[17] 오펜하이머는 결국 그레이 위원회에 참석하기 전에 아인슈타인을 설득하기 위해 시간을 냈다.

두 사람의 관계를 더 알아보려면 오펜하이머와 아브라함 툴린 Abraham Tulin 사이에 오간 편지를 살펴볼 필요가 있다. 1954년 초 이스라엘 테크니온 공과대학은 오펜하이머를 운영이사회 이사로 선출했고, 앞서 53년 8월에는 아인슈타인과 제임스 프랑크에게 명예학위를 수여한 일이 있었다. 그러나 아인슈타인과 프랑크 모두 이스라엘까지 여행하기는 힘든 상황이었다. 학위수여위원회장인 툴린은 오펜하이머에게 그들이 참석할 수 있도록 도와 달라는 "간청"의 편지를 보냈다. 그러나 오펜하이머는 그 요청을 받아들이지 않았다. 결국 학위 수여식은 1954년 10월 프린스턴에서 대신 열렸고, 오펜하이머는 끝내 그 자리에 나타나지 않았다.[18] 당시 오펜하이머는 그레이 위원회와 원자력위원회에서의 지위 및 보안 등급 박탈을 두고 씨름하고 있었다. 그러나 오펜하이머가 작성한 노트를 보면 그의 속내를 엿볼 수 있다. 학위수여위원회는 분명히 아인슈타인 이름 다음에 프랑크 이름을 놓았으나, 그의 노트에는 순서가 바뀌어 있었다.

두 사람의 명예학위 수여를 환영합니다. 프랑크 박사와 아인슈타인 박사는 과학계에 위대한 공헌을 하신 분입니다. 저희는 기관과 학자 또 전 세계의 화합을 돕는 데 크게 기여한 두 분의 지성을 높이 치하합니다.[19]

오펜하이머의 질투

1955년 4월 18일 아인슈타인이 사망한 며칠 뒤 프린스턴 대학 신문은 추모글을 실었다. 오펜하이머는 이렇게 썼다.

그는 시대를 통틀어 가장 위대한 사람이었다. 1905년에서 25년 사이에 물리학의 황금시대를 열었고 우리는 지금도 그 속에서 살고 있다. 그는 양자물리학의 세계를 가능하게 했다. (…) 그가 만든 특수상대성이론을 통해 우리는 우주와 시간에 대해 새롭게 인식하게 되었다. (…) 일반상대성이론이라는 과학 세계를 통틀어 가장 원대한 단일 이론을 창조했고 중력의 보편성과 우주를 향한 새로운 시각을 열었다. 다른 대부분의 과학적 발견과 달리, 아인슈타인의 일반상대성이론은 여전히 그의 천재성을 입증하고 있다.[20]

이어 오펜하이머는 아인슈타인을 아는 사람이라면 누구라도 그가 소박하고 친절하며, "따뜻한 유머를 구사하는 허례허식이 없는 사람"이라는 사실을 알 것이라고 썼다. 이는 정확한 표현이었다. 아인슈타인은 어려움에 처한 사람이라면 누구든지 도울 준비가 되어 있

었고, 억압을 받으며 곤경에 처
한 이들을 위해서라면 언제라
도 일어설 사람이었다. 그는 잘
못된 권력과 권위에 평생 저항
하며 살았다. 오펜하이머는 이
렇게 결론지었다.

1955년 4월 18일 아인슈타인의 죽음을 알린
머리기사. 《New York World-Telegram》
(Public domain)

그의 친절한 인성과 방대한
업적과 그 깊이를 능가하는 그만의 매력은 이것이다. 바로 세상이
조화를 이루며 하나가 될 수 있다고 믿었던 신념이었다. 그는 그 신
념의 증거들을 남겼을 뿐만 아니라 신념 자체를 남기고 간 것이다.[21]

오펜하이머는 1956년 1월,《리뷰스 오브 모던 피직스Reviews of Modern
Physics》를 통해서도 아인슈타인이 물리학계에 미친 영향에 찬사를 보
냈다. 아인슈타인의 인생과 업적을 사려 깊은 시각으로 표했다. 특히,
마지막 몇십 년간 남긴 업적에 대해 간략하지만 존경을 담아 소개했다.

그는 마음을 하나로 모아 원자의 특징을 가장 기본적인 수준에서 해
결하고자 최선을 다했다. 바로 통합의 장을 만들고 싶어 했던 것이
다. 상대성이론을 통해 전자기 현상에 대한 어떤 문제에도 답이 될
수 있는 해결책을 찾고자 했다. 그는 질량과 전기의 부분적 응집에
대한 해법을 찾고자 애썼으며 양자이론을 통해 설명되는 부분을 원
자 세계에 적용하고자 했다. 그는 죽는 날까지 이 프로그램을 완성
하기 위해 노력했다. (Oppenheimer 1956b)

그러나 개인적인 자리에서 오펜하이머는 아인슈타인이 현대 물리학에 대해서는 거의 이해하지 못했기 때문에 불필요한 통합 프로그램에 시간을 낭비했다며 폄하했다. 25년간 고등연구소가 아인슈타인의 연구비를 댔지만, 연구 결과가 없다면서 불평하기도 했다.[22]

오펜하이머는 하이젠베르크의 불확정성 원리와 보어의 상보성 원리를 추종했다. 그렇기 때문에 동생에게 보낸 몇 차례의 편지에서도 아인슈타인에 대한 비판적인 태도가 드러난다. 1939년 라디오 방송과 글에서는 아인슈타인을 칭송했지만, 아인슈타인 사망 10주기 프로그램에서는 더 솔직한 마음을 털어놓았다. 식도암에 걸려 시한부 인생을 살던 시기에 오펜하이머는 유네스코 초청으로 파리에서 연설을 하게 된다. 연설을 위한 단 하루 동안의 여행이었다. 이날 페르디낭 공세트Ferdinand Gonseth와 줄리안 헉슬리Julian Huxley도 오펜하이머와 연설할 예정이었고, 다음 날에는 지오르고 산틸라나Giorgo de Santillana, 제럴드 홀턴Gerald Holton, 베르너 하이젠베르크Werner Heisenberg, 보니파티 미카일로비치 케드로프Bonifatiĭ Mikhaĭlovich Kedrov, 장 피베토Jean Piveteau[23] 등의 연설이 잡혀 있었다.[24]

오펜하이머는 1965년 12월 13일 콜로퀴엄 첫째 날 저녁에 연설을 시작했다. 우선 그는 아인슈타인을 30년 이상 알고 지냈으며, 고등연구소 소장이 된 후에는 "친한 동료로서 친구"가 되었다는 말로 이후 연설 내용의 정당성을 강조했다. 그는 개인의 창의성과 공동체 간의 관계에 대해 역설한 후 아인슈타인에 대한 비평적 태도도 잊지 않았다. 인사말[25]에서 그는 말했다. "아인슈타인(그의 천재성)을 에워싼 신화의 구름을 걷어 내고 그 뒤에 있는 위대한 산봉우리를 보아야 할 때가 되었습니다. 언제나 그렇듯이 신화는 매력적입니다. 그러나 진실은 더욱 아름답습니다."[26] 신화의 진실은 무엇인가? 오펜하이머는 곧 아인슈타인의 뛰어난 독창성에 대해 말을 이었다. "아인슈타인은 물리학자요 자연철학자였으며 이 시대의 위대한 인물이었습니다." 그는 양자의 시대를 열었고 그 어떤 신호도 빛의 속도를 능가하지 못한다는 사실을 밝혀냈다. "아인슈타인은 물리학 세계를 단순하면서도 뛰어나게 풀어냈지, 흐리게 만든 것은 아닙니다."

브란스-딕키 이론을 염두에 두면서 오펜하이머는 말을 잇는다.

> 일반상대성이론은 오랜 시간이 지난 지금까지도 본인 이외의 다른 이들을 통해서는 증명되지 못하고 있습니다.[27] 통합적 이해를 추구했던 그의 이론은 최근 10년 사이에야 겨우 기하학과 중력 연구의 발달로 조금씩 이해되고 있습니다. 빛조차 중력에 의해 굴절된다는 그의 "선험적" 가능성은 오늘에야 확인이 가능하게 된 것입니다. (저자 강조)

또한 아인슈타인의 독서 목록, 대인관계, 연구 노트 등을 통해 알게 된, 그의 세 측면에 관해서도 말했다. 첫 번째는 다른 고전물리학자들의 연구 혜택을 입었다는 것이다. 이것은 맥스웰과 볼츠만의 전통으로 거슬러 올라간다. 둘은 복사열과 다양한 소립자의 관계에 대해 연구했다. 아인슈타인이 원자 시스템에 의한 빛 흡수작용에 관한 법칙 연구는 물론 광자와 빈의 법칙, 플랑크의 법칙 사이의 상호관계를 살필 수 있었던 이유도 바로 맥스웰과 볼츠만의 연구 덕분이었다.

두 번째는 "무한히 세밀하게 확산되는 시공간과 그 속에서 벌어지는 물리적 현상을 포괄하는 장이론에 대한 아인슈타인의 열정"에 관한 것이었다. 그런 열정이 있었기에 아직 뚜렷한 증거가 손에 잡히기 훨씬 전부터 중력의 장이론을 만들 수 있었다는 것이다.[28]

세 번째는 아인슈타인의 철학에 관한 것으로 오펜하이머는 "충분한 이유가 있는 원칙 형성"이라고 그 특징을 설명했다. 아인슈타인은 합리적이라고 부를 수 있는 원칙은 충분한 이유를 가진 인과율을 따라야 한다고 보았다. 따라서 합리성은 항상 일관적이며 정확한 측정이 가능해야 하고, 물리학에서는 명확한 요소를 확인할 수 있어야 했다. 오펜하이머는 아인슈타인의 신념이 유럽의 오랜 철학적 전통에서 유래한 것이라고 말했다. "여러분은 데카르트를 시작으로 많은 사람을 떠올릴 수 있을 겁니다. (…) 영국 경험론, 찰스 퍼스, 미국 실용주의로 이어지는 계보를 살펴보십시오. 그들은 오늘날 무엇을 말합니까? 그들의 철학이 단순히 계산을 위한 도구에 불과합니까 아니면 물리학적인 방법으로 자연을 연구할 수 있는 토대를 제공합니까?"[29] 더 나아가 자연의 법칙은 단순한 관찰의 결과가 아니다. 자연의 법칙은 관찰의 범위를 결정한다.[30]

오펜하이머는 아인슈타인이 프린스턴에 머무는 25년간 웬일인지 이런 측면을 잃었다며 말을 이어 갔다. "슬프기는 하지만, 숨길 수 없는 사실입니다. 그는 실패했습니다." 아인슈타인은 양자이론이 내부적인 문제가 있다는 사실을 밝히기 위해 노력했는데, 오펜하이머는 이를 두고 "아무도 그렇게 대단한 시도를 해 볼 생각은 못했다"고 표현했다.[31] 그러나 내부적인 문제는 발견되지 않았기에 아인슈타인은 결국 인과성과 연속성이 버려지는 것을 볼 수가 없어 양자이론을 싫어했다고 고백했다. "자신의 연구를 죽여야만 하는 입장에 처한 아인슈타인은 그 손에 칼을 들고 괴로워했습니다." 또한 전자기장과 중력을 하나로 묶어 보려는 시도에서도 "성과를 얻지 못하고 환영 속에서 분투했습니다."[32] 그러나 오펜하이머는 "저는, 당시 아인슈타인의 제자들이 그의 이론을 알아듣기에는 설명이 너무나 부족했지만, 지금 그 이론은 아주 분명한 사실이라고 생각합니다"고 말했다. "따라서, 그의 이론은 당시 지나치게 우연에 의존한 방법론으로 증명에 대한 희망이 없어 보였습니다. 아인슈타인은 모두가 자신의 프로그램에 애정을 가져 줄 것을 항상 요구했습니다. 그러다 보니 다른 전문 물리학자들과는 거리를 두게 되고 말았습니다." (Oppenheimer 1966a, 5) 오펜하이머는 또 아인슈타인이 "외롭고" 항상 "홀로" 있던 사람이었다는 사실을 지적했다.[33] 비록 충성스런 친구들이 있었지만, "그들의 애정이 그의 마음속 깊은 중심을 만지지 못했으며 (…) 많은 제자를 두지도 않았습니다. 나이가 들었을 때 함께 연구하는 사람들은 있었지만 대부분은 조수에 불과했지요. 젊은 시절 그가 쓴 논문들은 놀라울 정도로 아름답지만 오류투성이였으며, 이를 수정하여 출판하는 데 10년이 걸리기도 했습니다. 오류를 수정하는 데만 그렇게 오랜 시간이 걸렸으니 참으로 대단한 사람이었습니다."

오펜하이머는 아인슈타인이 사람들을 만날 때마다 얼마나 주위를 즐겁게 했는지에 대해서도 말했다. 벨기에 엘리자베스 여왕과 연주한 일도 있지만, "그보다는 아돌프 부시와 더 많이 바이올린을 연주했어요. 그런데 연주 실력이 영 꽝이었지요"라고 말해 강당에 들어찬 사람들에게서 폭소를 자아냈다.

오펜하이머는 목소리를 가다듬었다. 그러고는 남에게 해 끼치는 것을 극도로 싫어했던 성격을 비롯해 아인슈타인의 고매한 인품과 인류애에 대해 말하기 시작했다. 그는 아인슈타인이 인류를 대하는 태도를 산스크리트어 아힌사Ahinsa, 즉 어떤 생명체에 대해서도 해를 끼치지 않는 태도에 비유했다. 자신이 보는 어떤 종류의 폭력이나 잔인함에 대해서도 항거했고 특히 전쟁 이후에는 "원자폭탄 등의 폭력에 대해 깊은 믿음과 마음을 담아서 저항했습니다."

결론적으로 "제가 아는 아인슈타인은 '헛되고 헛되니 모든 것이 헛되다'던 〈전도서〉 기자의 준엄한 20세기 가르침 그 자체였습니다." 평생을 좇던 희망의 덧없음에 대해 오펜하이머는 공감했다고 말했다. 한번은 아인슈타인이 오펜하이머에게 말했다. "사람은 무언가 대단한 일을 한 번 하고 나면, 그 이후의 삶은 좀 이상해진다네." "헛되고 헛되다"고 말할 때 오펜하이머는 아마도 이때의 장면과 아울러 17세기 네덜란드에서 유행했던 바니타스vanitas 화풍을 머릿속에 그리고 있었을 것이다. 그런 그림들에는 성공과 영광을 상징하는 온갖 대상 앞에 인생의 덧없음을 상징하는 해골이 항상 놓여 있다. 죽음에 임박한 아인슈타인이 느꼈던 그 감정을 이제 오펜하이머가 느끼고 있었던 것이다.

오펜하이머의 강연은 즉각적인 반향을 일으켰다. 다음 날 《뉴욕타임스》에는 〈아인슈타인에 대한 오펜하이머의 무비판적이지 않았으나 따뜻한 시선〉이라는 제목으로 기사가 났다. 기사는 약 1000명의 참가자 앞에서 따뜻한 시선으로 아인슈타인의 초상을 그려 나갔던 모습으로 시작되었다. 그러나 "아인슈타인 초기 연구 업적은 놀랄 만큼 아름답지만 오류투성이"였으며 이를 바로잡는 데만 10년이 걸렸으니 "오류 수정에만 이렇게 많은 시간이 걸리는 대단한 사람"이라며 비판했다는 내용도 소개되었다. 또한 학파도 없고 제자를 많이 두지 않은 것, 원자폭탄 개발에 큰 역할을 하지 않은 것, 루스벨트 대통령에게 핵분열을 이용해 폭탄을 만들 수 있는 가능성을 편지로 알렸지만 그것이 "중요한 사실은 아니다"고 말했던 사실 등도 함께 보도했다.

기사를 접한 오펜하이머의 동료 에이브러햄 파이스는 오펜하이머에게 편지를 써서 보도 내용이 "조금 불편했다"고 완곡하게 전했다.[34] 오펜하이머는 그 기사를 읽으면서 친구들이 "이제 내가 정신이 나갔다"고 생각했을 것이라고 했다.[35] 오랫동안 아인슈타인 비서로 일했던 헬렌 듀카스는 이 기사에 분개해 이런 마음을 오펜하이머에게 전달해야겠다고 생각했다.[36] 오펜하이머는 《뉴욕타임스》에 실린 내용이 아닌, 자신이 편집한 내용을 편지에 동봉하여 듀카스에게 보냈다. "기사를 읽으면서 저는 진심으로 당신이 마음에 걸렸습니다. 동봉한 것은 제가 실제로 강연했던 내용으로 더 진실에 가까운 그리고 더 호의적인 편집본입니다."[37]

오펜하이머의 강연 내용은 여기저기로 퍼져 나갔다. 스위스 일간지 《가제트 드 로잔Gazette de Lausanne》은 12월 22일에 강연 내용을 글자 그대로 번역해 실었다. 프랑스 주간지 《렉스프레스L' Express》는 제랄드 보노 기자가 강연 후 — 위스키를 마시고 있을 때 — 오펜하이머와 인터뷰한 내용을 실었다. 그것은 강연 내용보다 더 날카로운 시각을 전하고 있었다.

마지막 연구 기간 동안 아인슈타인이 잘한 것은 아무것도 없었습니다. 조수 한 명을 두고 항상 혼자 일했는데, 조수의 역할은 잘못된 계산을 고치는 것이었죠. (…) 실험을 등한시하기 시작했고, 자신이 이룬 모든 업적도 없었으면 좋겠다고 생각했지요. (…) 그는 어떤 값을 치르더라도 지식의 통합을 이루고 싶어 했습니다. 그러나 지금에 와서 우리는 그게 불가능하다는 것을 알지요.

그러면서 오펜하이머는 "적어도 아인슈타인은 그 시대에는 혼자 고독하게 연구해 놀라운 것을 발견해 낼 수 있었다는 사실을 알려 줬습니다. 단지 조금만 성품이 강했더라면…" 이라고도 말했다. 보노는 마지막으로 아인슈타인에 대한 아쉬움이나 그리움이 남았는지를 물었다. 오펜하이머는 웃으면서 대답했다. "당연하지요. 저는 젊은 아인슈타인 같은 사람이 되고 싶습니다. 그건 말할 필요도 없지요."[38]

확고한 자와 고뇌하는 자

포기는 용기 있는 행위다. 그것은 보편적인 욕망을 (망설임과 후회 없이) 희생시킬 때에 비로소 가능하기에 위대하다.
—헤르베르트Zbigniew Herbert (1991, 145)

시몬 베유는 말했다.

어딘가에 뿌리를 박는다는 것은 한 사람의 영혼을 통틀어 가장 중요하지만, 가장 눈에 띄지 않는 행위일 것이다. 정의하기도 어렵다. 인간은 과거로부터 지켜 온 특정한 보물과 미래에 대한 특정한 기대로 뭉쳐진 공동체 속에서 실제로, 활발히, 자연스럽게 뿌리를 박고 살아간다. 공동체에 뿌리를 박는 것은 자연스럽게, 어떻게 보면 태어난 장소와 상황, 직업이나 사회적인 환경에 따라 자동적으로 이루어지기도 한다. 모든 인간은 다중적인 뿌리를 필요로 한다. 각 사람은 자신이 속한 환경에서 도덕, 지성, 정신적 삶을 전체적으로 자연스럽게 빚어 갈 필요가 있다. (Weil 1952, 41)

아인슈타인은 뿌리를 이룰 공동체를 굳이 필요로 하지 않은 반면, 오펜하이머는 항상 필요로 했다.

아인슈타인과 오펜하이머 둘 다 자유롭고 억압적이지 않은 유대인 가정에서 태어났다. 아인슈타인이 유대인으로서 느꼈던 문화적 동질감은 앞에서 충분히 언급했으므로, 여기서는 어린 시절 구스타프 마이어Gustav Maier와의 관계에 대해서만 말하겠다. 마이어는 아인슈타인 가족이 울름(독일 남부 바덴뷔르템베르크 주에 있는 한 도시)에서 살 때 친하게 지냈다. 그는 1881년부터 독일국립은행의 울름 지사장이었다. 울름에 오기 전에 유대개혁주의와 사회주의가 기독교와 전혀 배치되지 않는다는 내용의 글을 쓴 일이 있었다. 1886년에는 프랑크푸르트평화연맹을 창립했다. 1891년에는 비즈니스계를 떠나 스위스로 자리를 옮겨 본격적으로 사회, 경제 문제에 관한 글을 쓰기 시작했다. 이 무렵에 요스트 빈텔러Jost Winteler를 만났고 정치, 문화적 관점이 비슷해 금방 좋은 친구가 되었다. 둘 다 1986년 스위스 윤리문화운동이 시작될 수 있도록 도왔고, 마이어는 1919년까지 이 운동의 기관지 출판 활동을 맡았다.

어린 아인슈타인의 천재성을 알아보고 지도했던 사람이 바로 이 마이어다. 그는 아인슈타인이 스위스취리히연방공과대학에 입학할 수 있도록 적극 힘을 쓰기도 했다.[39] 또한 고등학교 시절 아인슈타인이 빈텔러의 집에 머물면서 학업을 마칠 수 있도록 도왔다. 1896년부터 1900년까지 대학에 다니던 시절에도 아인슈타인은 자주 마이어의 집을 방문했다. 1898년 마이어는 크게 영향력을 끼친 《현대 노동운동 이전까지의 사회운동과 이론Social movements and theories until modern labor movements》을 출간했다. 이 책은 이후 아홉 번이나 판을 바꿔 출판되었다. 9개 챕터에 150페이지가 채 못 되는 작은 책이었지만, 공산주의·사회주의·아나키즘은 물론 이집트와 바벨론·중국·일본 문명, 플라톤적 국가와 로마 제국주의·토마스 모어의 《유토피아》·봉건주의의 역사적 관점·개혁주의·시민혁명·루터·콜베르·중상주의·튀르고의 이론까지 총망라되어 있는 엄청난 책이었다. 마지막 세 챕터는 산업혁명과 아담 스미스·데이비드 리카도·토머스 맬서스의 경제이론, 식민주의, 영국의 정치·사회정책을 포함해 19세기 전반부를 장식했던 사회주의자들과 생시몽·푸리에·카베Etienne Cabet·오웬에 대한 이야기가 담겨 있다. 마지막 장에서 마이어는, 훔볼트Wilhelm von Humboldt·푸르동·카를 마르크스의 국가와 사회주의에 대한 시각을 설명한 후 자신이 궁극적으로 헌신하려는 공산주의 형태의 사회주의적 주장을 피력했다.

아인슈타인은 몇 번이나 자신이 사회주의자임을 밝혔는데,[40] 마이어와 빈텔러 두 사람에게서 영향을 받은 것으로 보인다. 이런 관계로 인해 아인슈타인이 1951년 1월 윤리문화운동 75주년 기념식 축하 메시지를 쓰게 되었는데 이 사실은 잘 알려져 있지 않다.[41]

오펜하이머가 공부했던 윤리문화학교는 미국 장로회의 사회복음화운동을 위해 설립된 학교로, 19세기 후반 산업화·도시화가 낳은 극단적인 빈부 격차를 교육으로 극복하려는 데 목적이 있었다. 신학자 월터 라우셴부시Walter Rauschenbush 등은 복음의 진정한 일차적 의미는 사회 정의 구현에 있으며 이를 통해 개인의 구원도 가능하다고 보았다. 펠릭스 애들러는 이런 신학적 배경을 가지고 윤리문화운동을 시작했으며, 저임금 노동자 처우 및 노동환경 개선, 노동자 자녀를 위한 학교 설립 운동에 박차를 가했다.

오펜하이머는 맨해튼으로 옮기기 전까지 윤리문화학교에

1893년 김나지움 시절의 아인슈타인.(Public domain)

서 노동자 자녀들과 공부했다. 그러나 미국에서 윤리문화운동은 그 후원자들이 경제적으로 중상 계층의 유대인들이어서, 사회주의로 연결되지는 않았다. 아인슈타인이 어린 시절을 보냈던 독일 제국과 스위스, 첫 교수직을 시작한 오스트리아-헝가리 제국 등지에서는 반유대주의가 확산되어 있었다.[42] 반면 미국에서 어린 시절을 보낸 오펜하이머는 때때로 반유대주의나 인종차별을 대하기는 했어도 백인이라는 큰 틀에서는 항상 동류 취급을 받았다. 당시만 하더라도 미국은 가장 민주주의가 활발히 전개되던 땅이었다. 미국인이라는 이름으로 결속이 필요한 때였고, 모두를 위해 미국을 더 좋은 곳으로 만들어야 한다는 인식이 팽배하던 시기였다.

미국은 기독교 국가라서 미국인이면서 장로교 소속 기독교인이라면 자신의 정체성을 인식하는 데 큰 문제가 없었을 것이다. 그러나 가

톨릭 신자나 유대인이라면 문제는 조금 더 복잡해진다. 오펜하이머는 미국의 엘리트 대학들 — 하버드, 프린스턴, 예일, 칼텍 — 에 존재하는 유대인에 대한 인종차별은 극복할 수 있었다. 그러나 10대 때는 유대인으로서 정체성을 받아들이기 힘들어 했다. 앞에서 말한 것처럼 어린 오펜하이머는 영어교사 허버트 스미스와 여행한 일이 있는데, 이후 스미스는 아내에게 이렇게 말했다고 한다. "로버트는 나에게 자신을 동생으로 소개해 달라고 할 만큼 자신이 유대인이라는 사실을 깊이 생각하고 있었소." 윤리문화학교의 친구 퍼거슨은 로버트가 뉴멕시코로 떠난 이유 중에는 "유대인과 부, 동방세계"를 떠나고자 하는 마음이 있었다고 전한다. (Smith and Weiner 1980, 9) 그러나 하버드에서도 오펜하이머는 인종적 긴장에서 놓여나지 못했다. 논문지도교수였던 퍼시 브리지먼은 러더퍼드에게로 떠나는 제자의 배경에 대해 편지로 알렸다.

> 이름이 말해 주듯, 오펜하이머는 유대인이네. 그러나 다른 유대인들과는 완전히 다른 친굴세. 그는 키도 크고 여러모로 잘 갖춰졌어. 수줍음을 좀 타지만 내 생각에는 어떤 면으로 봐도 자네 밑에서 연구하는 데 어려움은 없을 것 같네. (Smith and Weiner 1980, 77)

버클리나 칼텍에서도 오펜하이머는 유대인에 대한 편견으로부터 자유롭지 못했다. 2차 대전도 이미 지난 후, 버클리를 떠나 칼텍 전임교수로 갈 것을 고려하던 중 그가 칼텍의 저명한 핵물리학자 찰스 로릿센Charles Lauritsen에게 쓴 편지에는 다음과 같은 내용이 담겨 있다.

나는 학교 측에 두 번이나 이시도어 라비를 채용할 것을 제안했습니다. 그의 존재는 우리에게 큰 힘이 될 것입니다. 그러나 아직 대답이 없군요. 왜 그럴까요? 예산이 부족해서요? 아니면 유대인 교수를 또 들일 수는 없으니까요? 그것도 아니면 그가 적절한 사람이 아니라서요? (Smith and Weiner 1980, 299)

비록 강단에서 연설하지는 못했지만 1947년 3월 브랜다이스 대학 출범을 돕기 위해 아인슈타인이 작성한 연설문에서는 날카로운 통찰이 묻어난다.

사회의 다수자들은 소수자들이 편견 때문에 받는 고통의 무게를 알지 못합니다. 이것이 바로 인류를 위한 위대한 이상들이 소수자들에게서 나오는 이유지요. 이런 배경 때문에 개인은 때때로 자신이 소수자들에 속했다는 사실을 잊거나 일부러 거부하고 다수자들의 무리에 들려고 하기도 합니다. 그러나 자신이 속한 그룹으로부터 자신을 떼어 놓으려 하면 할수록 그는 자신 속에 남은 불안정감과 외로움을 발견하게 될 것입니다.[43]

만약 오펜하이머 가족이 독일이나 오스트리아에서 살았다면, 파이얼스 혹은 바이스코프 등의 자유주의적 유대인들이 그랬던 것처럼 그들도 아들 교육에 대해 달리 생각했을 것이다. 만약 오펜하이머가 독일 내 유대인 그룹에서 자라났다면 당시 넓게 퍼져 있던 마르틴 부버의 체험Erlebnis 사상에 큰 영향을 받았을 것이다. 부버가 말한 체험은 지식을 넘어선, 사회적 관념과 관습에 기반한 경험으로서, 한 사람의 진정한 '정체성'으로 번역할 수 있다. 부버는 이를 역사적인 정체성으로 보았다. 유대인의 경우를 예로 들자면 그 사람의 정체성은 "자신의 현재를 느끼는 방법이며 동시에 과거로부터 끝없이 이어져 온" 것이다.[44] 그러나 오펜하이머가 태어난 미국의 상황은 달랐고 어린 오펜하이머는 부모의 정체성을 물려받지도 않았다. 윤리문화학교는 정체성으로 인해 겪는 학생들의 내적 갈등을 해결할 수 있도록 돕고자 했지만, 오펜하이머는 그 효과를 충분히 보지 못했던 것이 분명하다.

오펜하이머는 윤리문화운동을 통해 유대인으로서 정체성과 관련한 긴장을 극복하지 못했을 뿐만 아니라 운동의 윤리적 기반 자체가 약하다고 느꼈다. 열일곱 살 때 아버지의 생일을 축하하기 위해 쓴 시에서는 학교를 조롱하기도 했다. "얄팍한 애들러 박사의 도덕성이 가하는 압박…" 윤리문화학교를 떠나 하버드로 진학한 후에는 힌두철학을 통해 종교적인 대답을 찾고자 했다. 이시도어 라비가 독일에서 오펜하이머를 만났던 1929년, 그녀는 오펜하이머가 물리학보다 힌두문학에 더 많은 관심을 보였다고 기억했다. (오펜하이머 입장에서는 물리학이 너무 쉽다는 사실을 말하기 위한 구실이었다.)

아인슈타인도 쇼펜하우어의 글을 통해 힌두철학을 접한 이후 꽤 좋아하게 되었다.[45] 그는 1911년, 1913년, 1927년 솔베이 회의에서 엄지와 검지를 붙이는 자세로 힌두철학에 대한 관심을 표했다. 이는 비타르카 형상으로 열정적인 가르침을 뜻한다. 이후 불교적 전통에서는 지혜와 방법론의 통일을 의미하는 상징으로도 사용되었다.

3부에서 소개했듯이 오펜하이머는 버클리에 있던 1933년, 아서 라이더와 산스크리트어를 공부하는 등 물리학과 별개로 《바가바드기타》(이하 《기타》)에 심취했다. 노년에는 《기타》야말로 자신의 인생에 결정적인 영향을 끼친 철학이라고 회상하기도 했다. 63년 잡지 《크리스천 센추리The Christian Century》는 오펜하이머에게 "인생과 철학을 형성하는 데 가장 영향을 끼친" 책 10권을 물었다. 그는 셰익스피어의 《햄릿》, T. S. 엘리엇의 《황무지》 등과 《기타》를 말했다.[46] 그러나 산스크리트어나 《기타》를 포함한 다른 힌두 경전들이 유대인으로서 그가 가졌던 뿌리에 어떤 영향을 끼쳤는지는 분명하지 않다.

그러나 아인슈타인이 스피노자나 쇼펜하우어를 자세히 공부하면서 받은 영향에 비하면 오펜하이머가 《기타》나 아르주나의 행위를 통해 받은 영감은 상대적으로 작다. 특히 로스앨러모스에 재직할 때나 이후 워싱턴의 정부 관료로 원자폭탄을 만드는 과정에 개입하던 당시 오펜하이머는 자신에게 주어진 특정한 역할을 수행해야 할 의무가 있었기 때문에 《기타》의 철학에 의지했던 것이다.

아인슈타인은 베른의 특허청에서 일할 때 친구들과 스피노자의 《윤리학Ethics》을 처음 읽었다. 1952년 자신의 전기 작가 칼 실리그Carl Seelig에게 어린 시절에는 문학서를 많이 읽지 않았노라고 말했다. "나는 문학보다는 관념적인 책들[47]을 더 좋아했지요. 특히 쇼펜하우어, 데이비드 흄, 마흐, 칸트, 플라톤, 아리스토텔레스[48] 같은 철학자들의 글을 좋아했습니다." 아인슈타인은 "상대성이론을 만들기 직전에 열정적으로" 흄의 《인간 본성에 관한 논고Treatise of Human Nature》를 공부했다. "이런 철학적 토대가 없었다면 저는 특수상대성이론에까지 도달할 수 없었을 것입니다."(Seelig 1956, 67) "사유와 물질 모두가 갖추어진 우주의 단순성, 물질의 단일성"이라는 스피노자의 개념에 근거하여 흄을 이해했는지는 모르지만, 이 "놀라운 가설"을 접한 아인슈타인은 스피노자를 깊이 공부하게 되었던 것 같다. 이유가 무엇이었

1911년 솔베이 회의에 참석한 아인슈타인(앞줄 오른쪽에서 두 번째). (Courtesy of the International Solvay Institutes, Brussels)

든 아인슈타인이 처음 스피노자의 《윤리학》을 접한 것도 비슷한 시기였다.[49] 그는 몇 년이 지난 후 다시 흄과 스피노자의 철학을 공부했다.[50] 1920년에 이르면 아인슈타인은 철학자 중 스피노자를 가장 존경하게 되었고,[51] 1920년대에는 레오 지라드와 《윤리학》을 연구했다.[52] 1936년 아인슈타인은 가까운 친구 모리스 솔로빈에게 이렇게 편지를 썼다.

> 스피노자가 정서나 심리적인 부분을 설명하기 위해 "종교"라는 단어를 쓰는 것에 대해 자네가 불쾌해 하는 것을 나는 이해할 수 있다네. 그러나 우리 앞에 엄연히 존재하는 자연의 합리성을 신뢰할 때 "종교"라는 단어보다 더 적절한 표현을 나는 찾을 수 없다네. (Einstien 1956b, 102)

1927년 솔베이 회의에 참석한 아인슈타인(앞줄 오른쪽에서 다섯 번째). (Courtesy of the International Solvay Institutes, Brussels)

아인슈타인이 보기에 스피노자보다 더 자연의 궁극적인 성질을 이해한 사람은 없었다.

조나단 이스라엘Jonathan Israel은 저서 《급진적 계몽주의Radical Enlightenment》에서 스피노자의 사상적 체계가 가진 "통합, 단결, 억누를 수 없는 힘"에 대해 언급하며 아인슈타인과 생각을 같이했다. 아인슈타인의 급진적인 환원주의가 "오직 하나의 물질만 존재할 수 있으며, 그 경우 우리를 형성하고 둘러싼 온 세상의 지배 원리 또한 단 하나일 수 있다"는 스피노자의 사상에서 영향을 받았다고 주장하는 이들도 있다.[53] 이들은 "과거와 마찬가지로 미래 또한 결정되어 있다"(Einstein 1954, 40)는 아인슈타인의 엄격한 결정론적 입장도 스피노자의 《윤리학》 파트 I의 명제 XXIX, "자연계에서 우연히 일어나는 일이란 없으며 모든 일은 신성한 자연의 필요에 따라 결정되었으며 특

필라델피아 시절 아인슈타인(1942).

정한 방향으로 생산된다"에 근거한다고 믿는다. 스피노자는 또한
"모든 일은 신에 의해, 다른 어떤 방법도 아닌 신이 정한 방법에 따라
창조되었다"고 주장했다. (I권, 명제 XXXIII)

그러나 스피노자의 철학만이 아인슈타인에게 영향을 끼친 것은
아니다. 아인슈타인은 쇼펜하우어에게도 깊은 매력을 느꼈는데, 쇼
펜하우어 또한 엄격한 결정론에 심취한 인물이었다. 1901년에는 쇼
펜하우어의《여록과 보유Parerga and Paralipomena》를 읽고서 친구인 마
르셀 그로스만에게 "아주 재미있다"는 편지를 쓰기도 했다. (Einstein
1987, Doc. 122, 316) 아인슈타인의 서재에는 닳고 닳은 쇼펜하우어 책
두 권이 꽂혀 있고, 벽에는 초상화가 걸려 있었다. 쇼펜하우어는 때때
로 스피노자의 방법론을 비판적으로 바라봤다. 예를 들어, "스피노자
철학이 발하는 윤리는 그 자체로 굉장한 가르침이기는 하지만, 인간

의 내면적 본성에 의한 것이라기보다 되는 대로 갖다 붙인 수사에 불과하다"고 비판했다. (Schopenhauer 1966, vol. 1, 285)

아인슈타인도 동의했다. 윤리란 "초인간적인 권위에 의한 것이 아니라 배타적인 인간의 염려에서 나온 것"이라고 보았다. 쇼펜하우어는 또 《여록과 보유》에서 스피노자식의 범신론도 비판했다. 아인슈타인은 뮌헨 시절 읽은 《성경》과, 쇼펜하우어·불교 경전을 공부한 후 종교의 무한성에 대한 자신만의 생각을 갖게 되었다. 특히 《성경》의 〈시편〉을 읽으면서 종교의 "무한하고 신비한" 측면을 발견하였다.

> 우리가 경험할 수 있는, 가장 아름다움 것은 바로 신비다. 진정한 예술과 과학은 모두 신비라는 요람 속에서 자란다. (…) 신비의 경험은 (두려움과 함께 온다고 할지라도) 종교를 발생시킨다. 우리가 알 수 없는 존재에 관한 지식, 가장 심오한 것에 대한 인식, 마음을 통해서만 깨달을 수 있는 가장 영롱한 아름다움이 바로 진짜 종교성의 요소다. 이렇게 볼 때 나는, 깊이 종교적인 사람이다. (Einstein 1954, 9)

아인슈타인은 "하나의 중대한 전체로서 우주를 경험"하고 싶어 했다. 이것은 아인슈타인이 느끼는 또 다른 형태의 우주적 종교였으며, 이런 의미에서 쇼펜하우어와 불교의 사상에도 깊이 공감했다. 〈종교와 과학Religion and Science〉라는 글에서 아인슈타인은 다음과 같이 말한다.

> 우리는 욕망과 목표의 무상함과 함께 자연, 사상의 위대함, 숭고함을 느낀다. 인간은 일종의 감옥과 같은 곳에 갇힌 자신을 발견하면서 단일하고 중대한 전체로서의 우주를 경험하고 싶어 한다. 다윗을

비롯한 많은 선지자의 〈시편〉 글을 통해 발견할 수 있듯, 종교적 경험은 그 단계를 불문하고 광범위한 종교적 감흥을 수반한다.[54] 쇼펜하우어의 글을 통해 확인할 수 있는 것처럼, 불교에서는 더 많은 종교적 경험이 발견된다. (Einstein 1954, 38)

쇼펜하우어 학자들은 베다와 불교 경전이 쇼펜하우어 철학을 형성하는 데 결정적인 역할을 했다고 주장한다.[55] 실제로 쇼펜하우어 글에는 항상 베다와 불교 사상에 관한 주석이 달려 있다. 바라나시에서 석가모니가 처음 설법을 전하면서 소개한 네 가지 진리가 쇼펜하우어 글에서도 쉽게 발견된다.

1. 존재는 고통이며 모든 일은 덧없다.
2. 모든 고통은 욕망에서 비롯된다.
3. 구원은 욕망으로부터의 자유, 즉 열반을 통해 이루어진다.
4. 고통은 다음 여덟 가지 길을 통해 사라질 수 있다. 올바른 관점, 올바른 열망과 의도, 올바른 말, 올바른 행동, 올바른 생활, 올바른 노력, 올바른 마음, 올바른 자기 수양.[56]

쇼펜하우어의 철학도 비슷하게 염세적이었다. 그의 염세주의는 영원히 변화하는 세상에 대한 믿음과 닿아 있다. 그러므로 인간의 개인성은 환영에 불과하다고 본다. 이 환영은 우주를 이해하는 지혜를 통해 극복될 수 있다.

지혜는 다른 무엇이 아닌 완전한 객관성, 즉 우리 마음의 객관적인 성향이며 즉 개인으로 눈을 돌리게 만드는 주관의 반대다. 이를 통해 우리는 개인적인 이해와 의지, 목적으로부터 눈을 돌려 맑은 눈으로 세상을 바라보는 순수한 객관성을 얻을 수 있다. 그러나 이는 순간에 그쳐서는 안 된다. 한 번 이해한 것들을 계속 짚어 보는 연속적이며 의식적인 사고가 요구된다. (Schopenhauer 1966, vol. 1, 185-186)

《여록과 보유》에서 쇼펜하우어는 지혜의 성질을 이렇게 정리한다.

지혜로운 사람은 더 높은 관점에서 세상을 더 맑고 선명하게 바라본다. 또한 가장 중요하고 심오한 통찰력은 세밀한 부분에 대한 관찰이 아니라 전체를 이해하는 데서 온다. 바로 그에게서 사람들은 가장 위대한 가르침을 얻을 수 있다. 그가 충분한 훈련을 거치면 때에 따라 각기 다른 형태로 깨달음을 전할 수 있다. 따라서 지혜로운 사람은 만물을 인식하는 것은 물론 이에 반하는 인간 자신에 대한 것들도 명료하게 인식하고 있다는 사실을 알 수 있다. 따라서 인류는 만물과 자신에 대해 이해하는 능력을 지닌 이들에게 의지하게 된다. (Schopenhauer 1974, vol. 2, 76)[57] (…) 게다가 우주적인 것을 구체적인 것으로 보는 능력이야말로 지혜로운 사람의 근본적인 특징이다. 그러나 일반인은 구체적인 것에서는 오직 구체적인 것만 본다. (Schopenhauer 1966, vol. 2, 379) (…) 그리고 비록 제한되어 있기는 하지만 사물의 진정한 성질을 들여다보는 것은 직관[58]이다. (…) 만약 우리의 직관이 사물의 진정한 존재와 항상 연결되어 있다면, 그렇지 못한 경우에는 거의 얻기 힘든, 적절하고 결함 없는 기회를 얻을 수 있다. 삶의 가장 중대한 그림들을 완성하고, 정렬하고, 확장하고, 고치고, 존속시키고, 기쁨 속에서 반복할 수 있도록 하기 위해서는, 또 지식을 심오하게 관통하고 이에 필요한 의사소통을 위해서는 상상력이 필요하다. 이처럼 상상력은 지혜로운 사람의 수단으로서 중대한 의미를 지닌다. (Schopenhauer 1966, vol. 2, 378-379)

쇼펜하우어의 통찰이 큰 놀라움을 주었으므로, 아인슈타인은 쇼펜하우어가 말하는 지혜를 이해하고자 최선을 다했다.

한편, 우리는 쇼펜하우어의 통찰을 통해 아인슈타인과 오펜하이머가 비범한 인물임을 알 수 있다. 쇼펜하우어는 "재능이 있는 사람들은 일반인보다 더 많이, 더 정확하게 생각할 수 있다. 그러나 천재는 다른 모든 이와 달리, 자신의 마음속에서 그들 앞에 놓인 세상을 더 객관적으로 더 깊이 바라볼 줄 알기 때문에, 결과적으로 더 순수하고 구분된다." (Schopenhauer 1966, vol. 2, 376)

게다가 탁월한 사람은 구체적인 영역, 자신의 역량을 끌어올릴 수 있는 구체적인 대상을 통해 위대한 성취를 이루고, 각 구체적인 영역 간의 상호관계에 대해 끊임없이 연구한다. 따라서 그의 지식은 자신의 의지와 함께 굳건히 자란다. 한편, 천재의 마음속에는 무언가가 떠다니는데, 이는 객관적 이해며, 한 발짝 떨어져 바라보는 세상의 현상이며, 의식으로부터 떨어진 자신의 의지다. 이를 중심으로 행위deeds와 일works에 대한 능력이 구분된다. 후자는 지식의 객관성과 깊이에서 발휘되며 의지로부터 완전히 분리된 지식을 전제로 한다. 반면 전자는 지식을 적용하는 영역이고, 굳건함과 의지를 필요로 하며, 지속적인

의지 실천을 위한 지식을 요구한다. (Schopenhauer 1966, vol. 2, 387)

실제로 오펜하이머는 로렌스의 방사선연구소와 로스앨러모스, 고
등연구소의 경험을 돌아보면서 자신의 실용주의적 실천력이 상당히
계발되었다는 사실을 깨달았다. 1926년 아직 젊은 시절 오펜하이머
는 "내가 가장 존경하는 부류의 사람은 수많은 일을 훌륭하게 처리할
수 있는 능력을 가졌지만, 여전히 눈물이 무엇인지 아는 사람이다"는
말을 남긴 적이 있다. 독일계 유대인이라는 교육 환경에서 아인슈타
인은 통계적 역학과 양자이론, 과학 및 수학적 철학과 관련된 문제들
을 비판적으로 분석하여 특수상대성이론과 일반상대성이론을 만들
어 내는 등 일에 관한 한 탁월한 능력을 발휘했다.

구체적으로 1930년 이후 아인슈타인의 행동과 삶의 방식은 스피노
자 철학과 비교되는 부분이 있다.[59] 스피노자와 마찬가지로 아인슈타
인은 종교적 유대주의는 포기하고 문화 전통으로서 유대주의는 정체
성의 근간으로 받아들였다. "유대인의 문화는 지식 그 자체를 추구하
고, 정의를 열광적으로 사랑하며, 개인의 독립을 열망하는 특징이 있
기에 나는 내가 속한 문화에 대해 감사하게 된다." (Einstein 1954, 184)

오펜하이머도 마찬가지로 종교적 유대주의를 포기했는데, 그는
더 나아가 유대주의의 문화까지도 거부하였다. 아마도 《기타》를 포
함한 산스크리트 문학을 통해 새로운 뿌리를 찾고, 힌두 전통을 통해
정서적인 안정을 얻고자 했는지도 모르겠다.[60] 아인슈타인은 유대인
으로서 정체성을 언제나 드러내 놓고 말했으며 시오니즘에도 적극
동참했다. 그러나 아인슈타인의 종교적인 신념은 항상 오펜하이머를
불편하게 혹은 성나게 했다.

유대인 사회 구성원이기를 거부했던 오펜하이머는 또 다른 공동체가 필요했다. 그래서 1930년대에 정치 활동에 매달리게 된다. 온 힘을 다해 진보 진영에서 활동하던 시기 오펜하이머는 모든 이가 평등하다는 신념에 기반을 둔 공동체의 일원이었다. 마침내 그는 자신이라는 한계를 뿌리치고, "세상의 갖가지 구분을 넘어선 형제애에 동참"할 수 있었다. "자신을 더는 유대인 사회의 일원으로 보지 않는 이에게 공산주의는 매력적인 공동체였다. 공산주의자들은 단순한 관심이 아니라 신념을 가지게 되었다."(Glazer 1961, 168) 아마도 하콘 세발리에의 관찰이 옳았던 것 같다.

> Opje[61]가 정치 활동을 하면서 보였던 열정은, 그가 느꼈던 소속감은 우리가 모두 "내면에서" 느끼는 것이라고 나는 생각한다. 예외적으로 터져 나오기는 했지만, 고통에 가까운 인간의 운명이며, 개인적이면서도 집단적인 (…) 이는 결코 사라지지 않을 그의 본성이었다. (Chevalier 1965)

유대인으로서 정체성을 벗어나고자 했던 오펜하이머는 애국심에 매달렸다. 수많은 부침 가운데서도 자신이 미국인이라는 생각에는 변함이 없었다. 1930년대 버클리 시절 미국의 물리학을 세계 최고 수준으로 만들고자 했던 사명감도 이렇게 설명이 된다.

2차 대전 당시 오펜하이머를 불살랐던 것도 바로 애국심이었다. 1941년 오토 프리시와 루돌프 파이얼스, MAUD 보고서를 통해 원자폭탄을 만들 수 있다는 확신을 얻은 후 루스벨트는 부시와 코넌트에게 당장 핵폭탄 개발 계획을 착수하도록 지시했다. 그 과정에서 부시와 코넌트는 핵 개발 과정에 필요한, 업무 처리에 관한 모든 권한을 위임받았다. 따라서 민간에서 진행되던 원자폭탄 개발 계획은, 정부 지원을 받는 군사정책위원회(부시와 코넌트는 각각 육군, 해군 출신이다)가 주도하는 것으로 전환되었고, 원자폭탄 정책의 주도권도 군 지휘부로 넘어갔다. 오펜하이머는 이런 상황을 충분히 이해하고 또 받아들였다. 사실 시카고의 메트 랩Met Lab, 로스앨러모스, 오크리지, 핸포드의 시설은 모두 군을 통해 설립되었지만, 오펜하이머는 제복을 입고 그 사회에 뛰어들 준비가 되어 있었던 것이다.

원자폭탄 프로젝트에 참여한 과학자들은 기술자들이었다. 오펜하이머에 대한 재판에서 레슬리 그로브스 장군은 이렇게 말했다. "오펜하이머 박사는 저의 고문으로서 제 필요에 응한 것이지, (…) 그가 제게 무슨 일을 해야 하는지를 알려 준 것은 아닙니다. (…) 과학적 결정에 대한 책임은 저희(니콜라스 장군과 자신)에게 있습니다."(Oppenheimer 1970) 오펜하이머도 전쟁 중 로스앨러모스에서 자신의 역할에 대해 일관되게 진술하고 있다. 1964년 제네바에서 이루어진 강연 중의 대담은 이런 사실을 잘 보여 준다.

질문자 A: 만약 지금의 세계를 내다보았더라도 감히 원자폭탄을 만드는 실험을 하실 수 있었을까요?
오펜하이머: 저의 역할은, 뭐라고 할까, 모두의 노력을 하나로 모으는 일종의 사회자 역할에 불과했습니다. 어쨌든 그랬을 것 같습니다.
질문자 B: 저는 조금 다른 각도에서 다시 질문해 보고 싶군요. 지난 20년간의 세월을 이미 다 알고 있다고 가정하고 1942년 그때로 돌아간다고 해도 여전히 원자폭탄을 만드시겠습니까?

오펜하이머: 저는 이미 예라고 대답했습니다.

사회자: 심지어는 히로시마를 안다고 하더라도?

오펜하이머: 네. (Oppenheimer et al. 1965)

정부의 고문 역할을 했을 때나 2차 대전 후 공공의 지성으로서 역할을 했을 때나 그에게는 항상 애국심이 따라다녔다. 미국이 가진 부와 연구기관들, 지식이라는 자산을 활용해 좀 더 안전하고 나은 세계를 만들려는 것이 그의 의도였다.

오펜하이머는 자신의 정체성이 "미국인"이라는 사실을 여러 모습을 통해 드러냈다. 뉴멕시코의 산악 지대를 사랑했으며, 농장 근교에서 말타기를 좋아했다. 때로는 무모한 드라이브나 위험한 항해도 즐겼다. 그러나 지성인으로서, 자신의 영웅이던 토머스 제퍼슨, 윌리엄 제임스, 존 듀이[62]가 그러했듯 미국의 도시 문화에 대해서는 비판적이었다. 1949년 실제 핵전쟁이 발발할 가능성이 보이자 랄프 래프Ralph Lapp는 앞으로 미국 도시를 '위성 도시', '도넛 도시', '막대기 모양의 도시' 등으로 설계하여 인구를 분산하는 방안을 제안했다.[63] 반면 오펜하이머는 도시보다는 항상 마을town 형태로 돌아가야 한다고 주장했다.

앞서 살펴본 것처럼 오펜하이머는 1954년에 컬럼비아 대학 200주년 기념식에서, 예술과 과학의 황량한 미래에 대해 연설한 일이 있다. 비록 지금은 예술과 과학이 풍요롭게 번성하는 것 같지만 "과학과 과학을 갈라놓고, 예술과 예술을 갈라놓으며, 모든 것을 모든 것으로부터 분리시키는" 단절에 대해 강조했다. 만약 각각의 학문과 과학 분야가 마을과 같다면, 높은 곳에서 내려다보았을 때 서로 고립된 수많은 마을만 난무하는 형국이라는 것이다.

윌리엄 제임스 강연을 통해서는 이보다는 더 긍정적인 시선을 보여 주었다. 그러나 결론에 이르면 존 듀이와 생각을 같이했다. "물류와 전기를 통해 만들어진 위대한 사회는 말 그대로 사회이지 공동체가 아니다. 비인격적이고 기계적인 커뮤니케이션은 현대 사회의 두드러진 특징이며, 이를 통해 공동체는 무너진다." (Dewey 1927, 98)

근원을 향한 집념

서로를 죽이는 철학, 서로의 눈물과 서러움,
슬픔을 이해하지 못하는 철학은 철학이 아니다.
—쇼펜하우어[64]

앞서 말했듯이 오펜하이머는 파리 유네스코 연설에서 아인슈타인에 대한 몇 가지를 공식적으로 비판했다. 그러나 나는 여기에 또 다른 이유가 있었다고 믿는다. 바로 아인슈타인이 과학자인 동시에 상당한 영향력을 지닌 과학철학자란 점이다. 오펜하이머는 아인슈타인을 (실패한) 철학자로 소개하면서, 아인슈타인과 자신의 철학적 견해차를 말하고 싶었던 것이다.

"하나됨이 지혜"라고 말했던 헤라클레이토스 격언처럼 아인슈타인은 처음부터 끝가지 "통합"을 위해 노력했다.[65] 친구 마르셀 그로스만에게 보냈던 1900년의 편지는 더욱 자주 인용되고 있다. "보자마자 인식하기에는 사뭇 다른 복잡한 현상을 통합적으로 인식할 때 나는 영광스러운 기분에 사로잡힌다네."[66] 1932년 독일과학원의 카이저 레오폴트Kaiser Leopold가 연구 목적을 물었을 때는 "제 연구의 목적은 항상 이론물리학 시스템의 단순화와 통합에 있습니다. 저는 이 목적을 미시 영역으로 확장하는 데는 성공했지만, 원자와 양자 구조에까지는 아직 확장하지 못했습니다"고 대답했다. "저는 현대의 양자이론이 상당한 성공을 이루었지만, 여전히 다양한 문제에 대해 불완전한 해결책만을 제시하고 있다고 믿습니다"[67]는 말도 덧붙였다.

통합을 향한 아인슈타인의 철학적 관심은 과학 영역을 넘어서는 것이었다. 이것은 "우주 종교적" 통합의 일환이었으며 불교의 가르침, 쇼펜하우어의 철학과도 일치하는 것이었다. (Howard 1997) 돈 하워드Don Howard는 아인슈타인이 "각 사람이 개인성을 넘어 인간의 욕망이 덧없음을 깨닫고 하나의 중대한 전체로서의 우주, 그 숭고하고 불가사의한 본질을 체험하고자 한다"고 말했을 때 그 뿌리가 쇼펜하우어 사상에 있음을 알아보았다. (Howard 1997, 97) 1950년에 아인슈타인이 병으로 아들을 잃고 슬퍼하는 한 아버지에게 쓴 편지가 그런 생각을 단적으로 보여 준다.

> 인간은 우리가 "우주"라고 부르는 전체 속에서 시간과 공간의 제약을 받고 있는 한 부분입니다. 우리는 의식 속에서 형성된 시각적 망상에 의해 우리가 다른 것들과 별개라는 생각을 하게 됩니다. 이런 허상으로부터 자유로워지려는 투쟁이 종교의 진짜 노력 가운데 하나입니다. 망상을 더는 키우지 말고 극복하려고 노력할 때 마음이 평화로워질 방법을 찾을 수 있을 겁니다.[68]

프린스턴 시절 아인슈타인의 친구이자 동료였던 존 휠러는 1933

년 아인슈타인의 강의를 처음 듣고 나서 그의 철학적 측면을 다음과 같이 요약했다. 아인슈타인과 계속 교류하고 우정이 깊어지면서 더 깊이 이해하게 되었다.

> 나는 그의 따뜻하고 사려 깊은 성품 너머로, 그의 깊은 생각 저 아래로, 그가 조화 속에서 인간과 자연을 바라보고 있으며 언젠가는 전체로서 이해할 날이 오리라는 것을 알 수 있었다. 그 속에서 우리는 함께 어둠을 뚫고 나아가고 있었다. (Wheeler 1980b, 100)

만약 자연을 이루고 있는 모든 구성 인자를 설명하는 마지막 이론을 통해 아인슈타인이 "자신"을 깊이 성찰하고, 이를 통해 자신의 기질과 인성의 총체적 면모를 파악할 수 있었다고 한다면, 오펜하이머는 자신이 누구인지 감도 잡지 못한 채 살았다고 볼 수 있다. 1947년 이후 오펜하이머는 물리학자, 고등연구소를 이끄는 행정가, 정부 고문 이렇게 뭔가 서로 어울리지 않는 세 정체성을 함께 갖고 있었다.[69]

1950년대를 기점으로 공공의 지성으로 돌아선 오펜하이머는 물리학은 물론 사회학을 포함한 인문학, 예술의 지나친 전문화와 분절화 등 문화 전반에 대해 비판하고 나섰다. 그에게 공동체란 요새이면서 소속과 상호 의존을 가능하게 하는 성역과도 같았다.

오펜하이머에게 물리학계는 통합의 축이었고, 자신을 존중해 주는 동료 물리학자들은 중요한 정신적 기반이었다. 물리학자로서 명성은 연구소 소장으로서 권위를 세워 주는 핵심적인 조건이었으며, 그렇게 얻은 권위로 오펜하이머는 효과적으로 업무를 추진할 수 있었다. 1954년 이전만 해도 그는 고등연구소를 공동체로 만들고 싶다는 희망이 강했다. 전통과 학문적 깊이가 서로 달랐지만, 대화를 통해 이 모든 분리와 장애 상태를 극복하려고 시도도 했다. 연구소 구성원들이 한마음으로 뭉쳐 총체적인 역량을 발휘할 수 있기를 바랐다.

그러나 1954년, 오펜하이머는 모든 지위를 박탈당하고 "재판"을 거치며 만신창이가 되었다. 지식은 맹렬히 성장하고, 문화의 모든 영역에서 매스미디어의 영향이 커지면서 공동체는 자기보호를 위해 폐쇄적으로 변해 갔다. 이해 가을, 컬럼비아 대학 200주년 기념식에 선 오펜하이머는 엄숙하지 않을 수 없었다.

> 이 자리에 서 있는 우리는 모두 부족함과 가식의 허울을 잘 알기에, 아무것도 모른다며, 아무것도 사랑하지 말라며 덤비는 우주적 혼란에 빠지지 않도록, 우리가 알고 있는 지식과 전통과 사랑에 기대야만 할 것입니다. (Oppenheimer 1955b, 144)

그리고 청중들에게 조언했다.

> 만약 어떤 사람이 우리와 다르게 세상을 본다고 말한다면, 우리가 추하게 여기는 것을 아름답다고 말한다면, 아마도 우리는 불편해 하며 그 방을 떠날 것입니다. 그러나 이는 우리의 약점이며 단점입니다. 만약 그 세상과 그 속에 사는 사람들이 우리보다 옳고, 그들이 우리를 위한다면, 그들의 기준을 우리 것으로 삼고 더는 다른 위안을 찾지 맙시다. (Oppenheimer 1955b, 145)

오래되지 않아 오펜하이머는 마음을 추스르고 공공의 지성으로서 자신이 할 수 있는 일에 최선을 다했다. 이전에는 양자물리학의 활용과 원자폭탄 통제를 위해 애썼다면, 이제는 보어의 관점을 보급하기 시작했다. 오펜하이머의 철학은 보어보다 더 보어주의적인 면이 있었다. 당연히 아인슈타인과는 무척 다른 노선이었다.

4부에서 언급한 것처럼, 1957년 오펜하이머는 윌리엄 제임스 강연 준비를 위해 시간을 많이 쏟았다. 그러면서 지식을 비롯한 모든 것이 거침없이 성정해 가는 세계에서 의미를 찾고자 바랐고, 할 수 있는 한 "통일된, 지속적인, 완전한 시각"을 얻고자 시도했다.

일곱 번째 마지막 강연은 다음과 같이 끝을 맺었다.

> 우리는 지금 시대의 지식과 기술을 가지고 있기에 이를 다음 세대에 성실하고 완전하게 전달해야 할 의무를 지고 있습니다. 새롭고 낯선 것, 기존의 생각에 들어맞지 않는 것을 대할 때는 반갑게 맞아들이고 배워야 할 의무도 지고 있습니다. 이 두 의무는 질서와 진리를 사랑하는 이들이 져야 할 의무입니다. 다른 이들의 진리를 사랑할 때 비로소 이 두 의무는 충족될 수 있습니다.[70]

이 내용에 비추어 볼 때, 오펜하이머는 아인슈타인이 마지막 25년 동안 두 번째 의무, 즉 "새롭고 낯선 것, 기존의 생각에 들어맞지 않는 것을 대할 때는 반갑게 맞아들이고 배워야 할 의무"에 대해 둔감했다고 느꼈을 것이다. 오펜하이머의 실용주의적 태도는 아인슈타인의 통합 이론에 대한 열정을 이상하게 여길 수밖에 없었고, 그로 인해 아인슈타인을 추종하는 동료들과 충돌하지 않을 수 없었다.[71]

오펜하이머는 이후 연설들에서 자신의 생각을 더 분명하게 펼쳤다. 더 간단한 언어를 사용했고, 역사와 문화적 맥락에 대해 더 정확한 표현을 구사했다. 1960년 노스캐롤라이나 대학에서 이루어진 강연에서는 다음과 같이 주장한다. "갈릴리 바닷길을 따라 설파된 수많은 가르침 중 남은 단 한마디는 '네 이웃을 사랑하라!'는 것입니다. 그러나 오늘날에는 그 의미가 다릅니다. 이 말이 더는 진리가 아니라는 뜻이 아니라, 이 말을 실천하는 방법이, 이를 실천하는 사람이 달라졌다는 뜻입니다." (Oppenheimer 1960, 13) 그는 또 "특정 과학 분야가 다른 것들보다 훨씬 중요하다든지, 하나의 진리를 통해 다른 사실이 유추될 수 있다"는 식의 위계질서에 대해서도 반대의 뜻을 분명히 밝혔다. (Oppenheimer 1959, 39) 과학계의 잘못된 인식에 대해서도 지적을 아끼지 않았다.

> 어떤 과학 분야도 다른 분야를 뒤따르거나 하지는 않습니다. 화학이든, 생물학이든 물리학의 법칙과 전혀 반대되는 주장을 하지는 않습니다. 다만 서로 다른 길을 갈 뿐이지요. 각각은 서로 다른 자연계의 질서를 다루고 있습니다.[72]

친구이자 동료였던 한스 베테의 60세 생일을 기념하며 남긴 글 〈현대 물리학의 관점들Perspectives in Modern Physics〉에서 오펜하이머는 우연의 역할에 대해 강조하고 있다. "과학의 많은 부분은 우연에 의해 이루어진다. 과학자들은 자신들만의 특별한 눈을 통해 어떤 현상은 선택하고, 어떤 현상은 제외하면서 날카롭고 깊게 이해해 간다." (Oppenheimer 1966b, 10)

탁월한 소통 기술

오펜하이머는 대량 살상 무기를 만드는 로스앨러모스에 있으면서 공동체와 협동적 삶을 온 몸으로 경험했다. 이후 고등연구소 소장으로 일하면서는 지식 기반의 사회를 이루기 위해 엄청난 힘과 노력을 바쳤다. 1954년 오펜하이머가 대표위원회에 제출한 보고서를 보면 연구소 사람들이 공동체를 만들었던 이유를 지나치다 싶을 정도로 긍정적으로 보고 있었다는 사실을 알 수 있다.

> 많은 구성원이 우리의 목표를 깊이 이해하고 있으며, 이를 뒷받침할 만한 전문적인 지식도 갖추고 있다. 그들은 상호 이해와 공동의 목표를 바탕으로 공동체를 형성하고 있다. 구성원은 대부분 같은 아파트에 살고, 같은 식당에서 밥을 먹고, 같은 공간에서 생활하고, 같은 도서관에서 연구하면서 하나로 뭉치고 있다.[73]

하지만 3부에서 살펴보았듯이, 오펜하이머는 끝내 자신이 '진심으로 풍요롭고 조화로운 우정'을 만들어 갈 수 없다는 사실에 좌절하고 깊은 환멸에 빠진다.

> 오펜하이머는 서로 학문적 성취를 기뻐하고 애정을 가지고 존중하는 분위기가 자연스럽게 이루어지기를 기대했지만, 연구소 교수들은 그렇게 쉽게 서로에게 다가가지 못했다. 그는 마음이 통하는 조화로운 우정이 이루어지기를 진심으로 바랐다. 연구소 전체가 그런 분위기이길 꿈꿨고, 몇몇 개인과는 그런 관계가 이루어졌다. 그러나

식당에서 수학자들과 역사학자들은 자신이 속한 그룹 사람들이 앉은 식탁을 찾기에 바빴고, 우정의 관계가 더는 뻗어 나가지 못했다. 그 순간 자신의 한계와 맞닥뜨린 오펜하이머는 깊이 좌절하고, 허망해 했다. (Kennan 1972, 19)

1950년 아인슈타인이 이탈리아 과학발전학회에 보낸 편지 내용은 오펜하이머의 공산주의적 생각과 아인슈타인의 생각이 어떻게 대비를 이루고 있는지 확연하게 보여 준다.

축적된 경험을 통해 얻은 지식, 논리적 사고의 법칙 따위를 모두 떠나서, 과학에 종사하는 사람들은 어떠한 개인도 자신의 판단과 결정에 따라 주장을 '진리'라고 말할 수 없다는 사실에 원칙적으로 동의합니다. 역설적인 것은, 객관적인 사실을 위해 모든 노력을 쏟는 그 사람 역시 사회적 시각에서 출발하여 자신의 판단 외에는 아무것도 믿지 않는 심각한 개인주의자로 변해 간다는 것입니다. 개인주의적인 지식인과 과학시대는 역사 속에서 동시에 발생했고, 이후 지금까지도 계속 이어지고 있다는 주장은 상당히 일리가 있습니다. (Einstein 1954)

아인슈타인의 편지는 공공 및 개인의 창의성을 바라보는 그의 관점이 오펜하이머와 어떻게 다른지 다시 한 번 확인시켜 준다. 아인슈타인은 갈릴레이, 케플러, 뉴턴, 맥스웰 등을 염두에 두면서 썼을 것이다. 현재와 같이 발전에 발전을 거듭한 물리학계지만 여전히 이론물리학 분야에서 뛰어난 개인은 중요한 역할을 한다. 오펜하이머는

"이 모든 눈부신 발전과 업적들은 공동의 노력 없이는 불가능했을 것이다"고 말했지만, 지식계의 어젠다는 거의 대부분 개인으로부터 출발했으며, 따라서 그 어젠다를 이끄는 특정한 인물이 항상 있었다. 고에너지물리학 분야에서만 봐도 슈윙거, 파인만, 겔만, 츄, 와인버그, 윌슨, 위튼 등이 최근까지도 주도적인 역할을 했다. 이들 각자의 지적 공헌과 개인적 성품을 들여다보면 왜 그들이 그 위치에 서게 되었는지 충분히 납득할 수 있을 것이다. 그러나 아인슈타인과 오펜하이머처럼(이후에는 파인만처럼) 물리학계뿐만이 아니라 전 세계에 걸쳐 일반인에게까지 상징적으로 부각된 인물은 찾기 어렵다. 보어의 경우 아인슈타인 못지않게 물리학, 정치, 철학에서 많은 업적을 남겼으나 아인슈타인과 오펜하이머 정도의 위치에는 오르지 못했다.

아인슈타인과 오펜하이머, 파인만이 시대의 우상이 된 중요한 요소 중 하나는 바로 그들의 소통 기술이었다. 과학자, 대중과 소통할 줄 알았기 때문이다. 아인슈타인, 오펜하이머, 파인만 각자가 자신의 과학을 토대로 대중과 소통하기 위해 기울인 노력의 차이는 흥미롭다. 아인슈타인의 경우 특수상대성이론과 일반상대성이론을 통한 물리학의 진화는 그 단순성과 통찰력, 간결성에서 놀라운 것이었으며 그 파장도 컸다.[74] 파인만도 마찬가지였다. 그는 강의(Feynman 1965)를 통해 통시적인 물리학적 관점을 얻고자 하였고, 저서 《QED》(Feynman 1985)를 통해 양자물리학과 양자전자기학을 해부해 냈다. 반면 오펜하이머는 자신이 아닌 주변 사람들의 공헌밖에는 내세울 것이 없었다. 그의 역할은 자신이 속한 공동체가 무언가를 성취할 수 있도록 구심점이 되어 준 것이다. 이 때문에 그는 항상 "깊이"의 문제와 내세울 만한 학식의 문제로 고민했다. 더욱이 유창하고 화려하며 시적인 화술이 글에는 잘 반영되지 않았다. 그런데도 그는 언어를 완벽하게 구사하는 능력을 갖고 있었다. "무거운" 주제를 다룰 때 때로 모호하고 불명료한 면도 있었지만 그는 꽤 긴 강의를 전혀 원고에 의지하지 않고 진행할 수 있었다. 아인슈타인이나 파인만이 "교단"에 서는 것을 즐거워했던 반면, 오펜하이머는 항상 진지했던 것도 큰 차이점이다. 다이슨이 1989년《피직스 투데이Physics Today》에 기고한 글에 따르면, 파인만은 "반천재, 반익살꾼"이었다고 한다. 아인슈타인도 익살꾼의 기질을 다분히 가지고 있었다. 이렇게 유머러스한 모습은 그들의 인간적인 면모를 더욱 부각시켰고, 바로 이런 면이 대중과 원활하게 소통하게 하는 데 큰 도움이 되었다.

아인슈타인과 파인만은 과학계에 큰 공헌을 했기 때문에 대중의 우상이 되기 전에 먼저 과학자들의 우상이 되었다. 아인슈타인의 경우 상대성이론을 통해서, 파인만은 양자물리학에 대한 자신만의 기발한 접근법과 수학적 통찰력을 통해 과학계에 기여했다. 두 사람에 비하면 오펜하이머는 과학계에 그만한 기여를 한 바가 없고, 스스로 내세울 만한 성취물도 없다. 전쟁 시기에 예외적으로 기여하게 되는데, 관리자로서 특별한 능력과 통솔력을 발휘했으며 프로젝트를 통해 진행되는 각 연구의 특성을 모두 이해했다는 점이다. 로스앨러모스의 기술적인 성공은 연구소에서 땀 흘린 모든 이가 이룬 공동의 결실이었다.

아인슈타인은 과학계에서도, 대중에게서도 인정을 바라거나 기대하지 않았다. 반면 오펜하이머는 인정받기를 바랐다. 이처럼 서로 다른 문화, 정치, 지적 배경을 가진 두 사람은 서로 다른 시각 속에서 만나고, 교류했다.

그러나 그 어느 것도 물리학 이론의 궁극적인 목표와 역할에 대한 관점 차이만큼 크지는 않았다. 1938년부터 41년까지 아인슈타인의 조수였던 발리아 바그만은 프린스턴에서 열린 아인슈타인 100주년 기념연설에서, 과학과 비과학을 통틀어 온갖 생각을 경구와 격언으로 표현하기를 좋아했던 아인슈타인을 회상했다. 그는 아인슈타인이 남긴 유명한 격언 중 하나인 "신은 난해하다. 그러나 심술궂지는 않다"를 인용하고 난 후, 일반적으로 "자연의 법칙을 이해하기는 어렵다. 그러나 불가능한 것은 아니다"로 해석된다고 말했다. 그러면서 당시 아인슈타인이 자신에게만 한 말을 덧붙였다. "나는 말이지, 어쩌면 신이 심술궂을지도 모른다고 생각한다네." 그 이유를 아인슈타인은 이렇게 말했다고 한다. "왜냐하면 우리가 무언가를 이해했다고 믿는 순간에도 사실은 실체와는 동떨어져 있을 수 있기 때문이라네." (Bargmann 1980, 480-481)

아마도 오펜하이머는 자연의 법칙에 관한 한 단 한 번도 맹목적으로 잘못된 견해에 사로잡힌 적이 없었을 것이다.

주

1 당시 아내와 사별한 오펜하이머의 아버지는 오펜하이머의 동생에게 보낸 편지에서 "로버트는 항상 바쁘다. 아인슈타인과는 두 번 짧게 이야기를 나눴다고 한다"고 말했다. (Smith and Weiner 1980, 153)

2 1920년에는 스스로를 "어디에도 뿌리가 없는 사람 (…) 끝없는 여행자, 어디에서도 이방인"이라고 불렀다. 아인슈타인이 보어에게, 1920년 3월 3일, Einstein 1971, 26 참고.

3 Castagnetti 1997, Castagnetti and Goenner 2004 참고.

4 유네스코 강연(1965)에서 오펜하이머가 말한 내용.

5 Wigner 1982. 1921년에 열린 세 번째 솔베이 회의에는 참석하지 못했는데, 그 이유는 히브리 대학 설립 자금 마련을 위해 미국을 방문하고 있었기 때문이다.

6 구체적으로는 Lanczos 1974, 9 참고.

7 Einstein 1949a, 79, 81. 그리고 Infeld and Plebański 1960.

8 Pais 1982, chap. 29, "아인슈타인의 협력자들"

9 아인슈타인이 오토 줄리우스버거에게, 1937년 9월 28일, EA 38-163.00. 당시 줄리우스버거는 아직 베를린에 머물고 있었다.

10 J. R. Oppenheimer, 1939년 3월 16일, 아인슈타인의 60세 생일 기념 특별 라디오 프로그램. 오펜하이머와의 대화는 《Science》89(2311)(1939), 335-336에 실렸다. 오펜하이머는 과학의 엄청난 성과가 협력이라는 전통을 통해서 이루어졌다고 믿었다. "협력은 (…) 과학 발전을 위한 황금률이며 인류 역사상 위대한 성과다." (Oppenheimer 1960, 8)

11 1940년대 상대성이론은 아인슈타인의 절친한 동료 피터 버그만(1942)이 이끌어 나갔다. Carson and Hollinger 2005 참고.

12 당시 오펜하이머는 초대에 거부한 이유를 이렇게 밝혔다. "원자력과 관련하여 제가 추구하는 방향과 완전히 일치하지 않는 그 행사를 위해 공적인 연설을 할 준비가 되어 있지 않았습니다." Bird and Sherwin 2005, 381-382.

13 연구소의 간략한 역사는 Schweber 1993, Regis 1987 참고.

14 프리먼 다이슨이 자신의 부모에게, 1948년 10월 4일. 이 편지를 공개할 수 있도록 허락해 준 프리먼 다이슨에게 감사드린다.

15 Schrecker 1986, Wang 1999, Schweber 2000.

16 1949년 7월 아인슈타인의 70세 생일을 축하하기 위한 《리뷰스 오브 모던 피직스Reviews of Modern Physics》 제작 과정에 오펜하이머는 참여하지 않았다. 다른 물리학 관련 연구에도 전혀 참여하지 않았다.

17 솔 스테인이 오펜하이머에게, 1954년 3월 5일, JROLC, Box 32. Thorpe 2006에 이 편지는 공개되었다.

18 수여식은 1954년 10월 3일에 열렸다. 오펜하이머가 불참을 알려 온 것은 9월 30일이었다.

19 JROLC, Box 256, Folder "Einstein's honorary degree, Technion 3/10/54." 행사장에서 툴린은 "제임스 프랑크 교수와 알베르트 아인슈타인 박사"가 명예학위를 받을 것이라고 발표했다. 그러나 나머지는 모두 아인슈타인 박사와 프랑크 교수라고 말했다.

20 JROLC, Box 256, Folder "Einstein, Albert-Article for Princ. Packet."

21 Ibid.

22 고등연구소 동료인 로리 브라운은 1953년 오펜하이머를 노스웨스턴 대학으로 초대했고, 그곳에서 오펜하이머는 대학원생들을 가르쳤다. 아인슈타인이 사망한 지 얼마 되지 않아서였다. 이 내용은 수업이 다 끝난 후 대학원생들과 대화하던 중에 나온 것이다. L. Brown, 개인적인 대화, 2006년 5월 20일.

23 줄리안 헉슬리와 장 피베토의 연설은, 이 행사가 아인슈타인 사망 10주기뿐만 아니라 일반상대성이론 50주년도 기념하는 것이어서 기획되었다.

24 JROLC, Box 235, Folder "UNESCO (Paris) Einstein, 1965년 12월 13일 초안."

25 지금부터는 특별한 언급이 없는 한 오펜하이머의 말을 인용한 것이다. JROLC, Box 235, Folder "UNESCO (Paris) Einstein, 1965년 12월 13일 초안."

26 몇 해 전 오펜하이머는 릴리엔솔에게 다음과 같이 말했다. "신화는 불쌍합니다. 만약 모두 명제를 통해서 확인해야만 한다면 그 인생은 견디기 힘들지 않겠습니까." (Lilienthal 1969, Entry for January 31, 1959, 308)

27 초안에는 이렇게 쓰여 있었다. "일반상대성이론은 실험을 통해 증명되지 않았습니다. 다른 아무도 못했지만 혼자만 오랫동안, 오랫동안 알고 있던 이론이었지요." 이런 내용은 《뉴욕 리뷰 오브 북스New York Review of Books》에 게재되었다. (Oppenheimer 1966)

28 나중에 그는 "이 전통을 통해 그는 중력의 장이론을 고안할 수 있었다"고 내용을 바꾸었다.

29 마지막 문장은 "물리학적인 수단을 통해 실제로 연구할 수 있는 대상인가요?"로 바꾸어 읽었다.

30 이 문장은 "자연의 법칙은 관찰의 한계를 결정합니다"로 바꾸어 읽었다.

31 이 문장은 나중에 "아무도 이렇게 독창적인 생각을 하지 못했습니다"로 수정했다.

32 "환영"이라는 단어를 그는 추가했다.

33 Frank Jotterand, 《Gazette de Lausanne》, "Oppenheimer," 1965년 12월 18-19일, 25.

34 에이브러햄 파이스가 오펜하이머에게, 1965년 12월 20일, JROLC, Box 285, Folder

"UNESCO-Einstein Correspondence." Pais 1997 참고.

35 JROLC, Box 285, Folder "UNESCO (Paris) Einstein, 1965년 12월 13일 초안."

36 당시 강연장에는 오토 나단이 있었다. 1965년 12월 16일에 그가 헬렌 듀카스에게 보낸
편지에는 "오펜하이머는 아인슈타인의 업적을 깔아뭉개고, 새로운 물리학을 배우지
않으려 했다는 이유로 지난 25년간의 노력을 (⋯) 실패라고 보았습니다" 고 쓰여 있다.
(Einstein 2005, xiii and note 18, xxx)

37 오펜하이머가 헬렌 듀카스에게, 1965년 12월 20일, JROLC, Box 285, Folder "UNESCO
-Einstein Correspondence."

38 Gerard Bonnot, "Oppenhiemer parle d'Einstein," 《L'Express》, 1965년 12월 20-26일.

39 Einstein 1987, 10-14.

40 예를 들어, 〈왜 사회주의인가?〉라는 글, Einstein 1954, 151-158.

41 2년 전에는 리버데일에 있는 윤리문화학교 책임자로 리차드 보이드 발로Richard Boyd
Ballou를 임명하는 자리에서 오펜하이머가 강연을 했다.

42 1909년 아인슈타인을 취리히 대학 교수로 추천한 글에는 '유대인이 끼어들기를 잘하고,
무례하며, 소매상 주인 같은 정신 상태를 가지고 있다' 는 편견이 잘 드러나 있다. Pais
1982, 185-186.

43 EA 40-431-3.

44 Buber 1994, 459. 여기서 소개된 부분은 Scholem 2002 서론, 스키너의 설명.

45 Howard 1997, "A Peek behind the Veil of Maya"를 보면 아인슈타인이 쇼펜하우어로부터
큰 영향을 받았다는 사실을 알 수 있다.

46 Hijiya 2000을 통해 《바가바드기타》와 오펜하이의 관계를 더 살펴볼 수 있다.

47 "근본적인 철학서나 특정 가치관에 대한 글"

48 EA 39-19.

49 스피노자의 철학과 계몽주의의 영향에 대해서는 Israel, 《Radical Enlightenment》(2001)
참고.

50 Jammer 1999, 42ff.

51 1920년 아인슈타인은 〈스피노자의 철학에 부처Zu Spinoza's Ethik〉라는 시를 썼다. 그
부분이다.

나는 이 사람을 얼마나 흠모하는가?
말로 할 수 없을 만큼.
그런데도 그의 거룩한 후광 속에서

홀로 남을까 나는 두려워한다.

52 Lanouette 1992, 85.

53 Israel 2001, 231.

54 두려움과 도덕적 코드를 정당화하기 위한 두 이유에서 종교는 출발했다.

55 예를 들어 Dauer 1969, Safranski 1990 참고.

56 이 여덟 가지 방법은 셋으로 간추릴 수 있다. 지혜, 올바름, 자기 수양.

57 《The World as Will and Representation》chapter xxxi는 전체가 천재에 대한 설명이다.

58 쇼펜하우어는 안샤웅-Anschauung이라는 개념을 썼고, 페인이 이를 '직관'으로 번역했다. 쇼펜하우어는 망막을 거쳐 사물의 외형을 인지하는 과정을 안샤웅이라고 했다.

59 Grene and Nails 1986, 267-302, Jammer 1999, Holton 2005. 아인슈타인과 스피노자의 날카로운 분석력이 뒤따라야 한다. 예를 들어, 크롬웰 정권을 분석한 스피노자의 글 〈Tractacus Theologico-Politicus〉와 2차 대전 직후에 아인슈타인이 분석한 군국주의에 관한 글 등을 살펴보기 바란다.

60 스피노자, 《바가바드기타》둘 다 엄격한 결정론을 따른다.

61 홀랜드에서 에렌퍼스트에 머물던 시절 오펜하이머는 "Opje"로 불렸다. 1930년대에도 오펜하이머는 자주 "Opje"라는 이름으로 서명했다. 로스앨러모스에서는 오피Oppie라는 이름을 쓰기도 했다.

62 모튼 화이트의 글 〈미국의 철학자와 대도시The Philosopher and the Metropolis in America〉참고. White 1973, 11-30.

63 Lapp 1949, 162-164.

64 Safranski 1990, 305-306.

65 Holton의 글, 〈Einstein's Scientific Porgram: The Formative Years〉를 참고. Elkana and Holton 1982, 49-65.

66 Holton 1998a, xxxi. 홀턴의 또 다른 글 〈아인슈타인과 과학의 목표Einstein and Goal of Science〉(1996)도 참고.

67 Dukas and Hofmann 1979, 12.

68 아인슈타인이 세계유대인회의 로버트 S 마르쿠스에게, 1950년 2월 12일, EA 60-424. 독일어 원문은 EA 60-425.

69 Thorpe 2005.

70 JROWJ, Lecture 8: "The Hope for Order."

71 1961년 4월 MIT 100주년 기념연설이 그 예다.

72 1960년에 한 오펜하이머의 강연 〈전통과 발견Tradition and Discovery〉. (Oppenheimer

1984, 106) 비슷한 시기에 다른 곳에서 한 강연에서 오펜하이머는 "자연계의 다양한 질서 사이에는 골도 없고 간격도 없으며 절단면도 없다. 다만 하나의 질서로 다른 질서를 설명할 수 없을 뿐이다. 그들 각자는 다른 질서를 갖고, 다른 영향을 미치며, 다른 언어를 가진 가지와 같다." (Oppenheimer 1960, 15) 나무에 비유한 이유는, 자라지 않는 신전temple과 달리 나무는 자라기 때문이다. (ibid., 17)

73 연구소장 보고서, 1954, 26.

74 Einstein 1920, 1938. 《I&O》에 게재된 아인슈타인의 글도 참고하기 바란다.

에필로그

높이 오르고자 하는 노력만으로도 인간의 가슴은 가득 채워질 수 있다.

행복한 시시포스를 상상해 봐라.

_ 알베르 카뮈(1955)

〈프롤로그〉에서 나는 "아인슈타인과 오펜하이머는 위대한 공헌을 한 이후 그에 어울리는 삶을 살았는가?"라는 질문을 던졌다. 두 사람 인생에서 가장 중요한 부분은 물리학이 차지하고 있다.

아인슈타인은 일반상대성의 비선형 장방정식과 중력, 전자기장의 "통합" 이론을 제시하고 이를 통해 "근본적인" 수준의 입자에 대한 해결책을 얻을 수 있다는 믿음을 결코 잃지 않았다. 그는 비선형 장방정식을 통해 양자물리학에서 다루는 확률에 대한 설명도 가능하게 할 수학적 접근법을 얻을 수 있으리라고 생각했다. 특수상대성이론을 통해 브라운 운동을 설명해 낸 후 자신감을 얻은 후 광자 가설을 통해 태양의 흑점 스펙트럼을 설명하고, 광전 효과를 해석하고, 단순한 고체에서 발생하는 특정 열에 대한 양자이론까지 확립하고자 했다. 일반상대성이론을 다루기 시작하면서 그는 한 번도 연구의 중심을 잃은 적이 없었다. 그의 평생의 꿈은 중력과 전자기장을 통합해 내는 것이었다. 미시 영역으로 나아가고자 했으면서도 양자물리학은 거부했고, 전혀 동요하지 않았다. 스스로 "외로운 사람"이 되었다. 그는 물리학계의 "아웃사이더"가 되는 것을 전혀 두려워하지 않고 자신에게 주어진 것에 만족했다. 이처럼 개인주의적인 성향은 단순히 학문적인 영역에서뿐 아니라 정치적 영역에서도 똑같이 드러났다. 때로는 뜻이 맞는 동지들과 손을 잡았지만, 많은 순간에 혼자 활동하기를 고집했다. 또한 — 예루살렘 히브리 대학, 브랜다이스 대학의 경우처럼 — 애초에 자신이 원했던 바와 다른 방향으로 일이 진행될 경우, 과감히 협력의 끈을 잘라 버리기도 했다.

아인슈타인은 문화, 언어, 관습, 심지어는 사회적 구조까지 다른 외국에서 살아야 했던 "망명자"이기도 했다. 그의 명성은 다른 사람들과 어울려 사는 데 도움이 되기보다 오히려 그를 더욱 고립시켰다.
T. S. 엘리엇의 시 〈동방박사의 여행Journey of Magi〉 마지막 구절이 그
의 힘들었던 심경을 잘 표현하는 듯하다.

> (…) 나는 탄생과 죽음을 보았네
>
> 그러나 탄생과 죽음이 다르다고 생각했네
>
> 탄생은 마치 죽음, 우리의 죽음과도 같이
>
> 힘겹고 쓰디쓴 고통으로 다가왔네
>
> 우리는 우리가 속한 왕국으로 돌아왔건만
>
> 여기에도 더는 평화가 없네
>
> 이방인들은 여전히 자신들의 신을 부여잡고 있네
>
> 나는 기꺼이 또 한번 죽음을 생각하네

　오펜하이머의 상황은 너무나 달랐다. 물리학계의 문제가 자신에
게도 큰 문제였고, 자신의 명예도 중요한 문제였다. 이론물리학자로
서 "순위"를 마치 "자신"의 가치를 결정하는 중요한 잣대로 삼았다.
전쟁 이후 비록 연구 활동은 그만두었지만, 고에너지물리학 진화의
흐름에 뒤처지지 않으려고 노력했다. 고등연구소 소장을 맡으면서부
터 진행한 이론 세미나들과 2년에 한 번씩 열린 "로체스터" 고에너지
물리학회는 그에게 무척 중요했다.
　오펜하이머와 아인슈타인 사이의 껄끄러움은 양자물리학과 유대
인 문화, 전후 정치적 판단과 주장, 연구 방식 등 다양한 측면에서 드
러난 시각차에서 비롯되었다. 그러나 병적인 이런 마음은 오펜하이
머에게서 일방적으로 쏟아져 나온 것이다. 아인슈타인이 이룬 업적

1961년 솔베이 회의에 참석한 오펜하이머(앞줄 왼쪽에서 여섯 번째). (Courtesy of the International Solvay Institutes, Brussels)

들은 오펜하이머의 이런 마음을 전혀 누그러뜨리지 못했다. 그러나 1965년 파리 연설(유네스코 초청)에서 오펜하이머가 아인슈타인을 크게 비판하고서도 칭찬을 아끼지 않았듯, 사실 오펜하이머는 아인슈타인을 깊이 존경했다. 그것은 연설 후 프랑스 주간지 《렉스프레스》 제랄드 보노 기자와 인터뷰한 내용 — "당연하지요. 저는 젊은 아인슈타인 같은 사람이 되고 싶습니다. 그건 말할 필요도 없지요." — 에서도 드러난다. 한편, 이 말은 젊은 아인슈타인이 연구하던 당시 환경과 오펜하이머가 물리학자로서 등장해 이론물리학계에 논문을 발표하기 시작하던 1926년과 많이 달랐다는 뜻이기도 하다. 당시 물리학계는 하이젠베르크, 슈뢰딩거, 보른, 요르단, 디랙, 파울리 등의 노력으로 양자물리학에 관한 기본 개념과 틀이 거의 잡혀 가고 있었다. 나는 오펜하이머가 시기를 조금만 잘 만났으면 자신도 보른이나 요르단만큼의 기여를 할 수 있었으리라 생각했다고 믿는다. 같은 인터뷰 기사에서, "적어도 아인슈타인 시대에는 혼자 고독하게 연구해 놀라운 것을 발견해 낼 수 있다는 사실을 알려 줬습니다. 단지 조금만 성품이 강했더라면…"이라고 한 걸 보더라도 말이다. 여기서 오펜하이머가 "강인한 성품"을 언급한 까닭은 1930년대 양자이론을 상대론적 장시스템relativistic field system으로 확장하면서 느꼈던 어려움과 당시 자신의 부족함을 인정하는 말이었다. 그는 아마도 1925-26년에 이룩한 보른-오펜하이머 어림법을 능가하는 중대한 기여를 해서 평생에 걸쳐 부족했던 자신감을 얻고 싶었을 것이다.

불명확하고, 모호하며, 빠르게 변해 가는 세상 속에서도 아인슈타인은 언제나 자신에 대한 명확하고 분명한 태도를 유지하고 있었다. 오펜하이머는 자신에 대한 확고한 믿음이 없어 자신에게 의미 있는 공간을 찾고자 노력했다. 자기 내면의 분열을 막을 수 있는 통찰력과 힘을 얻기 위해 그는 물리학, 역사, 법학, 심리학 등까지 두루 연구하였다. 오펜하이머는 윌리엄 제임스와 닮은 면이 많다. 두 사람 다 폭넓은 분야에 걸쳐 "전체로서의 인간의 존재"를 이해하고자 노력했다. 제임스와 마찬가지로 오펜하이머도 넓게는 인간이, 구체적으로는 과학자가 책임감을 가지고 도덕적으로 따를 수 있는 지침을 찾고자 했다. 제임스가 그랬듯, 오펜하이머도 눈부신, 그러나 일면 체계적이지 못한 자신의 사상을 일구어 냈다.[1]

성자에 대해 다루고 있는 윌리엄 제임스의《종교적 경험의 다양성 Variety of Religious Experience》을 통해 우리는 아인슈타인에 대해 좀 더 깊이 이해할 수 있다.[2] 대중에게 아인슈타인은 성자와 같은 느낌으로 다가온다. 실제로 고통받는 이들을 위해 자신을 기꺼이 희생하고자 함으로써 세속적 성자의 면모를 스스로 갖추었다. 반미활동위원회를 이끌던 상원의원 매카시에 대항하면서 다양한 사람에게 조언할 때는 감옥에 갈 것도 각오하고 있었다. 오펜하이머는 결코 아인슈타인 같은 수준의 이타심을 발휘한 적은 없다.

아인슈타인은 물리학계에 공헌할 수 있는 시간과 장소 운을 타고났을 뿐 아니라 성자 같은 이미지로 자신을 빚어 갈 수 있는 역사적 환경도 타고났다. 1·2차 대전과 대공황, 히틀러와 스탈린의 잔인함을 직접 보았으니 말이다.

오펜하이머도 성인이 되고 싶었을지 모르겠지만, 아인슈타인과 같은 환경을 만나지는 못했다. 보안 등급을 박탈당한 오펜하이머를 두고 케넌은 "오직 대단한 죄인만 위대한 성자로 거듭난다"고 말했지만, 오펜하이머 시대에는 더는 적절한 말이 아니었던 것 같다. 그보다는 그레이 위원회의 고든 딘Gordon Dean과 데이비드 릴리엔솔이 그에 대해 남긴 말이 더욱 절적하리라 본다. 오펜하이머는 "아주 인간적인 사람, 민감한 사람, (…) 애국적인 사람이었다." 자신의 제자까지도 배신할 정도로 그는 국가에 충성하고, 나라를 사랑했던 인물이었다. 또한 "기술적으로 가능한 것으로 보이기만 했다면, (…) 나에게 주어진 모든 명령을 수행했을 것이다"고 말할 만큼 그의 애국심은 개인의 야심과 뒤엉켜 있었다. 보안 권한을 박탈당할 때 그는 그때까지 자신이 얻은 것을 잃을까 봐 두려워했을 것이다. 그러나 조국에, 분명한 논리에 근거해 핵을 비롯한 군사정책을 제안했기 때문에 자신의 권리를 박탈하는 것은 국가를 위해서도 옳지 않은 일이라고 믿었다. 오펜하이머의 제안이 철회된 후 미국은 실제로 국제기구와 관련한 회담에서 실패를 맛봐야 했다.

그레이 위원회가 시작될 때 라비는 다음과 같이 말했다.

> 오펜하이머 박사의 직위 박탈은 매우 유감스러우며 결코 시행되어
> 서는 안 될 일이었습니다. (…) 그는 조언자였습니다. 당신이 그에게
> 문의하기 싫으면 그냥 안 하면 되는 것이었죠. (…) 따라서 오펜하이
> 머 박사에게 이런 대접을 한다는 것이 전혀 납득이 되지 않습니다.
> (…) 그 덕분에 우리는 수소폭탄을 포함하여 일련의 무기들을 소유
> 하게 되었습니다. 이제 무엇이 더 필요합니까? 인어라도 대령할까
> 요? (Oppenheimer 1970, 468)

정부를 향한 라비의 질책은 분명 옳았다. 그렇다고 청문회 자리에
서 오펜하이머와 인어를 연결시킨 건 적절한 표현은 아니었다.

T. S. 엘리엇의 시 — 알프레드 프루프록의 연가The Love Song of J.
Alfred Prufrock — 에 등장하는 알프레드 프루프록과 달리 어린 시절의
오펜하이머가 쓴 시에는 감히 "온 우주"를 뒤흔들어 보고 싶어 하는
마음이 담겨 있다. 프루프록과 달리 오펜하이머는 그 시도가 "결국에
는 의미 있다"고 말할 수 있었다.

> 미소로 그 문제를 풀어내는 것이,
> 우주를 공 속으로 밀어 넣는 것이,
> 그 공을 어떤 압도적인 문제를 향해 굴리는 것이,
> "나는 여러분 모두에게 말할 것이 있어서,
> 죽음에서 돌아온 나자로"라고 말하는 것이,

그러나 프루프록과 마찬가지로 오펜하이머도 인정해야만 할 것이
있었다.

> 아니야! 나는 햄릿 왕자가 아니야
> 그런 사람이 되지도 못하네
> 나는 그저 왕자를 돕는 사람
> 행차를 흥성하게 하고,
> 한두 장면을 시작하게 하거나,
> 왕자에게 조언이나 할 사람,
> 영락없이, 만만한 연장,
> 굽실거리고, 즐겨 심부름하고,
> 교활하고, 조심성 많고, 소심한,
> 호언장담을 잘하지만, 약간 둔한,
> 때로는, 정말, 거의 우스꽝스러운,
> 때로는, 거의, 어릿광대인

그레이 위원회와 미국원자력위원회AEC 임원직을 거친 후의 오펜
하이머는 아마 프루프록과 마찬가지로 이렇게 말해야만 했을 것이다.

> 나는 들었네. 인어들이 서로에게 노래하는 것을.
> 나는 인어들이 나에게 노래해 주리라고는 생각하지 않네.
>
> 나는 인어들이 파도를 타고 바다 쪽으로
> 나가는 걸 보았네. 바람이 바닷물을 흰색 검은색으로

불어 댈 때, 파도의 하얀 머리카락을 뒤로 넘겨 빗질하면서.

적갈색 해초로 만든 화환을 두른
바다 소녀들 옆에서, 우리는 바다의
방들에 머물렀네. 인간의 목소리가 우리를
깨울 때까지, 그리고 우리는 익사하네.
(Eliot 1963, 13-17)

주

1   Roth 1969a, Roth 1969b의 서문 참고.

2   Roth 1969a, 233-272.

아인슈타인-러셀 선언

런던, 1955년 7월 9일

인류가 마주친 비극적인 상황 앞에서 우리는, 과학자들이 모여 대량 학살 무기를 개발한 결과로 일어난 위험을 진단하고 아래의 초안과 같은 취지에서 결의안을 논의해야 한다고 생각한다.

우리는 특정한 국가나 대륙, 종교인으로서가 아닌, 앞으로의 존재 자체를 위협받고 있는 인류의 이름으로 말하고 있는 것이다. 세계는 분쟁으로 가득하며 공산주의와 반공산주의 사이의 거대한 싸움으로 인해 작은 분쟁들이 끊임없이 꼬리를 물고 있다.

정치적 인식이 있는 사람이라면 대부분 이 문제에 강한 감정을 가지고 있겠지만, 우리는 가급적 그런 감정은 접어 두고 자신을 주목할 만한 역사를 가진 생물학적 종의 일부로서, 멸종되어서는 안 될 존재임을 먼저 생각하길 바란다.

우리는 특정 집단을 두둔하는 어떤 말도 자제할 것이다. 모두 똑같이 위험에 처해 있으며, 그 위험을 모두 함께 깨달을 때 피할 수 있는 방법을 찾을 수 있다.

새로운 방식으로 생각하는 법을 배우자. 자신이 선호하는 어떤 집단이 군사적 승리를 거두기 위한 방법이 무엇인지에 대해서는 더는 묻지 말자. 더는 그런 방법은 없다. 이제는 모두의 파멸을 초래할 것이 틀림없는 군비 경쟁을 끊을 방법에 대해 질문할 때다.

대중들은, 심지어 권력을 가진 많은 사람조차, 핵폭탄을 사용한 전쟁이 가져올 결과를 깨닫지 못하고 있다. 그들은 파괴된 도시를 떠올린다. 새로운 폭탄은 옛날 것에 비해 더욱 강력하기 때문에, 원자폭탄 하나가 히로시마를 파괴할 수 있었다면, 수소폭탄 하나는 런던·뉴욕·모스크바처럼 거대한 도시도 한 번에 파괴시킬 수 있다고 그들은 생각한다.

수소폭탄 전쟁에서 큰 도시들이 사라지는 것은 당연하다. 하지만 그것은 작은 재앙들 가운데 하나에 불과하다. 런던, 뉴욕, 모스크바의 모든 사람이 사라진다 하더라도 수백 년이 지나면 세계는 그 도시들을 복구해 낼 수 있다. 그러나 비키니 섬의 테스트 이후 우리는 핵폭탄의 파괴적인 영향이 의도했던 것보다 훨씬 넓은 지역으로 퍼져 나갈 수 있다는 사실을 깨달았다.

신뢰할 수 있는 단체에 따르면 이제는 히로시마에 투하되었던 것보다 위력이 2500배인 폭탄을 만들 수 있다고 한다. 그런 폭탄은 지상이나 수중에서 폭발할 경우, 방사능이 있는 파편을 대기권 바깥까지 올려 보낸다. 그리고 먼지나 비의 형태로 서서히 지구 표면에 떨어진다. 일본의 어부들과 그들이 잡은 물고기에 영향을 미친 것은 바로 이런 종류의 낙진이었다. 치명적인 방사능 입자들이 얼마나 멀리 확산될 수 있는지는 아무도 모르지만, 이 방면의 권위자들은 수소폭탄을 사용한 전쟁이 인류의 종말을 가져올 것이라는 데 모두 동의한다. 수소폭탄이 여러 개 사용될 경우 갑자기 죽는 것은 소수이지만, 대다수는 질병과 붕괴로 인해 괴로움 속에서 천천히 죽어 갈 것이다.

탁월한 과학자들과 군사전략 전문가들은 끊임없이 경고한다. 그러나 그 누구도 어디까지 사태가 악화될지에 대해 확신하는 이는 없다. 단지 여러 결과가 가능하다는 것이며, 그 결과는 다분히 현실적이라는 데 입을 모은다. 전문가들은 비록 서로 다른 정치관과 선입관을 가지고 있지만 이 문제에 대해서만은 의견을 같이한다. 각 전문가들은 자신이 아는 만큼 절망적인 미래를 그리기에, 가장 많이 알고 있는 사람이 가장 절망적이리라는 사실을 우리는 깨달았다.

이제는 무섭지만 피할 수 없는 질문을 해야만 할 시점이다. 인류의 종말을 맞을 것인가 아니면 전쟁을 포기할 것인가? 전쟁을 없앤다는 것은 쉬운 일이 아니기에 전쟁을 포기한다는 대안은 이루어지지 않을 것이다.

전쟁 폐지를 위해서는 국가 주권에 대한 불쾌한 제약이 불가피하다. 그러나 그것보다 상황을 더욱 힘들게 만드는 것은 "인류"라는 단어가 주는 애매하고 모호한 느낌이다. 사람들은 자신이나, 자신의 아이들, 손자들의 고통에는 민감하지만 막연한 인류에 대해서도 똑같은 생각을 하지는 못한다. 그래서 그들은 자신과 자신이 사랑하는 이들이 지독하게 고통을 당할 수 있는 위험에 직면해 있다는 사실을 이해하지 못한다. 그래서 최신 무기만 허용되지 않는다면 전쟁도 괜찮다고 믿는다.

이런 생각은 환상일 뿐이다. 평화 시 수소폭탄을 쓰지 않겠다는 어떤 동의를 한다고 해도 막상 전쟁이 닥치면 소용없게 되고 말 것이다.

만약 전쟁 당사자 가운데 한쪽만 수소폭탄을 만들고 다른 쪽은 만들지 않는다면, 수소폭탄을 만든 편이 반드시 전쟁에서 승리하기 때문에, 전쟁 발발과 동시에 쌍방은 모두 수소폭탄 제작을 시작할 것이다.

일반적인 무기 감축의 일환으로 핵무기 사용을 금지하는 협정은 비록 궁극적인 해결책을 제공하지 못하지만, 몇 가지 중요한 목적을 이룰 수는 있을 것이다. 첫째 동서의 어떤 협의도 긴장을 줄인다는 측면에서는 긍정적이다. 둘째 열핵무기 폐지는, 서로가 상대방이 진정성을 가지고 약속을 지킨다고 믿을 수만 있다면, 현재 양쪽을 신경질적 불안 상태로 만들고 있는 진주만과 같은 갑작스러운 공격에 대한 두려움을 줄일 수 있다. 따라서 우리는 협정을 일단 최우선적으로 환영해야 한다.

우리 대부분은 감정적으로 중립이 아니지만, 인간으로서 우리가 기억해야 할 것은, 동서, 공산주의 혹은 반공산주의, 아시아·유럽 혹은 아메리카, 백인 혹은 흑인의 문제가 무엇이든 전쟁은 결코 그 누구에게도 만족스러운 해결책을 줄 수 없다. 동서 모두 이 사실을 꼭 기억해야만 한다.

지금 우리 앞에는 선택 가능한 행복과 지식, 지혜의 진보가 놓여 있다. 그런데도 죽음을 택할 것인가? 우리는 인간으로서 인간에게 말한다. 인류를 기억하고 다른 것을 잊는다면 길은 새로운 낙원으로 이어지겠지만, 그렇지 않다면 세계는 죽음을 무릅써야 한다.

결의

  우리는 이 모임을 통해 세계의 과학자와 대중이 아래의 결의안에 동참하기를 바란다.

  "우리는 미래에 벌어질 전쟁에서 핵폭탄이 반드시 사용되리라고 믿으며, 그렇게 될 경우 인류의 존속은 어려울 것이다. 그러므로 세계 각국 정부는 이런 사실을 깨닫고 일반에도 알릴 것을 주장하는 바이다. 즉, 전쟁이 세계적인 것으로 확대되지 않도록 하며, 그들 사이의 문제를 평화적으로 해결하기 위해 노력해야 할 것이다."

  막스 보른, 페리 브리지먼Perry W. Bridgman, 알베르트 아인슈타인, 레오폴드 인펠트, 졸리오 퀴리Frédéric Joliot-Curie, 헤르만 뮐러Herman J. Muller, 라이너스 폴링Linus Pauling, 세실 파웰Cecil F. Powell, 조셉 로트블랫Joseph Rotblat, 버트런드 러셀, 유카와 히데키 번역 제안을 처음 받았을 때, 나는 미국 보스턴 지역에서 공부하고 있었다. 당시 만나고 교류하던 세계 각국의 유학도 중에는 이 책에도 등장하는 대학 출신자가 많았다. 막연히 반가운 마음으로 이 책을 받아들였지만, 두 가지 이유로 제안을 거절하고자 했다. 우선, 워낙에 알려진 거물급 인사들을 다루는 일인지라 그들에 관하여 이미 수많은 글과 책이 쏟아지고 있는데 공연히 '또 하나의 책'으로 사회적 기회비용만 낭비하는 것은 아닐까 하는 우려가 있었다. 다른 이유는, 그런데도 충분히 가치 있는 책이라면, 저자의 깊은 식견에 담긴 위대한 두 인물의 천재성이 나 같은 둔재의 부족함으로 인해 변질되지는 않을까 하는 염려였다. 결론부터 얘기하자면 나는 두 천재의 삶을 전하는 이 책만의 매력에 충분히 매료되었으며, 오늘을 살아가는 모든 평범한 천재가 이 책을 통해 자신의 삶의 의미를 한 번쯤은 돌아보는 계기를 가지게 되기를 바란다.

아인슈타인과 오펜하이머가 물리학을 통해 인류 역사에 깊은 발자취를 남긴 "위인"이라는 사실을 부인할 사람은 없다. 그 유명한 아인슈타인의 상대성이론은 한계를 만난 뉴턴 물리학의 패러다임을 벗어던지고 새로운 이론물리학의 시대를 열었다. 새 패러다임 속에서 양자물리학은 비약적인 발전을 거듭했고, 오펜하이머의 뛰어난 지도력 아래 로스앨러모스의 핵무기라는 구체적인 결과물을 만들어 냈다. 그 결과는? 현재 러시아와 미국이 보유한 핵무기의 공식적인 숫자만 하더라도 2만 2000개가 넘는다(미국 핵 전문가 로버트 노리스, 2009). 여기에 프랑스, 중국, 영국 등이 전략적으로 배치한 핵무기까지 더해 굳이 그 파괴력을 계산해 보면 일반인이 상식 수준에서 이름을 외우고 있는 태양계의 모든 별을 불사르고도 남을 수준이다. 버튼 하나만 잘못 눌러도 우리가 온 정성과 관심을 바쳐 살아가는 삶의 터전들이 흔적도 없이 사라질 수 있는 시대가 도래한 것이다. 1945년 히로시마와 나가사키의 평범한 일상들이 그렇게 한순간에 산화했던 것처럼.

예전에도 그랬고 앞으로도 그렇겠지만, 영웅과 위인의 삶은 그를 둘러싼 공동체와 역사의 운명을 바꿔 놓는다. 변화의 바람은 변화를 일으킨 장본인에게도 매섭게 되불어닥친다. 아인슈타인과 오펜하이머도 그 바람 앞에서 자유롭지 못했다. 세상 그 어떤 위인도 자신의 인생이 어떤 결과를 낳을지 충분히 예측하며 살 수는 없다. 천재라는 수식어가 전혀 부끄럽지 않았던 아인슈타인과 오펜하이머이지만 그들도 자신의 의도와 전혀 다른 방향으로 흐르는 상황 속에서 적잖이 당황하는 한편, 오히려 절망 속에서 이전에는 꾸지 못했던 새로운 희망을 발견하기도 했다. 세계 평화를 위해 꿈꾸고 노력했던 초국적 정부 구성을 위한 노력이 힘없이 사그라지고, 혼신의 힘을 다한 연구가 허망한 결론에 이르는 것도 경험했다. 어떤 의미에서는 그들 역시 평범한 사람이었다.

그러나 그들은 끊임없이 이어지는 성취나 실패와는 상관없이 항상 새롭게 나아가야 할 지향점을 설정하고 높은 이상을 향하여 꿋꿋이 달려가는 비범함을 잃은 적이 없다. 이러한 삶의 태도는 곧 전 방위로 반향을 일으켰고 자신들이 속한 사회를 지탱하는 새로운 축을 생산해 냈다. 그런 과정에서 때로는 어제의 자신을 과감히 버리는 용기를 발휘했다. 이렇듯 저자가 강조하는 천재의 의미는 단순히 명석한 두뇌 그 이상이다.

　독자는 저자의 깊은 정치학, 물리학, 철학적 통찰에 힘입어 결코 평범하지 않은 천재의 삶 속에서도 우리가 모두 겪는 '인생'의 본질을 발견하는 기쁨을 맛볼 수 있을 것이다. 한편, 깊은 애정과 관찰을 통해 수집된 자료를 바탕으로 서술된 두 인물의 삶은 여전히 획일화된 가치로 스스로의 인생을 제한하고 그 아래서 괴로워하는 자신을 발견하고 반성할 수 있는 계기도 줄 것이다. 좋은 책이 출간될 수 있도록 많은 노력을 기울여 준 시대의창 식구들께 감사의 마음을 전하며, 아무쪼록 부족한 번역에 방해받지 않고 두 인물의 다채로운 삶이 독자들께도 충분히 전달될 수 있기를 진심으로 바란다.

Aaserud, F. 1999. "The Scientist and the Statesmen: Niels Bohr's Political Crusade during World War II." *Historical Studies in the Physical and Biological Sciences* 30(1): 1–48.

Allmendinger, J., Hackman, J. R., and Lehman, E.V. 1994. *Life and Work in Symphony Orchestras: An Interim Report of Research Findings.* Cambridge, Mass.: Division of Research, Harvard Business School.

Alvarez, L. 1987. *Alvarez: Adventures of a Physicist.* New York: Basic Books.

Anderson, P. 1972. "More Is Different." *Science* 177(4047): 393–396.

Ashtekar, A., Cohen, R., Howard, D., Renn, J., Sarkar, S., and Shimony, A., eds. 2003. *Revisit ing the Foundations of Relativistic Physics: Festschrift in Honor of John Stachel.* Dordrecht: Kluwer Academic Publishers.

Badash, L. 1995. *Scientists and the Development of Nuclear Weapons: From Fission to the Limited Test Ban Treaty, 1939–1963.* Atlantic Highlands, N.J.: Humanities Press.

Baker, L. 1984. *Brandeis and Frankfurter: A Dual Biography.*New York: Harper and Row.

Bargmann, V. 1980. "Working with Einstein." In *Some Strangeness in the Proportion: A Cente nnial Symposium to Celebrate the Achievements of Albert Einstein.* Edited by H. Woolf. Reading, Mass.: Addison-Wesley, 480–481.

Barkan, D. K. 1993. "The Witches' Sabbath: The First International Solvay Congress in Physics." *Science in Context* 6(1): 59–82.

Batterson, S. 2006. *Pursuit of Genius: Flexner, Einstein, and the Early Faculty of the Institute for Advanced Study.* Wellesley, Mass.: A. K. Peters.

Beider, J. 2000–2001. "Einstein in Singapore." *On the Page Magazine* no. 1 (Winter). http://www.onthepage.org/outsiders/einstein_in_singapore.htm (accessed June 2006).

Beller, M. 1993. "Einstein' s and Bohr' s Rhetoric of Complementarity." *Science in Context* 6: 241–256.

—. 1999. *Quantum Dialogue: The Making of a Revolution.* Chicago: University of Chicago Press.

Beller, M., Renn, J., and Cohen, R., eds. 1993. *Einstein in Context.* Special issue of Science in Context.

Ben-Menahem, Y. 1993. "Struggling with Causality: Einstein' s Case." *Science in Context* 6: 291–310.

Bergmann, P. 1942. *Introduction to the Theory of Relativity.* New York: Prentice-Hall.

—. 1982. "The Quest for Unity." In *Albert Einstein: Historical and Cultural Perspectives.* Edited by G. Holton and J. Elkana. Princeton, N.J.: Princeton University Press, 27–28.

Berlin, I. 1981. *Personal Impressions.* Edited by H. Hardy. Introduction by N. Annan. New York: The Viking Press; London: Hogarth Press.

—. 1982. "Einstein and Israel." In *Albert Einstein: Historical and Cultural Perspectives.* Edited by G. Holton and J. Elkana. Princeton, N.J.: Princeton University Press, 281–292.

Bernstein, B. J. 1974. "The Quest for Security: American Foreign Policy and International Control of Atomic Energy, 1942–1946." *The Journal of American History* 60(4) (March): 1003–1044.

Bernstein, J. 2004. *Oppenheimer: Portrait of an Enigma.* Chicago: Ivan R. Dee.

Bethe, H. 1967. "J. Robert Oppenheimer: Where He Was There Was Always Life and Excitement." *Science* 155(3766) (March 3): 1080–1084. (Also reprinted in Bethe 1991, 221–230.)

—. 1968. "J. Robert Oppenheimer. April 22, 1904–February 18, 1967." *Biographical Memoirs of Fellows of the Royal Society* 14: 390–416. Reprinted in the *Biographical Memoirs of the National Academy of Sciences.* Available at http://www.nasonline.org/site/PageServer? pagename= MEMOIRS_O (accessed October 2007).

—. 1991. *The Road from Los Alamos*. New York: American Institute of Physics.

Bird, K. 1992. *The Chairman: John J. McCloy, the Making of the American Establishment.* New York: Simon and Schuster.

Bird, K., and Sherwin, M. 2005. *American Prometheus: The Triumph and Tragedy of J. Robert Oppenheimer*. New York: Alfred A. Knopf.

Bohr, N. 1935. "Can Quantum-Mechanical Description of Physical Reality Be Considered Complete?" *Physical Review* 48: 696–702.

—. 1950. "Open Letter to the United Nations." *Impact of Science on Society* 1(2): 68–72. Available at http://www.ambwashington.um.dk/en/menu/Information aboutDenmark/ EducationandTraining/FamousDanishScientists/NielsBohr.htm(accessed September 2007).

—. 1958. *Atomic Physics and Human Knowledge*. Bungey, Suffolk: Richard Clay and Company.

—. 1963. Essays 1958–1962 on *Atomic Physics and Human Knowledge*. Bungey, Suffolk: ichard Clay and Company.

—. 1987. "Unity of knowledge." In *The Philosophical Writings of Niels Bohr: Volume II–ssays 1932–1957 on Atomic Physics and Human Knowledge*. Woodbridge, Conn.: Ox Bow Press.

—. 1999. *Collected Works: Complementarity beyond Physics*. Vol. 10. Edited by D. Favrholdt. Amsterdam: Elsevier.

Born, M., and Oppenheimer, J. R. 1927. "Zur Quantentheorie der Molekulen." *Annalen der Physik*, 4th ser. 84: 457–484.

Brans, C., and Dicke, R. H. 1961. "Mach' s Principle and a Relativistic Theory of Gravitation." *Physical Review* 124: 925.

Bridgman, P.W. 1927. *The Logic of Modern Physics*. New York: Macmillan.

—. 1950. *Reflections of a Physicist*. New York: Philosophical Library.

Brown, A. P. 1997. *The Neutron and the Bomb: A Biography of Sir James Chadwick*. Oxford: Oxford University Press.

Brown, L. M., and Hoddeson, L. 1983. *The Birth of Particle Physics*. Cambridge: Cambridge University Press.

Bruner, J. 1983. *In Search of Mind: Essays in Autobiography*. New York: Harper and Row.

—. 2004. "The Psychology of Learning: A Short History." Daedalus (Winter): 13–20.

Bruner, J., Goodnow, J., and Austin, G.A. 1956. *A Study of Thinking*. New York: Wiley.

Buber, M. 1994. *Briefe I. Munich*: Beck Verlag.

Buchdahl, G. 1969. *Metaphysics and the Philosophy of Science. The Classical Origins: Descartes to Kant.* Cambridge, Mass.: MIT Press.

Callon, M. 2005. "Why Virtualism Paves the Way to Political Impotence: A Reply to Daniel Miller's Critique of *The Laws of the Markets*." Economic Sociology: European *Electronic Newsletter* 6(2) (February): 3–20. Quoted in I. Hardie and D. MacKenzie, *"Assembling an Economic Actor: The Agencement of a Hedge Fund."* Paper presented at the workshop, "New Actors in a Financialised Economy and Implications for Varieties of Capitalism," Institute of Commonwealth Studies, London, May 11–12, 2006. Available at http://www.sps.ed.ac.uk/staff/mackenzie.html (accessed April 2007).

Camus, A. 1955. *The Myth of Sisyphus and Other Essays.* Translated by J. O' Brien. New York: Alfred A. Knopf.

Cantelon, P. L., et al., eds. 1991. *The American Atom: A Documentary History of Nuclear Policies from the Discovery to the Present.* Philadelphia: University of Pennsylvania Press.

Cao, T. Y. 1997. *Conceptual Developments of 20th Century Field Theories.* Cambridge: Cambridge University Press.

Carson, C., and Hollinger, D., eds. 2005. *Reappraising Oppenheimer: Centennial Studies and Reflections.* Berkeley: University of California Press.

Cassidy, D. 1995. *Einstein and Our World.* Atlantic Highlands, N.J.: Humanities Press.

—. 2005. *J. Robert Oppenheimer and the American Century.* New York: Pi Press.

Castagnetti, G., and Goenner, H. 2004. "Directing a Kaiser-Wilhelm-Institute: Albert Einstein, Organizer of Science?" Planck-Institut für Wissenschaftsgeschichte, Preprint 260. Available at http://www.mpiwg-berlin.mpg.de/en/research/preprints.html.

Castagnetti, G., Goenner, H., Renn, J., Sauer, T., and Scheideler, B. 1997. "Foundations in Disarray: Essays on Einstein's Science and Politics in the Berlin Years." Max-Planck-Institut für Wissenschaftsgeschichte, Preprint 62. Available at http://www.mpiwg-berlin.mpg.de/en/research/preprints.html.

Cat, J. 1998. "The Physicists' Debate on Unification in Physics at the End of the 20th Century." *Historical Studies in the Physical Sciences* 28(2): 253–299.

Chevalier, H. 1965. *Oppenheimer: The Story of a Friendship.* New York: George Braziller.

Chretien, M., Deser, S., and Goldstein, J., eds. 1969. *Astrophysics and General Relativity.* 2 vols. New York: Gordon and Breach.

Clark, R.W. 1973. *Einstein: The Life and Times.* London: Hodder and Stoughton.

Cohen, R. S., and Tauber, A. I., eds. 1998. *Philosophies of Nature: The Human Dimension*. Dordrecht: Kluwer Academic Publishers.

Cornwell, J., ed. 1995. *Nature's Imagination: The Frontier of Scientific Vision*. Introduction by F. Dyson. Oxford: Oxford University Press.

Corry, L. 1998. "The Influence of David Hilbert and Hermann Minkowski on Einstein's Views over the Interrelation between Physics and Mathematics." *Endeavour* 22(3): 97–99.

—. 2004. *David Hilbert and the Axionazition of Physics*. Dordrecht: Kluwer Academic Publishers.

Crease, R. P. 2005. "Oppenheimer and the Sense of the Tragic." In *Reappraising Oppenheimer: Centennial Studies and Reflections. Edited by C. Carson and D. Hollinger. Berkeley: University of California Press*, 315–324.

Darrigol, O. 1995. "Henri Poincare's Criticism of Fin-de-Siecle Electrodynamics." Studies in *History and Philosophy of Modern Physics* 26(1): 1–44.

Dauer, D.W. 1969. *Schopenhauer as Transmitter of Buddhist Ideas. Berne*: Herbert Lange & Company.

Davis, H. M. 1948. "The Man Who Built the A-Bomb." *New York Times Magazine*, April 18, 20ff.

Davis, N. P. 1968. *Lawrence and Oppenheimer*. New York: Simon and Schuster.

Day, M.A. 2001. "Oppenheimer on the Nature of Science." *Centaurus* 43: 73–112.

Deane, H.A. 1972. *The Political Ideas of Harold J. Laski*. Hamden, Conn.: Archon Books. de Boer, J., Dal, E., and Ulfbeck, O., eds. 1986. *The Lesson of Quantum Theory: Neils Bohr Centenary Symposium Held 3–October, 1985 in Copenhagen, Denmark*. Amsterdam: North-Holland.

DeGrand, T., and Toussaint, D., eds. 1989. *From Actions to Answers: Proceedings of TASI' 89*. Singapore: World Scientific.

Dennefink, D. 2005. "Einstein *versus the Physical Review." Physics Today* 58(9): 43–46.

Depew, M., and Obbink, D. 2000. *Matrices of Genre: Authors, Canons, and Society*. Cambridge, Mass.: Harvard University Press.

Deser, S., and Ford, K., eds. 1965. *Lectures on General Relativity*. New York: Prentice-Hall.

de-Shalit, A., Feshbach, H., and van Hove, L., eds. 1966. *Preludes in Theoretical Physics in Honor of V. F. Weisskopf*. Amsterdam: North-Holland.

Dewey, J. 1916. *Democracy and Education: An Introduction to the Philosophy of Education*.

New York: Macmillan. (See also vol. 9 of Dewey 1980.)

—. 1920. *Reconstruction in Philosophy*. New York: Henry Holt and Company. (See also vol. 9 of Dewey 1980.)

—. 1927. *The Public and Its Problems*. New York: Henry Holt and Company.

—. 1929. *The Quest for Certainty*. New York: Milton Balch.

—. 1980. *The Middle Works*, 1899–1924. Vol. 9. Edited by J. Boynston. Carbondale: Southern Illinois University Press.

DeWitt, B. S. 1957. "Introductory Note" to papers from the conference on the role of gravity in physics held at the University of North Carolina, January 18–23. *Reviews of Modern hysics* 29: 351.

Dibner, B. 1959. *Science and the Technion*. New York: American Technion Society.

Dirac, P.A. M. 1971. *The Development of Quantum Theory*. J. Robert Oppenheimer Memorial Prize Acceptance Speech. New York: Gordon and Breach Science Publishers.

Doty, P. 1982. "Einstein and International Security." In *Albert Einstein: Historical and Cultural Perspectives*. Edited by G. Holton and J. Elkana. Princeton, N.J.: Princeton University Press, 347–368.

Dukas, H., and Hoffmann, B., eds. 1979. *Albert Einstein: The Human Side*. Princeton, N.J.: Princeton University Press.

Dyson, F. 1995. "The Scientist as Rebel." In *Nature's Imagination: The Frontier of Scientific Vision*. Edited by J. Cornwell. Introduction by Freeman Dyson. Oxford: Oxford University Press, 1–11.

Earman, J., and Norton, J. D., eds. 1997. *The Cosmos of Science: Essays of Exploration*. Pittsburgh: University of Pittsburgh Press.

Eastwood, G. G. 1977. *Harold Laski*. London: Mowbrays.

Eddington, A. 1924. *The Mathematical Theory of Relativity*. 2nd ed. Cambridge: Cambridge University Press.

Einstein, A. 1916. "Naherungsweise Integration der Feldgleichungen der Gravitation." *Koniglich Preussische Akademie der Wissenschaften*. (Berlin). Sitzungberichete pt. 1: 688–696.

—. 1918. "Motiv der Forschens." In Zu Max Plancks 60. Geburtstag: Ansprachen in der Deutschen Physicalischen Gesellschaft. Karlsruhe: Muller. Reprinted in Mein Weltbild and its English translations in Einstein, Ideas and Opinions. Rev. ed. New translation and revisions by Sonja Bargmann. New York: Crown Publishers, 1954, 219–220.

—. [1920] 1961. *Relativity: The Special and the General Theory, a Popular Exposition*. 3rd ed. London: Methuen; New York: Wings Books.

—. 1931. *Cosmic Religion: With Other Opinions and Aphorisms*. New York: Covici-Friede.

—. 1934. *Essays in Science*. New York: Philosophical Library.

—. 1938. *The Evolution of Physics: The Growth of Ideas from Early Concepts to Relativity and Quanta*. New York: Simon and Schuster.

—. 1941. "The Common Language of Science." *Advancement of Science* 2(5): 109–110.

—. 1949a. "Autobiographical Notes." In *Albert Einstein: Philosopher-Scientist*. Edited and translated by P.A. Schilpp. Evanston, Ill.: The Library of Living Philosophers.

—. 1949b. *The World as I See It*. New York: Philosophical Library.

—. 1954. *Ideas and Opinions*. *Rev*. ed. New translation and revisions by S. Bargmann. New York: Crown Publishers.

—. 1955. *The Meaning of Relativity*. 5th ed. Princeton, N.J.: Princeton University Press.

—. 1956a. *Lettres a Maurice Solovine*. Paris: Gauthiers-Villars.

—. 1956b. *Out of My Later Years*. Rev. rpt. ed. New York: Citadel Press, 1995.

—. 1961. *Relativity: The Special and the General Theory*. New York: Wings Books.

—. 1971. *The Born-Einstein Letters: Correspondence between Albert Einstein and Max and Hedwig Born from 1916–1955*. Translated by I. Born. New York: Walker.

—. 1987. *The Collected Papers of Albert Einstein*. Multiple volumes. Edited by J. Stachel et al. Translations by A. Beck. Princeton, N.J.: Princeton University Press.

—. 1991. *The World as I See It*. New York: Carol Publishing Group.

—. 1999. *Einstein's Miraculous Year: Five Papers That Changed the Face of Physics*. Edited by J. Stachel et al. Princeton, N.J.: Princeton University Press.

—. 2005. *The Born–instein Letters: Friendship, Politics, and Physics in Uncertain Times: Correspondence between Albert Einstein and Max and Hedwig Born from 1916 to 1955 with Commentaries by Max Born. Translated by Irene Born; note on the new edition by Gustav Born . . . [et al.]*. New York: Macmillan.

—. 2007. *Einstein on Politics: His Private Thoughts and Public Stands on Nationalism, Zionism, War, Peace, and the Bomb*. Edited by D. E. Rowe and R. Schulmann. Princeton, N.J.: Princeton University Press.

Einstein, A., and Besso, M. 1972. *Correspondence 1903–1955*. Translation, notes, and introduction by P. Speziali. Paris: Hermann.

Einstein, A., and Infeld, L. 1942. *The Evolution of Physics*. New York: Simon and Schuster.

Einstein, A., and Mari" Lc, M. 1992. *The Love Letters*. Edited by J. Renn and R. Schulmann. Translated by S. Smith. Princeton, N.J.: Princeton University Press.

Einstein, A., Podolsky, B., and Rosen, N. 1935. "Can Quantum-Mechanical Description of Physical Reality Be Considered Complete?" *Physical Review* 47: 777–780.

Einstein, A., and Rosen, N. 1937. "On Gravitational Waves." *Journal of the Franklin Institute* 223: 43–44.

Einstein, A., Tolman, R. C., and Podolsky, B. 1931. "Knowledge of Past and Future in Quantum Mechanics." *Physical Review* 37: 780–781.

Eisenstaedt, J. 1993. "Dark Bodies and Black Holes. Magic Circles and Montgolfiers: Light from Newton to Einstein." *Science in Context* 6: 83–106.

—. 2006. *The Curious History of Relativity: How Einstein' s Theory of Gravity Was Lost and Found Again*. Translated by A. Sangalli. Princeton, N.J.: Princeton University Press. Eliot, T. S. 1963. Collected Poems: 1909–1962. London: Faber and Faber.

Elkana Y., and Holton, G., eds. 1982. *Albert Einstein: Historical and Cultural Perspectives. The Centennial Symposium in Jerusalem*. Princeton, N.J.: Princeton University Press.

Erikson, E. H. 1974. *Dimensions of a New Identity*. New York: W.W. Norton.

Feld, B. 1982. "Einstein and the Politics of Nuclear Weapons." In *Albert Einstein: Cultural Perspectives*. Edited by G. Holton and J. Elkana. Princeton, N.J.: Princeton University Press, 369–396.

Feld, B.T. 1979. "Einstein and the Politics of Nuclear Weapons." *Bulletin of the Atomic Scientists* 35(3): 5–16.

Feuer, L. 1974. *Einstein and the Generations of Science*. New York: Basic Books.

Feynman, R. P. 1963. *The Feynman Lectures*. Vol. 1. Reading, Mass.: Addison-Wesley.

—. 1964. "The Quantum Theory of Gravitation." *Acta Physica Polonica* 24: 697–722.

—. 1965. *The Character of Physical Law*. Cambridge, Mass.: MIT Press.

—. 1985. QED: *The Strange Theory of Light and Matter*. Princeton, N.J.: Princeton University Press.

Fine, A. 1986. *The Shaky Game: Einstein, Realism, and the Quantum Theory*. Chicago: University of Chicago Press.

—. 1993. "Einstein' s Interpretations of the Quantum Theory." Science in Context 6: 257–274.

—. 1996. *The Shaky Game: Einstein, Realism, and the Quantum Theory*. 2nd ed. Chicago:

University of Chicago Press.

Folsing, A. 1997. *Albert Einstein: A Biography*. Translated from the German by E. Osers. New York: The Viking Press.

Forman, P. [1993] 2002. "Recent Science: Late Modern and Postmodern." In *Science Bought and Sold*. Edited by P. Mirowski and E.-M. Sent. Chicago: University of Chicago Press, 109–150.

—. 2007. "The Primacy of Science in Modernity, of Technology in Postmodernity, and of Ideology in the History of Technology." *History and Technology* 23(1/2): 1–152.

Foucault, M. 1975. *Surveiller et Punir: Naissance de la prison*. Paris: Editions Gallimard.

—. 1979. *Discipline and Punish: The Birth of the Prison*. Translated from the French by A. Sheridan. New York: Vintage Books.

—. 1980. "Truth and Power." In *Power/Knowledge: Selected Interviews and Other Writings 1972–1977*. Translated and edited by C. Gordon. Brighton, Sussex: Harvester Press, 109–133.

French, A. P. 1979. *Einstein: A Centenary Volume*. Cambridge, Mass.: Harvard University Press.

Friedman, M. 1992. *Kant and the Exact Sciences*. Cambridge, Mass.: Harvard University Press.

Friess, H. L. 1981. *Felix Adler and Ethical Culture: Memories and Studies*. New York: Columbia University Press.

Galison, E. 2003. *Einstein's Clocks, Poincare's Maps: Empires of Time*. New York: W. W. Norton.

Galison, P., Holton G., and Schweber, S. S., eds. 2008. *Einstein for the 21st Century*. Princeton, N.J.: Princeton University Press.

Gardner, H. 1993. *Creating Minds: An Anatomy of Creativity Seen Through the Lives of Freud, Einstein, Picasso, Stravinsky, Eliot, Graham, and Gandhi*. New York: Basic Books.

Gilbert, M., ed. 1997. *Winston Churchill and Emery Reves: Correspondence, 1937–1964*. Austin: University of Texas Press.

Glazer, N. 1961. *The Social Basis of American Communism*. New York: Harcourt, Brace and World.

Golden, F. 1999. "Albert Einstein." *Time*, December 31, 62–66.

Goldstein, C., and Ritter, J. 2003. "The Varieties of Unity: Sounding Unified Field Theories 1920–1930." In *Revisiting the Foundations of Relativistic Physics: Festschrift in Honor of John Stachel*. Edited by A. Ashtekar et al. Dordrecht: Kluwer Academic Publishers, 93–149.

Goldstein, I. 1951. *Brandeis University, Chapter of Its Founding*. New York: Bloch Publishing

Company.

—. 1984. *My World as a Jew: The Memoirs of Israel Goldstein.* New York: Herzl Press.

Goudsmit, S.A. 1989, 1947. *Alsos.* Los Angeles, Calif.: Tomash Publishers.

Gowing, M. 1964. *Britain and Atomic Energy 1939–1945.* London: Macmillan.

Graubard, S. R. 1999. "Forty Years On." *Daedalus.* Supplement to Vol. 128 of the *Proceedings of the American Academy of Arts and Sciences.*

Greenspan, N.T. 2005. *The End of the Certain World: The Life and Science of Max Born.* New York: Basic Books.

Grene, M., and Nails, D., eds. 1986. *Spinoza and the Sciences.* Dordrecht: D. Reidel Publishing Company.

Gross, D. 2008. "Einstein and the Quest for a Unified Theory." In *Einstein for the 21st Century.* Edited by P. Galison, G. Holton, and S. S. Schweber. Princeton, N.J.: Princeton University Press, 286–297.

Hackman J. R., ed. 1990. *Groups that Work (and Those that Don' t): Creating Conditions for Effective Teamwork.* San Francisco: Jossey-Bass.

Hadamard, J. 1945. *An Essay on the Psychology of Invention in the Mathematical Field.* Princeton, N.J.: Princeton University Press.

Heilbron, J. L. 2005. "Oppenheimer' s Guru." In *Reappraising Oppenheimer: Centennial Studies and Reflections.* Edited by C. Carson and D. Hollinger. Berkeley: University of California Press, 275–292.

Heilbron, J. L., and Seidel, R.W. 1989. *Lawrence and His Laboratory: A History of the Lawrence Berkeley Laboratory.* Berkeley: University of California Press.

Heisenberg, W. 1955a. *Das Naturbild der heutigen Physik.* Hamburg: Rowohlt.

—. 1955b. "The Scientific Work of Einstein." *Universitas* 10(9): 878–902. Reprinted in Heisenberg 1974.

—. 1958. *The Physicist' s Conception of Nature.* New York: Harcourt Brace.

—. 1974. *Across the Frontiers.* New York: Harper & Row.

—. 1989. *Encounters with Einstein.* Princeton, N.J.: Princeton University Press.

Herbert, Z. 1991. "Spinoza' s Bed." In *Still Life with a Bridle.* New York: The Ecco Press.

Herken, G. 2002. *Brotherhood of the Bomb: The Tangled Lives and Loyalties of Robert Oppenheimer, Ernest Lawrence, and Edward Teller.* New York: Henry Holt and Company.

Hershberg, J. 1993. *James B. Conant: Harvard to Hiroshima and the Making of the Nuclear*

Age. New York: Alfred A. Knopf.

Hijiya, J.A. 2000. "The *Gita* of J. Robert Oppenheimer." *Proceedings of the American Philosophical Society* 144(2): 123–167.

Hoffmann, B., and Dukas, H. 1972. *Albert Einstein: Creator and Rebel*. New York: The Viking Press.

Holloway, D., 1994. *Stalin and the Bomb: The Soviet Union and Atomic Energy*, 1939–1956. New Haven, Conn.: Yale University Press.

Holton, G. 1952. *Introduction to Concepts and Theories in Physical Science*. Cambridge, Mass.: Addison-Wesley.

—. 1958a. "Perspective on the Issue 'Science and the Modern World.' " *Daedalus* (Winter): 3–.

—. 1958b. *Science and the Modern Mind*. Boston: Beacon Press.

—. 1970. "The Roots of Complementarity." *Daedalus* 99: 1015–1055.

—. ed. 1971. *Science and the Modern Mind*. Freeport, N.Y.: Books for Libraries Press.

—. 1996. *Einstein, History, and Other Passions*. Reading, Mass.: Addison-Wesley.

—. 1998a. *The Advancement of Science, and Its Burdens*. Cambridge, Mass.: Harvard University Press.

—. 1998b. "Einstein and the Cultural Roots of Modern Science." *Daedalus* (Winter): 1–44.

—. 2005. *Victories and Vexations in Science*. Cambridge, Mass.: Harvard University Press.

Holton, G., and Elkana, J. 1982. *Albert Einstein: Historical and Cultural Perspectives*. The Centennial Symposium in Jerusalem. Princeton, N.J.: Princeton University Press.

Howard, D.A. 1993. " 'A Kind of Vessel in Which the Struggle for Eternal Truth Is Played Out' : Albert Einstein and the Role of Personality in Science." In *The Natural History of Paradigms: Science and the Process of Intellectual Evolution*. Edited by J. H. Langdon and M. E. McGann. Indianapolis, Ind.: University of Indianapolis Press, 111–138.

—. 1997. "A Peek behind the Veil of Maya: Einstein, Schopenhauer, and the Historical Ground for the Individuation of Physical Systems." In *The Cosmos of Science: Essays of Exploration*. Edited by J. Earman and J. D. Norton. Pittsburgh: University of Pittsburgh Press, 87–152.

—. 2004. "Einstein' s Philosophy of Science." In *The Stanford Encyclopedia of Philosophy*. Edited by E. N. Zalta. http://plato.stanford.edu/archives/spr2004/entries/einstein-philscience/ (accessed June 2007).

Hufbauer, K. 2005. "J. Robert Oppenheimer' s Path to Black Holes." In *Reappraising*

Oppenheimer: Centennial Studies and Reflections. Edited by C. Carson and D. Hollinger. Berkeley: University of California Press, 36–48.

Hutchins, E. 1995. *Cognition in the Wild*. Cambridge, Mass.: MIT Press.

Infeld, L. 1941. *Quest: An Autobiography*. New York: Chelsea.

—. 1956. "On Equations of Motion in General Relativity Theory." In *Jubilee of Relativity Theory*. Edited by A. Mercier and M. Kervaire. Basel: Birkhauser, 206–209.

—. 1980. *Quest: An Autobiography*. 2nd ed. New York: Chelsea.

Infeld, L., and Pleba" Lnski, J. 1960. *Motion and Relativity*. Oxford: Pergamon Press.

Israel, J. I. 2001. *Radical Enlightenment: Philosophy and the Making of Modernity*. Oxford: Oxford University Press.

Jakobson, R. 1982. "Einstein on Language." In *Albert Einstein: Historical and Cultural Perspectives*. Edited by G. Holton and J. Elkana. Princeton, N.J.: Princeton University Press, 139–150.

James, W. 1895. "Is Life Worth Living?" *International Journal of Ethics* 6: 1–24.

—. 1907. *Pragmatism: A New Name for Some Old Ways of Thinking*. New York: Longmans, Green, and Company.

—. [1907] 1981. *Pragmatism*. Edited with an introduction by B. Kuklick. Indianapolis, Ind.: Hackett.

Jammer, M. 1999. *Einstein and Religion*. Princeton, N.J.: Princeton University Press.

Janssen, M., and Lehner, C., eds. 2008. *The Cambridge Companion to Einstein*. Cambridge: Cambridge University Press.

Jenkins, R. 2001. *Churchill*. London: Macmillan.

Jerome, F. 2002. *The Einstein File: J. Edgar Hoover's Secret War against the World's Most Famous Scientist*. New York: St. Martin's Press.

Jerome, F., and Taylor, R. 2005. *Einstein on Race and Racism*. New Brunswick, N.J.: Rutgers University Press.

Johnston, C. 1908. *Bhagavad-Gita*. Translated with an introduction and commentary by C. Johnston. New York: The Quarterly Book Department.

Kaiser, D. 2006. "Whose Mass Is It Anyway? Particle Cosmology and the Objects of Theory." *Social Studies of Science* 36: 533–564.

Kempton, M. 1994. *Rebellions, Perversities and Main Events*. New York: Times Books.

Kennan, G. F. 1967. "Oppenheimer." *Encounter 28(4): 55–56.*

—. 1972. *Memoirs 1950–1963*. Vol. 2. Boston: Little, Brown.

Klein, M. 1986. "Great Connections Come Alive: Bohr, Ehrenfest and Einstein." In The *Lesson of Quantum Theory: Neils Bohr Centenary Symposium held 3–October, 1985 in Copenhagen, Denmark*. Edited by J. de Boer, E. Dal, and O. Ulfbeck. Amsterdam: North-Holland, 325–341.

Kox, A. J. 1993. "Einstein and Lorentz: More than Just Good Colleagues." In *Einstein in Context: A Special Issue of Science in Context*. Edited by M. Beller, J. Renn, and R. Cohen, 43–53.

Kragh, H. 1999. *Quantum Generations*. Princeton, N.J.: Princeton University Press.

Kramnick, I., and Sheerman, B. 1993. *Harold Laski: A Life on the Left*. New York: Allen Lane, Penguin Press.

Krober, A. L. 1944. *Configurations of Culture Growth*. San Francisco: University of California Press.

Kuhn, T. S. 1963. "Interview with J. Robert Oppenheimer by Thomas S. Kuhn, November 18, 1963." *Archive for the History of Quantum Physics*. College Park, Md.: American Institute of Physics.

Kuklick, B. 1977. *The Rise of American Philosophy: Cambridge, Massachusetts 1860–1930*. New Haven, Conn.: Yale University Press.

Lanczos, C. 1974. *The Einstein Decade*. New York: Academic Press.

Langdon, J. H., and McGann, M. E., eds. 1993. *The Natural History of Paradigms: Science and the Process of Intellectual Evolution*. Indianapolis, Ind.: University of Indianapolis Press.

Lanouette, W. 1992. *Genius in the Shadows*. New York: Charles Scribner' s Sons.

Lapp, R. 1949. *Must We Hide?* Cambridge, Mass.: Addison-Wesley.

Laqueur, W. 1972. *A History of Zionism*. New York: Holt, Rinehart, and Winston.

Laski, H. 1947. "Laski vs. Newark Advertiser Co., Ltd. & Parlby: Before Lord Goddard, Lord Chief Justice of England and a Special Jury." *London Daily Express*.

Latour, B. 1993. *We Have Never Been Modern*. Translated by C. Porter. Cambridge, Mass.: Harvard University Press.

Laughlin, R. B., and Pines, D. 2000. "The Theory of Everything." *Proceedings of the National Academy of Sciences* 97(1): 28–31.

Laurikainen, K.V. 1988. *Beyond the Atom: The Philosophical Thought of Wolfgang Pauli*. Berlin: Springer Verlag.

Leibniz, G.W. 1934. *Philosophical Writings*. New York: E. P. Dutton.

Lepage, P. 1989. "What Is Renormalization?" In *From Actions to Answers: Proceedings of TASI' 89*. Edited by T. DeGrand and D. Toussaint. Singapore: World Scientific.

—. 1997. "How to Renormalize the Schrodinger Equation." Lectures at the VIII Jorge Andre Swieca Summer School (Brazil, February 1997). arXiv:nuclth/9706029 1(12) (June 12). Also available at arxiv.org/pdf/nucl-th9706029(accessed June 2005).

Lilienthal, D. 1964. *The Journals of David E. Lilienthal: The Atomic Energy Years 1945–1950*. Vol. 2. New York: Harper and Row.

—. 1969. *The Journals of David E. Lilienthal: The Road to Change*, 1955–1959–he Atomic Energy Years 1945–1950. Vol. 4. New York: Harper and Row.

Maier, G. 1881. *Mehr Licht! Ein Wort zur "Judenfrage" an unsere christlichen Mitburger*. Ulm: H. Kerler.

—. 1898. *Der Prozess Zola vor dem Schwurgerichte zu Paris im Februar 1898: Kritischer Bericht eines Augenzeugen*. Bamberg: Verlag der Handels-Druckerei

—. 1919. *Soziale Bewegungen und Theorien bis zur modernen Arbeiterbewegung*. Leipzig: B. G. Teubner.

Marshak, R. E., ed. 1966. *Perspectives on Modern Physics: Essays in Honor of H.A. Bethe*. New York: Interscience Publishers.

Masters, D., and Way, K., eds. 1946. *One World or None*. Foreword by N. Bohr. Introduction by A. H. Compton. New York: McGraw-Hill.

—. eds. 1972. *One World or None*. Freeport, N.Y.: Books for Libraries Press.

McCloy, J. 1953. *The Challenge to American Foreign Policy*. Cambridge, Mass.: Harvard University Press.

McMillan, P. 2005. *The Ruin of J. Robert Oppenheimer and the Birth of the Modern Arms Race*. New York: The Viking Press.

Menand, L. 2001. *The Metaphysical Club: The Story of Ideas in America*. New York: Farrar, Straus and Giroux.

Mercier, A., and Kervaire, M., eds. 1956. *Jubilee of Relativity Theory*. Basel: Birkhauser.

Merzbacher, E. 2002. "The Early History of Tunneling." *Physics Today* 55(8): 44–49.

Michelmore, P. 1969. *The Swift Years: The Robert Oppenheimer Story*. New York: Dodd, Mead.

Miller, A. 1984. *Imagery in Scientific Thought: Creating 20th-Century Physics*. Boston: Birkhauser.

—. 1996. *Insights of Genius: Imagery and Creativity in Science*. New York: Copernicus.

Mirowski, P., and Sent, E.-M., eds. 2002. *Science Bought and Sold*. Chicago: University of Chicago Press.

Misner, C.W. 1957. "Feynman Quantization of General Relativity." *Reviews of Modern Physics* 29: 497–509.

Monk, R. 1990. *Ludwig Wittgenstein*: The Duty of Genius. New York: The Free Press.

Morrison, M. 2000. *Unifying Scientific Theories: Physics Concepts and Mathematical Structures*. Cambridge: Cambridge University Press.

Most, G. 2000. "Generating Genres: The Idea of the Tragic." In *Matrices of Genre: Authors, Canons, and Society*. Edited by M. Depew and D. Obbink. Cambridge, Mass.: Harvard University Press, 15–36.

Nadler, S. 1999. *Spinoza: A Life*. Cambridge: Cambridge University Press.

—. 2004. *Spinoza's Heresy: Immortality and the Jewish Mind*. Oxford: Clarendon Press.

Nathan, O., and Norden, H., eds. 1968. *Einstein on Peace*. New York: Schocken Books.

Newman, L. I. 1923. *A Jewish University in America? With a Symposium of Opinions by Educators, Editors and Publicists, and a Bibliography on the Jewish Question in American Colleges*. New York: Bloch Publishing Company.

Nye, M. J. 2004. *Blackett: Physics, War, and Politics in the Twentieth Century*. Cambridge, Mass.: Harvard University Press.

Oppenheimer, J. R. 1939. "Celebration of the Sixtieth Birthday of Albert Einstein." *Science* 89: 335. See also folder "Einstein's 60th birthday–3/16/39," J. Robert Oppenheimer Papers, Manuscript Division, Library of Congress, Washington, D.C., Box 256.

—. 1941. "The Mesotron and the Quantum Theory of Fields." In University of Pennsylvania Bicentennial Conference, *Nuclear Physics, by Fermi [and others]*. Philadelphia: University of Pennsylvania Press.

—. 1946. "The Atom Bomb as a Great Force for Peace." *New York Times Magazine*, June 9.

—. 1948. "International Control of Atomic Energy." *Foreign Affairs* 26(2): 239–253.

—. 1950. "The Age of Science: 1900–1950." *Scientific American* 183(3): 20–24.

—. 1953. "Atomic Weapons and American Policy." *Foreign Affairs* 31(4): 525–536.

—. 1954. Science and the Common Understanding: *The Reith Lectures*. New York: Oxford University Press.

—. 1955a. "Article on Einstein for *Princeton Packet*." J. Robert Oppenheimer Papers,

Manuscript Division, Library of Congress, Washington, D.C., Box 256.

—. 1955b. *The Open Mind*. New York: Simon and Schuster.

—. 1956a. "Analogy in Science." *The American Psychologist* 11(3): 127–136.

—. 1956b. "Einstein." *Reviews of Modern Physics* 28: 1–2.

—. 1958a. "The Growth of Science and the Structure of Culture." *Daedalus* (Winter): 67–76.

—. 1958b. "A Study of Thinking." Book Review. *The Sewanee Review* 46: 481–490.

—. 1959. "Talk to Undergraduates." *Kansas Teacher* (February): 18–20, 39–40.

—. 1960. *Some Reflections on Science and Culture*. Chapel Hill: University of North Carolina Press.

—. 1964a. *The Flying Trapeze: Three Crises for Physicists*. The Whidden Lectures for 1962. New York: Oxford University Press.

—. 1964b. "Neils Bohr and Nuclear Weapons." *New York Review of Books* 3 (December 17): 6–8.

—. 1965. "The Symmetries of Forces and States." In *Preludes in Theoretical Physics in Honor of V. F. Weisskopf*. Edited by A. de-Shalit, H. Feshbach, and L. van Hove. Amsterdam: North-Holland, 70–78.

—. 1966a. "On Albert Einstein." *New York Review of Books*, March 17, 4–5.

—. 1966b. "Perspectives on Modern Physics." In *Perspectives on Modern Physics: Essays in Honor of H.A. Bethe*. Edited by R. E. Marshak. New York: Interscience Publishers, 9–20.

—. 1967. *Oppenheimer*. New York: Charles Scribner' s Sons.

—. 1970. *In the Matter of J. Robert Oppenheimer: Transcript of Hearing before Personnel Security Board and Texts of Principal Documents and Letters*. Foreword by P. M. Stern. Cambridge, Mass.: MIT Press.

—. 1980. *Letters and Recollections*. Edited by A. K. Smith and C. Weiner. Cambridge, Mass.: Harvard University Press.

—. 1984. *Uncommon Sense*. Edited by N. Metropolis, G. C. Rota, and D. Sharp. Basel: Birkhauser.

—. 1989. *Atom and Void: Essays on Science and Community*. Princeton, N.J.: Princeton University Press. (This collection is a reprint of Oppenheimer 1954 and Oppenheimer 1964.)

Oppenheimer, J. R., and Snyder, H. 1939. "On Continued Gravitational Contraction." *Physical Review* 565: 455–459.

Oppenheimer, J. R., and Volkoff, G. M. 1939. "On Massive Neutron Cores." *Physical Review*

55: 374–381.

Oppenheimer, J. R., et al. 1965. *Comment vivre demain?* Textes des conferences et des entretiens organizes par les Rencontres internationales de Geneve 1964. Neuchatel: La Baconniere.

Pais, A. 1982. *"Subtle Is the Lord–": The Science and the Life of Albert Einstein.* New York: Oxford University Press.

—. 1991. *Neils Bohr's Times in Physics, Philosophy and Polity.* Oxford: Clarendon Press.

—. 1994. *Einstein Lived Here: Essays for the Layman.* New York: Oxford University Press.

—. 1997. *A Tale of Two Continents: The Life of a Physicist in a Turbulent World.* Princeton, N.J.: Princeton University Press.

—. 2000. *The Genius of Science: A Portrait Gallery of Twentieth Century Physicists.* Oxford: Oxford University Press.

—. 2006. *J. Robert Oppenheimer: A Life.* With supplemental material by R. P. Crease. New York: Oxford University Press.

Palevsky, M. 2000. *Atomic Fragments: A Daughter's Questions.* Berkeley: University of California Press.

Pauli, W. 1922. "Relativitatstheorie." In *Encyklopadie der Mathematischen Wissenschaften.* Vol. 5. Leipzig: B. G. Teubner, 621–858.

—. 1979–2005. *Scientific Correspondence with Bohr, Einstein, Heisenberg, among Others.* Edited by A. Hermann, K. van Meyenn, and V. F. Weisskopf. New York: Springer.

Paulsen, F. 1906. *The German Universities and University Study.* Translated by F. Thilly and W.W. Elwang. New York: C. Scribner's Sons.

Peierls, R. 1970. "J. Robert Oppenheimer." In *Dictionary of Scientific Biography.* Edited by C. C. Gillespie. New York: Charles Scribner's Sons.

Polenberg, R., ed. 2002. *In the Matter of J. Robert Oppenheimer: The Security Clearence Hearing.* Ithaca, N.Y.: Cornell University Press.

Price, D. K. 1967. "J. Robert Oppenheimer." *Science* 155(3766): 1061.

Quine, W.V. 1985. *The Time of My Life: An Autobiography.* Cambridge, Mass.: MIT Press.

Rabi, I., Serber, R., Weisskopf, V., Pais, A., and Seaborg. G.T. 1969. *Oppenheimer.* New York: Charles Scribner's Sons.

Regis, E. 1987. *Who Got Einstein's Office?* Reading, Mass.: Addison-Wesley.

Reiser, A. 1931. [pseudonym, Rudolf Kayser] *Albert Einstein: A Biographical Portrait.*

London: Thoernton Butterworth Limited.

Renn, J. 1993. "A Comparative Study of Concept Formation in Physics." *Science in Context* 6: 311–344.

Renn, J., and Schemmel, M., eds. 2007. *The Genesis of General Relativity*. 4 vols. Dordrecht: Springer.

Reston, J. 1991. *Deadline: A Memoir*. New York: Random House.

Reves, E. 1942. *A Democratic Manifesto*. New York: Random House.

—. 1945. *The Anatomy of Peace*. New York: Harper and Brothers.

Rhodes, R. 1988. *The Making of the Atomic Bomb*. New York: Simon and Schuster.

—. 1995. *Dark Sun*. New York: Simon and Schuster.

Rieff, P. 1969. *On Intellectuals: Theoretical Studies, Case Studies*. Garden City, N.Y.: Doubleday.

Rotblat, J. 1967. *Pugwash: A History of the Conferences on Science and World Affairs*. Prague: Czechoslovak Academy of Sciences.

—. 1995. "Post-Hiroshima Campaigns by Scientists to Prevent the Future Use of Nuclear Weapons." http://www.spusa.org/pubs/speeches/Rotblatspeech. pdf (accessed June 2005).

—. 1996. "A War-Free World." http://www.cnn.com/EVENTS/1996/world. report.conference/news/08/rotblat.speech/index.html (accessed June 2005).

—. 2001. "The Early Days of Pugwash." Physics Today 54(6): 50–55.

—. 2002. "The Nuclear Issue after the Posture Review." http://www.waging peace.org/articles/2002/06/00_rotblat_nuclear-issue.htm (accessed June 2005).

Roth, J. K., ed. 1969a. *The Moral Philosophy of William James*. New York: Thomas Y. Crowell.

—. ed. 1969b. *Freedom of the Moral Life: The Ethics of William James*. Philadelphia: The Westminster Press.

Rummel, J. 1992. *Robert Oppenheimer: Dark Prince*. New York: Facts on File.

Russell, B. 1969. *Autobiography*. Vol. 3. London: George Allen and Unwin.

Russell, B., and Whitehead, A. N. 1910–1913. *Principia Mathematica*. Cambridge: Cambridge University Press.

Ryder, A.W. 1929. *The Bhagavad-Gita*. Chicago: University of Chicago Press.

Sachar, A. 1976. *Brandeis University: A Host at Last. Boston*: Little, Brown.

—. 1996. *Brandeis University: A Host at Last. Rev. ed*. Hanover, N.H: University Press of New

England [for] Brandeis University Press.

Safranski, R. 1990. *Schopenhauer and the Wild Years of Philosophy*. Cambridge, Mass.: Harvard University Press.

Sauer, T. 2007. "Einstein' s Unified Field Theory Program." http://philsci-archive.pitt.edu/archive/00003293/ (accessed June 2006).

—. 2008. "Einstein' s Unified Field Theory Program." In *The Cambridge Companion to Einstein*. Edited by M. Jannsen and C. Lehner. Cambridge: Cambridge University Press.

Sayen, J. 1985. *Einstein in America: The Scientist' s Conscience in the Age of Hitler and Hiroshima*. New York: Crown Publishers.

Scheideler, B. 2003. "The Scientist as Moral Authority: Albert Einstein between Elitism and Democracy, 1914–1933." *Historical Studies in the Physical and Biological Sciences* 32(2): 319–346.

Schilpp, P.A., ed. 1949. *Albert Einstein, Philosopher-Scientist*. Evanston, Ill.: Library of Living Philosophers.

Schlick, M. 1918. *Allgemeine Erkentnislehre*. Berlin: J. Springer.

Scholem, G. 2002. *A Life in Letters, 1914–1982*. Edited and translated by A. D. Skinner. Cambridge, Mass.: Harvard University Press.

Schopenhauer, A. 1966. *The World as Will and Representation*. Translated from the German by E. F. J. Payne. Vols. 1 and 2. New York: Oxford University Press.

—. 1974. *Parerga and Paralipomena; Short Philosophical Essays*. Translated from the German by E. F. J. Payne. Vols. 1 and 2. Oxford: Clarendon Press.

Schrecker, E. 1986. *No Ivory Tower: McCarthyism and the Universities*. New York: Oxford University Press.

Schweber, S. S. 1988. "The Empiricist Temper Regnant: Theoretical Physics in the United States 1920–950." *Historical Studies in the Physical Sciences* 17: 17–98.

—. 1994. *QED and the Men Who Made It*. Princeton, N.J.: Princeton University Press.

—. 2000. *In the Shadow of the Bomb*. Princeton, N.J.: Princeton University Press.

—. 2003. "J. Robert Oppenheimer: Proteus Unbound." *Science in Context* 16: 219–242.

—. 2005. "Intersections: Einstein and Oppenheimer." In *Reappraising Oppenheimer: Centennial Studies and Reflections*. Edited by C. Carson and D. Hollinger. Berkeley: University of California Press, 343–360.

—. 2006. "Einstein and Oppenheimer: Interactions and Intersections." *Science in Context* 19(4):

513-559.

Schwinger, J. 1962. "Non-Abelian Gauge Fields: Relativistic Invariance." *Physical Review* 127: 324-330.

—. 1963. "Quantized Gravitational Field." *Physical Review* 130: 1253-1258.

—. 1986. *Einstein's Legacy: The Unity of Space and Time*. New York: Scientific American Books.

Scott, J., and Keates, D., eds. 2001. *Schools of Thought: Twenty-five Years of Interpretive Social Science*. Princeton, N.J.: Princeton University Press.

Seelig, C. 1956. *Albert Einstein? Documentary Bibliography*. London: Staples Press.

Serber, R. 1983. "Particle Physics in the 1930s: A View from Berkeley." In *The Birth of Particle Physics. Edited by L. M. Brown and L. Hoddeson. Cambridge: Cambridge University Press*, 206-221.

Serber, R., with Crease, R. P. 1998. *Peace and War: Reminiscences of a Life on the Frontiers of Science*. New York: Columbia University Press.

Shimony, A. 1998. "The Relationship between Physics and Philosophy." In *Philosophies of Nature: The Human Dimension*. Edited by R. S. Cohen and A. Tauber. Dordrecht: Kluwer Academic Publishers, 177-182.

Sime, R. L. 1996. *Lise Meitner: A Life in Physics. Berkeley*: University of California Press.

Slaughter, S., and Rhoades, G. 2002. "The Emergence of a Competitiveness and Development Policy Coalition and the Commercialization of Academic Science and Technology." In *Science Bought and Sold*. Edited by P. Mirowski and E. -M. Sent. Chicago: University of Chicago Press, 69-108.

Smith, A. K. 1965. *A Peril and a Hope: The Scientists' Movement in America*, 1945-1947. Chicago: University of Chicago Press.

Smith, A. K., and Weiner, C., eds. 1980. *Robert Oppenheimer: Letters and Recollections*. Cambridge, Mass.: Harvard University Press.

Smyth, H. de Wolf. 1989. *Atomic Bombs. Atomic Energy for Military Purposes: The Official Report on the Development of the Atomic Bomb under the Auspices of the United States Government, 1940-1945; with a new foreword by Philip Morrison and an essay by Henry DeWolf Smyth. Stanford*, Calif.: Stanford University Press.

Snow, C. P. 1959. *The Two Cultures and the Scientific Revolution*: The Rede Lecture 1959. Cambridge: Cambridge University Press.

—.1963. *The Two Cultures: A Second Look*. Cambridge: Cambridge University Press.

Soames, M., ed. 1998. Speaking for Themselves: The Personal Letters of Winston and Clementine Churchill. New York: Doubleday.

Stachel, J. 1993. "The Other Einstein: Einstein contra Field Theory." *Science in Context* 6: 275–290.

—.2002. *Einstein from "B" to "Z."* Boston: Birkhauser.

Stern, A. 1945. "Interview with Einstein." *Contemporary Jewish Record* (June): 245–249.

Stone, I. F. 1946. "Atomic Pie in the Sky." *The Nation* 162 (April 6).

Strauss, L. 1965. *Spinoza's Critique of Religion*. New York: Schocken Books.

Szilard, L., and Zinn, W. H. 1939. "Instantaneous Emission of Fast Neutrons in the Interaction of Slow Neutrons with Uranium." *Physical Review* 35(8): 799–800.

Taylor, C. 2001. "Modernity and Identity." In *Schools of Thought: Twenty-five Years of Interpretive Social Science*. Edited by J. Scott and D. Keates. Princeton, N.J.: Princeton University Press, 139–153.

Telegdi, V. L. 2000. "Szilard as Inventor: Accelerators and More." *Physics Today* 53(10): 25–28.

Thorpe, C. 2005. "The Scientist in Mass Society: J. Robert Oppenheimer and the Postwar Liberal Imagination." In *Reappraising Oppenheimer: Centennial Studies and Reflections*. Edited by C. Carson and D. Hollinger. Berkeley: University of California Press, 293–314.

—. 2006. *Oppenheimer*. Chicago: University of Chicago Press.

Tolman, R. 1942. "Psychologists' Services in the Field of Agriculture." *Journal of Consulting Psychology* 6(2): 62–68.

—. 1948. "Cognitive Maps in Rats and Men." *Psychological Reviews* 55(4): 189–208.

—. 1950. "A Semantic Study of Concepts of Clinical Psychologists and Psychiatrists." *The Journal of Abnormal and Social Psychology* 45: 216–231.

—. 1953. "Virtue Rewarded and Vice Punished." *The American Psychologist* 8: 721–733.

United States Atomic Energy Commission. 1954. *In the Matter of J. Robert Oppenheimer*. Washington, D.C.: U.S. Goverment Printing Office.

Utiyama, R. 1956. "Invariant Theoretical Interpretation of Interaction." *Physical Review* 101: 1597–1607.

Vizgin, V. P. 1994. *Unified Field Theories in the First Third of the 20th Century*. Basel: Birkhauser.

Wang, H. 1987. *Reflections on Kurt Godel*. Cambridge, Mass.: MIT Press.

Wang, J. 1999. *American Science in an Age of Anxiety: Scientists, Anticommunism and the Cold War*. Chapel Hill: University of North Carolina Press.

Weber, M. 1946. *Essays in Sociology*. Translated and edited by H. H. Gerth and C. Wright Mills. New York: Oxford University Press.

Weil, S. 1952. *The Need for Roots*. London: Routledge & Kegan Paul.

Wells, H. G. 1914. *The World Set Free*. London: Macmillan.

Wertheimer, M. 1959. *Productive Thinking*. New York: Harper.

Weyl, H. 1922a. *Raum, Zeit, Materie: Vorlesungen uber allgemeine Relativitatstheorie*. Berlin: J. Springer.

—. 1922b. *Space, Time, Matter*. London: Methuen.

Wheeler, J.A. 1980a. *Albert Einstein: His Strength and His Struggle*. Leeds: Leeds University Press.

—. 1980b. "Einstein." *Biographical Memoirs of the National Academy of Sciences* 51: 97–117.

White, M. 1949. *Social Thought in America: The Revolt against Formalism*. New York: The Viking Press.

—. 1955. *The Age of Analysis: Twentieth Century Philosophers*. Boston: Houghton Mifflin.

—. 1956. *Toward Reunion in Philosophy*. Cambridge, Mass.: Harvard University Press.

—. 1957. *Social Thought in America: The Revolt against Formalism*. Paperback edition with a new preface and an epilogue. Boston: The Beacon Press.

—. 1959. "Experiment and Necessity in Dewey' s Philosophy." *Antioch Review* 19: 329–344.

—. 1973. *Pragmatism and the American Mind: Essays and Reviews in Philosophy and Intellectual History*. New York: Oxford University Press.

—. 1999. *A Philosopher' s Story*. University Park: Pennsylvania State University Press.

Wigner, E. P. 1957. "Relativistic Invariance and Quantum Phenomena." *Reviews of Modern Physics* 29(3): 255–268.

—. 1980. "Thirty Years of Knowing Einstein." In *Some Strangeness in the Proportion: A Centennial Symposium to Celebrate the Achievements of Albet Einstein*. Edited by H. Woolf. Reading, Mass.: Addison-Wesley, 461–468.

—. 1983. "The Glorious Days of Physics." In *The Unity of the Fundamental Interactions*. Edited by A. Zichici. New York: Plenum Press, 765–774. Also reprinted in Wigner 1992, vol. 6, 610–625.

—. 1992. *Collected Works of E. P. Wigner*. Part B. *Philosophical and Reflections and Synthesis*.

Edited by Jagdish Mehra. Berlin: Springer Verlag.

Will, C. M. 1986. *Was Einstein Right?* New York: Basic Books.

Williams, W.A. 1962. *The Tragedy of American Diplomacy*. New York: Dell Publishing Company.

Wilson, D. J. 1990. *Science, Community, and the Transformation of American Philosophy, 1860–1930*. Chicago: University of Chicago Press.

Wilson, R. R. 1996. "Hiroshima: The Scientists' Social and Political Reaction." *Proceedings of the American Philosophical Society* 140(3) (September): 350–357.

Wittgenstein, L. 1922. *Tractacus Logico-Philosophicus*. English-German. London: Kegan Paul, Trench, Trubner & Company.

Wolff, S. L. 2000. "Physicists in the 'Krieg der Geister' : Wilhelm Wein' s 'Proclamation' ." *Historical Studies in the Physical Sciences* 33: 7–368.

Woolf, H., ed. 1980. *Some Strangeness in the Proportion: A Centennial Symposium to Celebrate the Achievements of Albert Einstein*. Reading, Mass.: Addison-Wesley.

Yang, C. N. [1983] 2005. *Selected Papers (1945–1980): With Commentary*. Singapore: World Publishing.

York, H. 1987. *Making Weapons, Talking Peace*. New York: Basic Books.

—. 1989. *The Advisors: Oppenheimer, Teller, and the Superbomb*. With a historical essay by H.A. Bethe. Stanford, Calif.: Stanford University Press.

Yourgrau, P. 1999. *Godel Meets Einstein: Time Travel in the Godel Universe*. Chicago: Open Court.

—. 2005. *A World without Time: The Forgotten Legacy of Godel and Einstein*. New York: Basic Books.

Yuan, L. 1965. *Nature of Matter: Purposes of High Energy Physics*. Upton, N.Y.: Brookhaven National Laboratories.

Zichichi, A., ed. 1982. *The Unity of the Fundamental Interactions*. New York: Plenum Press.

Zukerman, W. 1947. "March of Jewish Events." *The American Hebrew*, July 4, 2–10.